Tom Wheeler

Offene Systeme

Tom Wheeler

Offene Systeme

Ein grundlegendes Handbuch
für das praktische DV-Management

Aus dem Amerikanischen übersetzt
und bearbeitet von Heinz Knoth

Inhalt

Einleitung

Große Veränderungen in wichtigen Industrien bringen aufregende Zeiten. Die Computertechnologie hat in den letzten 40 Jahren viele Wandlungen erlebt, aber die aufregendste Wandlung bringt mehr Computerleistung zu den Endbenutzern. Veränderungen der Verarbeitungsmöglichkeiten und der Kommunikationsverbindungen haben die Möglichkeiten des Computers auf eine Weise direkt zum Einzelnen gebracht, die unsere Sichten auf die Geschäftswelt revolutionieren.

Professionelle Benutzer können Vorteile aus den außergewöhnlichen Möglichkeiten ziehen, die jetzt für die Lösung von Problemen zur Verfügung stehen. Manager können geschäftliche Möglichkeiten erschließen, indem sie ihre Geschäftsprozesse mit den neuen Technologien umgestalten. Die Fortschritte der Computertechnologie haben es Firmen erlaubt, übergreifende Teams zu bilden, die die Fähigkeiten offener Systeme benutzen, um innovative Lösungen auf die Geschäftsprobleme anzuwenden. Wenn sie richtig benutzt werden, können offene Systeme wertvolle Werkzeuge werden, die unser Geschäft verwandeln können und uns helfen, einzigartige Konkurrenzvorteile zu erzielen.

Während der letzten Jahre haben offene Systeme wachsende Aufmerksamkeit erfahren, weil die großen Firmen sie als Strategie gewählt haben. Die Preise für Mikroprozessorchips und Speicher sind weiter dramatisch gefallen, was neue Möglichkeiten für Anwendungen eröffnet, die man einst für unerreichbar hielt. Das kontinuierliche Interesse und die Führerschaft einiger Firmen haben geholfen, die Industrie zur Implementierung von Standards zu bewegen. Diese führenden Gesellschaften haben geholfen, neue Geschäftsumgebungen zu schaffen.

Ich wurde während der vergangenen vier Jahre gebeten, Seminare und Gespräche über die vielfältigsten Aspekte offener Systeme zu leiten. Nach diesen Gesprächen hatte ich die Möglichkeit, mit den Repräsentanten von Firmen zusammenzutreffen, die erfolgreich Lösungen mit offenen Systemen implementiert hatten. Andere sind dabei, offene Systeme als Lösung für ihre Verarbeitungsziele in Erwägung zu ziehen. Die Resultate bei jenen, die erfolgreich offene Systeme einsetzen, sind dramatisch. Wir können ähnlich dramatische Resultate in vielen weiteren Firmen im nächsten Jahrzehnt erwarten.

Firmen, die beginnen, über offene Systeme nachzudenken, haben um Hilfe gebeten für das Verständnis der grundlegenden Prinzipien und pragmatische Ansätze, um die Ideen innerhalb ihrer Firmen zu verkaufen. Andere suchten nach einem Führer durch die vielen Implementierungen. Andere sprachen über die langfristigen Folgen der Installation der neuen Technologie. Da es so viel Interesse an meinen Präsentationen gab, schien es angemessen, die Ideen über gute Erfahrungen und Fehlschläge an einem Ort zusammenzufassen. Dieses Buch enthält eine Menge Material und bietet Techniken an, die ich durch das Gespräch mit aufregenden Menschen kennenlernte, die ihre Firmen vorantreiben zur vollständigen Einführung offener Systeme.

Der erste Abschnitt des Buches befaßt sich mit der technologischen Untermauerung offener Systeme*. Er diskutiert die Konzepte hinter dem Client/Server-Ansatz* und der Verbindung verschiedener Prozessoren über das Netzwerk*. Der zweite Teil des Buches untersucht die Implikationen offener Systeme für die praktische Installation und Integration. Er spricht auch die Frage der Migration von existierenden Systemen zu offenen Systemen an und überprüft Techniken, die von Firmen benutzt wurden, um den größten Nutzen aus offenen Systemen zu ziehen.

Viele Menschen haben zur Entstehung dieses Buches beigetragen. Vor acht Jahren, als Vizepräsident von General Electric Calma, initierte ich einen Versuch zur Definition offener Systeme für Ingenieure. Ich bleibe General Electric dankbar, die beständig eine Vision von der Rolle der Technologie im modernen Geschäftsleben demonstrierten und die Mittel bereitstellten, sie zu realisieren. Meine Einführung in offene Systeme und verteilte Verarbeitung begann früh bei IBM. Ich bleibe den Visionären bei IBM verpflichtet, die viele herausfordernde Probleme der Interoperabilität* und offener Systeme lösten. American Express hat es mir ermöglicht, viele Menschen zu treffen, die mit dem Problem beschäftigt sind, den Übergang zu offenen Systemen zu versuchen.

Viele Hersteller der Branche haben mich mit Informationen über ihre Produkte versorgt. Die führenden Workstation-Hersteller wie Apple, Sun, HP, DEC, NCD und IBM haben mir großzügigen Einblick in ihre Vorstellungen von offenen Systemen und ihre Pläne für zukünftige Verbesserungen der Performance und Funktionalität gewährt. Entscheidende Softwarefirmen haben ebenfalls bereitwillig Informationen über ihre Produkte zur Verfügung gestellt.

Zu Dank verpflichtet bin ich auch für den offenen Austausch mit den Mitgliedern der MIT Sloan School und den Mitgliedern des Projekts, das In-

---

* Die so gekennzeichneten Begriffe werden in einem Glossar im Anhang erläutert. Jeder Begriff wird nur beim *ersten* Auftreten im Text gekennzeichnet. (Anmerkung des Übersetzers)

formationstechnologie und Management in den 90er Jahren untersuchte. Jack Rockart, der Direktor des Center for Information Systems Research war ein unbezahlbarer Resonanzboden für Ideen über Management-Informations-Systeme. Die Professoren Short und Venkatraman sind phantastische Quellen für Ideen über den Migrationsprozeß. Ed Guthrie von der U.S. Army war wertvoll, indem er uns half, die Komplexität offener Systeme zu verstehen, die bei Satellitensystemen benutzt werden. Sarah Peterson von der IRS half mir beim Einstieg in die immensen Probleme, die mit der Verarbeitung von Steuern verbunden sind. Jan Hoplan half mir, die Komplexität von DEC's weltweiten Netzen zu verstehen.

Die verschiedenen Standardisierungsgruppen und -konsortien halfen mir ebenfalls mit der Bereitstellung von Informationen über ihre Ergebnisse. Die Präsidenten sowohl von Unix International wie der Open Software Foundation haben ihr Verständnis über die Richtung ihrer Definitionen mitgeteilt. MCC aus Austin hat neue Ideen über offene Systeme angeregt.

Ich danke meiner Frau, Margaret, die geholfen hat, die Teile des Buches zusammenzutragen, und die verschiedenen Fassungen des Inhalts durchsah. Als Datenverarbeitungsprofi lieferte sie solide inhaltliche Alternativen, aber noch wichtiger, sie half, die Information lesbar zu gestalten.

—Tom Wheeler

1

Informationsverarbeitung mit Offenen Systemen

Es ist schwierig, in San Diego zu leben und nicht von den Vorbereitungen für den America Cup gefangen zu sein. Genauso schwierig ist es, EDV-Profi zu sein und nicht an der Aufregung interessiert zu sein, die die Informationsverarbeitung mit offenen Systemen umgibt. Die Teams für den America Cup haben sich aus der ganzen Welt versammelt, um an einem Wettkampf teilzunehmen, der eine Standarddefinition einer Jacht zugrunde legt. Die Teams haben allgemeingültige Regeln, aber sie verstehen es, den Regeln zu genügen und trotzdem ihr Entwurfstalent zu benutzen und einzigartige Boote zu schaffen, die gewinnen. Entwickler, die am Entwurf offener Systeme beteiligt sind, sehen sich Standards gegenüber, die von vielen Herstellern eingehalten werden. Jeder Hersteller muß eine Gewinnerstrategie definieren, die seine Lösung einzigartig und schließlich zur Wahl des Kunden macht.

Das Management der Informationstechnologie (IT) repräsentiert eine unvergleichliche Herausforderung für U. S. Firmen, die über 50 Prozent ihrer Neuinvestitionen für IT verwenden (Kriebel, 1989). Es wird immer deutlicher, daß die effektive Verwendung von Informationstechnologie die Hauptvoraussetzung für eine konkurrenzfähige Firma in den 90er Jahren ist und traditionelle Erfolgsfaktoren für die Definition eines konkurrenzfähigen und schlagkräftigen Unternehmens ersetzt hat. Informationstechnologie besteht aus Hardware, Software, Netzwerken, Workstations, Robotern und intelligenten Chips (Morton, 1991).

In ihrer kurzen Geschichte hat die Computertechnologie drei große Wellen der Veränderung durchlaufen und erlebt jetzt den Beginn der vierten. Jede Welle änderte die Organisation und die Kultur ebenso wie die Nutzung der Technologie (Bernstein, 1989). Die Unternehmen, die den Fortschritten folgten, konnten zusätzliche Computerleistungen bei kontinuierlich fallenden

Preisen zur Verfügung stellen. Diese erhöhten Leistungen und fallenden Preise halfen, die vierte Welle der Informationsverarbeitung in Netzwerken Realität werden zu lassen. Diese Welle nutzt leistungsfähige Tischcomputer, durch Netzwerke* mit Servern* verbunden, um einen neuen Brennpunkt der Informationsverarbeitung zu erzeugen und eine neue Kultur für ihr Management hervorzubringen.

Während sich die Computertechnologie verändert hat, haben sich die Umweltbedingungen der Unternehmen ebenfalls verändert - von einer Ökonomie, die von den Vereinigten Staaten dominiert war, zu einer mit globaler Konkurrenz (Dertouzos et. al., 1989). Marktnischen für ökonomische Chancen - die Eindringen und Erfolge mit sehr kurzen Produktzyklen erlauben - können nur genutzt werden, wenn Technologie für die Erzeugung dieser Produkte eingesetzt wird. Technologie kann auch die erwartete Verfügbarkeit von Produkten im Laden reduzieren, da Alternativen schneller auf den Markt gebracht werden. Reverse-Engineering wird beschleunigt durch technologische Unterstützung, was es erlaubt, Nachahmungen in einem Bruchteil der Zeit zu produzieren, die für das Originalprodukt erforderlich war. Die Unternehmen müssen lernen, der Konkurrenz entgegenzutreten durch Verfahren die Informationstechnologie effektiv nutzen.

Auf der ganzen Welt gibt es einen Trend zu geringer qualifizierten Arbeitskräften, die ihre Aufgaben mit der Unterstützung von Computern erledigen. Computer erledigen einen größeren Teil der schwierigen Aufgaben während sie ihre Gegenwart hinter leichteren Benutzeroberflächen verbergen. Zur gleichen Zeit hat sich die Computerleistung von der Verarbeitung auf dem Großrechner zu Netzwerken verlagert, die Tischcomputer und Server einschließen. Zusätzliche Computerleistung kann angewandt werden, um herausfordernde Probleme zu lösen oder Benutzeroberflächen zu vereinfachen und leichteren Zugang zu Informationen zu erlauben.

Computer-Manager und Computer-Profis erlebten in den letzten drei Jahrzehnten eine sich rapide verändernde Umgebung. Die Einführung von Personalcomputern (PCs) in den 80ern beschleunigte den Wandel und schuf eine Umgebung, die individuelle Kreativität förderte. Wichtiger noch: der PC repräsentiert eine Revolution in der Art, wie Computer benutzt werden. Er schuf Herausforderungen für Organisationen, den Umgang mit verteilter Datenverarbeitung am Schreibtisch zu lernen. Unternehmen wurden immer stärker mit der Notwendigkeit konfrontiert, schnell zu reagieren, da die Technologie in immer schnellerem Tempo eingeführt wurde.

Der PC demonstrierte seinen Nutzen, indem er die einzelnen Mitarbeiter befähigte, mehr von ihrer Arbeit unter lokaler Kontrolle durchzuführen. Er war auch der Beginn einer Ära der schnellen Entwicklung von Ideen mit relativ wenig Kapitalaufwand und geringer Managementbeteiligung. Personalcomputer stellten die erste Welle der offenen Systeme dar. Unterschiedliche Hardware-Hersteller hatten Zugang zum Betriebssystem und konnten einen Rahmen für die verschiedensten Anwendungsprogramme zur Verfügung stellen. Die breite Akzeptanz offener Systeme wird die PC-Revolution einen Schritt weitertreiben, indem sie gesteigerte Leistung am Schreibtisch und Zugang zu den Netzwerkmöglichkeiten bietet. Offene Systeme erhöhen auch die Komplexität der Verwaltung von großen Zahlen von Computern, die mit einem Netzwerk verbunden sind.

Der PC änderte auch die Reaktion auf Entwicklungsanforderungen dramatisch. Kleine Teams konnten sofort Lösungen entwickeln. Die gleichen Teams konnten Modellösungen in einem Bruchteil der Zeit des normalen Entwicklungszyklus implementieren.

Offene Systeme erweitern den Erfindungsreichtum der PC-Ära und stellen ihn auf eine neue Stufe. Dies ist der kreative nächste Schritt des gut geplanten Netzwerks von Schreibtischcomputern, die mit Servern interagieren. Die neuen Netzwerke stellen das Management vor die Herausforderung, das neue Ziel der Informationsverarbeitung zu verstehen und Schritte einzuführen, um es zu managen. Offene Systeme schaffen die Möglichkeit der Verarbeitung über mehrere Schichten der Systeme hinweg, aber sie schaffen auch außergewöhnliche Entwurfsprobleme, die in Einplatzsystemen* unbekannt sind.

Beispiele für Client/Server-Architekturen sind in anderen technischen Umgebungen jenseits der Computertechnologie reichlich vorhanden. Ein gutes Beispiel ist das Telefon, das Endbenutzern mächtige Werkzeuge auf Knopfdruck zur Verfügung stellt. Das Telefon hat viele Dienste, die entweder von lokalen Zweigstellen oder von Fernruf-Systemen abhängen. Gespräche in den Vereinigten Staaten werden durch Fernruf-Systeme vermittelt, bei denen der Endbenutzer nur für die tatsächlich genutzten Dienste bezahlen muß. Ein alternatives Beispiel zum zentralisierten Telefonsystem wären einzelne Telefongesellschaften mit autonomen Vermittlungsstellen. Existierende Systeme belasten den Endbenutzer nur mit den spezifisch benötigten Diensten und erreichen eine Ersparnis durch die gemeinsame Nutzung, die allen Benutzern zugute kommt.

Unternehmensnetzwerke kombinieren die Funktionen von Servern in lokalen Netzwerken (LANs*) mit den Diensten, die durch Fernnetze (WANs*) erreichbar sind. Diese Kombinationen führen Client/Server-Systeme auf lokaler Ebene ein, während zentrale Verarbeitungskapazitäten erhalten bleiben. Offene Systeme waren von Kontroversen begleitet, da die natürliche Tendenz zur Erhaltung proprietärer* Spielfelder die Computerhersteller dazu gebracht hat, proprietäre Alternativen zu offenen Architekturen anzubieten. Herstellerspezifische Architekturen sichern Folgegeschäfte und erhöhen die Schwierigkeiten bei der Installation von Geräten mehrerer Hersteller. Herstellerspezifische Architekturen schützen die Vormachtstellung von Produkten.

1.1 OFFENE SYSTEME: DEFINITIONEN UND GESCHICHTE

Offene Systeme sind jene Hardware- und Software-Implementierungen, die der Sammlung von Standards entsprechen, die den freien und leichten Zugang zu Lösungen verschiedener Hersteller erlauben. Die Sammlung von Standards kann formal definiert sein oder einfach aus De-facto-Definitionen bestehen, an die sich die großen Hersteller und Anwender in einem technologischen Bereich halten. Ein offenes System ist das Gegenteil einer proprietären oder herstellerspezifischen Implementation.

Das Ziel offener Systeme ist es, durch die Benutzung von empfohlenen Standards Portierbarkeit* der Anwendungen, Skalierbarkeit* und Interoperabilität* zu ermöglichen. Sowohl Hersteller wie Anwender profitieren von der Wahl offener Systeme. Die Anwender erreichen eine Freiheit der Wahl und die Möglichkeit, schnell auf Entwicklungsbedürfnisse zu reagieren. Hersteller gewinnen Zugang zu einer breiteren Anwendergemeinschaft und reduzieren nebenbei ihre Entwicklungskosten.

*Kooperative Verarbeitung** ist die Sammlung von Definitionen, die die gemeinsame Nutzung von Funktionen und Daten durch verschiedene Prozessoren zur Lösung eines gemeinsamen Problems erlaubt. Kooperative Anwendungen setzen eine Kenntnis der Architektur und der Daten in den Prozessoren voraus.

*Verteilte Verarbeitung** ist eine Verarbeitung, die in autonomen Boxen stattfindet, die durch ein Netzwerk verbunden sind. Verteilte Prozessoren können kooperativ arbeiten oder nicht. Verteilte Anwendungen residieren auf mehreren Computern, die jeder über autonome Verarbeitungskapazitäten und Datendienste verfügen. Jede Komponente in einer verteilten Umgebung besitzt eine Daten- und eine Ausführungsumgebung, die mit anderen geteilt werden kann oder nicht. In der einfachsten Form unterstützt verteilte Verarbeitung die Fernanmeldung*. In komplexeren verteilten Umgebungen befinden sich Daten und Funktionen auf unterschiedlichen Prozessoren oder haben einen separaten Prozessor zur Verfügung, der Informationssegmente verwaltet. Verteilte Systeme müssen unterschieden werden von duplizierten Systemen, die einfach die gleiche Anwendung an vielen Stellen benutzen. Duplizierung meint die Vervielfachung von Ressourcen und Daten; Verteilung meint, daß jedes Element des Netzwerks einen Anteil des gesamten Jobs hat, den es zu erledigen gilt.

Verteilte offene Systeme meint verteilte Lösungen, die den Standards entsprechen, die freien und leichten Zugang zu Anwendungen und Daten gestatten, die sich auf verschiedenen Plattformen befinden. Verteilte Lösungen meint eine Kombination von sowohl Daten wie Verarbeitungen, die über viele Prozessoren verteilt sein können.

Kontrollpunkte bezeichnen die Stellen innerhalb eines System, an denen Ereignisse überwacht, kontrolliert und aufgezeichnet werden. Kontrollpunkte beeinflussen die Interaktion zwischen verschiedenen Knoten in einem System und können helfen, eine Systemintegrationsstrategie festzulegen.

Traditionellerweise war die Wahl eines Firmencomputers die Auswahl eines herstellersspezifischen Systemdesigns, die das Unternehmen an einen einzelnen Computerhersteller band oder an jene, die das System des Herstellers emulieren konnten. Während des vergangenen Jahrzehnts hat die wachsende Akzeptanz von Industriestandards offene Umgebungen ermöglicht. Standardsoftware ersetzt herstellerspezifische Anwendungen und das Design offener Systeme verdrängt die Systemarchitekturen der Hersteller. Dieser Übergang zu offenen Systemen erlaubt es den Unternehmen, die beste Lösung auf der Basis ihrer technologischen Bedürfnisse zu wählen und nicht einfach jene, die einen bestimmten Herstelleraufkleber hat.

Software war der Angelpunkt des Erfolgs der Computerhardware, aber die Softwarefortschritte hinken der Hardware hinterher. Die Menge an Entwicklungsrückständen übersteigt die Fähigkeiten der meisten Organisationen, auf spezifische und dringliche Bedürfnisse zu reagieren. Eine Vielzahl von Softwarespezialisten ist mit der Wartung existierender Programme beschäftigt. Pläne haben bei vielen erfahrenen Unternehmen Probleme verursacht, weil sie nicht in der Lage waren, die Anforderungen der Anwender zu erfüllen.

Offene Systeme wurden eingeführt, um konstruktive und naturwissenschaftliche Probleme zu lösen, aber sie wurden ausgedehnt auf kaufmännische Probleme. Als sich die Leistungsfähigkeit der Chips ständig verbesserte, wurde es natürlich, die zentrale Datenverarbeitung auf den Schreibtisch zu bringen. Ingenieure modifizierten computerunterstützte Entwurfsprogramme, um Workstations und PCs zu benutzen. Hochgeschwindigkeitscomputer mit großen Speicherkapazitäten dienten der Datenhaltung für fertiggestellte Entwurfsbibliotheken während die interaktive Benutzung durch den Ingenieur sich auf das Schreibtischgerät verlagerte. Einfache Berechnungen und Entwurfsprogramme konnten auf dem Desktop laufen und andere Verarbeitungen konnten vom Netzwerkprozessor abgerufen werden.

Die Softwareentwicklung folgte dem Beispiel der Ingenieure. Werkzeuge ermöglichten es den Programmierern, ihre Entwicklungsumgebung direkt auf den Desktop zu verlagern während größere Maschinen zur Datenhaltung der Programmbibliotheken und für Verarbeitungen mit größerer Geschwindigkeit genutzt wurden. Als die Leistungsfähigkeit der in Desktop-Computern benutzten Chips weiter wuchs, wurden zusätzliche Funktionen auf den Desktop verlagert. Dies schloß die Simulation der Umgebungen größerer Prozessoren ein, so daß das Testen tatsächlich lokal durchgeführt werden konnte.

Die industrielle Produktion übernahm offene Systeme ebenfalls in der Verbindung mit Konstruktionsaufgaben. Vorangetrieben von Industriegiganten wie General Motors drangen Industriefirmen auf ein offenes Design, das die besten verfügbaren Geräte verwenden könnte. Es gab einen allgemeinen Trend und eine Nachfrage nach Industriestandards, die die Kommunikation zwischen den großen Herstellern und den Zuliefererfirmen ermöglichten. General Motors führte den Versuch, das Manufacturing Automation Protocol (MAP) für die Verbindung von Herstellersystemen zu definieren. Große Maschinen bedienten verteilte Workstations, die benötigte Funktionen abrufen konnten. Obwohl die industriellen Managementsysteme auf zentralen Prozessoren verblieben, nutzten moderne Produktionsstätten Workstations, die über Breitband-Netzwerke verbunden waren.

Der kaufmännische Bereich war der letzte, der offene Systemlösungen benutzte. Die ersten offenen Lösungen waren schwerfällige Implementationen, für deren Benutzung viele kaufmännische Unternehmen schlecht ausgerüstet waren. Als die Werkzeuge einfacher und leichter zu benutzen wurden, gab es eine Bewegung bei Büroanwendungen - wie Kontenführung, Finanzen und Personal - hin zu offenen Systemen. Lebensfähige neue Produkte führten Benutzeroberflächen ein, die mit PCs konkurrieren konnten.

Management-Unterstützungs-Systeme („Executive support systems" ESS), die ursprünglich auf zentralen Rechnern liefen, wurden auf offene Systeme übertragen. Einst wurden die Informationen speziell für die ESS-Programme aufbereitet, heute jedoch können fortgeschrittene Managementsysteme auf Daten aufbauen, die während normalen Verarbeitungen gesammelt werden. Auszugstechniken haben die Identifizierung wichtiger Informationen beschleunigt, indem Daten aus existierenden Datenbanken extrahiert werden. Diese Daten können summiert und den Managern zur Verfügung gestellt werden. Extraktion kann benutzt werden, um andere wichtige Daten für Marktmodelle oder andere Produktionsanwendungen auszuwählen.

Das Herz offener Systeme ist die Software, die einen Rahmen zur Verfügung gestellt hat, der auf den meisten Hardware-Definitionen aufgebaut werden kann. Die allgemeine Akzeptierbarkeit von Unix für eine weite Spanne von Benutzeranwendungen hat zu seiner Akzeptanz bei vielen Herstellern geführt. Diese Akzeptanz auf Computern der unterschiedlichsten Größe hat die Akzeptanz offener Systeme beschleunigt. Es bedurfte der Einführung von IBM's Unixversion, zusammen mit dem Erfolg von Sun Microsystems, um diese Bewegung herauszukristallisieren. Das Modell verlangte nach

Quellcode-Portabilität zusammen mit der weitverbreiteten Akzeptanz von allgemeinen Anwendungsmodellen.

Unix ist für die Benutzung auf Servern und Desktop-Computern weithin akzeptiert worden. Der ursprüngliche Systementwurf konzentrierte sich auf mehrere Benutzer, aber das System wurde ebenso auf Einplatzsysteme ausgedehnt. Andere Betriebssysteme für Desktops sind Microsofts MS/DOS und Apple's Macintosh Betriebssystem. Sowohl IBM wie Microsoft haben Erweiterungen zu MS/DOS eingeführt. Jeder hat eine starke Gefolgschaft von Anwendern in einer Desktop-Umgebung.

Zum Ende der 80er Jahre wurde von vielen akzeptiert, daß das Netzwerk der Computer geworden war. Dies bedeutet einfach, daß die verbundene Leistungsfähigkeit von vielen durch Kommunikationsverbindungen zusammengeschlossenen Computern Aufgaben übernahm, die einst einzelnen Prozessoren zugewiesen wurden. Als Ergebnis wuchs die Wichtigkeit von Kommunikationssoftware in diesem Jahrzehnt. Entwickler führten ein geschichtetes Protokoll ein, das symmetrisch an die verbundenen Rechner angepaßt werden kann. In den tiefsten Kernschichten handelt es sich um die grundlegenden Elemente klassischer Betriebssysteme. In ihren höheren Schichten verbinden Protokolle symmetrische Anwendungen auf anderen Knoten des Netzwerks.

Der Anwender sieht die Datenmanipulation als Kernstück des offenen Systems. Daher ist der Code für die Datenverwaltung fundamental für die Definition irgendeines Systems. Einfacher Zugang zu Dateien über das Netzwerk hilft, das Netzwerk mächtiger und leichter verständlich für alle Endbenutzer zu machen. Ausgefeilter Datenbankcode über der Unixebene verleiht den über eine Netzwerk verbundenen Servern beträchtliche Leistungsfähigkeit. Managementinformationssysteme haben ein Modell übernommen, das es ihnen erlaubt, auf existierenden Client/Server-Modellen aufzubauen.

Die Leistungsfähigkeit des Desktop-Computers hat eine neue Ära in der Verwendung graphischer Benutzeroberflächen für den Endbenutzer eröffnet. Bekannt als GUI („Graphical User Interface"), ist es ein machtvolles Werkzeug in den Händen von Computerprofis ebenso wie für Manager. Offene Benutzeroberflächen reduzieren die Benutzung von Text und bauen stärker auf Grafik.

Eine Stufenfunktion der Implementierung wird existierende Anwendungen beibehalten, während sie zur gleichen Zeit den Bau neuer Anwendungen im Client/Server-Modell rechtfertigt. Schließlich werden viele Anwendungen von größeren Rechnern in die neue Umgebung migriert werden, aber das wird Zeit brauchen. Unternehmen haben entdeckt, daß es einfacher ist, die Einführung offener Systeme auf verteilten Prozessoren zu rechtfertigen.

Seit dem letzten Jahrzehnt sind industrielle Anwendungen entstanden, die in der neuen Generation der Datenverarbeitung weiter wichtig sein werden.

Anwendungen von großen Softwarehäusern werden auf Workstations und Server portiert und neugeschrieben, um gut in Netzwerkumgebungen zu funktionieren. Verschiedene Anwendungen werden in diesem Buch als Modelle benutzt und es wird gezeigt, wie diese Anwendungen für spezifische offene Umgebungen modifiziert werden können. Werkzeuge werden untersucht, die offene Systeme nach dem Client/Server-Modell unterstützen.

Werkzeuge für offene Systeme haben weder den Reichtum der Funktionen noch die Vielzahl an Alternativen, die auf Großrechnern zu finden ist. Viele Anwender warten auf umfangreichere Werkzeug-Sets bevor sie sich auf einen Wechsel von Zentralcomputern zu offenen Systemen festlegen. Glücklicherweise gibt es eine wachsende Anzahl neuer Produkte, die diesen Mangel lindern werden, aber die Herausforderung des Jahrzehnts ist die Produktion von Quellcode, der benutzt werden kann, um Client/Server-Anwendungen zu schaffen. Obwohl existierende Entwicklungswerkzeuge vereinfacht worden sind verbleiben viele Lücken im gesamten Supportspektrum.

1.2 DIE BENUTZER

Unterschiedliche Benutzer werden von offenen Systemlösungen profitieren, aber jede Benutzergruppe wird unterschiedliche Unterstützungsmöglichkeiten benötigen. Abbildung 1.1 zeigt drei Kategorien von Benutzern von Schreibtischcomputern, die Kandidaten für offene Systemlösungen sind. Jede Gruppe kann von der Benutzung offener Systeme profitieren, aber manche werden mehr und größeren Nutzen finden als andere.

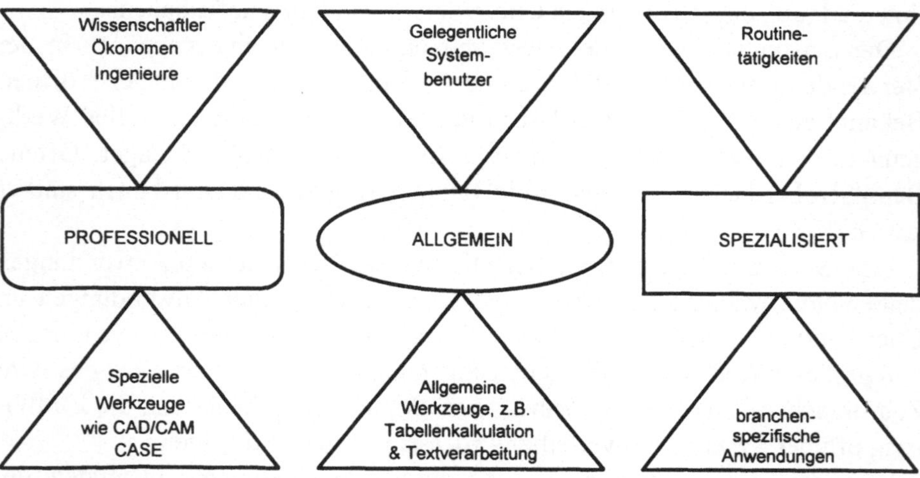

Abbildung 1.1   Benutzer

Professionelle Benutzer waren die ersten, die offene Systeme anwandten. Professionelle Benutzer umfassen Ingenieure und Wissenschaftler, die Computer aktiv als eine Erweiterung ihres Entwurfsprozesses benutzen. Professionelle Benutzer sind auch Experten in Gebieten, die Hochgeschwindigkeitscomputer in Verbindung mit ihren mentalen Prozessen benutzen. Eingeschlossen in diese Kategorie sind Ökonomen, die Ersteller von Geschäftsmodellen und Voraussagen und Wall Street Händler, die unmittelbare Vorteile aus der Einführung von Hochgeschwindigkeitsverarbeitung auf ihren Desktops oder Servern demonstrieren können.

Allgemeine Benutzer benutzen Schreibtischcomputer für Bürotätigkeiten wie Textverarbeitung, Kalkulationsprogramme, Dateiverwaltung und allgemeine Anwendungen. Diese Benutzergruppe benötigt ausreichende Rechnerunterstützung für allgemeine Aufgaben aber sie wird normalerweise nicht von einem großen Wechsel zu offenen Systemen profitieren. Wenn allgemeine Benutzer die Notwendigkeit der Zusammenarbeit und der Arbeit als Gruppe entdecken werden, wird die Anwendung offener Systemlösungen wichtiger werden. Ein wachsender Bedarf an Geschäftsgrafiken wird einen Zustrom zu offenen Systemlösungen verursachen.

Spezialisierte Benutzer oder die Benutzer vertikaler Anwendungen können direkt von der Anwendung offener Systeme profitieren. Diese Benutzer führen wiederkehrende und Routineaufgaben aus, aber sie müssen für Informationen auf Computerdatenbanken zugreifen. Es gibt viele Beispiele von Benutzern, die routinemäßige Reservierungsdienste oder telefonische Anfragen von Kunden erledigen. Offene Systeme erweitern ihre Fähigkeiten, Dienstleistungen bereitzustellen, indem sie Informationen ohne umständliche Zugriffe auf Datenbanken sofort verfügbar machen. Die erhöhte Leistungsfähigkeit von Desktop-Computern kann angewandt werden, um zusätzliche Rechnerleistung zur Verfügung zu stellen, welche für die Anwender die Notwendigkeit verringert, sich an Details von Verbindungsprotokollen zu erinnern.

Jede der Anwenderkategorien hat spezielle Anforderungen an offene Systeme und spezielle Vorteile aus der Anwendung der Technologie. Jede Benutzergruppe verlangt unterschiedliche Eigenschaften und Schnittstellen, um optimalen Nutzen aus offenen Systemen zu erlangen. Die professionellen Benutzer waren die ersten, die offene Systeme benutzten, jedoch auch spezialisierte Benutzer können einen erheblichen Produktivitätsgewinn durch die Anwendung offener Systeme erzielen.

1.3 WIRTSCHAFTSTRENDS

Dramatische Veränderungen haben sich im globalen Umfeld der Unternehmen ereignet, die das Konkurrenzverhalten und die Nutzung von Technologie beeinflußen. Diese radikalen Veränderungen genau vorherzusagen, scheint unmöglich, aber es gibt Muster, die sich erkennen lassen. Auf Wandel angemessen zu reagieren ist ein Maß für den Erfolg eines Managers und die effektive Nutzung von Informationstechnologie kann oft der entscheidende Vorteil sein, der zu diesem Erfolg beiträgt.

Technologische Trends sind leichter vorauszusagen, da sie auf Naturwissenschaft basieren und ein historisches Muster haben, das sich oft wiederholt. Wohl kann dieses Muster durch die Kreativität und die Handlungen eines einzelnen Menschen oder einer Gruppe von Menschen erheblich verändert werden, doch dies ist die Ausnahme. Die Computergeschichte ist reich an Entdeckungen, die den Ablauf der Datenverarbeitung am Arbeitsplatz verändert haben; aber sie ist ebenso reich an verwaisten Technologien, die einst viel versprachen, aber von wenig wirklichem Nutzen waren. Es bedarf einer natürlichen Kombination von Marktkräften und kreativen Lösungen, um ein lebensfähiges Produktangebot zu schaffen.

Die Nutzung von Informationstechnologie hat sich weitverbreitet in den Unternehmen, besonders in großen und mittleren Betrieben. Die Führungskräfte haben den Wert der Datenverarbeitung für ihren Geschäftszweig wahrgenommen. Zur gleichen Zeit haben die Führungskräfte mehr Wissen über die Trends in der Computertechnologie erworben. Mit dieser Mündigkeit einher geht der Wechsel vom totalen Vertrauen auf den Großrechner zur Akzeptanz der kostensparenden Workstations und Server. Zentrale Drehscheibe der wertvollen Unternehmensdaten sind immer noch die zentralen und sicheren Rechenzentren. Aber es gibt einen Wechsel zur kostengünstigeren Datenverarbeitung für lokale Probleme, die auf die zentralen Daten zugreifen kann, wenn sie benötigt werden.

Ein Beispiel für diesen Wandel kann man bei den U.S.-Banken sehen, die 1990 6,5 Milliarden Dollar für Informationsverarbeitung ausgaben. Die Banken behielten ihre Zentralrechner, die zuverlässig und sicher gegen Eindringversuche sind. Aber sie verlegten sich auch auf digitale Kommunikation, um elektronische Daten - statt Geld - zu bewegen, um viele finanzielle Transaktionen abzuschließen. Finanzinstitute stützen sich auf Mathematiker, die Anomalien in den Geldmärkten voraussagen. Diese Mathematiker benutzen offene Systeme, um Finanzalternativen zu modellieren. Das Erkennen einmaliger Marktvorteile kann für Wertpapierhändler und Ökonomen in großen Erträgen aus der Automation in relativ kurzer Zeit resultieren (Pagels, 1989).

Ebenso wichtig ist es, daß lokale Banken höhere Produktivität durch die Nutzung offener Systeme erzielen können. Workstations sind für viele Kassierer zu vertrauten Werkzeugen geworden und diese Workstations können durch das Netzwerk mit aktiven Finanzdatenbanken verbunden werden. Die lokale Hypothekenbewilligung kann durch die Benutzung offener Systeme in der lokalen Bank beschleunigt werden. Die Kostenersparnisse können hoch sein und die Möglichkeit des Eingehens auf Kundenwünsche durch diese ausgewogene offene Umgebung ist noch bedeutsamer (Millison, 1991).

Einige Unternehmen haben offene Systeme als ein Mittel der Konkurrenz aufgegriffen und ihre Geschäftsziele geändert, um sie der neuen Informationsumgebung anzupassen. Andere widerstehen dem Wandel noch bis es zu spät ist für das Überleben. Unternehmen suchen nach einem meßbaren Return of Investment, aber die effektive Messung dieses Rückflußes ist anders als in früheren Jahren. Es ist notwendig, sich auf die strategische Rolle der neuen Technologie zu konzentrieren.

Unternehmen suchen auch nach Flexibilität, die es ermöglicht, Lösungen in spezifischen Arbeitsumgebungen zu entwickeln und sie dann in andere geeignete Umgebungen zu übertragen. Und was genauso wichtig ist: die Vormachtstellung einiger weniger Hersteller wurde ersetzt durch die Suche nach Lösungen, die von vielen Herstellern unterstützt werden. Die Herangehensweise bleibt vorsichtig, da viele Führungskräfte zögern, auf offene Systeme zu setzen, bevor nicht der Zusammenhang zwischen Unternehmensbedürfnissen und dem Wert der neuen Technologie deutlicher wird.

Neue Bedürfnisse innerhalb der Unternehmen rücken die Anforderungen an die Fertigkeiten wieder ins Zentrum des Interesses. Informationsmanager sind aufgefordert, bei den Veränderungen zu helfen, da es eine Ähnlichkeit der Problemgebiete gibt. Es gibt ein starkes Verlangen, von der zentralen Verarbeitung aus ökonomischen Gründen wegzukommen, aber es gibt auch einen hohen Grad an Unsicherheit über die potentiellen Probleme mit offenen Systemen (Bluestein, 1991). Jedes Problem verlangt andere Fertigkeiten als jene, die für das Management großer zentraler Systeme benutzt wurden.

Auf der Benutzerebene gibt es eine sich ausweitende Basis von ungelernten Kräften, die täglich mit Computern umgehen müssen. Oft müssen funktionale Analphabeten Computer in ihrer Berufstätigkeit benutzen. Es gibt eine wachsende Betonung der „computer literacy" in den Entwicklungsländern. Die Bildungsskala in unterentwickelten Ländern verschiebt sich dorthin, wo es möglich ist, ausgebildetes Personal zu finden. Die Entwicklung offener Systeme kann ein globales Projekt werden.

Die Arbeitsmuster werden geprägt von der Aufnahmebereitschaft der Gesellschaft und der praktischen Antwort auf technische Produkte. Die Reaktionen einer Gesellschaft sind unvorhersagbar, aber sie können maßgebend sein für ihre Fähigkeit, im Weltmarkt zu konkurrieren. Kulturelle, religiöse und ethnische Glaubenssysteme beeinflußen die Aufnahme eines gegebenen Geschäftsverfahrens. Angstreaktionen treten auf, wenn neue Lösungen eingeführt werden. Die Gewerkschaften haben sich lautstark vernehmen lassen über die Einführung offener Lösungen, welche die Anforderungen an ihre Mitglieder reduzieren könnte.

Regierungen spiegeln ihre Gesellschaft wider und träumen von einem Platz unter den konkurrierenden Mächten der Welt. Der Wandel in der Reaktion auf Technologie ist ein unvorhersagbarer Faktor, der die unternehmerische Herangehensweise an Probleme verändern kann. Zum Beispiele beeinflußte das langwährende Exportverbot für bestimmte fortgeschrittene Technologien die Lösungen, die von weltweit operierenden Unternehmen verwendet werden konnten. Geopolitische Veränderungen (wie Kriege) und Regierungswechsel verändern die Erwünschtheit von   Datenverarbeitungslösungen. Wenn ein Staatsstreich stattfindet, mag es notwendig werden, die Verarbeitung in ein anderes Land zu verlagern. Ausweichrechenzentren müssen vielleicht eingesetzt werden, wenn es eine natürliche oder von Menschen verursachte Katastrophe gibt. Die hohe Portabilität offener Systeme erleichtert diesen Wechsel.

Änderungen an den spezifischen Arbeitsplätzen werden ebenso von unvoraussagbaren Kräften bestimmt. Änderungen in der Erziehung, die Arbeitskosten und soziale Praktiken beeinflußen die gewählte Lösung in jedem Land. Diese Änderungen sind weniger vorhersagbar als technologische Trends, da sie von den Launen von Individuen oder den Kräften der Natur abhängig sind. Verteilte Verarbeitung hat den Vorteil, eine Belegschaft dort aussuchen zu können, wo das Talent und die Fähigkeiten vorhanden sind. So wird Stabilität in einer Systemarchitektur erreicht in einer ansonsten instabilen Welt. Jede Einführung eines neuen Computerprodukts kann einer aufmerksamen Organisation Chancen bieten.

Die Einführung des PCs hat die individuelle Autonomie vergrößert und die Rollen des Personals für zentrale Informationssysteme (IS) verändert. Der Übergang zu offenen Systemen hat das Zentrum der Macht wieder verlagert und hat den Bedarf an erfahrenen und fähigen IS-Mitarbeitern neu entstehen lassen. Netzwerkprobleme zu lösen kann außergewöhnlich komplex sein und verlangt daher befähigte Problemlöser.

Die aggregierte Leistungsfähigkeit der Schreibtischcomputer überstieg die weltweite Großrechner-Kapazität erstmals 1984. Seither hat sich der Abstand zwischen der kumulierten Desktop-Leistungsfähigkeit und anderen Rechnern weiter erhöht, aber die Leistungsfähigkeit der Desktops wurde nicht bis zum letzten ausgenutzt. Neue Programme wurden vorgestellt, die die verteilten Prozessoren als einfache parallele Computer behandeln, die durch Netzwerke verbunden sind. Die erhöhte Leistungsfähigkeit, die für Netzwerke vorausgesagt wird, erhöht die Herausforderung an das Management, diese effektiv zu nutzen.

Seit vielen Jahren kennen die Hersteller von Geräten, die mit unqualifizierten Endbenutzern interagieren, den Wert der Ergonomie, der Wissenschaft vom Arbeitsplatz. Mit der wachsenden Nutzung von Computern durch Arbeiter, die einfache Bedienung erwarten, hat sich die Wissenschaft auf die Benutzung von Computern ausgeweitet. Produkte, die schwierig zu benutzen sind, kosten zusätzliche Ressourcen und schaffen unzufriedene Arbeiter. Geräuschpegel und Tastaturlayout sind in vielen Ländern geregelt, um den Arbeitsplatz zu verbessern. Es gibt ein wachsendes Bewußtsein der kumulativen Effekte von Gesundheitsproblemen für Arbeiter, das die Zeit von Gesetzgebern und Managern in Anspruch nimmt.

Manager sind aufgefordert, die Wege zu verstehen, die von existierenden Datenverarbeitungsumgebungen zu neuen Lösungen führen. Die Lösung der neuen Technologie muß in eine große und teure vorhandene Basis passen. Die alten Technologien, die benutzt werden, um die Firma heute zu führen bilden eine Erblast. Die neu eingeführten Systeme müssen mit den Altsystemen zusammenarbeiten, um betriebsfähige offene Systeme zu schaffen. Offene Systeme unterstellen eine heterogene Mischung von Hardware- und Softwarelösungen. Diese Lösungen müssen miteinander und mit älteren Lösungen integriert werden, um eine umfassende Alternative darzustellen.

Der Auswahlprozeß ist sowohl einfacher wie komplexer geworden. Es ist einfach, von Herstellern zu verlangen, daß sie zu dem Modell offener Systeme kompatibel sind. Es ist schwieriger, sicher zu sein, daß sie es tatsächlich sind. Es war einfacher, einen einzelnen Hersteller für alle Ihre Lösungen auszuwählen, aber es besteht eine Überzeugung, daß kein einzelner Hersteller alle richtigen Antworten für jedes Unternehmen hat. Hersteller zu mischen erhöht aber die Komplexität Ihrer Personalintegrationsprobleme.

Alle Kategorien professioneller Nutzer wurden mit Personalcomputern vertraut. Mit der Einführung von Arbeitsgruppen müssen sie plötzlich in verschiedenen Umgebungen arbeiten. Zusammenarbeit, die einst auf Telefongespräche oder persönliche Besprechungen beschränkt war, kann nun durch elektronische Post erfolgen. Arbeitsgruppen, die einst geographisch zentriert waren, können nun durch elektronische Verbindungen Kontinente oder die Welt umspannen. Mit der Mächtigkeit von Standardschnittstellen können Entwickler Werkzeuge benutzen, die sich in anderen Ländern befinden.

Ebenso wichtig ist es, daß wir selbst uns nun als Mitglieder von verschiedenen Arbeitsgruppen wiederfinden. Ein technischer Manager wird Teil eines Entwurfsteams sein aber auch Teil des Managements. Ein Ingenieur wird mit anderen Ingenieuren bei der Entwicklung eines Entwurfs zusammenarbeiten und mit der Herstellungsabteilung bei der Fertigstellung des Entwurfs. All das führt zu logisch unterschiedlichen Gruppen von Menschen, mit denen sie interagieren müssen. Offene Systeme stellen Werkzeuge für die Interaktion mit vielen verschiedenen Gruppen zur gleichen Zeit zur Verfügung.

Managende Mitarbeiter, die zu mehreren Arbeitsgruppen gehören, stellen eine besondere Herausforderung dar. Neue Methoden müssen sicherstellen, daß die Interaktion mit all den verschiedenen Gruppen stattfindet. Technologie kann die Mittel bereitstellen, um dies möglich zu machen. Eine Anzahl Studien sind in Arbeit, die Arbeitsgruppeninteraktionen untersuchen. Eine solche Gruppe ist das Institute for the Future (IFTF) in Menlo Park, Kalifornien (Johansen, 1988), das viele Einblicke in die Interaktion von Arbeitsgruppen liefert. Offene Systeme bieten auf einer allgemeinen Plattform Schnittstellen für Manager, die versuchen, internationale Arbeitsgruppen zu installieren.

Terminplanung und Gruppeninteraktion nimmt im Zeitalter der Elektronik eine neue Rolle ein. Koordination geschieht zwischen Managern auf den offenen Systemen und Bürokommunikationssysteme erwachsen aus den gleichen Systemen. Experimente haben gezeigt, daß der beste Zugang zu Management-Information durch die Einbindung in das normale Berichtswesen der Unternehmung geschaffen wird. Management-Informationssysteme („Executive information systems", EIS/MIS) sind ein Teil des offenen Netzwerks geworden. Funktionen, die einst auf die zentrale Verarbeitung beschränkt waren, werden nun über ein offenes Netzwerk ausgeführt. Daten werden aktiv durch Extraktionsprozesse wiederaufgefunden und zum Ort der Entscheidungsträger gebracht.

Unternehmen rund um die Welt haben die Notwendigkeit erkannt, sich an die wandelnde Konkurrenzsituation anzupassen. Die durch PCs gewonnene individuelle Produktivität hat die Fähigkeit kleiner Unternehmen erhöht, in Märkten zu konkurrieren, die von größeren Gesellschaften beherrscht werden. Das Unternehmen, das sich der Nutzung neuer Technologien anpaßt, wird den höchsten Ertrag erzielen.

1.4 MARKTKRÄFTE

Die Kräfte im Computermarkt verändern sich ständig, sie spiegeln das wechselnde Interesse an verschiedenen Lösungen wider und die gewachsene Abhängigkeit von finanziellen Zyklen. Obwohl offene Systeme das stärkste Wachstum zeigten bleibt der Markt sehr konkurrenzbestimmt. Die meisten Unternehmen suchen immer noch nach Lösungen für ihre Probleme, die es erlauben, existierende Computermodelle zu behalten aber zugleich die Ausweitung auf die neue Technologie ermöglichen. Offene Systemlösungen bieten eine Basis dafür, existierende Computermodelle beizubehalten und erlauben die Ausweitung auf die neue Technologie.

Die kulturellen Wandlungen in den Herstellerfirmen waren ebenso dramatisch wie jene, die wir in der Endbenutzergemeinschaft gesehen haben. Unternehmen, die nicht auf den PC reagierten, sahen ihr Marktsegment sich auflösen, als die Menschen den Wert der Schreibtischcomputer erkannten. Offene Systeme haben die gleiche Erosion im Computermarkt verursacht.

Computerfirmen haben sich den Workstations zugewandt, um ihre Reaktionsfähigkeit auf das Marktgeschehen zu verbessern. Die Lektionen, die im Automatisierungsprozeß gelernt wurden, haben sich ausgeweitet zu der Notwendigkeit, die Technologie zu nutzen, um Technologie zu schaffen. Mächtige Server im Netzwerk können Marktmodelle zur Verfügung stellen, die die Anforderungen der Anwender bestimmen und die Fähigkeit des Unternehmens, diese Anforderungen zu erfüllen. Analyse durch Expertensysteme ersetzt planlose Marktstudien. Diese Expertensysteme werden jetzt im Netzwerk angesiedelt.

Allianzen zwischen ehemaligen Konkurrenten stellen einen anderen positiven Effekt offener Systeme dar. Konkurrenten arbeiten zusammen, um zu demonstrieren, daß ihre Prozessoren sich mit anderen heterogenen Prozessoren verbinden lassen. Die Allianzen haben sich fortgesetzt bis zu groß angekündigten Kombinationen zu gängigen Produkten.

Ein anderes Gebiet der Kooperation sind die Konsortien, die gegründet wurden, um Industriestandards zu entwickeln und zu pflegen. Diese Bewegung zu Konsortien begann 1984 mit der Gründung der Open Unix Gruppe die 1987 zu X/Open wurde. Andere wichtige Konsortien folgten mit der Einführung der Corporation for Open Systems 1986. 1988 wurden die Open Software Foundation, das MIT X Konsortium und Unix International gegründet. Dieser Trend zur Kooperation hat sich fortgesetzt als Hersteller zusammenarbeiteten, um offene Systeme zu entwickeln.

Offene Systeme sind schwieriger zu verkaufen als PCs. Die Workstation und das Betriebssystem sind beide komplizierter als die einfache Hardware und Software, die man im PC findet. Integration ist ein wichtiger Faktor geworden, um sich in großen Unternehmen einen Ruf zu schaffen. Die Integration eines LANs mit Clients und Servern ist ein wichtiges Verkaufshilfsmittel für kleine Unternehmen. Die Verkaufsmannschaft muß über mehr Fertigkeiten verfügen und in der Literatur über offene Systeme bewandert sein.

Standardarchitekturen schaffen die Notwendigkeit, Produkte klar unterscheidbar zu machen. Diese Differenzierung basiert auf zusätzlichen Fähigkeiten und Funktionen, die innerhalb des Rahmens des Standards implementiert werden müssen. Komplettlösungen schließen Hardware, Betriebssystem,

Anwendung und die Integration in vorhandene Software ein. Der Hersteller muß mehr Zeit damit verbringen, die Bedürfnisse der Anwender zu verstehen und das vorhandene Netzwerk, das benutzt wird.

Die gewachsene Leistungsfähigkeit der Desktops wird die Hersteller vor die Aufgabe stellen, neue Anwendungen einzuführen, die tatsächlich die Fähigkeiten der Workstation ausschöpfen. Rechenintensive Programme können vielleicht den Erfolgsgrad eines Unternehmens erhöhen. Programme, die das Netzwerk effektiv nutzen, werden größeren Nutzen bringen als Programme für die individuelle Produktivität.

Bedeutende Veränderungen haben den Ansatz geändert, den der Hersteller wählen wird, um offene Systemlösungen zu verkaufen. Traditionelle Händler sind zu schlecht ausgestattet, um die Technologie einzuführen. Wiederverkäufer mit Mehrwert-Diensten werden davon profitieren, daß sie Erfahrung und Fähigkeiten mitbringen, um sich auf das Problem zu konzentrieren.

1.5 COMPUTERENTWICKLUNGEN

Viele Veränderungen, die man in offenen Systemen findet, werden von der fortschreitenden Evolution der Computer-Hardware verursacht. Die Evolutionsrate beschleunigte sich mit der Akzeptanz von PCs als grundlegendem Bestandteil der Unternehmensstrategie. Dramatische Verschiebungen setzen sich fort, da zusätzliche Leistungsfähigkeit immer preiswerter wird und die Halbwertzeit der Prozessoren sich verkürzt. Zur gleichen Zeit gab es eine breite Bewegung, mächtige Software auf Desktops einzusetzen und die Oberflächen zu standardisieren.

Die historische Vorgeschichte für den Wandel geht zurück bis auf die erste Einführung der Computer in den 50er Jahren. Ursprünglich leiteten die Großrechner das Computerzeitalter ein, und obwohl die Preise hoch waren und die Software kompliziert, stellten sie einen wesentlichen Gewinn bei der Lösung kaufmännischer Probleme dar. Zunächst wurden die Computer von Gruppen von Ingenieuren und Wissenschaftlern genutzt, aber schließlich breitete sich ihre Nutzung auch auf die kaufmännische Welt aus. Unternehmen gingen dazu über, sich auf zentrale Computer zu stützen und bildeten professionelle Teams, um Software zu schreiben und den täglichen Betrieb abzuwickeln. Informationssysteme reiften mit Großrechnern und standen im Zentrum der Entscheidungen in den 70ern. Zentralcomputer erfüllten die Anforderungen für die Kontrolle des Unternehmens und der Computer wurde ein natürlicher Bestandteil des Geschäfts. Oft wurde das Management der Computer den Finanzabteilungen übertragen, die sie als Ausweitung der Buchhaltung benutzten.

Großrechner spielen weiterhin eine wichtige aber abnehmende Rolle in der Datenverarbeitung. Ihre zentralen Datenschutzmechanismen machen sie wertvoll für den Schutz wichtiger Unternehmensdaten. Daten für Batchverarbeitungen befinden sich in vielen Unternehmen noch auf Großrechnern. Archivierte Information ist üblicherweise durch diese Prozessoren zugänglich. Großrechner finden eine neue Rolle als zentrale Server für sichere operationale und archivierte Daten in offenen Systemen.

Minicomputer wurden in der Mitte der 60er Jahre eingeführt, um Konstruktions- und wissenschaftlichen Abteilungen Autonomie zu gewähren, die lokale Rechnerkapazität benötigten. Die zentrale Verarbeitung wurde in die Abteilung verlagert, so daß Engpässe durch verteilte Verarbeitung ausgeschaltet werden konnten. Es war in dieser Zeit, daß der Begriff - wenn nicht die Wirklichkeit - der verteilten Verarbeitung überall benutzt wurde. Einzelne Abteilungen mußten Menschen finden, die Programme für die Minicomputer schreiben und sie bedienen konnten.

Minicomputer wurden von Konstruktions- und Herstellungsabteilungen breit genutzt, bevor sie von kommerziellen Organisationen akzeptiert wurden. Firmen, die sich keine Großrechner leisten konnten, verwandten Minicomputer als preiswerte Möglichkeit der Datenverarbeitung. Für kommerzielle Anwendungen benutzten viele dieser Computer so einfache Sprachen, daß Programmierer eingestellt werden konnten, die nichts als einen Highschool-Abschluß besaßen. Minicomputer wurden als Server mit PCs benutzt und in offenen Systemumgebungen haben sie immer noch die Fähigkeit, mehrere Clients zu unterstützen.

Die Einführung des PCs 1975 leitete eine andere Ära der Datenverarbeitung ein. Preiswerte Datenverarbeitung wurde für einzelne Beschäftigte möglich und die Rolle der Informationssysteme war bedroht. Firmen, die sich keine Minicomputer leisten konnten, konnten sich PCs leisten. Was noch wichtiger war: preiswerte Anwendungen wurden eingeführt, die PCs in „Maschinensäle auf dem Schreibtisch" verwandelten. Einfache Techniken verbanden die PCs untereinander und schließlich mit speziellen Servern. Lokale Netze wurden eingeführt, um die Verbindung zwischen diesen unterschiedlichen Boxen zu erleichtern.

Der PC bereitete die Einführung offener Systeme vor. Sowohl die Hardware wie die Software für den PC war generell offen, mit der Ausnahme weniger proprietärer Architekturen. Die Menschen wurden vertraut mit der auf Knopfdruck verfügbaren Datenverarbeitung und genossen die Freiheit, ihre eigenen Geschwindigkeitsmaßstäbe zu setzen. Der schnelle Erfolg des PC resultierte in höherer Arbeitsgeschwindigkeit auf den Desktops als bei den Stationen am Zentralrechner. Wissenschaftler und Ingenieure waren die ersten Benutzer, aber die Wirtschaft folgte schnell. Robuste Anwendungen machten ihn zu einem Werkzeug, das in allen Abteilungen genutzt werden konnte. Viele Firmen akzeptierten den PC früh als primäres Werkzeug für das Unternehmen und entwarfen Programme, um die Verbindung zwischen den PCs und größeren Rechnern zu erleichtern.

PCs beeinflußten nicht nur die individuelle Leistungsfähigkeit, sie etablierten auch ein neues Preisgefüge für die Technologie, das die Unternehmenssicht der Datenverarbeitung veränderte. Zusätzliche Leistungsmerkmale konnten auf PCs für relativ wenig Geld eingeführt werden. Viele Organisationen benutzten den PC als Vehikel für die Einführung neuer Technologie.

Offene Systeme bauten auf der vorangehenden Technologie auf, doch um 1985 wurde eine neuer Wandel in der Datenverarbeitung offensichtlich. Erweiterte Desktop-Computer kombiniert mit lokalen Netzwerken boten eine technische Umgebung für allgemeine Protokolle. Zur gleichen Zeit mehrten sich die Stimmen von Anwendern über die Notwendigkeit, Gemeinsamkeiten zu definieren und proprietäre Systeme zu reduzieren. Weder das Wachstum der Leistungsfähigkeit der Desktops noch die Verknüpfung durch Netzwerke waren Überraschungen, doch die starke Unterstützung der Anwendergemeinschaft überraschte viele Beobachter. Bis zu diesem Zeitpunkt war die Akzeptanz proprietärer Architekturen in den meisten Unternehmen selbstverständlich.

Das heterogene Umfeld, das offene Systeme ausmacht, setzt Standards voraus, die auf alle Hersteller angewandt werden konnten. Die Standards entwikkelten sich aus herstellerspezifischen Definitionen und lieferten die Lösungen, nach denen die Anwender suchten. Standards halfen, die Konkurrenz zu vergrößern, da neue Firmen an den Lösungen der Industrie partizipieren konnten. Server folgten den gleichen für Desktops definierten Standards und wurden ein anderer Knoten im vollständigen Netzwerk.

Jede nachfolgende Generation von Computern baute auf dem Erfolg der vorhergehenden Generation auf. Vom Großrechner zum PC hat eine reiche Erbschaft jede nachfolgende Maschine leistungsfähiger als ihre Vorgänger gemacht. Indem Fehler vorangegangener Generationen behoben wurden, wurde mächtige Hard- und Software gebaut, die das Wachstum erleichterte. Verbindungen zwischen den verschiedenen Rechnergenerationen stellen sicher, daß die Fülle des vorhandenen Codes beibehalten werden kann, während neue Möglichkeiten der Datenverarbeitung geschaffen werden.

Das Management von Computern war abhängig von der Anpassungsfähigkeit an spezialisierte Verarbeitungen. Wir haben uns vom strikten zentralen Management wegbewegt zu der Verteilung von Funktionen zwischen Großrechnern und Minicomputern. Die PCs schufen eine zusätzliche Betonung der individuellen Produktivität und verlagerten die Betriebsverantwortung auf die Endbenutzer.

Jede Form der Datenverarbeitung hat neue Möglichkeiten geschaffen und neue Begrenzungen, die das Ergebnis der Anwendung neuer Technologie sind. Begrenzungen werden von den Bedürfnissen der Organisation ebenso erzwungen wie von der Technologie. Systementwürfe begrenzen neuere Technologien, da kreative Vorstellungskraft es ermöglicht, Systeme an neue Leistungsgrenzen zu treiben.

1.6 FOLGERUNGEN

Pläne für offene Systeme sollten eine Anzahl Punkte berücksichtigen, die wichtig sind für die Einschätzung von Technologien und deren Beziehung zu Ihrem Unternehmen. Offene Systeme bieten einzigartige Optionen für große und kleine Unternehmen, um schnell zu reagieren und in einer globalen Ökonomie konkurrieren zu können. Lösungen, die einst große Computer erforderten, können effektiv auf Kombinationen kleinerer Prozessoren laufen. Billigere Computer wurden ein Agent des sozialen Wandels am einzelnen Arbeitsplatz und ein Werkzeug, daß es Entwicklungsländern erlauben kann, technologische Probleme zu lösen.

Offene Systeme führen zu einer neuartigen Komplexität in der Informationstechnologie eines Unternehmens. Neue Paradigmen des Systemmanagements werden erforderlich sein, um verteilte Funktionen in existierende Unternehmensmodelle zu integrieren und komplexe offene Systeme zu kontrollieren. Viele Paradigmen werden von Technologie abgeleitet werden, die bisher im Computermanagement nicht benutzt wurde; vielleicht werden die Vorstellungen dem Management vieler Prozessoren in einem Parallelcomputer entlehnt. Offene Systeme werden Lehren aus anderen Naturwissenschaften ziehen, die hilfreich für das Management der Vielzahl von Netzwerkkomponenten sein können.

Die Unternehmen erreichten durch die Benutzung offener Systeme eine Flexibilität, die zu neuen geschäftlichen Möglichkeiten führte. Hersteller können ausgewählt werden, weil sie die beste Lösung bieten können und nicht einfach aufgrund ihrer Marktüberlegenheit. Große Unternehmen gewinnen das meiste durch die Skalierbarkeit ihrer Lösungen, aber auch kleine Unternehmen gewinnen durch den schnellen Zugang zu Informationen und verkürzte Datenflüsse. Wenn Wachstum eintritt, wird die Zahl der Benutzer wachsen und die Datenverarbeitungsumgebung kann mitwachsen. Offene Systeme haben die Fähigkeit zu wachsen und reflektieren so die gewachsenen Bedürfnisse von mehr Benutzern und ihre erhöhten Datenanforderungen. Skalierbarkeit ist wichtig für die Anwendung einer Lösung in mehreren Büros, die sich in Größe und Supportkapazität unterscheiden.

Wenn Benutzer dazukommen, müssen das Netzwerk und der Server die Möglichkeit zur Vergrößerung und Anpassung an den wachsenden Bedarf bieten. Die Plattenkapazität muß erweiterbar sein, um zusätzliche Benutzer zu unterstützen. Ebenso wichtig ist es, daß das System so flexibel ist, daß die Anzahl der Verbindungen vergrößert werden kann, ohne daß der laufende Betrieb gestört wird. Offene Systeme erlauben eine Aufteilung der Arbeit, die einen natürlichen Ansatz für objektorientierte Systeme bietet. Die Benutzung objektorientierter Systeme wird sowohl den Entwicklungs- wie den Wartungsprozeß weiter beschleunigen.

Die Einführung offener Systeme wird neue Herausforderungen bringen, wenn sie mit existierenden Systemen zusammengefaßt werden. Neue Systemmodelle werden wichtig für die Definition der Arbeitsweise des Unternehmens werden. Die wirkliche Herausforderung offener Systeme ist jedoch keine technische sondern eine des Managements. Da offene Systeme noch relativ jung sind, beginnt der Grundstock empirischen Wissens erst zu wachsen. Dieses Wissen beginnt mit mit einem Verständnis der Technologie und bewegt sich schnell auf Fragen des Managements zu. Welches sind die Merkmale, die einige Unternehmen erfolgreich offene Systeme entwickeln ließen, während andere daran scheiterten? Gibt es Verfahren, die man anwenden kann, um dem Management zu helfen, offene Systeme zu entwickeln und zu installieren? Welche Techniken sollten angewandt werden, um die Einführung voraussehbarer Technologie zu erleichtern?

Der Rest dieses Buches untersucht die Grundlagen offener Technologie und beschreibt, wie sie in spezifische Verarbeitungsmodelle umgesetzt wurde. Das Buch wird Ansätze untersuchen, die benutzt wurden, um offene Systeme mit Altsystemen zu verbinden. Noch wichtiger: das Buch wird Wandlungsprozesse untersuchen, die möglich werden und notwendig erscheinen für die erfolgreiche Nutzung offener Systeme.

LITERATUR

Berstein Research (written by Mark D. Stahlman), *The Desktop Computer Market*, Stanford C. Berstein & Co. Inc., New York, January 20, 1989.

William M. Bluestein, *Computing Strategy Report: The Politics of Technology*, Forrester Research, Cambridge, MA, September 1991, p. 2.

Michael L. Dertouzos, Richard K. Lester, and Robert M. Solow, *Made in America: Regaining the Productive Edge*, MIT Press, Cambridge, MA, 1989.

Robert Johansen with contributions by Jeff Charles, Robert Mittman, and Paul Saffo, *Groupware: Computer Support for Business Teams*, The Free Press, New York, 1988.

C. H. Kriebel, „Understanding the Strategic Investment in Information Technology", from *Information Technology and Strategic Management*, edited by K. Laudon and J. Turner, Prentice Hall, Englewood Cliffs, NJ, 1989, pp. 106-118.

Doug Millison, „Banking on UNIX", *CommUNIXations*, September 1991, pp. 15-22.

Michael S. Scott Morton (editor), *The Corporation of the 1990's: Information Technology and Organizational Transformation*, Oxford University Press, New York, 1991, pp. 4-5.

Heinz R. Pagels, *The Dreams of Reason: The Computer and the Rise of the Sciences of Complexity*, Bantam Books, New York, 1989, p. 145.

Bruce Stannard, *Stars & Stripes: The Official Record*, photos by Margarita Bottini, Daniel Forster, Dan Nerney, Stanley Rosenfeld, and Dennis Conner, Sports Inc. San Diego, CA, 1987.

2

Merkmale offener Systeme

Unternehmen wählen Computersysteme, um Tätigkeiten zu ermöglichen, die entweder nicht manuell durchgeführt werden könnten oder die preiswerter oder genauer mit Computern erledigt werden können. Jede Implementation hat Merkmale, die ihre Stärken kennzeichnen, wenn man sie mit konkurrierenden Alternativen vergleicht. Als Benutzer suchen wir nach den Merkmalen, die offene Systeme einzigartig und profitabel für unser Unternehmen machen. Dieses Kapitel untersucht die Qualitäten und Merkmale, die Benutzer von diesen Systemen erwarten können.

Offene Systeme haben Merkmale, die in unterschiedlichen Installationen verglichen werden können. Jedes Merkmal repräsentiert einen Vorteil, den Manager erwarten können, wenn sie die Technologie einführen. Da weitere Hersteller offene Systeme unterstützen, ist es gut, ihre Implementationen gegen objektive Kriterien zu prüfen, die für alle Hersteller entwickelt wurden. Die Merkmale können als Checkliste benutzt werden, um den Grad der Unterstützung offener Systeme zu bestimmen. Benchmarks* können benutzt werden, um diesen Grad einzuschätzen, aber die Benchmarks müssen sorgfältig konstruiert und benutzt werden. Viele werden die Konformität zu offenen Systemen beanspruchen, aber nicht jeder kann seine Behauptungen auch demonstrieren.

2.1 KOMPONENTEN OFFENER SYSTEME

Ein wichtiges Element der Informationsverarbeitung mit offenen Systemen ist die Client/Server-Architektur. Offene Systeme sind um ein Verarbeitungsmodell gebaut, das Client/Server-Konfigurationen voraussetzt, wie sie in Abbildung 2.1 gezeigt werden. Die vier Elemente, die benutzt werden, um die meisten Client/Server-Systeme zu bauen, sind Clients, Server, das Netzwerk

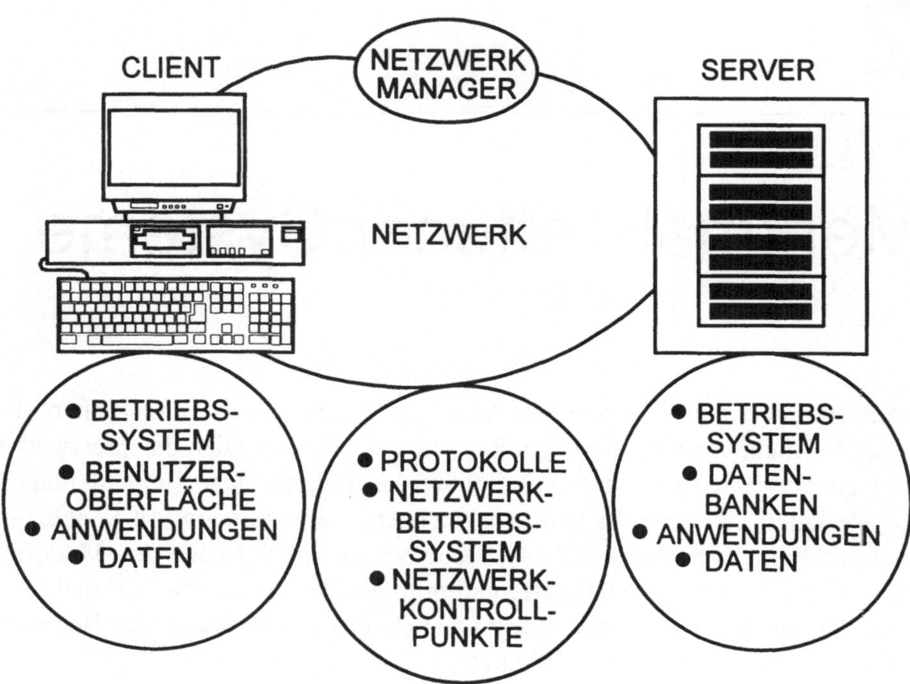

Abbildung 2.1   Client/Server-Komponenten

oder die Netzwerke und die Netzwerk-Management-Software. Sowohl Funktionen wie Daten sind auf die aktiven Knoten des Netzwerks verteilt. Die Architekturlösungen beinhalten Kontrollelemente, die unterschiedliche Elemente innerhalb des Systems effektiv steuern können.

Client/Server-Verarbeitung kann benutzt werden, um die Arbeit auf verschiedene Computer aufzuteilen. Anwendungen können sich entweder auf dem Client auf dem Schreibtisch befinden oder sie können von mehreren Schreibtischcomputern gemeinsam auf dem Server benutzt werden. Als Modell stellt dies einen klaren Ansatz für die Lösung der Inselprobleme in der Automation dar.

Clients sind Programme, die Dienste von anderen Programmen anfordern, oder sie sind die Computer, die den Dienst anfordern. Clients können sich in anderen, vom Server getrennten, Computern befinden oder auf dem gleichen Prozessor. Sowohl Clients wie Server können unterschiedlich mächtige Verarbeitungskapazitäten aufweisen. Computer für die Entwurfstätigkeiten von Ingenieuren werden üblicherweise größere Fähigkeiten bei Fließpunktzahlen und Grafik haben als Clients, die in einfachen kaufmännischen Anwendungen benutzt werden. Die Einführung von fortgeschrittener Geschäftsgrafik hat allerdings den Bedarf für Fließpunktoperationen und spezielle Grafikmaschinen in spezialisierten kaufmännischen Umgebungen erhöht.

Typischerweise wurden als frühe Clients auf dem Schreibtisch PCs benutzt, die immer noch weit verbreitet sind. Mit den Wandlungen der Technologie gab es einen Wechsel zu mächtigeren Workstations für komplexe Anwendungen. Preiswertere X-Terminals* wurden eingeführt, wo ein hoher Grad der Kontrolle durch das Management benötigt wird oder es wenig Bedarf für die mächtigere Workstation-Lösung gibt. Die wachsende Benutzung von tragbaren Computern hat den Remote*-Client gebracht.

Server sind Programme, die auf Anfragen nach gemeinsam benutzten Diensten antworten oder sie sind die Computer, die diese Dienste zur Verfügung stellen. Der Server stellt gemeinsam benutzte Funktionen zur Verfügung wie etwa den Datenbankzugriff für mehrere Clients. Hochgeschwindigkeitsgrafik, Bildverarbeitung und spezielle Ein-/Ausgabe-Möglichkeiten erweitern die Bandbreite der Fähigkeiten moderner Server. Eine einfache Form der Navigation in multiplen Datenbeständen kann innerhalb des Servers vorhanden sein, die es ermöglicht, auf Daten in unterschiedlichen Betriebsmodi zuzugreifen. Der Server beherbergt auch die Anwendungen, die von mehreren Clients gemeinsam genutzt werden.

Server begannen traditionellerweise als erweiterte PCs und wandelten sich zu spezialisierteren Prozessoren. Server größerer Kapazität haben die Rolle übernommen, die einst von Minicomputern gespielt wurde. Großrechner arbeiten gut als Server in Installationen, wo große Bestände an Altsoftware vorhanden sind oder wo spezielle Erfordernisse die Fähigkeiten von Mainframes* erfordern.

Server basieren auf traditionellen Bausteinen und schaffen eine Betriebsumgebung, die spezialisierte Funktionen unterstützt. Die Kontrollfunktionen der Betriebssysteme werden mit Datenbankmanagement-Routinen kombiniert, um Datenhandling und Sicherheitsfähigkeiten zur Verfügung zu stellen.

Das Netzwerk ist das dritte betrachtete Element. Das Netzwerk besteht aus physischen Verbindungen und Software, die diese Verbindungen unterstützt. In seiner einfachsten Form besteht ein Netzwerk aus Verdrahtung, Schaltkästen, Adaptern und der Software, die die Verbindung zwischen den Prozessoren erleichtert. Die Einführung nicht drahtgebundener Verbindungen hat den Bedarf für physikalische Verdrahtungen reduziert aber die Notwendigkeit für Kommunikationsfähigkeiten in anderen Komponenten des Netzwerks erhöht. Das Netzwerk definiert die transparenten* Dienste, die der Benutzerschnittstelle zur Verfügung stehen. Netzwerke können logisch betrachtet werden als

Komponenten, die zwischen den verschiedenen Clients und Servern angesiedelt sind.

Das vierte in den meisten Netzwerken zu findende Element ist das Netzwerkmanagement. In den einfachsten Netzwerken sind die Verwaltungsroutinen relativ primitiv. Leistungsfähige Netzwerke bieten Möglichkeiten, die den Betrieb des Netzwerks für den benötigten Arbeitszyklus garantieren. Netzwerkmanagement-Routinen testen die Stabilität des Netzwerks und bieten Zugriff auf Änderungen und Modifikationen. Die Netzwerkmanagement-Routinen helfen, die Integrität des Systems und die unterbrechungsfreie Produktion sicherzustellen. Netzwerkmanagement-Routinen untersuchen die Korrektheit der Verbindungen zwischen den unterschiedlichen Prozessoren und Anwendungen. Die Routinen erleichtern den Transport von Informationen zwischen den Prozessoren, indem sie Korrektheit sicherstellen.

Eine Überprüfung der verschiedenen Komponenten wird zeigen, daß es viele gemeinsame Züge in den verschiedenen Elementen offener Systeme gibt. Betriebssystem- oder Kontrollcode ist grundlegend für jedes Element des Netzwerks. Obwohl dieser Kontrollcode in seiner Komplexität variieren wird, ist er für jeden Prozessor notwendig. Anwendungen werden ebenfalls für unterschiedliche Komponenten des Netzwerks entwickelt. Später werden wir die richtige Plazierung für unterschiedliche Anwendungen untersuchen, aber es sollte deutlich werden, daß unterschiedliche Teile von Lösungen auf den Knoten des Netzes verteilt sein können. Allgemeine Anwendungsfunktionen können auf Servern verarbeitet werden und spezifische Endbenutzeranwendungen können auf dem Client ablaufen.

Die Modularität offener Systeme erlaubt eine effektive Aufteilung der Anwendungsentwicklung. Anwendungen, die stark mit dem Benutzer interagieren, residieren auf den Clients; jene, die zwischen mehreren Benutzern geteilt werden können, werden für Server codiert. Die Verfügung über die Daten kann ebenfalls zwischen Clients und Servern aufgeteilt werden, abhängig vom optimalen Ort für die Datenhaltung. Lokale Daten geben Endbenutzern einen hohen Grad der Autonomie während Serverdaten die lokale Verantwortung reduzieren und mehreren Benutzern dienen.

Alle Benutzerschnittstellen können auf den Clients angesiedelt sein und optimiert werden, um mit der wachsenden Leistungsfähigkeit von Prozessoren und grafischen Geräten bedeutsame Fähigkeiten zu ermöglichen. Die volle Ausnutzung der verschiedenen Funktionen innerhalb des Systems kann den Endbenutzer mit zusätzlichen Möglichkeiten ausstatten. Der Benutzer kann jede Komponente innerhalb des Netzwerks ohne Unterbrechung erreichen. Die Schnittstellen offener Systeme erlauben es jedem Benutzer, mit systemweiten Anwendungen auf eine transparente Weise zu interagieren, die den tatsächlichen Ort spezifischer Anwendungen oder Daten verbirgt. Durch die gewachsene Leistungsfähigkeit von Schreibtischcomputern haben viele Clients extensive Verarbeitungsmöglichkeiten und bieten daher umfassende Ausführungsumgebungen für Programme. Die Speicherkapazität von Client-Prozessoren ist weiter gewachsen und die Menge an Daten, die auf dem Schreibtisch gehalten werden können, wächst weiter.

Der Netzwerkmanager kann in einem der Knoten des Netzwerks residieren. Jede Netzwerkkomponente sammelt Statusinformationen, die den Netzwerkmanager mit Daten versorgen, um verschiedenen Probleme innerhalb des Netzwerks festzustellen und zu korrigieren. Die Zusammenfassung der Daten geschieht innerhalb des Netzwerkmanagers, der Statusinformationen bereithält und Korrekturvorgänge automatisch initiiert.

Sicherheit muß korrekterweise für alle Elemente des Client/Server-Systems betrachtet werden. Sie beginnt als Strategie für das Unternehmen, das die Rolle der unterschiedlichen Elemente des Systems definiert. Da Sicherheit nur so stark sein kann wie die schwächste Verbindung im Netzwerk beginnt sie im Kern des Betriebssystems, das auf Client oder Server benutzt wird. Es ist notwendig, die unterschiedlichen Anforderungen an offene Systeme auszubalancieren, um einen freieren und leichteren Zugang zu Systemkomponenten zu garantieren und doch ein geschlossenes und sicheres System zu erhalten.

2.1.1 Clients

Clients sind der natürliche Brennpunkt für Benutzerschnittstellen und lokale Anwendungen, die eine stärkere Benutzerinteraktion verlangen. Die gestiegene Verarbeitungskapazität, gekoppelt mit preiswerten Speichern hoher Kapazität haben Clients zum natürlichen Ansatzpunkt für extensive lokale Programmierung gemacht. Der erste Kandidat für die Verarbeitung auf dem Client ist die grafische Benutzeroberfläche („Graphic User Interface" GUI), die Interaktion mit dem Endbenutzer benötigt. Eine Schlüsselrolle spielt die Ersetzung von traditionellen Textinformationen durch grafische Oberflächen. Viele Untersuchungen haben gezeigt, daß Anwender mit GUIs mehr Arbeit erledigen können als Beschäftigte, die traditionelle Textkommandos benutzen. Die weite Akzeptanz von GUIs hat die Bedeutung des Clients als natürlichem Ort für die Erfüllung von Aufgaben verstärkt.

Die gewachsene Leistungsfähigkeit von Schreibtischcomputern und ihr Einsatz als Clients resultierte in einer Aufteilung der Arbeit. Anwendungen, die auf dichter Interaktion mit dem Endbenutzer beruhen, können auf den Client übertragen werden. Standardanwendungen wie Textverarbeitung, Tabellenkalkulation und lokale Datenbanken sind die ersten natürlichen Kandidaten für Clients. Aber auch viele geschäftsspezifischen Anwendungen profitieren von der Plazierung auf dem Client, da moderne Clients mächtige Prozessoren sind, die aufwendige Anwendungsprogramme wie Simulation oder regelbasierte Verarbeitung unterstützen können.

PCs wurden früh als natürliche Clients angesehen, da sie leicht zu benutzende Schnittstellen mit wachsender Leistungsfähigkeit kombinierten. PCs unterstützten spezielle Kommunikationsadapter, die ihre Verbindung zu unterschiedlichen Netzwerkprotokollen erleichterten. Umfangreiche Softwareunterstützung wurde eingeführt, um PC-Schnittstellen als natürliche menschliche Werkzeuge erscheinen zu lassen.

Weitere Verbesserungen der Leistungsfähigkeit führten zur Einführung von Workstations und noch weitergehenden Fortschritten bei Benutzerschnittstellen. Visualisierungsanwendungen wurden auf den stärkeren Workstations eingeführt. Visualisierung benutzt grafische Fähigkeiten, um Daten als dreidimensionale Bilder darzustellen. Wissenschaftliche Visualisierung erlaubt Wissenschaftlern und Ingenieuren eine dreidimensionale Sicht auf üblicherweise numerische Daten. Visualisierung hat die Geschäftswelt erreicht seit Programme die Analyse numerischer Daten und ihre Darstellung in einem dreidimensionalen Format erlauben.

Clients haben jetzt allmählich genug Verarbeitungskapazität für die Übertragung von Expertensystemen direkt auf den Schreibtisch. Wissensassistenten auf Schreibtischcomputern sind möglich, die dem einzelnen Angestellten bei der Definition und dem Verständnis von Informationen helfen. Zum Beispiel ist ein Ingenieurassistent ein Expertensystem auf einem Client, das lokale und generelle Richtlinien für die Ingenieurstätigkeit enthält. Das Expertensystem kann dem Entwickler interaktive Unterstützung geben, die Entwurf und Test erleichtert.

Die gewachsene Leistungsfähigkeit von tragbaren Computern hat eine Umgebung geschaffen, in der Clients mitgenommen und an jedem Ort eingesetzt werden können. Tragbare Computer sind jetzt für alle wichtigen Rechnerarchitekturen erhältlich. Der mit dem Netzwerk verbundene Client kann sich weit entfernt vom geographischen Ort des Servers befinden. Die Verbindung erfolgt durch Telefonleitungen, die mit dem System verbunden sind, oder in einigen Fällen durch Funkverbindungen. Mit Notebooks, Palmtops und anderen tragbaren Computern ist Datenverarbeitung überall möglich.

2.1.2 Netzwerkdienste

Das Client/Server-Netzwerk basiert auf lokalen Verbindungen der Arbeitsplätze. Diese Verbindungen sind als lokale Netzwerke (LANs) bekannt und werden durch direkte Drahtverbindungen hergestellt. Lokale Verbindungen können in ein Fernnetz eingebunden sein, das entfernte Orte wie Städte miteinander verbindet. Netzwerke haben Eigenschaften, die beachtet werden müssen, wenn ein komplettes System geschaffen wird.

Ein wichtiges Merkmal ist die Sicherheit, die über die typischen Grenzen der Computerhardware ausgedehnt wird und das gesamte Netzwerk umfaßt. Ein anderes wichtiges Element ist die Fähigkeit, das Netzwerk durch Software und Hardware zu verwalten. In seiner Eröffnungsrede auf der COMDEX 1991 wies Andy Grove, der Vorsitzende von Intel, auf die wachsende Leistungsfähigkeit und Vielfalt von Netzwerken hin. Das Wachstum von fast 2 Millionen Netzwerken 1991 auf geschätzte 10 Millionen bis 1995 schafft verstärkten Druck für den Support. Heute benötigt jedes LAN einen eigenen Verwalter. Wenn diese Gleichsetzung bis 1995 gilt, wird es einen Bedarf für 11 Millionen Netzwerkadministratoren mit einem Finanzbedarf von einer halben Billion Dollar geben (Grove, 1991). Offensichtlich liegt die Antwort in der Anwendung von Technologie für die Verwaltung von Netzwerken. Eine Reihe von Unternehmen hat angekündigt, daß sie an automatisierter Netzwerkverwaltung arbeiten.

Die Einführung von intelligenten Karten, die ausführlichere Informationen enthalten als die typischen Passworte, gibt zusätzliche Sicherheit gegen erfahrene Hacker. Diese intelligenten Karten können für ausgeweitete Sicherheitssysteme benutzt werden aber sie können vielleicht auch einen höheren Grad der Datenportabilität ermöglichen.

2.1.3 Server

Die Computerindustrie unterliegt einem Wandel von zentralen Mainframes zu offenen Systemen. Mit diesem Wandel bilden sich neue Rollen für Server heraus, die den Trend in der Computerleistungsfähigkeit widerspiegeln. Datenserver konzentrierten sich früher auf textuelle Information. Anwendungen offener Systeme schließen Mischformen von Daten ein, die Text, Bilder, Video und Audio beinhalten. Die Integration dieser unterschiedlichen Speichertechniken führt zu Wissensservern und schließlich zu Wissensdatenbanken.

Ausgabeserver unterstützen statt einfachen Druckern jetzt komplexe Drucker und Plotter. Veränderungen bei den Medien resultierten in Servern, die benutzt werden können, um Animationen auf Videogeräten zu produzieren.

TPS		MIPS
400-1000	Groß- & Parallelrechner AMDAHL, IBM, MASPAR, NCUBE	60-3000
100-400	Hochleistungsserver SEQUENT, PYRAMID, HP 870, VAX 9000, RISC-RECHNER	50-500
30-100	Mittlere Server SUN, HP, DEC, IBM, AT&T, AUSPEX, ALTOS, PARALLEL, HYPERSERVER	10-50
2-30	Einfache Server 386/486 PCs, NOVELL	2-10

Abbildung 2.2   Leistungsbereiche offener Server

Es gibt eine Bewegung zu Multimedia-Servern, die einzigartige Formen der Computerausgabe erzeugen.

Rechenserver unterlagen ebenfalls einem Wandel von der Bereitstellung spezifischer Algorithmen für Ingenieursaufgaben zu vollständigen mathematischen Fähigkeiten. Moderne Rechenserver schließen jenseits einfacher Berechnungen Entscheidungsalgorithmen ein, die Expertensystemroutinen oder neuronale Verfahren benutzen. Die Server wandeln sich zu Komplettlösungen, die eingebettete Aufrufe zu leistungsfähigeren Prozessoren benutzen, wenn es notwendig ist. Die Geschwindigkeit dieser Funktionsverschiebungen wird bestimmt von der Verfügbarkeit der notwendigen Hardware, Software und der Werkzeuge innerhalb des Netzes. Die volle Nutzung von Wissensdatenbanken wird zum Beispiel Fähigkeiten verlangen, die zur Zeit noch nicht in Netzwerken zur Verfügung stehen.

Serverhardware existiert in einer Anzahl Konfigurationen unterschiedlicher Performance, wie Abbildung 2.2 zeigt. Offene Server mit niedriger Geschwindigkeit benutzen PCs mit einem Performancebereich von 2 bis 30 Transaktionen pro Sekunde (TPS). Server mittlerer Leistungsfähigkeit führen redundante Datenhaltung und Fehlertoleranz ein und stellen Transaktionsra-

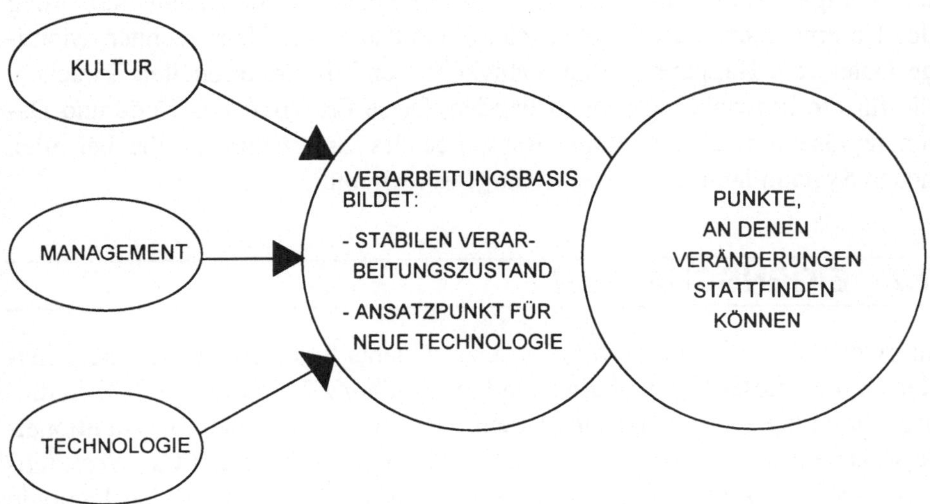

Abbildung 2.3   Altsysteme

ten bis zu 100 Transaktionen pro Sekunde zur Verfügung. Hochleistungsserver benutzen spezielle Prozessoren, wie die von Sequent oder Hewlett Packard, mit Leistungen bis zu 400 TPS. Größere Computer, wie massiv parallele Prozessoren, können Serverfunktionen mit Geschwindigkeiten über 1000 TPS zur Verfügung stellen.

Die leistungsfähigste Serverhardware benutzt mehrfach parallele Prozessoren, die Leistungen weit über 1000 Transaktionen pro Sekunden erreichen können. Diese Prozessoren bedienen sehr große Datenbanken mit der Fähigkeit zu kurzen Antwortzeiten. Da die größeren Prozessoren sich an offene Systemstandards halten, ist es möglich, ein System zu entwerfen, das - basierend auf Geschwindigkeitsanforderungen - transparent mit Servern verbunden ist, ohne Schnittstellen ändern zu müssen. Dies ermöglicht eine weitgehende Skalierbarkeit für die Unternehmensanwendungen.

Der Wechsel zu Standardschnittstellen bietet Vorteile. Gruppen von Minicomputern und Mainframes sind besonders reich an Funktionen, die in den letzten 30 Jahren entwickelt wurden. Mit der Nutzung von Standardschnittstellen können diese Prozessoren nun aktive Teilnehmer an Netzwerken offener Systeme werden. Große Server wie IBM Mainframes oder sehr große Datenbankmaschinen dienen als Datenhaltungssysteme für die kritischen Informationen des Unternehmens.

Mainframes enthalten große Mengen von gewachsenem Code und Daten, die für das Unternehmen für viele Jahre kritisch bleiben werden. Altsysteme, wie in Abbildung 2.3 dargestellt, enthalten den Kernbestand von Code, Daten und Fähigkeiten, der über die Jahre als Grundlage für die Datenverarbeitung des Unternehmens entwickelt wurde. Sie enthalten die Hauptrechner, wichtige Daten, die Hauptnetzwerke, Fähigkeiten und die traditionellen Sprachen, die für die Entwicklung benutzt wurden. Diese Erbschaft von Code und Daten repräsentiert eine wichtige Ressource des Unternehmens, die bei allen neuen Systemplanungen berücksichtigt werden muß.

2.2 EIGENSCHAFTEN

Individuelle Merkmale helfen, zwischen Clients und Servern zu unterscheiden. Einige dieser Eigenschaften sind in Abbildung 2.4 zu finden. Wie in dieser Abbildung zu sehen ist, sind Clients eingesetzte Computer, die traditionellerweise auf dem Schreibtisch stehen. Üblicherweise sind es PCs, Workstations oder X-Terminals, aber mit der ausgedehnten Benutzung der Technologie portabler Computer können Clients auch Notebooks, Laptops oder sogar Palmtop-Computer sein. Auf Clients laufen Anwendungen, die die Benutzeroberfläche unterstützen, Teile einer verteilten Datenbank enthalten und die Verbindungen zum Netzwerk zur Verfügung stellen. Sicherheitsüberlegungen beginnen beim Client aber sie sind ein wichtiger Gesichtspunkt für das gesamte Netzwerk.

Das Netzwerk besteht aus Kommunikationshardware und -software, die die verschiedenen Einheiten eines offenen Systems miteinander verbinden. Wenn wir das Netzwerk untersuchen, stellen wir fest, daß es eine Mischung enthält aus sowohl funktionalen Prozessoren wie auch die Verdrahtung oder andere Kommunikationsverbindungen. In wachsendem Maße wird das Netzwerk drahtlos sein durch die Benutzung von Funk- oder Infrarot-Kommunikationstechniken.

Server stellen gemeinsam benutzte Funktionen zur Verfügung, die von mehreren Clients benutzt werden. Server können Funktionen haben, die Ein- und Ausgabe, Datenhaltung oder die Ausführung besonderer Programme einschließen. In einem verteilten Netzwerk mögen spezielle Prozessoren die Funktion von Namensservern übernehmen, um die Suche über das gesamte Netzwerk zu erleichtern. Obwohl die Mehrzahl der Server mit einem Prozessor arbeiten wird, werden viele die Robustheit von Fehlertoleranz benötigen.

Einige Eigenschaften lassen sich in allen Komponenten des Netzwerks finden. Sicherheit, Datenintegrität und Flexibilität sind Merkmale, die alle Elemente eines offenen Systems beeinflußen. Sicherungs- und Wiederanlaufmechanismen sind ebenfalls auf allen Knoten des Netzwerks vorhanden. Für robustere Server werden hohe Anforderungen an die Verfügbarkeit gestellt.

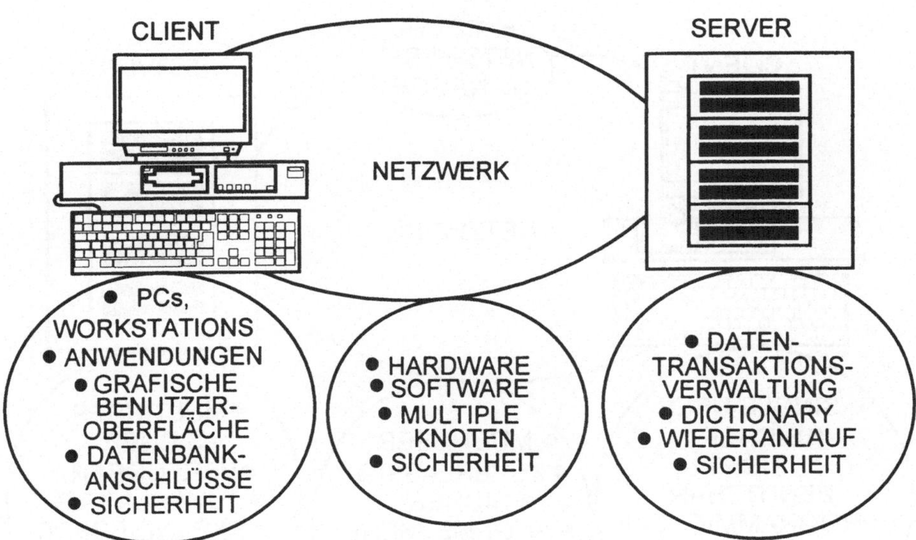

Abbildung 2.4   Client/Server-Eigenschaften

Drei Aspekte von Software versinnbildlichen die Notwendigkeit unterschiedliche und verteilte Prozessoren zu unterstützen. Portabilität, Skalierbarkeit und Interoperabilität sind Merkmale moderner Datenverarbeitung, die bei jedem Element des offenen Systems zu finden sein müssen. Portable Software kann über die unterschiedlichen Knoten der Topologie offener Systeme bewegt werden, ohne daß Unterschiede in der Hardware oder dem Betriebssystem besonders berücksichtigt werden müssen. Die Softwareanwendung erzielt identische Resultate, ganz gleich, ob sie sich auf einem PC, einer Workstation oder einem hochentwickelten Server befindet.

Skalierbarkeit ermöglicht Installationen, die es erlauben, Anwendungslösungen in unterschiedliche Umgebungen zu verlagern. Dies schließt eine Verlagerung auf Computer unterschiedlicher Größe oder auf unterschiedliche Elemente innerhalb des Netzwerks ein. Auf gemeinsame Daten kann von der skalierbaren Lösung zugegriffen werden, gleich ob vollständige Zugriffsmöglichkeiten existieren oder nicht. Interoperabilität erlaubt es der offenen Lösung mit den existierenden Programmen zusammenzuwachsen. Interoperabilität erlaubt es unterschiedlichen Prozessoren mit Code aus den Altanwendungen zusammenzuarbeiten.

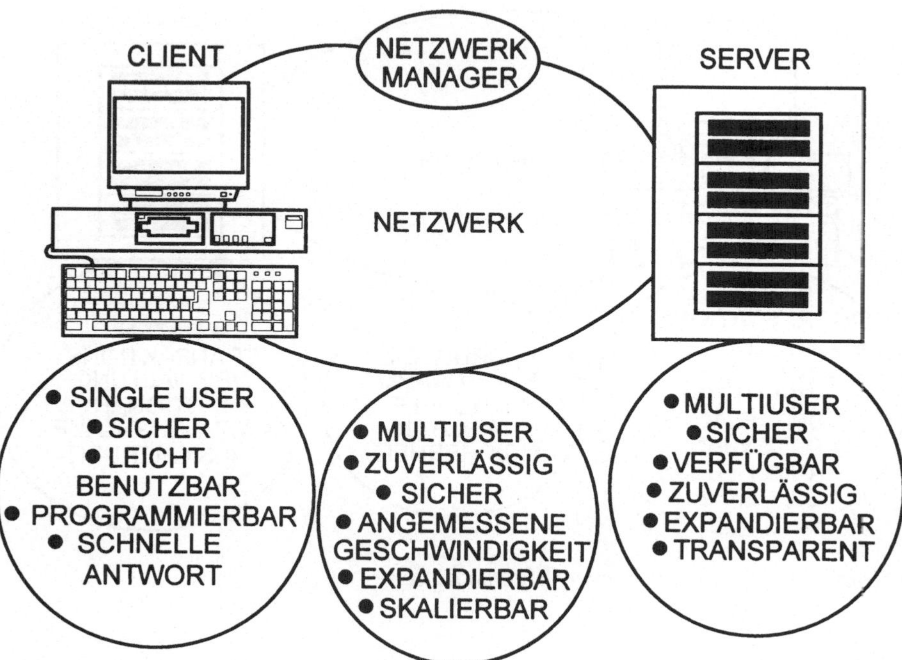

Abbildung 2.5   Client/Server-Fähigkeiten

2.3 FÄHIGKEITEN

Jede Netzwerkkomponente sollte Fähigkeiten aufweisen, die ihre geplante Benutzung erleichtern. Abbildung 2.5 zeigt Fähigkeiten, die für die Datenverarbeitung mit offenen Systemen wichtig sind. Clients sind normalerweise für einen einzelnen Benutzer bestimmt, was eine sichere Schnittstelle für mehrfache Anwendungen auf dem Netzwerk zur Verfügung stellt. Moderne Clients enthalten klare und genaue grafische Fähigkeiten. Die meisten Clients außer X-Terminals sind programmierbar.

Netzwerke ändern sich ständig und müssen flexibel sein, um wachsen zu können. Wenn neue Zuordnungen getroffen werden, wird erwartet, daß das Netzwerk weiter funktioniert und die zusätzlichen Benutzer ohne größere Beeinträchtigung akzeptiert. Da das Netzwerk eine Schlüsselverbindung für die Sicherheit ist, müssen die Verbindungen sicher gegenüber Unterbrechungen durch direkte oder über Fernverbindungen eingeleitete Eindringversuche sein. Die Geschwindigkeit muß adäquat sein, um eine große Anzahl von Verbindungen auf transparente Weise zu verwalten.

Da Server viele Benutzer unterstützen, ist es wichtig, daß sie sicher sind und eine hohe Verfügbarkeit garantieren. Viele Server wurden um Funktionen zur vollständigen Fehlertoleranz erweitert, um die Systemfunktionen zu verbessern. Server liefern Funktionen für mehrere Benutzer und sie müssen zuverlässig sein. Es gilt auch, daß die Anzahl der Benutzer normalerweise nicht vorhersagbar ist, so daß der Server erweiterbar sein muß und daß er diese Erweiterbarkeit in einer Weise gewähren muß, die für die Endbenutzer des Systems transparent ist.

2.4 BESONDERE ERWÄGUNGEN

Offene System schaffen neue Herausforderungen für das Systemmanagement. Einfache Verfahren wie Sicherheit und Datensicherung müssen sorgfältig für die verteilten Rechenknoten entworfen werden. Unerwünschtes Eindringen oder die Zerstörung von Daten ist leichter in einer Client/Server-Umgebung, die nicht mit dem Ziel entworfen wurde, Daten und Programme streng zu schützen. Sicherheit umfaßt das Netzwerk eines offenen Systems von individuellen Clients zu den gemeinsam benutzten Servern.

Fachleute, die mit offenen Systemen gearbeitet haben, kennen die zusätzlichen Herausforderungen, die mit der Übertragung der Kontrolle über die Daten von Individuen auf die Abteilung verbunden sind. Bestimmte Daten wie etwa Buchhaltungsdaten müssen für eine lange Zeit aufbewahrt werden und müssen korrekt sein, sobald eine Aktualisierung beendet ist. Ein gutes Beispiel sind individuelle Bankkonten, die Einzahlungen und Abhebungen widerspiegeln müssen, sobald sie durchgeführt sind. Wenn die lokale Bank verteilte Verarbeitung einsetzt, müssen ihre Konten in der zentralen Datenbank sofort aktualisiert werden.

Die Datenhaltung zur Archivierung muß eine höhere Verfügbarkeit und Schutz für lange Zeiträume bieten. Die Zeiträume variieren mit der Sensibilität der Daten und rechtlichen Anforderungen durch Institutionen außerhalb des Unternehmens. Entwurfsdaten z. B. müssen für die Lebensdauer des Produkts archiviert werden und bestimmte Finanzdaten müssen für sieben Jahre aufbewahrt werden.

Das Zeitverhalten ist eine wichtige Überlegung bei der Auswahl von Anwendungsplattformen. Offene Systeme erzeugen eine anderes Verarbeitungsparadigma als die zentrale Verarbeitung. Anwendungen, die auf einem Client laufen, gewähren unmittelbare Antworten des Systems. Lassen sie uns einige spezielle Gesichtspunkte zu offenen Systemen untersuchen.

2.4.1 Sicherheit

Die Aufgabe, Daten vor Zerstörung oder Ausspähen zu schützen, wird in offenen Systemumgebungen schwieriger. Wir sind alle vertraut mit Geschichten von Hackern, die Kernfunktionen benutzen, um in die sichersten Systeme einzudringen. Papiere erklären, wie verärgerte Angestellte die ungeschützten Dateien eines Unternehmens beschädigen können und es gibt viele Fälle, in denen auf lebenswichtige Ressourcen eines Unternehmens zugegriffen wurde und sie verändert wurden. Sicherheit stellt in offenen verteilten Systemen eine größere Herausforderung dar, weil bei den einzelnen Knoten eine weit größere Verarbeitungsfähigkeit vorhanden ist.

Der Geschäftsverlauf führt zu einer Bewertung von Daten, die mit der Sensibilität und dem Alter der Informationen variiert. Das Design von diesem Jahr ist wichtiger für Industriespionage als historische Produkte. Wenn Daten für den Schutz klassifiziert werden, muß eine Anzahl von Netzwerkmerkmalen berücksichtigt werden, um ihren Schutz sicherzustellen. Der traditionelle physische Schutz eines einzelnen zentralen Computers war relativ einfach, aber wenn die Daten verteilt sind, müssen Sicherheitsüberlegungen für mehrere Einheiten angestellt werden (DoD, 1985).

Daten vor versehentlicher Zerstörung zu schützen kann so einfach sein, wie das Bestehen auf einem Sicherungsverfahren bei einzelnen Workstations oder Servern. Komplexere Mechanismen können eingeführt werden, die eine automatische Sicherung und Wiederanlaufmechanismen gewährleisten. Die automatische Sicherung dieser üblicherweise redundant genannten Systeme kann normalerweise durch den Server ausgelöst werden. Viele Leser werden schon das versehentliche Löschen einer Diskette auf einem PC erlebt haben. Sicherung ist der einzige Weg, um Informationen vollständig vor versehentlicher oder absichtlicher Zerstörung zu schützen.

Solange ein gewisser Grad der Datensicherung erreicht wird, haben offene Systeme Vorteile gegenüber zentralen Systemen. Der physische Schutz wird erweitert durch Kopien der Daten auf dem Netzwerk. Server verlangen zusätzlichen Schutz, da die Arbeit von vielen Menschen durch Datenverlust oder Eindringen verloren gehen kann.

Die Sicherheitsprozeduren für zentralisierte Computer sind relativ einfach im Vergleich zu den Prozeduren, die für Kommunikationsverbindungen eingeführt werden müssen. Der Zugang zu Netzwerkfunktionen wird durch Eingangskanäle zum System ermöglicht. Diese Zugangsmöglichkeiten müssen durch die Benutzung von Passworten und anderen Techniken bewacht werden, um die gültige Zugriffsberechtigung des Anfragenden sicherzustellen.

Eine Anzahl von Eindringtechniken demonstriert, daß sowohl Experten wie Anfänger in Systeme eindringen können. Ein einfacher Ansatz, gegen den man sich verteidigen muß, ist das Durchsuchen, wobei erfahrene Personen nach Einstiegspunkten in unterschiedliche Systeme suchen, indem sie einfach das System nach leichten Zugriffsmöglichkeiten absuchen. Elementare Entwurfsfehler, wie das Nichtlöschen des Systemspeichers zwischen Programmen, hilft dem Durchsuchenden, kritische Informationen zu finden, durch die er Zugriff zu den Daten über das offene System erhalten kann. Die Verteidigung gegen das Durchsuchen ist eine strenge Zugriffskontrolle, die wiederholte Versuche protokolliert und Systemverwalter alarmiert.

Ein hartnäckigerer Versuch, in das System einzudringen, ist der systematisch wiederholte Angriff. Dies wurde erleichtert durch die Benutzung von PCs, die immer wieder versuchen können, Information vom System zu bekommen. Workstations erlauben es dem erfahrenen Profi, den Zugang zu anderen Systemen zu programmieren. Der Film *War Games* von 1983 zeigte einen unermüdlichen Hacker, der schließlich in das Computerzentrum des *Strategic Air Command* eindrang. Obwohl die Wahrscheinlichkeit eines solchen Eindringens bestritten wurde, gibt es eine Anzahl wohldokumentierter Fälle. Stoll z. B. beschreibt das Eindringen in Militärcomputer durch einen deutschen Programmierer (Stoll, 1989). Indem er den Computer des *Lawrence Berkley Laboratory* als Einstieg benutzte, konnte der Hacker Zugang zu vielen anderen Computern im Netzwerk gewinnen. Jeder dieser Fälle beruhte auf einer Workstation, die systematisch verschiedene Wege des Eindringens versuchte und die gewonnenen Informationen aufzeichnete.

Der Angriff auf ungeschützte Daten kann durch das Abhören des Netzwerks offener Systeme geschehen. Das Verteidigungsministerium hat Techniken wie die Kryptographie definiert, um das Abhören zu kontrollieren, aber diese Form des Angriffs weist auf die Notwendigkeit hin, alle Teile des Netzwerks zu sichern. In der Kryptographie geschieht die Verschlüsselung auf dem Senderknoten und die Entschlüsselung auf dem Empfängerknoten. Preiswerte kryptographische Karten, die Verschlüsselung nach dem *Data Encryption Standard* (DES) auf der Karte oder in einem Chip benutzen, haben die Netzwerksicherheit vergrößert. Bei Benutzung dieser Technik gibt ein spezieller Schlüssel den autorisierten Teilnehmern Zugang zu den verschlüsselten Daten.

Entwickler können „trojanische Pferde" benutzen, indem in ein Programm Code eingebettet ist, der auf ein bestimmtes Signal aktiviert wird - wie z. B. ein Datum. Wenn das Signal auftritt wird der Code aktiv und stöbert entweder Informationen auf oder beginnt Code zu zerstören, wie im Falle eines Virus. Die detaillierte Inspektion kritischen Codes ist eine gute Verteidigung gegen trojanische Pferde. Obwohl trojanische Pferde an jedem Kontrollpunkt der Client/Server-Umgebung plaziert werden können, sind Server besonders empfindlich gegenüber dieser Form des Eindringens.

Ein besonderer Zugang zum System, um effektive Wartung zu erlauben, hat dazu geführt, daß Systementwickler „Falltür-Eingänge" codierten. Oft wird dieser Code bei der Fehlersuche benötigt, um die Diagnose und Reparatur komplexer Systemprobleme zu ermöglichen. Da dieser Code für einen Angreifer ein guter Weg für das Eindringen in das System ist, sollte er entfernt werden, bevor das System ausgeliefert wird.

Eine Zeitbombe wird von verärgerten Angestellten benutzt, um weite Teile des Systems oder der Datenbanken zu zerstören. Der Code erscheint unschuldig bis ein Zeitpunkt oder ein Ereignis die destruktiven Routinen auslöst. Zeitbomben sind von entlassenen Angestellten benutzt worden, um schwere Zerstörungen zu verursachen. Da oft wenige Anweisungen genügen, um Systemprozesse zu verändern, kann dieser Typ des Angriffs schwere Probleme bei automatisierten Systemen verursachen. Ein erster Schritt zum Schutz gegen Zeitbomben ist das sofortige Ungültigmachen der Passworte von entlassenen Angestellten. Codeinspektion stellt auch einen Schutz gegen Zeitbomben dar.

Der mit Schadensabsicht im System plazierte Virus ist ein anderes Problem. Sehr ähnlich seinem medizinischen Gegenstück heftet sich der Virus an ein Programm im System und infiziert schließlich andere Teile. Oft expandiert ein Virus über die Ziele seines Entwicklers hinaus und bewegt sich unkontrolliert durch viele Computer. Ein berühmter Virus[1] wurde im November 1988 im ARPAnet freigesetzt. Robert Morris, ein graduierter Student der Cornell-Universität, benutzte eine bekannte Lücke im Betriebssystem Unix um in das Internet-Netzwerk einzudringen. Nach dem Eindringen in das Netzwerk verbreitete sich das Programm selbst über das System und störte eine große Zahl von Unix-Computern. Einige Computer waren durch dieses Virus eineinhalb Tage inaktiv.

Der Michelangelo- und der Jerusalem-Virus sind wohlbekannt. Ausgelöst durch einen Datumswechsel zerstören die Viren Daten auf Festplatten. Es sind Virenscanner-Programme erhältlich, welche die meisten bekannten Viren entdecken und entfernen können.

In der Welt massiver Parallelverarbeitung können gute Viren den Nutzeffekt haben, Daten und Code über die multiplen Prozessoren zu verbreiten. Im schlimmsten Fall können ungeschützte Computer zum Ziel der Zerstörung werden. Viren können durch Virenprüfprogramme gestoppt werden, aber es gibt keine narrensicheren Verfahren.

Offene Systeme haben die Sicherheitsaufgabe komplexer gemacht, da individuelle Workstations eine Verarbeitungsautonomie haben, die das System

---

[1] Technisch handelte es sich nicht um einen „Virus", sondern einen „Wurm": den Internet-Worm" (Anmerkung des Übersetzers).

zum Absturz bringen kann (Murray, 1984). Die Benutzer von Workstations müssen die Disziplin aufbringen, regelmäßige physikalische Sicherungen ihrer Daten und Programme durchzuführen. Die Daten von Servern und zentralen Mainframes werden üblicherweise in Tresoren aufbewahrt, die sich entfernt vom physischen Ort der Computer befinden.

Obwohl offene Systeme viele Anforderungen stellen, existieren Lösungen, die helfen können, ein Client/Server-Netzwerk sicher zu machen. Das Projekt *Athena* am MIT identifizierte Techniken für den Schutz offener Systeme. Das Sicherheitssystem wurde *Kerberos* genannt und ist von vielen Unternehmen übernommen worden, die nach stärkeren Techniken für den Schutz offener Systeme suchten. Die einfache Kombination von physikalischen und systemtechnischen Maßnahmen wird in den meisten Fällen ausreichen. Einfach jede Workstation mit einem Schloß zu versehen ist ein Schritt zur Sicherheit. Dies wird erweitert durch die Verwendung von Software-Schlössern, die die Benutzung der Hardware regulieren.

Ausgeklügelte Identifikationsprozeduren wurden auf einigen Workstation-Server-Konfigurationen eingeführt. Um den Zugang zu kontrollieren, ist es notwendig, die Person an der Workstation zu identifizieren. Externe Identifizierungsmerkmale wie Passworte sind für diesen Prozeß benutzt worden; in sichereren Umgebungen wurde Biometrie benutzt. Biometrische Scanner können Fingerabdrücke oder Retina-Muster erkennen. Stimm-Muster benutzen die gleiche Technik und sind für die Verwendung auf Clients angepaßt worden. Biometrische Muster sind einzigartig und können nicht leicht gefälscht werden. Obwohl Biometrie sehr verläßlich ist, ist sie auch teuer und für die meisten Unternehmen nicht notwendig.

Auch Identifizierungskarten wurden benutzt und sie sind billiger als Biometrie. Zunächst wurden magnetische Signaturen verwendet aber es gibt eine wachsende Benutzung von intelligenten Karten als Identifizierungsmittel für Workstations. Intelligente Karten sind eigentlich kleine Computer, die auf Einheiten in der Größe einer Kreditkarte aufgebaut sind und eine Unzahl an Informationen enthalten.

Bei der Identifizierung und Korrektur von Schwachpunkten in der Sicherheit von Client/Server-Computern wurden erhebliche Fortschritte gemacht. Viele Hersteller haben sich an Regierungsrichtlinien gehalten und mit ihren Sicherheitssystemen ein hohes Niveau erreicht. Entsprechend der Definition eines offenen Systems tut man gut daran, sich zu erinnern, daß jede Komponente des Systems gesichert werden muß. Sorgfältige Planung kann Sicherheitsschwachstellen in offenen Systemen korrigieren, aber es besteht die Notwendigkeit regelmäßiger Überprüfungen. Entschlossene Einzelpersonen können das System bedrohen und eventuell in Sicherheitsmechanismen eindringen. Sensible Informationen sollten in offenen Systemen gesondert behandelt werden.

Das System definiert Schutzmechanismen, die Eindringlinge davon abhalten, an Informationen innerhalb des Systems zu gelangen. Es muß ausreichende Überprüfungen an jedem Punkt innerhalb des Netzwerks geben, um die Verläßlichkeit des Produkts sicherzustellen. Einfacher Passwortschutz ist von vielen Systemen benutzt worden; ausgedehntere Sicherheitsmechanismen wurden eingeführt, wo die Schutzanforderungen höher sind.

2.4.2 Wiederanlauf

Wenn Sie jemals den Ärger über zerstörte Daten erlebt haben, ist es leicht, sich Szenarios vorzustellen, die weitreichende Auswirkungen auf den Betrieb haben könnten. Stellen Sie sich einen Ingenieur vor, der einen Schlüsselbestandteil für ein wichtiges neues Produkt entwickelt hat. Der Ingenieur geht am Freitag, ohne die wichtigen Entwurfsdateien zu sichern. Über das Wochenende zerstört eine Stromausfall die Dateien und es gibt keine Möglichkeit der Wiederherstellung. Diese einfachen Probleme zerstörter Platten treten oft auf.

Datenmanagement in offenen Systemen ist komplexer als in direkten zentralen Rechnerumgebungen. Die automatische Sicherung der Unternehmensdaten ist eine von einigen Unternehmen gewählte Alternative. Wiederherstellungspläne für die Daten sind notwendig, auch wenn sie von der Beteiligung der Endbenutzer abhängig sind. Fehler können durch die Hardware, das System, die Anwendung oder durch Benutzerprobleme entstehen und alle müssen von Wiederherstellungsplänen berücksichtigt werden.

Sicherung ist die erste Verteidigungslinie, wenn sie mit Wiederanlaufverfahren gekoppelt wird. Benutzer von Workstations entdecken, daß periodische Datensicherung wertvoll ist, um den Verlust wichtiger Daten zu vermeiden. Eine systemweite Sicherung vermeidet die völlige Zerstörung wesentlicher Informationen. Eine systemweite Sicherung erhält alle wichtigen Datenelemente innerhalb des Systems. Ein Managementplan definiert die grundlegenden Schritte des Wiederanlaufs und die Aufbewahrungsperioden für gesicherte Dateien. Unerfahrene Benutzer erwarten brauchbare Richtlinien. Geschützte Räume können für zentrale Server benutzt werden, die kritische operationale Daten enthalten. Der Hauptzweck all dieser Schritte ist es, sicherzustellen, daß die Abteilung und das Unternehmen nach einer Katastrophe in ausreichend kurzer Zeit wieder arbeiten kann, um Geschäftsverluste zu vermeiden.

Wiederanlaufverfahren benutzen gesicherte Informationen, um Anwendungen wieder zu starten. Die gesicherten Daten bringen die Hauptanwendungen wieder in einen voll lauffähigen Zustand und synchronisieren sie mit den Aktionen, die geschahen, nachdem die Sicherung erzeugt wurde.

2.4.3 Benutzbarkeit

Ein wichtiger Grund für die Akzeptanz von PCs war ihre Benutzbarkeit. Obwohl viele Benutzer Anfangsschwierigkeiten mit komplexen Oberflächen erlebten, wurde die Bewegung zur autonomen Datenverarbeitung von dem Grad des Komforts der Benutzung von PCs vorangetrieben. Diese Anforderung bleibt an vorderster Stelle, da offene Systeme neue Schichten ungeübter Benutzer erfassen. Jede Anstrengung muß unternommen werden, um die Benutzbarkeit von PCs in Client/Server-Netzwerken zu steigern.

Experten für Ergonomie haben Benutzbarkeitstechniken für den Zugang zu komplexen Maschinen definiert. Die Kontrollelemente von Flugzeugen, Atomreaktoren und Automobilen erforderten Vereinfachungen, die von diesen Spezialisten definiert wurden. In wachsendem Maße werden Spezialisten dazu herangezogen, das Design von Maschinen zu vereinfachen, um Fehler durch Endbenutzer zu vermeiden. Studien haben gezeigt, daß Computerbenutzer einfachere Wege für den Zugang zu komplexen Informationen im Netzwerk erwarten.

Die Benutzbarkeit von Computern wird beeinflußbar, wenn Richtlinien für effektive Benutzbarkeit in Kraft gesetzt werden. Die Evaluierung geplanter Installationen im Lichte der Benutzbarkeit hilft, eine Benutzerstrategie für das Unternehmen zu definieren. Ebenso wichtig ist die Kenntnis der Ergonomie, der Wissenschaft vom Arbeitsplatz. In wachsendem Maße haben ergonomische Erkenntnisse zu Gesetzen geführt, die die Benutzung von Computern regeln. Diese Gesetze spiegeln am Arbeitsplatz durchgeführte Studien wider und die Folgen der längerfristigen Benutzung von Geräten.

Ergänzend zu den gesetzlichen Regelungen haben Forscher viele Faktoren aufgezeigt, welche die Gesundheit von Computerbenutzern beeinflußen können. Diese Faktoren müssen berücksichtigt werden beim Entwurf und der Auswahl von Schreibtischcomputern und bei der Umgebung, in der sie eingesetzt werden. Da der Fluß der Daten die Benutzbarkeit beeinflußen kann, kann selbst die Leistungsfähigkeit des Servers die Interaktion von Menschen mit offenen Systemen verändern. Die offensichtlichsten Probleme ergeben sich aus der ständigen Benutzung von Bildschirmen, die eine Quelle von Unwohlsein oder sogar körperlichen Problemen sein können. Laute Schreibtischcomputer können die Endbenutzer stören und zu Produktivitätsproblemen führen. Leitfäden geben Techniken an, die für die Plazierung, Beleuchtung und Ausrichtung von Bildschirmen benutzt werden können, um maximale Bequemlichkeit zu erreichen. Indem sie ergonomisches Wissen benutzen, können Manager Ausrüstungen wählen, die den höchsten Grad der Sicherheit und des Komforts gewähren.

Jede neue Technologie bringt die Schwierigkeit mit sich, sie bei den Menschen einzuführen, die sie letzten Endes benutzen werden. Lassen Sie uns zu unserer Segelbootanalogie zurückkehren. Neulinge, die segeln lernen, sind verwirrt von der Komplexität der Steuerung des Fahrzeugs durch die Benutzung der verschiedenen Segel. In wachsendem Maße hat das Segelbootdesign die Boote für Wochenendsegler leichter benutzbar gemacht. Aber immer noch sind die Yachten, die im America's Cup laufen, mit Mannschaften erfahrener Segler besetzt, die Design und Technologie benutzen können, um zu gewinnen. Diese Yachten sind sorgfältig entworfen, um die höchste Durchsetzungskraft gegen die Konkurrenz zu erreichen.

Workstations müssen für den unerfahrenen Benutzer anziehend sein und genügend Leistungsfähigkeit bieten, um den Experten gegen die Konkurrenz gewinnen zu lassen. Die Arbeitsverfahren in einer automatisierten Umgebung scheinen sich ständig zu wandeln und die Arbeiter müssen sich dem Wandel anpassen. Werkzeuge für die Produktivität bringen einzigartige Merkmale mit sich, die gelernt und gemeistert werden müssen, um kontinuierlich Erfolg im Geschäftsleben zu erzielen. Zuerst erforderten die Schreibtischcomputer mehr Fähigkeiten als viele Menschen benötigten, um ihre Berufsaufgaben zu erledigen. Mit der Einführung neuer Leistungsmerkmale wurden die Workstations einfacher benutzbar.

Wir wissen seit langem, daß die Benutzbarkeit mit dem Design des Systems beginnt, das die Menschen benutzen (Gould und Lewis, 1985). Das war so bei Konsumgütern wie Geräten und Automobilen und es gilt auch für Computernetzwerke. Die wachsende Benutzung von persönlichen Workstations, die mit einem Netzwerk verbunden sind, hat den Fokus der Benutzbarkeit von der zentralen Software auf die Workstation-Software verschoben. Die extensive Benutzung von Icons* und Grafik hat die Benutzung vereinfacht und die Anforderungen an das menschliche Gedächtnis reduziert.

Die Fortschritte bei Schreibtischcomputern haben zusammen mit fortgeschrittenen Ein-/Ausgabegeräten neue Horizonte für die Benutzbarkeit eröffnet. Die Umformung von Daten in bewegte Bilder erweitert die Möglichkeiten der ungeübten Benutzer. Regeln können in die Sprachen eingebaut werden um die Fähigkeiten am Schreibtisch zu vergrößern, die Ungeübte unterstützen. Offene Systeme sind zu Plattformen geworden, die fortgeschrittene dreidimensionale Schnittstellen für Benutzer ermöglichen. Verbesserungen bei den Anwendungen können ebenfalls zu langfristigen Produktivitätsgewinnen führen.

2.4.4 Zuverlässigkeit, Verfügbarkeit und Wartbarkeit

Zuverlässigkeit, Verfügbarkeit und Wartbarkeit werden oft zusammengefaßt um die Zugangsmöglichkeit zu einzelnen Computern zu definieren. Zuverlässigkeit ist ein Maß für den Zeitraum, in dem Komponenten fehlerfrei arbeiten. Mit den Fortschritten der elektronischen Technologie hat sich die Zuverlässigkeit einzelner Komponenten kontinuierlich erhöht. In offenen Systemen bezieht sich die Messung der Zuverlässigkeit jedoch auf das gesamte System. Die Zuverlässigkeit eines offenen Systems ist die Summe der Hardware- und Softwarezuverlässigkeit sowohl für Clients wie für Server. Pfadzuverlässigkeit bezieht sich auf die erwartete Fehleranfälligkeit des gesamten Systems. Verfügbarkeit ist ein Maß für die Bereitschaft eines produktiven Systems auf Anforderungen des Geschäfts reagieren zu können. Verfügbarkeit bestimmt den Prozentsatz der produktiven Zeit, die auf dem Netzwerk erwartet werden kann. Clients können eine niedrigere Verfügbarkeit als Server haben, die bereit sein müssen, Dienste für mehrere Clients auszuführen.

Wartbarkeit steht für die Systemwerkzeuge und -verbindungen, die den Zugang zu Bauteilen oder dem ganzen System für die Fehlersuche und -korrektur erleichtern. Einzelne Prozessoren innerhalb des Systems haben einen bestimmten Grad der Wartbarkeit aber auch das ganze Netzwerk weist Merkmale auf, die den Zugang für die Wartung ermöglichen. Fehlerquellen in einem komplexen Netzwerk aufzudecken, ist eine schwierige Aufgabe.

Professionelle Benutzer lokaler Computer benutzten früher Diagnoseprogramme. Fehlerinformationen wurden per Post oder Expreß an die Expertenteams in den Laboratorien zur Behebung geschickt. Korrekturen wurden auf die gleiche Weise verteilt und es dauerte normalerweise lange Zeit bis sie fertiggestellt und an die Benutzer verteilt waren. Die gleichen Techniken mit vernetzten Computern zu benutzen, würde nur Verwirrung und Verzögerungen bei der Produktion wohlausgewogener, lauffähiger Systeme verursachen. Verbesserte Diagnosemöglichkeiten sind nötig, die sich durch das System bewegen können, auf Fehlerquellen hinweisen und die Korrekturen über die Kommunikationsmedien übertragen. Interaktive Diagnosewerkzeuge erlauben es Expertenteams - ob beim Kunden oder beim Hersteller - Probleme schnell zu erkennen und zu beheben. Oft vermuten unterschiedliche Angestellte oder Bereichsverantwortliche die Fehlerquelle an unterschiedlichen Stellen. Gute Wartungswerkzeuge erlauben die genaue Untersuchung von unterschiedlichen Elementen des offenen Systems.

Hersteller haben ihre Aufmerksamkeit auf spezifische Komponenten offener Systeme gerichtet. Jüngste Erweiterungen der Standards für offene Systeme können die Reichweite dieser Verbesserungen vergrößern.

2.4.5 Zeitverhalten

Zeitverhalten war für den Entwurf und die Akzeptanz von Computersystemen seit ihrer Einführung wichtig. Ursprünglich wurden die Effekte von Automation daran gemessen, ob es möglich war, Aufgaben durchzuführen, die Menschen entweder nicht gut ausführen konnten oder wobei sie einfach zu langsam waren, um die Anforderungen des Unternehmens zu erfüllen. Schließlich wurde der Computer als Zubehör oder Assistent der Menschen gesehen, die eine Aufgabe ausführten, und der Bedarf für schnelle Antwortzeiten wuchs.

Dienstleistungsunternehmen sind darauf angewiesen, große Zahlen von Transaktionen verarbeiten zu können. Online-Transaktionsverarbeitung ("On-Line transaction processing", OLTP*) beinhaltet schnelle Antworten auf Anfragen in so unterschiedlichen Unternehmen wie Fluggesellschaften und Banken. Oft schließen diese Anfragen den Zugriff auf große Datenmengen ein, die über mehrere Datenbanken verteilt sind. Ein Flugreservierungssystem, das in kurzer Zeit auf Anfragen von Flugreisenden über Flüge und Sitzplätze antwortet, ist ein Beispiel. Diese Systeme sind der Angelpunkt des Geschäfts der Fluggesellschaften und sie werden für wertvoller gehalten als die Maschinen.

OLTP verlangt exakte Informationen, die verläßlich und mit einem hohen Grad an Sicherheit an die Endbenutzer ausgegeben werden. Der erfolgreichste Transaktionsmonitor ist CICS, der von IBM in den 60er Jahren entwickelt wurde. Es gab keine großen Portierungen von OLTP auf offene Systeme, aber es gibt eine wachsende Akzeptanz für die Benutzung von Servern, die über eine offenes Netzwerk verbunden sind, um diese Funktionen auszuführen. Es gab verschiedene Ansätze, um OLTP für offene Systeme zu definieren. AT&T führte TUXEDO ein, um die OLTP-Anwendungen der regionalen Niederlassungen von Bell zu verarbeiten. TUXEDO System/T der Unix System Laboratories wurde für die allgemeine Benutzung freigegeben, aber es scheint, daß Top End von NCR den Kampf um die Position als strategischer Monitor für diese Art der Verarbeitung gewonnen hat.

Echtzeitmerkmale* waren ebenfalls wichtig für industrielle Abläufe mit kritischen Anforderungen an die Prozesse. Echtzeitverarbeitungen in der chemischen Industrie, der Atomindustrie und der Ölindustrie sind den meisten Menschen bekannt. In diese Fällen muß das System, sei es ein Mensch oder ein Computer, so eingestellt sein, daß es schnell reagieren kann. Oft kann ei-

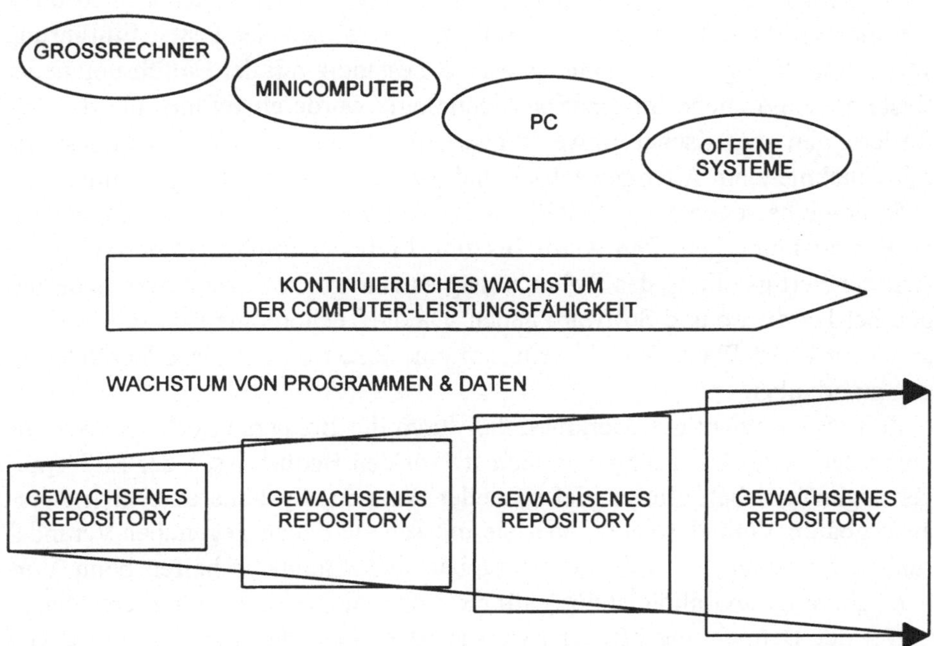

Abbildung 2.6   Der Zeitpfeil der Datenverarbeitung

ne verzögerte Antwort in diesen empfindlichen Umgebungen den gesamten Prozeß ernsthaft stören.

Ein anderes Zeitmerkmal ist jene Zeit, die tatsächlich benötigt wird, um eine Anwendung in einem Unternehmen oder einer Abteilung lauffähig zu machen. Die Installation von Computersystemen geschieht in einem zeitlichen Rahmen und wird beeinflußt von der Dauer des Vorgangs. Wie andere Dinge im Leben werden auch Computersysteme mit dem Blick in die Zukunft installiert, jedoch mit einer Perspektive auf die Vergangenheit verstanden (Pagels, 1989). Wenn wir neue Systemarchitekturen definieren, schaffen wir sie üblicherweise mit einem klaren Verständnis der Vergangenheit.

Zeit kann in offenen Systemen aus vielen Perspektiven betrachtet werden. Vorstände sehen Zeit als die Periode, in der das Projekt in Betrieb geht und die verlangten Resultate für die Organisation liefert. Der für die Einführung verantwortliche Manager sieht den Zeitpfeil aus der Perspektive der unmittelbar anstehenden Termine. Die Definition einer erledigten Aufgabe wechselt mit den Beobachtern.

Eine andere Sichtweise der Zeit bei offenen Systemen ist die Betrachtung der Geschichte der Datenverarbeitung in einem Unternehmen. Der Zeitpfeil (Abbildung 2.6) beginnt in der Vergangenheit mit den traditionellen Systemen, die halfen, die Umgebung zu formen, in der offene Systeme funktionieren müssen. Das Repository* der Information ist seit der ersten Einführung von Computern gewachsen und es wächst beständig mit der Einführung neuer Systeme. Zusätzliche Informationstechnologie wurde eingeführt, um die Anforderungen spezifischer Anwendungen zu erfüllen und die Systembasis ist mit zunehmendem Alter gewachsen und hat an Komplexität zugenommen.

Systeme bewegen sich ebenfalls in der Zeit von dem Zeitpunkt, an dem eine Entscheidung getroffen wurde bis zum Ende der Implementierung. In der Zeit der Fertigstellung des Systems mag es eine ganze Anzahl von Änderungen bei Hardware und Software geben. Da die Technologie sich sehr schnell ändert, müssen Pläne flexibel sein, um eine Reaktion auf diese Veränderungen zu erlauben.

Zeit ist ein wichtiges Merkmal, das durch die Benutzung offener Systeme verbessert wird. Da das System sich stärker den Bedürfnissen der Endbenutzer angenähert hat, gibt es viel schneller Antwort. Systeme unterliegen voraussagbaren Veränderungen, aber sie müssen sich auch gegenüber Veränderungen bewähren, die nicht vorhersagbar sind. Standards helfen beim Vorhersagbaren, Flexibilität ist nötig für die Anpassung an das Unvorhersehbare.

Bei der Betrachtung offener Systeme ist es klar, daß die Ergebnisse von Performance-Tests variieren, wenn soviel Leistungsfähigkeit auf lokalen Prozessoren konzentriert ist. Zusätzliche Werkzeuge helfen, einzelne Teile des Netzwerks zu messen.

2.5 FOLGERUNGEN

Offene Systeme stehen am Beginn ihrer Entwicklung und ihre einzigartigen Merkmale und Qualitäten entfalten sich immer noch. Client/Server-Konfigurationen reduzieren die Komplexität der Anwendungsentwicklung, indem Anwendungen und Daten verteilt werden; aber die Verteilung erzeugt neue Anforderungen für die Koordinierung der unterschiedlichen Bestandteile eines Netzwerks.

Client/Server können auch eine zentrale Kontrolle über gemeinsam benutzte Daten gewähren. Obwohl die Daten auf gemeinsam benutzten Ressourcen liegen können, wird jedes Datenelement vor Veränderungen im Rest des offenen Systems geschützt.

Obwohl offene Systeme neue Anforderungen für das Sicherheitsdesign stellen, existieren Techniken, um die Sicherheit und Integrität von Daten in komplexen Netzwerken zu gewährleisten. Scan-Techniken können benutzt werden, um Viren zu entdecken, aber es ist Sorgfalt erforderlich, um alle Komponenten des offenen Systems zu schützen.

Sicherheitssysteme verlangen die volle Unterstützung der Unternehmensführung. Techniken für den Schutz von Computersystemen auf allen Ebenen erhöhen die Gesamtintegrität des Systems.

Zuverlässigkeit, Verfügbarkeit und Wartbarkeit stellen große Herausforderungen für die Designer offener Systeme dar. Konventionelle Ansätze für den Entwurf wurden verändert als Konsequenz der verteilten Eigenschaften des Netzwerks. Für Systemmanager sind ebenfalls zusätzliche Anforderungen durch die verteilte Natur der Komponenten offener Systeme entstanden.

Obwohl Technologie wichtig ist, kann sie nur effektiv sein, wenn sie Endbenutzern zugänglich ist. Computerbenutzbarkeit ist lebenswichtig für Systeme, die von weniger qualifizierten Angestellten benutzt werden müssen, um Aufgaben auf dem Netzwerk auszuführen. Schnittstellen zum Netzwerk müssen die unterschiedlichen Anforderungen und Fähigkeitsniveaus der Benutzer widerspiegeln.

Obwohl offene Systeme größtenteils auf Unix basieren, wird eine wachsende Zahl von Anwendungen auf Systemen mit anderen Protokollen laufen, solange sie den Schnittstellen entsprechen, die von Standardisierungsgremien definiert wurden. Eine offene Systemarchitektur kann auf unterschiedlicher Hardware- und Softwaregrundlage basieren.

LITERATUR

Department of Defense Standard, *Department of Defense Trusted Computer System Evaluation Criteria*, Washington, DC, December 1985.

J. D. Gould, C. Lewis, „Designing for Usability: Key Principles and What Designers Think", *Communications of the ACM*, March 1985, pp. 300-312.

Andrew S. Grove, nach Bemerkungen während seiner Eröffnungsrede bei der COMDEX 1991 in Las Vegas, 22. Oktober 1991.

William H. Murray, „Security Considerations for Personal Computers", *IBM Systems Journal*, Vol. 23, No. 3, 1984, pp. 297-304.

Heinz R. Pagels, *The Dreams of Reason: The Computer and the Rise of the Sciences of Complexity*, Bantam Books, New York, 1989.

Clifford Stoll, *The Cuckoo's Egg*, Doubleday, New York, 1989; deutsche Ausgabe: *Das Kuckucksei*, deutsch von Gabriele Herbst, Wolfgang Krüger, Frankfurt 1989; Taschenbuchausgabe: Fischer Bücherei 10277, Frankfurt, 1992².

Anmerkung des Verfassers:
Der Begriff *Sprache* wird in der Computerliteratur häufig benutzt, um sich auf spezifische kryptische Sprachen zu beziehen, mit denen Serien von Kommandos niedergeschrieben werden können. Natürliche Sprache bezieht sich auf die Möglichkeit, traditionelle Sprachen für den Zugang zu Computerinformationen zu benutzen.

3

Grundlagen

Technologische Entwicklungen trugen zur Einführung offener Systeme in den 80er Jahren bei und beeinflußen weiterhin ihre breite Akzeptanz. Die 1991 verfügbare Technologie übertraf die Erwartungen der Vorhersagenden von 1980, aber in vielen Bereichen folgte sie den vorhersehbaren Trends, die sich bereits früher ausgebildet hatten. Sowohl positive wie negative Überraschungen haben die Computerinstallationen beeinflußt. Wir können erwarten, daß die Dekade der 90er diesem Muster folgt.

Die vier grundlegenden Gebiete, die Lösungsalternativen bestimmen, die für offene Systeme benutzt werden, zeigt Abbildung 3.1. Die primäre Grundlage ist die Hardwaretechnologie, die sich seit den 60er Jahren in exponentiellen Raten verbessert hat. Veränderungen betrafen sowohl Computerchips wie die unterstützenden Technologien, die preiswerte Lösungen auf dem Schreibtisch erlauben. Moderne Hardwaresysteme, unter Benutzung fortschrittlicher Technologien entworfen, sind leistungsfähiger und haben ein breiteres Anwendungsspektrum als die frühen Mainframes. Diese Systeme haben eine einzigartige Leistungsfähigkeit gezeigt, wenn sie direkt in neue Lösungen eingebunden wurden.

Die zweite Grundlage ist Software, die benutzt wird, um Hardwaresysteme zu formen, die komplexe Aufgaben erfüllen. Betriebssysteme werden mit modernen Entwicklungswerkzeugen kombiniert, um einen Rahmen für die Unterstützung von Netzanwendungen zu schaffen. Die wachsende Betonung von Netzwerkwerkzeugen wird die Gruppenproduktivität weiter erhöhen und die fertiggestellten Systeme wertvoller machen. Ohne Software wird die ganze Ansammlung von Hardware relativ wertlos.

Die dritte Grundlage ist der wachsende Bestand von Industriestandards, der in der Abbildung als der Kleber dargestellt ist, der die einzelnen Teile miteinander verbindet. Weltweite Zusammenarbeit zwischen Anwendern und Herstellern hat zu internationalen Standards geführt, die es erlauben, Lösungen

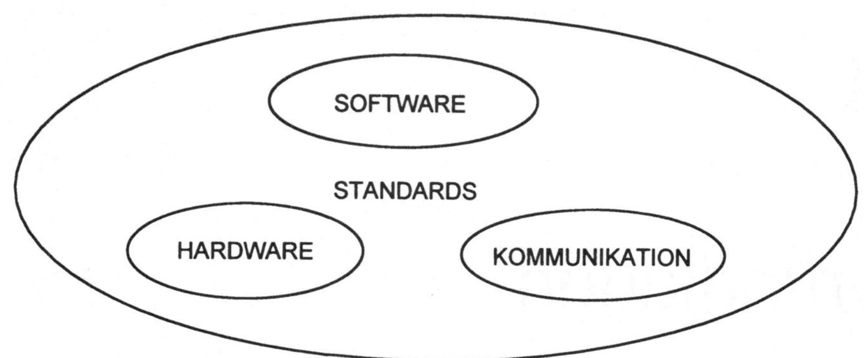

Abbildung 3.1   Grundlagentechnologien

von unterschiedlichen Herstellern gemeinsam zu benutzen. Die Zusammenarbeit wurde weiter gefördert durch die starke Beteiligung von Regierungen in aller Welt. Die US-Regierung insbesondere hat in den vielen Behörden auf die Annahme von Standards gedrängt. Dies gibt den Anwendern größere Wahlmöglichkeiten und ermöglicht es Anwendungsentwicklern, vom Verkauf ihrer Produkte für mehrere Prozessoren zu profitieren. Die weitere Entwicklung von de jure oder de facto Standards wird die Akzeptanz offener Systeme beschleunigen.

Die vierte Grundlage ist die Unterstützung offener Kommunikation, die die Verbindungen zwischen unterschiedlichen Hardware- und Softwaresystemen ermöglicht. Dieses Thema wird in Kapitel 8 ausführlich erörtert und daher in diesem Kapitel nicht weiter untersucht. Kommunikation ist lebenswichtig für die Verbindung zwischen unterschiedlichen Komponenten offener Systeme und sie ist ein wichtiger Bestandteil der Datenverarbeitung in Netzwerken.

Wenn Grundlagen diskutiert werden, ist es wichtig zu verstehen, daß alle Einzelteile, wenn sie in einem Netzwerk eingesetzt werden, zu einem System beitragen müssen, mit dem ein Unternehmen oder eine Abteilung betrieben werden kann. Jeder Grundlagenbestandteil muß einen Grad der Vollendung erreicht haben, der den reibungslosen Betrieb eines modernen konkurrenzfähigen Unternehmens garantiert.

3.1 HARDWARE-TECHNOLOGIE

Fortschritte der Hardwaretechnologie haben zur Akzeptanz offener Systemlösungen beigetragen und erlaubten es, mit offenen Computern Funktionen zu ersetzen, die traditionellerweise auf großen Computern angesiedelt waren. Die Matrix potentieller Hardwarelösungen ist grafisch in Abbildung 3.2 dar-

<table>
<tr><th colspan="2">PROZESSOREN</th><th colspan="2">MASSENSPEICHER</th></tr>
<tr>
<td colspan="2">KONTINUIERLICHE VERBESSERUNG DER IC-SCHALTKREISDICHTE

100 % VERBESSERUNG ALLE 18 MONATE

PROJEKTIERT BIS INS JAHR 2000</td>
<td colspan="2">GROSSER SPEICHER

HOHE GESCHWINDIGKEIT

OPTISCH/MAGNETISCH

RELATIV NIEDRIGE PREISE</td>
</tr>
<tr>
<td colspan="2">RAID TECHNOLOGIE

KLEINERE ABMESSUNGEN

HÖHERE SPEICHERDICHTE

NIEDRIGERE KOSTEN</td>
<td colspan="2">MULTIMEDIA

AUDIO, PEN-BASIERT, SCANNER

VIDEO, AUDIO, FILM</td>
</tr>
<tr><th colspan="2">SEKUNDÄRSPEICHER</th><th colspan="2">MEDIEN</th></tr>
</table>

Abbildung 3.2   Hardwaretechnologien

gestellt. Vier verschiedene Typen von Technologie werden in dieser Abbildung als wichtig hervorgehoben. Der erste sind Prozessoren, die Verbesserungen im Preis und der Funktionalität alle 18 Monate aufwiesen. Der zweite sind Massenspeicher, die von Servern benutzt werden. Der dritte ist Sekundärspeicher, der sowohl Clients wie Server unterstützt. Der vierte sind Medien, was die verschiedensten Ein- und Ausgabegeräte einschließt.

Zentral für die breite Akzeptanz offener Systeme waren die revolutionären Fortschritte in den Hardwaretechnologien. Die Elektronik war der Wegbereiter für die gesamte Industrie. Zum Beispiel gab es kontinuierliche Fortschritte beim Entwurf einzelner Schaltkreise seit der Einführung von Computern. Bei seiner Einführung in den 50er Jahren ersetzte der Transistor die Vakuumröhre und löste eine Suche nach weiterer Miniaturisierung bei elektronischen Komponenten aus.

Die Arbeit von Jack Kilby bei Texas Instruments und Robert Noyce bei Intel half bei der Einführung von Konzepten, die grundlegend für das kontinuierliche Wachstum bei elektronischen Lösungen sind. Wonach sie suchten war die Verbindung von Transistoren mit Kondensatoren und Widerständen in einem einzigen Schaltkreis und schließlich auf einem einzigen Chip. Die Fortführung dieser Arbeit hat zu dichten Chips geführt, die viele Schaltkreise auf einem einzelnen Superchip enthalten.

Die Zuverlässigkeit der Hardware, die aus integrierten Schaltkreisen aufgebaut ist, war ein wichtiger Faktor bei diesen Fortschritten. Zuverlässigkeit konnte man früh beobachten bei den Chips, die für größere Computer entworfen wurden (Pugh et al., 1991), aber sie wurde mit jeder folgenden Freigabe von Prozessorchips vergrößert. Moderne elektronische Komponenten sind so zuverlässig, daß sie als sicher benutzbar für viele lebensentscheidende und Produktionsumgebungen angesehen werden können. Kritische Anwendungen können die neue Technologie benutzen ohne unter vernünftigen Arbeitsbedingungen mit Ausfällen rechnen zu müssen.

Enwurfswerkzeuge haben die kontinuierliche Verfeinerung und Verbesserung des Entwurfs von integrierten Schaltkreisen erleichtert, so daß viele Transistoräquivalente auf einem einfachen Siliconchip zusammengefaßt werden können. Entwurfstechniken verfeinerten den Entwicklungsprozeß so, daß Computer als Werkzeuge benutzt werden können, die die Qualität verbessern und die benötigte Zeit für die Einführung von Funktionen beschleunigen. Diese Fortschritte haben zu über einer Million Transistoren auf einem einzelnen Chip 1991 geführt und Plänen von über 100 Millionen bis zum Jahr 2000.

Die Einführung von anwendungsspezifischen integrierten Schaltkreisen („Application Specific Integrated Circuits", ASICs) hat die Erzeugung speziell entworfener Chips in sehr kurzer Zeit ermöglicht. Fortschritte bei Automatisierungswerkzeugen für das Chipdesign haben die Einführung dieser speziellen Chips sehr beschleunigt. Das Ergebnis werden Computer sein, die für relativ geringe Kosten für die individuellen Bedürfnisse einer Installation maßgeschneidert werden können. Kundenchips für die Anforderungen einer spezifischen Anwendung werden einzelnen Abteilungen oder Unternehmen die Wahrnehmung von Vorteilen gegenüber der Konkurrenz erlauben.

Im Zentrum jedes Computerhardware-Systems steht die Verarbeitungseinheit, die sich auf dem Mikrocomputer befindet. Die Mikroprozessoreinheit enthält die zentralen elektronischen Komponenten und bildet - ergänzt durch Spannungsversorgung, spezielle Verarbeitungsmöglichkeiten und Anschlüsse an Ein- und Ausgabegeräte - den Schreibtischcomputer. Da Schreibtischgeräte so wichtig für offene Systeme sind, ist es wichtig zu verstehen, wie sich die Verarbeitungskomponenten zusammensetzen und wie sie von Mikroprozessorentwicklungen betroffen sind.

Die Komplexität der Befehlssätze in Computern ist über die Jahre gewachsen. In den 80er Jahren gab es eine Rückkehr zu einfacheren Anweisungen, die in einem einzigen Taktzyklus der Maschine abgearbeitet werden konnten. Die älteren Entwürfe wurden als komplexe Befehlsatzverarbeitung („Complex Instruction Set Computing", CISC*) bezeichnet. CISC-Computer sind von einem bestimmten Hardwaredesign abhängig, um Geschwindigkeit und Funktionalität zu gewährleisten. Diese Befehlssätze sind bei Minicomputern und PCs weit verbreitet und sind deshalb in vielen Konfigurationen offener Systeme anzutreffen.

Die Fortschritte beim Design ermöglichten die Produktion von Prozessorchips, die reduzierte Befehlssätze benutzen. Untersuchungen zeigten, daß in den meisten Programmen nur ein geringer Teil der Befehlssätze benutzt wurde. Damit war die reduzierte Befehlsatzverarbeitung geboren („Reduced Instruction Set Computing", RISC*; Patterson, 1985). Ursprünglich wurden RISC-Chips für Supercomputer entworfen, aber in den 80er Jahren wurden sie in bedeutenden neuen Prozessorchips eingesetzt. Viele Hersteller von Workstations und Servern haben die RISC-Technologie für ihre Produkte übernommen.

Befehlssätze bestimmen die Geschwindigkeit und Funktionalität eines Prozessors. Konventionelle Prozessoren benutzten einzelne Befehls- und Datenströme, um Programme zu verarbeiten. Jetzt ist die Einführung von Mehrfachverarbeitung auf so kleinen Einheiten wie Workstations möglich geworden. Parallele Befehls- und Datenströme sind wertvoll, um bei Servern höhere Leistungsfähigkeit oder Fehlertoleranz zu erreichen.

Offene Systemlösungen verlangen zusätzliche Rechnerkapazität jenseits von Ganzzahlfunktionen. Fließpunktoperationen werden in technischen und kommerziellen Anwendungen benutzt, um große numerische Modelle zu berechnen und die Bilddarstellung auf dem Desktop zu unterstützen. Mit der Einführung von grafischen Benutzeroberflächen ist es wichtig, Grafiksysteme und ihren Beitrag zur effektiven Benutzungsmöglichkeit von bildlichen Darstellungen zu berücksichtigen. Grafiksysteme benutzen eigene Prozessoren, um die Bildschirmdarstellung zu beschleunigen.

Ein wichtiges anderes Designthema ist der Computer-Bus. Busse sind elektrische Daten-Autobahnen zwischen Prozessoren und anderen Geräten inklusive dem lokalen Speicher. Sie stellen Verbindungsprotokolle zu unterschiedlichen Geräten zur Verfügung. Ihre Effizienz bestimmt die Interaktionsrate zwischen unterschiedlichen Prozessoren und unterstützenden Geräten. Obwohl es dedizierte* Speicherbusse gibt, können die Systembusse die Allzweckverbindungen zum Speicher, zu Peripheriegeräten und zu Systemkomponenten zur Verfügung stellen. Dedizierte Peripheriebusse ermöglichen spezielle Verbindungen für Platten, Bänder oder Drucker. Diese Geräte werden üblicherweise über Adapterkarten angeschlossen, die in den Erweiterungsbus eingesteckt werden.

Da Busse den Verkehrsfluß regeln, ist es wichtig, ihre Techniken für die Lösung von Konflikten zwischen Signalen zu verstehen. Die Signale und Protokolle sind ein wesentlicher Teil des Systementwurfs und sollten überprüft werden bezüglich ihrer Konformität zu Industriestandards, Geschwindigkeit, Verbindungsmöglichkeiten und Erweiterbarkeit. In modernen Systemen gibt es einen Trend zu mindestens 32 Bit breiten Busverbindungen mit einer starken Tendenz zu 64-Bit-Entwürfen in größeren Netzwerkeinheiten. Diese Busbreiten sind wichtig, um die Gesamtleistungsfähigkeit eines offenen Netzwerks zu bestimmen.

Mikroprozessoren haben andere Computerentwürfe bezüglich Geschwindigkeit und Funktionalität immer wieder übertrumpft. Die Verbesserung von Geschwindigkeit und Funktionalität bei fallenden Preisen hat die Workstation-Technologie einzigartig gemacht. Die Verbesserungen geschahen so schnell, daß moderne Entwürfe von speziell angepaßten Programmiersprachenübersetzern abhängig sind, wenn sie ihr volles Potential entfalten sollen.

In Ergänzung zur Leistungsfähigkeit des Zentralprozessors sind die Preise für Speicher gefallen, während die Größe des in einer Einheit adressierbaren Speichers kontinuierlich stieg. Schreibtischcomputer werden mit Speichergrößen von Millionen von Zeichen ausgeliefert und das Systemdesign erlaubt virtuelle Speichergrößen, die Terabytes (Billionen von Zeichen) übersteigen. Virtueller Speicher benutzt Sekundärspeichergeräte als Erweiterung des lokalen Speichers und gibt dem Benutzer fast grenzenlose Adressierungsmöglichkeiten.

Die Chips, die das Herz des Mikroprozessors ausmachen, haben ihre Adressierungsmöglichenkeiten verändert. Der Entwurf hat sich von den einfachen 16 Bit breiten Befehlen und Daten zur 32-Bit-Technik gewandt. Dies erlaubt nicht nur erweiterte Adressierung sondern erhöht auch die Geschwindigkeit normaler Operationen. Die jüngsten Markteinführungen schlossen 64-Bit-Technik ein, mit 128-Bit-Prozessoren bei einigen Hochleistungsservern.

Die Tatsache, daß ein relativ leiser Schreibtischcomputer im Büro stehen kann, ist teilweise auf die Entwicklung von Netzteilen zurückzuführen, die die Verwendung von Hochgeschwindigkeitslüftern überflüssig machten. Fortschritte bei Plattenlaufwerken und Ein-/Ausgabegeräten mit hoher Geschwindigkeit und niedrigem Lärmpegel haben die Arbeitsumgebung bei individuellen Schreibtischcomputern ebenfalls verbessert.

Moderne Systeme benutzen Basisbausteine, um Prozessoren unterschiedlicher Leistungsfähigkeit zu schaffen. Skalierbarkeit wird durch die Benutzung von Mikroprozessoren für den Bau der verschiedenen Knoten in offenen Systemen erreicht. Zum Beispiel sind SPARC-Chips („Scalable Processor Architecture") für den Entwurf multipler Systeme breit akzeptiert. Entwickler haben die Chips in Produkten benutzt, die von einfachen tragbaren Computern bis zu massiv parallelen Prozessoren reichen, die Mainframes an Leistungsfähigkeit übersteigen.

SPARC wurde ursprünglich von Sun Microsystems entwickelt und als ein offenes Chipdesign definiert. Es wird weiterentwickelt und vertrieben durch das SPARC International Consortium, das den Entwurf Unternehmen zugänglich macht, die Produkte mit dieser Architektur bauen wollen. Eine Anzahl unterschiedlicher Chipproduzenten haben den Chip in ihr Programm aufgenommen und ihn für Produktentwickler verfügbar gemacht.

Chips, die mit dem PC eingeführt wurden, wurden für Produkte für offene Systeme weiterbenutzt. Insbesondere wurden die Intel 80X86 Chips von mehreren Herstellern für die Benutzung in Workstations und Servern herangezogen. Der 8088, der für IBM's ersten PC benutzt wurde, war ein Nachfolger des 8086-Chip, der preiswerte Anschlüsse von Ein-/Ausgabegeräten erlaubte. Der Erfolg des PC machte die Intel Chipfamilie für Schreibtischcomputer populär (Strauss, 1986).

Intels modernere Chips weisen wesentliche neue Merkmale gegenüber den ursprünglich in PCs benutzten auf. Viele Eigenschaften, die spezielle Chips zur Unterstützung benötigten, wurden in den Hauptprozessor integriert. Die Erweiterung auf 32-Bit breite Prozessoren und verbesserte Befehlssätze haben moderne Prozessoren mit diesen Chips für viele Anwendungen überlegen gemacht. Einige Unternehmen benutzten mehrfache Chips um hohe Leistungsfähigkeit für Server zu erreichen. Die Benutzung dieser Chips ist populär, da eine weitverbreitete Entwicklungsumgebung vorhanden ist, die an neue Produkte angepaßt werden kann. Zusätzlich profitieren viele Unternehmen von der existierenden PC-Software, die eine breite Kundenbasis sicherstellt.

Für offene Systeme ist eine Skalierbarkeit fester und auswechselbare Speichermedien notwendig. Platten sind das hauptsächliche feste Speichermedium und diese Geräte sind in 3,5 oder 5,25 Zoll Konfigurationen verfügbar. Die breite Akzeptanz dieser Einheiten hat sie für Schreibtischcomputer und größere Prozessoren benutzbar gemacht. Das Endprodukt all dieser Technologien sind die Desktop und Tower-Geräte, die in den verschiedensten Arbeitsumgebungen so beliebt sind. Komplexe Geräte werden durch einfach anzuschließende Erweiterungen in das System eingefügt.

Eine wichtige neue Speichertechnologie, RAID* („Redundand Arrays of Inexpensive Disks") wurde an der Universität von Kalifornien in Berkeley entwickelt und erfährt eine wachsende Benutzung in offenen Systemlösungen. RAID verbindet mehrere preiswerte Platten in einer redundanten Reihe.

Diese Geräte fassen Standard 3,5 oder 5,25 Zoll Platteneinheiten zu redundanten Bereichen zusammen, die fehlertolerante Speicherung ermöglichen. Diese Lösung verteilt die Daten auf mehrere Platten, was sowohl die Lese- wie die Schreibvorgänge beschleunigt. Da große Anzahlen von kleinen Platten benutzt werden, reduziert die Konfiguration erheblich die notwendigen Wege in Maschinenräumen oder dort wo Server benutzt werden.

Sechs unterschiedliche RAID Levels wurden für die Benutzung in Servern oder Workstations definiert. RAID-0 ist der erste definierte Level, der eine einfache Verteilung der Daten auf mehrere Platten („disk striping") ohne Fehlertoleranz erlaubt. „Striping" ist der Prozeß, durch den die Daten über mehrere Platten innerhalb des Bereichs zusammengefaßt werden. RAID-1 gewährleistet einfaches Spiegeln oder „Shadowing" der Daten, das für einen gewissen Grad der Korrektheitsprüfung verwendet werden kann. RAID-2 erlaubt die Verteilung der Daten über mehrere Laufwerke mit einer Prüfsumme. Es scheint, daß dieser Ansatz Leistungseinbußen zur Folge hat. RAID-3 ist ideal für Bildinformation, da dieser Level die Daten über mehrere Laufwerke verteilt und diese synchronisiert. RAID-4 unterstützt die Verteilung von Daten in Sektorgröße. RAID-5 ist eine ausgezeichnete fehlertolerante Variante, die Daten und Paritätsinformationen über alle aktiven Platten verteilt. Sie scheint angemessen für Anwendung mit großen Anzahlen von kleinen Ein-/Ausgabeblöcken.

Viele der Hardwarekomponenten sind in den offenen Systemlösungen zu finden. Ihre Anwendung in großen Servern ebenso wie die große Anzahl von Schreibtischcomputern erhöht die Produktionszahlen für die Teile und senkt ihre Kosten. Mit den kontinuierlichen Verbesserungen der Hardwaretechnologie wird es eine wachsende Nutzung modularer Lösungen in den unterschiedlichsten Geräten geben. Das Resultat wird höhere Qualität und fortgesetzte Kostenreduktion sein.

Obwohl diese Diskussion sich auf Teilprodukte konzentrierte, die von vielen Hardwareherstellern benutzt werden, beschränken sich offene Systeme nicht auf die Definition offener Hardware. Schnittstellen werden zwischen verschiedenen Herstellern vereinbart, was den grundlegenden Unterstützungsbedarf auf die Softwareebene verschiebt.

3.2 SOFTWARE-GRUNDLAGEN

Letzten Endes wird der Wert jedes Computersystems an der Effektivität der Anwendungen gemessen, die auf dem System aufgebaut wurden. Anwendungen basieren auf Softwaregrundlagen, die zur Definition offener Systeme beitragen. Anders als Hardware, die den symmetrischen Gesetzen der Physik folgt (Penrose, 1990), ist Software asymmetrisch und muß auf die spezifischen Bedürfnisse der Benutzer zugeschnitten werden. Dieser Mangel an Symmetrie führte zur Definition von Kontrollpunkten im Betriebssystem.

Software wurde in den 50er Jahren eingeführt, um die Komplexität des lästigen Neuverdrahtens zu reduzieren. Es ist über 30 Jahre her, seit das erste Computerbetriebssystem eingeführt wurde, um den Wechsel zwischen verschiedenen Programmschritten zu vereinfachen. Seit damals wurde eine wachsende Zahl von Funktionen der Betriebsumgebung hinzugefügt, Sprachen wurden zur Vereinfachung der Programmierung eingeführt, Datenbanken zur Erleichterung des schnellen Zugriffs auf Informationen und Subsysteme, um die Systeme für die Endbenutzer einfacher zu machen. Netzwerksysteme machen das System über mehrere Prozessoren verfügbar.

Das Betriebssystem ermöglichte den Benutzern den Betrieb mehrerer Jobs auf einer einzelnen Maschine. Seither sind die Funktionen des Betriebssystems gewachsen; es unterstützt Hardwaredesign, komplexe Anwendungssoftware und vereinfachte Benutzeroberflächen. In den 50er Jahren verwalteten einzelne Programme die benutzten Hardwareressourcen und Operatoren verwalteten den Wechsel von einem Job zum nächsten. Mit wachsender Komplexität wuchs auch die Schwierigkeit dieser Aufgaben und es wurde zusätzliche Software eingeführt, um den Prozeß zu vereinfachen. Die Komplexität war schon früh deutlich geworden bei der Entwicklung des SAGE-Systems („Semi Automatic Ground Environment") für die amerikanische Luftwaffe. Für SAGE wurden Betriebssystemmodelle entwickelt, die später kommerzielle Entwicklungen in den frühen 60er Jahren beeinflußten. SAGE und die kommerziellen Erfahrungen führten zur Entwicklung großer Betriebssysteme für kommerzielle Computer (Watson, 1990).

Mit heutigen Maßstäben gemessen, waren die frühen Betriebssysteme relativ einfach (Lorin und Deitel, 1981). Die Einführung von IBM System/360 im Jahre 1965 stellte einen wichtigen Durchbruch bei umfassenden Programmsystemen dar, der das Design offener Systeme bis heute beeinflußt (Pugh et al., 1991). Job und Speicherverwaltung wurden eingeführt, was die Aufgabe der Speicherbelegung für den Anwendungsprogrammierer vereinfachte. Problemlose Programmwechsel ohne Operatoreingriffe wurden möglich. Bildschirmterminals ersetzten die Lochkartengeräte und der gesamte Vorgang des Betreibens von Programmen wurde verbessert.

Bis 1972 wurden Verbesserungen in Betriebssystemen eingeführt, die offene Systeme beeinflußten. IBM erweiterte OS/360 um virtuelle Betriebsmöglichkeiten und führte 1975 OS/MVS („Operating System/Multiple Virtual Systems") ein. OS/MVS bleibt ein wichtiges Element für die Unterstützung offener Systeme und wird die Basis für viele Problemstellungen der Interoperabilität sein. MVS führt Programmkonzepte ein, die sich für die Definition verteilter Systeme als wertvoll erweisen können.

Die Merkmale verteilter Systeme begannen sich in den 70er Jahren zu entwickeln, als Hersteller von Minicomputern neue Produkte ankündigten. Es wurde sehr früh gesehen, daß Kommunikationsmöglichkeiten in einen verteilten Kernel* eingebettet sein sollten. Der Datenfluß wurde ein wichtiges Element für die Definition eines Betriebssystems für offene Systeme, da er die Bewegungen der Daten zwischen den verschiedenen Knoten des Systems regelte. Befehle in Programmen beziehen sich auf Daten oder Anwendungen, die entweder auf einem lokalen oder auf verteilten Knoten residieren. Verfeinerungen von verteilten Betriebssystemen setzten sich fort, als die ersten PCs in den 80er Jahren eingeführt wurden.

Bis Mitte der 80er Jahre hatte IBM viele Konzepte definiert, die bei der kooperativen Verarbeitung benutzt wurden. Kooperative Verarbeitung unterstellte Systeme, die mit Anwendungen zusammenarbeiteten, die auf Mainframes residierten. Schnittstellen konnten knapp definiert werden, die Autonomie für beide Prozessoren gestatteten, wobei die Kooperation zwischen den Anwendungen in verschiedenen Verarbeitungselementen eines verteilten Systems stattfand. In den entfernten Knoten wurden Transaktionsleitwege („Routing") definiert, die mit dem entsprechenden Code interagierten, der sich auf den Mainframes befand. Viele der Definitionen von kooperativer Verarbeitung ging in IBM's Arbeit an der Systemanwendungsarchitektur („System Application Architecture", SAA) ein.

Kontrollpunkte sind wesentlich für das Verständnis offener Systeme, da sie Entwurf und Integration des Systems beeinflußen. Ein Kontrollpunkt stellt die Verwaltungsmöglichkeiten für Daten, Programme und Hardwareinteraktionen eines Geltungsbereichs zur Verfügung. Jeder Computer benötigt Kontrollcode für seinen lokalen Geltungsbereich, was die Verwaltung von Hardware, Software und Ressourcen einschließt. Netzwerkknoten enthalten Routinen, die Verbindungen auf der physikalischen Ebene und der Datenverknüpfungsebene bearbeiten. Ausgeklügelte Systeme für das Speichern und Weiterleiten von Daten enthalten primitive Datenbankelemente, die zur separaten Standardisierung vorgeschlagen wurden. Die Synchronisation des Informationsflusses zwischen Organisationen wurde ebenfalls von diesen Software-Kontrollpunkten bearbeitet.

Abbildung 3.3 beschreibt vier unterschiedliche Entwürfe für Kontrollpunkte. Der erste ist der individuelle Kontrollpunkt, den man auf Workstations und PCs finden kann. Der zweite ist des LAN-Kontrollpunkt, der mehrere Workstations und Server kontrolliert. Der dritte ist der Mainframe-Kontrollpunkt, der die Aktionen der Geräte kontrolliert, die an den Mainframe ange-

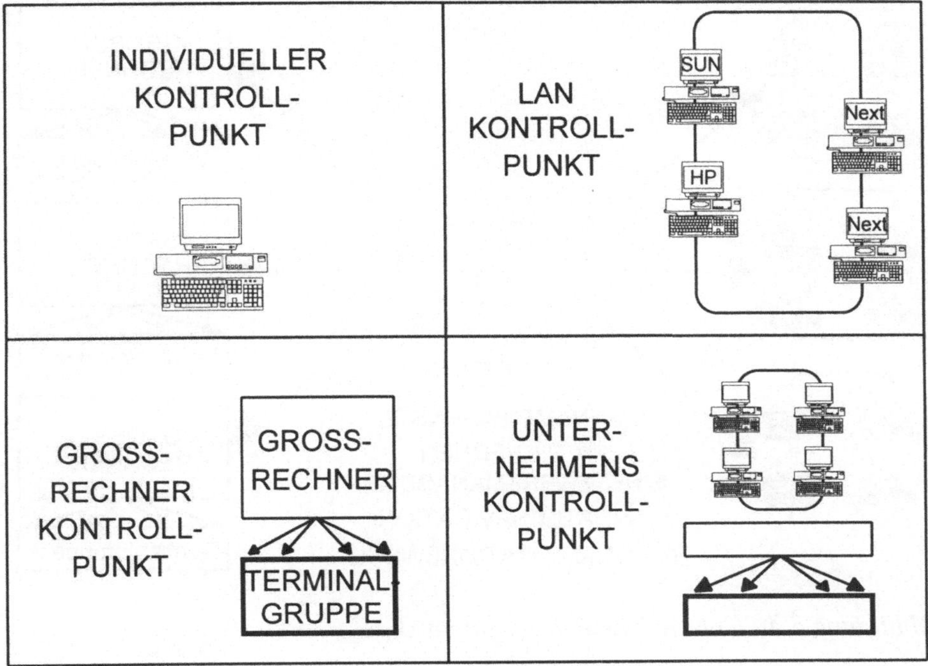

Abbildung 3.3   Kontrollpunkte

schlossen sind. Der vierte Kontrollpunkt ist der Unternehmens-Kontroll-punkt, der Workstations, LANs und Mainframes umfaßt.

Die frühen Computerdesigner verbrachten einen guten Teil Zeit damit, her-auszufinden, wie die verschiedenen Funktionen innerhalb eines Netzwerks kontrolliert werden sollten. Dies gilt ebenso für verteilte Systeme, aber da es sich um ein heterogenes System handelt, gibt es keinen einzelnen Systemkon-trollpunkt. Verteilte Systeme wachsen an Verarbeitungs- und Speicherkapazi-tät auf eine ähnliche Weise wie physikalische Systeme.

Ein PC ist ein individuelles Produktivitätswerkzeug, das vom Endbenutzer kontrolliert wird. Der gleiche PC - mit einem Netzwerk für eine vertikale Anwendung verbunden - wird wegen einer gemeinsam benutzten Anwendung von einem Netzwerkcomputer kontrolliert. Ein Mainframe kontrolliert ähn-lich wie ein PC die Terminals, die mit seinen Anwendungen verbunden sind. Für die Definition von Netzwerkkontrollprogrammen wurden den Kontroll-punkten sorgfältige Überlegungen gewidmet. Da die Terminals durch Work-stations ersetzt wurden, verlagerte sich die Kontrolle von einzelnen Punkten im Mainframe auf gemeinsam genutzte Kontrollpunkte zwischen den Work-stations und den Mainframes.

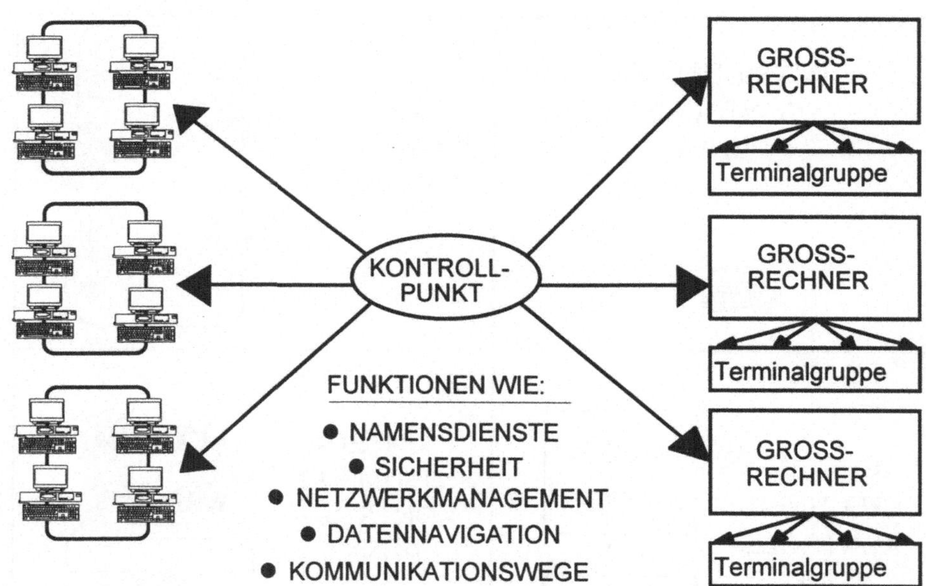

Abbildung 3.4   Unternehmens-Kontrollpunkt

Ein Kontrollpunkt für Workstations in einem LAN befindet sich im LAN. In einem Unternehmen mag sich der Kontrollpunkt auf einen größeren Computer verlagern. In einem Supersystem ist es möglich, einen virtuellen Kontrollpunkt zu definieren, der sich auf keinem einzigen einzelnen Prozessor befindet.

Der Unternehmens-Kontrollpunkt (Abbildung 3.4) stellt die logischen Funktionen zur Verfügung, die normalerweise in einem einzelnen Betriebssystem oder im Betriebssystem und den Kommunikationsroutinen zu finden sind. Diese Art von System stellt ein wohlgeordnetes und berechenbares System dar. Offene verteilte Systeme können als nicht berechenbar angesehen werden und die Interaktionen sind daher oft schwer vorauszusagen und zu kontrollieren. Der Unternehmens-Kontrollpunkt hat Funktionen wie Namensdienste*, Sicherheit, Netzwerkmanagement, Datennavigation und die Verwaltung von Nachrichtenwegen.

Penrose gibt ein Beispiel für die Berechenbarkeit eines Systems aus Billardkugeln (Penrose, 1990). Wenn das System mit einer oder zwei Kugeln berechenbar ist, können Endzustände vorhersagbar sein. Wenn mehr Kugeln ins Spiel kommen, können die Ergebnisse komplexer und potentiell chaotisch werden. Unterschiedliche Techniken müssen verwandt werden, um die Endzustände für diese unterschiedlichen Systeme vorauszusagen. Wenn ein einzelner oder einige wenige Computer interagieren, sind die Ergebnisse vorhersagbarer als bei Systemen mit Hunderten oder Tausenden von gleichberechtigten Partnern.

Zum weiteren Verständnis dieses Hinweises auf Komplexität kann auch die Untersuchung der Interaktionen von Gaspartikeln in einem geschlossenen Raum beitragen. Es gibt einen großen Grad der Ähnlichkeit zwischen der wachsenden Entropie in einem geschlossenen System von Gaspartikeln und dem konstanten Wachstum eines verteilten Systems. Ein anderer Ansatz für das Netzwerkmanagement in einer nicht ausbalancierten Umgebung kann das Wissen über das Balancieren von Elementen in einem neuronalen Netzwerk benutzen. Drei separate Computertechnologien sind dabei zusammenzuwachsen, die virtuelle Kontrollpunkte benötigen. Dies sind die massiv parallele Verarbeitung, die im Serverabschnitt dieses Buches diskutiert wird, die verteilte Verarbeitung und neuronale Netzwerke. Es ist wahrscheinlich, daß es eine große Ähnlichkeit zwischen den Lösungen geben wird, die auf jedes dieser Probleme angewandt werden.

Der Kontrollpunkt, der nicht auf einem einzelnen Prozessor angesiedelt ist, ist in der Tat ein virtueller Kontrollpunkt. Er wird definiert durch die Architektur und durch Standards, die nun viele der Funktionen einschließen, die traditionellerweise in Betriebssystemen angesiedelt waren. Frühe Entwürfe für solch ein System wurden in SNA* mit LU 6.2* eingeführt, das als ein virtuelles Betriebssystem betrachtet werden könnte. Die Bedeutung von Netzwerkbetriebssystemen hat sich ausgeweitet auf moderne offene Systeme. Standards sind zum Kontrollpunkt für verteilte Systeme geworden.

Da der Kontrollpunkt in der Architektur steckt, wird die Konformität und Überwachung des Kontrollpunktes dadurch gewährt, daß die Netzwerksoftware sich an Standards hält. Selbstkontrolle verbietet Code, der die Anforderungen für die Verbindung nicht einhält.

Betriebssystemcode wurde früh in der Geschichte der PCs eingeführt. Viele frühe Systeme konzentrierten sich auf einfache Dienstprogramme, die in vielen Fällen frühen Mainframe-Systemen glichen. Diese Betriebssysteme kontrollierten Funktionen wie die Ein-/Ausgabeverbindungen und den Fluß zwischen verschiedenen Programmen. Die Funktionen erlaubten dem Endbenutzer das Schreiben, Übersetzen und schließlich den Start von Programmen in einem Verarbeitungsstrom. Es gab eine einfache Speicherverwaltung, aber für die gab es wenig zu tun in single-tasking* Systemen. Als die PCs ausreiften, suchten die Benutzer nach Erweiterungen des Betriebssystems, die mehrere Tasks und sogar mehrere Jobs zur gleichen Zeit auf dem gleichen Prozessor ermöglichen würden.

Microsofts „Disk Operating System" („Diskettenbetriebssystem", MS/DOS) wurde mit dem IBM Personal Computer 1981 eingeführt und wurde das erfolgreichste Betriebssystem der Geschichte. Das System war als ein persönliches System aufgebaut, das einige moderne Techniken benutzte, aber es blieb im Detail für viele Menschen schwer erlernbar. Das Betriebssystem diente als Grundlage für viele frühe Clientanwendungen. Fortschritte in den Präsentationstechniken trugen dazu bei, das System zu einem wichtigen Schreibtischcomputer zu machen und die Freigabe von Windows fügte die Fähigkeit zum Ablauf mehrerer Programme hinzu. Die Popularität des Systems und die folgende Unterstützung durch eine Vielzahl von Anwendungsentwicklern machten das System sehr wichtig für die Computerunterstützung auf dem Schreibtisch. Die wichtigsten Anwendungen, die für MS/DOS entwickelt wurden, finden ihren Weg auf die meisten Schreibtischcomputer, die in offenen Systemen benutzt werden.

1987 schlossen sich Microsoft und IBM für die Entwicklung von „Operating System/2" (OS/2) zusammen. Das System wurde ursprünglich als 16-Bit System entwickelt - in einer Welt, die von 32-Bit Prozessoren dominiert wurde -, und erfuhr nur zögernde Akzeptanz. 1992 übernahm IBM das System als eigenes Angebot und erweiterte es zu einer 32-Bit Architektur. OS/2 kombinierte viel von dem, was man mit MS/DOS und Unix gelernt hatte und bot ein universelles Client/Server-System. OS/2 hat viele positive Merkmale, die es anderen Alternativen überlegen machen. Die Client-Anbindung der Extended Edition ist anderen Alternativen überlegen, weil sie auf der Grundlage der Transaktionsverabeitungstechnologie von Mainframes entwickelt wurde.

Ein anderes populäres Betriebssystem auf PCs ist das Macintosh Betriebssystem, das von Apple Computer entwickelt wurde. Das Betriebssystem nutzt ein fortschrittliches Objektdesign für die Benutzeroberfläche, die sehr anziehend für Endbenutzer war, gleich ob für Anfänger oder für Erfahrene. Die Benutzerschnittstellen, verbunden mit einer Synchronisation der Daten über mehrere Anwendungen hinweg, trugen zur breiten Popularität unter den Endbenutzern bei. Das Macintosh Betriebssystem war nicht stark in den Verbindungsmöglichkeiten zu offenen Systemen, aber seine leichte Benutzbarkeit machten es zu einer anziehenden Alternative für viele Benutzer. Erweiterte Verbindungsmöglichkeiten und zusätzliche Rechnerkapazität auf den einzelnen Macintosh Computern werden die Popularität des Systems als Client erhöhen, der modifiziert werden kann, um die Standards offener Systeme zu erfüllen.

Das wichtigste Betriebssystem in Plänen für offene Systeme ist Unix (Norton und Hahn, 1991), das ursprünglich 1972 bei den Bell Laboratories von Kernighan und Ritchie entwickelt wurde (Bach, 1986). Das ursprüngliche Unix ist ein Abkömmling der Arbeit an „MULTICS" am Massachusetts Institute of Technology in den 60er Jahren. Das System wurde zuerst häufig bei AT&T Niederlassungen benutzt und an Universitäten freigegeben, die es um die Unterstützung anderer Rechner erweiterten. Die breite universitäre Akzeptanz trug zur Popularisierung des Systems bei.

Im Zentrum von Unix steht der Kernel, der die Systemressourcen den verschiedenen Diensteanforderern zuteilt und anderen Programmen gemeinsam benutzte Ressourcen zur Verfügung stellt. Unix bietet eine Systemsteuerung für die verschiedenen Jobs in einer Mehrbenutzerumgebung mit Multitasking*, das von vornherein zum Systemdesign gehörte - selbst in einer Einbenutzerumgebung. Unix bietet Möglichkeiten für offene Systeme vom PC bis zu mehrfach parallelen Prozessoren. Erweiterungen des Kernels verbessern die Unterstützung für Parallelverarbeitung, verteilte Verarbeitung und Echtzeitumgebungen. All diese Erweiterungen haben die Nutzung dieser Systeme in Netzwerken erhöht.

Zu den Bausteinen von Unix gehören Prozesse, dies sind die Ausführungsinstanzen von Programmen, vergleichbar den Tasks in anderen Betriebssystemen. Forks sind Programmaufrufe, die neue Prozesse innerhalb des Systems erzeugen. Pipes sind „Rohre" für die Interprozeßkommunikation. Der primäre Zugriff auf die Unixfunktionen geschieht durch Shells, die einen einfachen Zugang zu den Systemfunktionen gewährleisten. Der Benutzer kommuniziert mit dem Kernel durch die Benutzung einer der verfügbaren Shells oder er erzeugt eine eigene Shell. Neuere Shells erlauben dem Benutzer die Definition asynchroner* Kommandos, was die Wartezeiten reduziert. Obwohl viele Shells verfügbar sind, gibt es eine Reihe von Werkzeugen, die das Erstellen neuer Shells vereinfachen. Viele Versionen von Unix bieten Shellunterstützung für MS/DOS-Anwendungen.

Nach der Betrachtung der Shell ist die Datenhaltung unter Unix wichtig - eine baumstrukturierte Hierarchie, die Verzeichnisse und Dateien benutzt. Obwohl andere Datenhaltungssysteme auf der Grundlage des Basis-Dateisystems aufgebaut wurden, bleibt es das am meisten verwendete Dateisystem. Einige Unternehmen haben Objekt-Dateisysteme eingeführt, die die lineare Byterepräsentation von Unix ergänzen. Peripheriegeräte werden als Erweiterungen des Dateisystems behandelt, was den Programmzugriff vereinfacht.

Die große Zahl von Aktivitäten für die Erweiterung von Unix brachte Fortschritte auf allen Ebenen des Systems. Fenstersysteme, grafische Benutzeroberflächen und Kommunikationsprotokolle wurden definiert. Z. B. bietet Motif eine dreidimensionale, PC-ähnliche Erscheinungsform auf mehreren Plattformen. Mit modernen Werkzeugen ist die Definition von Dialogelementen („Widgets") für Text, Graphiken, Schaltern („push buttons") und Schiebereglern („Slider") möglich. Moderne Hilfsmitteln erleichtern den Entwurf von Bildschirmmasken und die Verbindung über das Netzwerk.

Unix wurde ursprünglich für einen alten Minicomputer mit einem Fernschreiberterminal geschaffen. Es wurde zum Software-Rückgrat offener Systeme, als es für den Betrieb auf PCs und Workstations erweitert wurde. Unix wurde verwandelt durch die Anstrengungen von Unternehmen und Standardisierungsgremien, die ein Betriebssystem schaffen wollten, das beim Ringen um einen Marktanteil bei fortgeschrittenen Systemen bestehen konnte. Unix benutzte das TCP/IP-Protokoll für die Netzwerkunterstützung und trug zu der breiten Akzeptanz dieses Protokolls bei. Nach der Unixunterstützung für das Protokoll wurde es von anderen Systemen benutzt und das Netzwerk wurde wichtig für alle Netzwerke offener Systeme.

Die mehrfache Implementierung von Unix auf unterschiedlichen Plattformen war ein weiterer Ansporn für seine breite Akzeptanz. Die leichte Portierbarkeit von Code zwischen unterschiedlichen Systemen wird teilweise durch die Akzeptanz von C als Programmiersprache auf vielen Prozessoren verursacht. Anwendungen können auf vielen Maschinen mit den üblichen Compilern neu übersetzt werden. Konsistente, klar definierte Schnittstellen trugen zur Erleichterung der Portierung bei.

Erweiterungen zu Unix werden von Standardisierungsgremien und Herstellern geplant, was seine Benutzung in offenen Systemen weiter fördern wird. Moderne Betriebssysteme bieten eine breite Palette von Funktionen, um den Benutzer mit der Verarbeitungsumgebung zu verbinden. Die Betriebssysteme bringen die Leistungsfähigkeit der Hardware auf eine benutzbare Weise zu den Endanwendern. In den komplexen Netzwerken sind verschiedene Systeme zu finden, die offene Betriebsumgebungen repräsentieren. Neben den Schreibtischcomputern findet sich Betriebssystemcode auf den Servern und den verbundenen Computern. Die Funktionsbreite variiert zwischen den verschiedenen Desktops und den Mainframes, die mit dem Netzwerk verbunden sind.

Offene Systeme haben neue Anforderungen an die Designer von Betriebssystemen gestellt. Zum Beispiel war es ein frühes Problem für alle Betriebssysteme, festzulegen, wann die Bindung zwischen einem Programm und den Daten, auf die es zugreift, erfolgen soll. In verteilten Systemen, die heterogene Hardwareimplementationen einschließen, ist das Problem noch komplexer. Wenn die Zuordnung zu Tasks während der Anforderung geschieht, kann der Bindeprozeß eventuell das Laden von Code aus einer Bibliothek erzwingen, die speziell für dieses spezifische System entworfen wurde.

Die gewachsenen Anforderungen für offene Schnittstellen führten zu Erweiterungen der traditionellen Betriebssysteme. Fähigkeiten wie Multitasking, Netzeinbindung und Benutzbarkeit werden vorausgesetzt und bilden die Basis für neuere Funktionen, wie Objekt- und Datenflüsse. Die gestiegene Leistungsfähigkeit von Ein-/Ausgabegeräten hat die Unterstützung für Multimediaanwendungen auf heterogenen Computern vergrößert. Die Verteilung der Aufgaben in einem verteilten System verlangt ein Repository mit Informationen über die Fähigkeiten der unterschiedlichen Systeme. Traditioneller Multiuser-Code bleibt für die Implementierer von Servern wichtig, aber der wachsende Bedarf für die Unterstützung von Gruppenanwendungen („groupware") wird die Definition von Steuerungsroutinen für die kooperative Verarbeitung erzwingen. Fortgeschrittenere Netzwerkprotokolle werden mit der Zeit TCP/IP ersetzen, aber ein Bedarf wird bestehen für Werkzeuge zum Management des Netzwerks und der individuellen lokalen Systeme.

Abbildung 3.5 zeigt die Reichweite und die Merkmale von Betriebssystemen, die für die Implementation offener Systeme benutzt werden. Wie aus dem Diagramm zu ersehen ist, sind sowohl MVS wie Macintosh geschlossene Betriebssysteme, die mächtige Kontrollpunkte zur Verfügung stellen. MS/DOS und Unix sind offene Systeme, die nur lose Kontrolle gewährleisten und Schwierigkeiten bei der Darstellung allgemeiner Benutzerschnittstellen haben. Unix umspannt die größte Zahl alternativer Hardwareimplementationen, sowohl was die Reichweite der Rechnerleistung wie die Anzahl unterschiedlicher Prozessoren angeht. Fortschritte in der Standardisierung haben zu dieser Situation beigetragen.

Die Auswahl des Betriebssystemcodes für offene Systeme ist eine wichtige

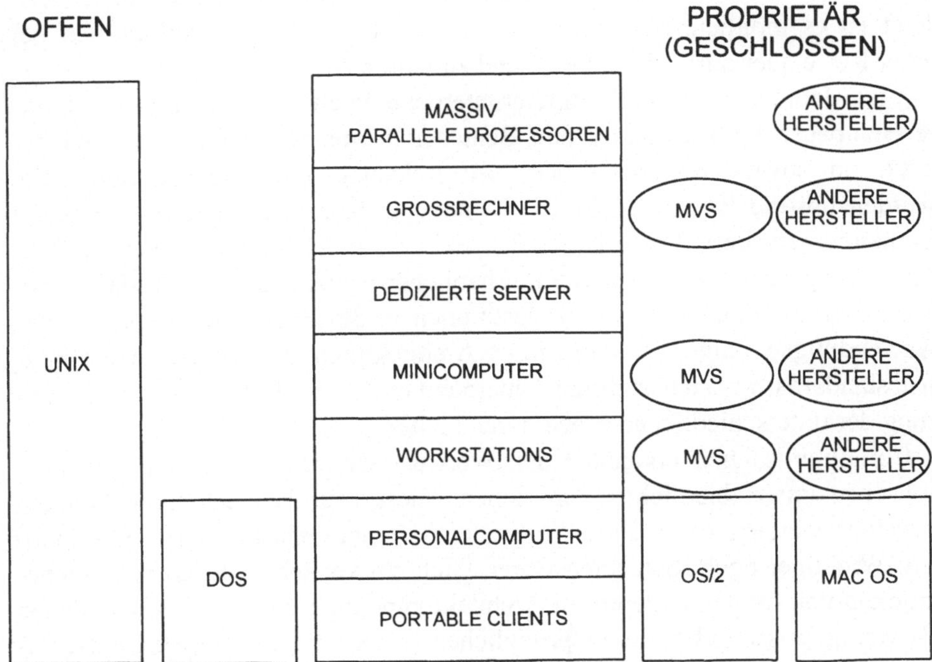

Abbildung 3.5 Betriebssystem-Alternativen

Entscheidung, da sie sich als Grundlage für die Richtung offener Systeme für eine gewisse Zeit erweisen wird. Es gibt eine intensive Konkurrenz zwischen existierenden und projektierten Systemen um einen Platz in der Konfiguration offener Systeme. Es ist wichtig, den Wert jedes Systems für einen gegebenen Bereich zu bewerten und ein System auszuwählen, das die langfristigen Bedürfnisse des Unternehmens abdeckt. Eine weitere Diskussion der Selektionskriterien findet sich in den Kapiteln über Clients und Server. Das Betriebssystem und seine Unterstützungsfunktionen werden als grundlegendes Fundament offener Systeme wichtig bleiben.

3.3 STANDARDS UND OFFENE SYSTEME

Standards bilden den grundlegenden Unterbau offener Systeme. Um gleichen Zugang zu Systemen unterschiedlicher Hersteller zu erreichen, sind gemeinsame Schnittstellen wesentlich. Viele Anstrengungen zur Definition von Standards werden zur Zeit unternommen. Die Entwicklung von Standards für Computer läßt sich gut mit der Entwicklung von Standards für den Eisenbahntransport vergleichen. In den ersten Jahrzehnten der Eisenbahnentwicklung schuf jeder Entwickler eigene Geleise und Kopplungstechniken. Es war nicht leicht möglich, von einer Eisenbahn zur anderen überzugehen. Schließlich wurden Standards für Spurweiten und Kopplungstechniken akzeptiert. Jetzt ist es möglich, mit vielen verschiedenen Eisenbahngesellschaften bei einer Reise quer durch das ganze Land zu fahren.

Viele Jahre schuf jedes Computerunternehmen eine Architektur, die als ihre Blaupause für Entwickler und Benutzer diente. Diese Pläne wurden benutzt, um sowohl Hardware- wie Softwarelösungen zu implementieren. Sie wurden um die Parameter für die Benutzung über verschiedene proprietäre Einheiten erweitert. Diese herstellerspezifischen Architekturen verschafften dem Computerunternehmen einen erheblichen Konkurrenzvorteil, da die benutzenden Abteilungen große Investitionen in die Entwicklung spezifischer Anwendungen tätigten. Viele dieser Architekturen wurden de facto Industriestandards, als sich mehrere Unternehmen an die Regeln für die Benutzung der unterschiedlichen Prozessoren hielten.

Computerdesigner erkannten den Wert der Definition sauberer Schichten zwischen unterschiedlichen Funktionen. Diese sauberen Schichten konnten erweitert werden, wenn Hardware- oder Softwareverbesserungen es erlaubten. Wichtiger noch, Schichten waren leicht zu verstehen, wenn neue Generationen von Implementierern in Architekturen eingeführt wurden, von denen sie wenig Wissen über die ursprünglichen Gründe für die Entwurfsentscheidungen hatten. Das Konzept der einfachen Schnittstellen als Zentrum des Interesses half den Architekturen zu überdauern.

Zuerst wurde Hardware als Architekturschicht oder Standard von vielen unterschiedlichen Unternehmen akzeptiert. In der frühen Entwicklungsgeschichte des Computers waren drei Standardisierungsgremien direkt mit der Schaffung und Pflege von neuen Standards beschäftigt. Heute gibt es über 100 verschiedene Gruppen, die direkt mit Standards beschäftigt sind.

Zum Beispiel basierten die Chips, die bei PCs vorherrschend wurden, auf der Intel 80X86-Architektur. Dies wurde ein Standard in der Industrie, da viele Hardwareunternehmen den Chip für die Verwendung in verschiedenen Geräten übernahmen. Von gleicher Wichtigkeit waren die unterschiedlichen Ebenen von Protokollen für Hardwareverbindungen. Ein-/Ausgabeprotokolle wurden populär und akzeptiert, als unterschiedliche Hersteller von der Allgemeingültigkeit der Hardwareanschlüsse profitierten. Der IBM PC AT-Bus wurde weitverbreitet, als die Anzahl der Nachbauten wuchs. Hardwarestandards wurden formalisiert durch die Dokumentation von de facto Standards oder durch die allgemeine Übernahme von existierenden Protokollen.

Die Schwelle für die Akzeptanz von Standards hat sich im Entwicklungsspektrum kontinuierlich nach oben verlagert. Nachdem Standardchips anerkannt waren, war es möglich, allgemeine Softwareprotokolle zu akzeptieren. Betriebssysteme konnten auf der Hardware vieler Hersteller laufen. Programmiersprachen waren von Komitees seit den 60er Jahren standardisiert worden. Die jüngsten Anstrengungen richteten sich auf die Definition von Sprachstandards für Benutzerschnittstellen.

Für die Kommunikation wurde eine Reihe von Protokollen von vielen Herstellern akzeptiert. De facto Standards entwickelten sich durch die größeren Computerhersteller wie IBM und Digital Equipment. Unternehmen, die mit den herstellerspezifischen Systemen zusammenarbeiten wollten, mußten sich an die spezifische Architektur dieser Unternehmen halten. IBM's Systemnetzwerkarchitektur („Systems Network Architecture", SNA) wurde ein Standard für viele Unternehmen und so haben viele Unternehmen Code entwickelt, der SNA auf anderen Geräten unterstützt. Digital Equipment's DECnet erfuhr breite Unterstützung in Produktionsunternehmen und bei Ingenieuren und wurde von einem weiten Bereich von Unternehmen übernommen, die ihre Geräte im kommerziellen und wissenschaftlichen Umfeld anbinden wollten. Die Dokumentation ermöglichte es Herstellern, für die Architektur von jedem anderen Hersteller zu implementieren.

Mit der wachsenden Beschleunigung der Technologiezyklen wurde deutlich, daß die Abhängigkeit von einigen wenigen Herstellern diese nicht nur mit einzigartigen Konkurrenzvorteilen versah, sondern daß sie auch entscheidend für die Implementation moderner Technologie waren. Abgesehen vom

Flaschenhals der Technologie suchten Konkurrenten und Benutzer auch nach einer Ebene des Spiels, die Möglichkeiten für konkurrierende Alternativen bot.

Einige Anwender waren dabei erfolgreich, ihre eigenen Protokolle durch Standarddokumente und Einkaufsvereinbarungen durchzusetzen. Dies ist ein kostspieliges Verfahren, da eine ausreichend große Mannschaft mit Erfahrungen in verschiedenen Protokollen nötig ist, um den Standard zu definieren und zu überwachen. Die meisten Unternehmen entschieden sich dafür, Industriegruppen die Standards definieren und kontrollieren zu lassen.

Industriegruppen sind mit der Definition und Verifizierung von Standards in einer Reihe kommerzieller Anwendungsgebiete befaßt. Zum Beispiel können Eisenbahnzüge durch das Land fahren, weil es einen Standard gibt, der den Schienenabstand definiert. Die Vereinigten Staaten haben einen großen Bestand an Standards, die viele verschiedene kommerzielle Unternehmungen regeln.

Da Datenverarbeitung international ist, gibt es einen direkten Bedarf für koordinierte Anstrengungen zwischen vielen Ländern. Wie Sie sich vorstellen können, würde es ohne die Bemühungen dieser Gruppen große Schwierigkeiten bereiten, Daten über internationale Grenzen zu bewegen. Die internationale Standardisierungsorganisation (ISO) hat Zugang zum Werk von Tausenden von Ingenieuren und Wissenschaftlern aus Ländern rund um die Welt, um Standards für Datenverarbeitung und Telekommunikation zu definieren. Hersteller und Anwender sind in den Standardisierungsgremien auf internationaler und nationaler Ebene vertreten.

Innerhalb der Vereinigten Staaten sind die Hauptstandardisierungsgremien das American National Standards Institute (ANSI) und das Institute of Electrical and Electronic Engineers (IEEE). Das IEEE insbesondere hat viele Standards für offene Systeme installiert, wie die portable Betriebssystemschnittstelle für Computerumgebungen („Portable Operating System Interface for Computer Environments", POSIX - IEEE #1003.1). POSIX-Kombatibilität wurde für existierende Systeme angekündigt, was es diesen Systemen erlauben wird, direkt mit offenen Systemen zu kommunizieren. Obwohl Betriebssysteme der Kern offener Systeme waren, haben sich verwandte Standards für Benutzerschnittstellen und Sprachen als wichtig für offene Systemumgebungen erwiesen. Gruppen für Kommunikation arbeiteten separat an der Verfeinerung dieser wichtigen Verbindungsprotokolle.

Mitte der 80er Jahre wurde Unix als ein akzeptables Betriebssystem angesehen, das auf vielen verschiedenen Hardwareplattformen benutzt werden konnte. Viele Versionen entwickelten sich, da jeder Hersteller ein kleines Stückchen Individualität hinzufügte. Die Popularität des Systems führte zu Funktionserweiterungen, die Fenstersysteme und grafische Benutzeroberflächen in die Definition einschlossen. Potentielle Käufer wurden von der Codeportabilität und der funktionellen Vielfalt des Systems angezogen, was zu einer wachsenden Akzeptanz führte. Um einen größeren Grad der Unparteilichkeit zu erreichen, übertrug AT&T die Verantwortung für die Unixdefinition an sein Unix System Laboratory (USL). Auf der Grundlage kontinuierlicher Vorschläge definierte USL Unix SVR4 (System V, Version 4). Die verschiedenen Implementierungen sorgten für ein gut Teil Verwirrung auf der Seite der Anwender, die nach einem einheitlichen Unix riefen. Um aus dem wachsenden Chaos herauszufinden, entstanden zwei wichtige industrielle Konsortien.

Das erste dieser Konsortien ist Unix International (UI). UI wurde von AT&T und anderen großen Unix-Herstellern gegründet, um bei der Standardisierung künftiger Versionen des Systems führend zu sein. Die ursprüngliche Satzung wurde über die Grenzen der Betriebssystemfragen ausgedehnt, als andere Supportbereiche betrachtet wurden. Die Definition von Benutzerschnittstellen war eine frühe Erweiterung, als sich immer mehr Benutzer über die Komplexität der Unix-Schnittstellen beschwerten.

UI hat einen detaillierten Plan des Technologiewachstums innerhalb des Standards definiert, die System V Roadmap (Unix International, 1991). Die Roadmap definiert zusätzliche Gebiete der Netzwerkunterstützung für verteilte Verarbeitung und grafische Benutzeroberflächen. Transaktionsverarbeitung erlaubt es dem System, mehrere Transaktion zwischen verschiedenen Rechnern zu verarbeiten. Die Fähigkeiten für die internationale Verarbeitung wurden erweitert um die Unterstützung von Landessprachen und Währungen. Das Systemmanagement standardisiert die Systemkontrollprozesse. Diese Punkte sind nur eine unvollständige Liste der Arbeit, die stattfinden muß, bevor der Standard die Ansprüche moderner Installationen erfüllen kann.

Das zweite Konsortium, die Open Systems Foundation (OSF), wurde von Herstellern geschaffen, die die Wichtigkeit von Unix als einem etablierten System erkannten und über die Definitionen hinausgehen wollten, die damals Unix ausmachten. Sie definierten ein System, das die Supportmöglichkeiten in einer unparteiischen Weise erweiterte, die dann von einer Vielzahl von Herstellern erfüllt werden konnten. So bedeutende Unternehmen wie IBM, DEC und Hewlett Packard (HP) gründeten OSF im Mai 1988 und entwickelten seine Satzung, um neue Entwicklungen zu planen, die auf den originalen Unix Grundlagen basierten, aber moderne Alternativen boten.

OSF erkannte die Notwendigkeit, über die grundlegenden Systemdefinitionen hinauszugehen und Unterstützung für sich entwickelnde Technologien zu bieten. Nach der Suche nach einem angemessenen Kernel, um Unixunterstützung mit modernen Technologien zu verbinden, entschied sich das Konsortium 1989 für Mach von der Carnegie Mellon Universität als Betriebssystem-

kernel. Die Gruppe erkannte auch den Bedarf für die Definition einer Benutzerschnittstelle und definierte Motif als primäre Benutzeroberfläche. Erweiterte Definitionen umfassen Objektunterstützung, die verteilte Verwaltungs-
umgebung („Distributed Management Environment", DME) und verteilte
Verarbeitung („Distributed Computing Environment", DCE). Innovative
Entwürfe bauen auf die existierenden Definitionen auf, um OSF′s führende
Rolle bei der Definition moderner Betriebsumgebungen weiter auszubauen.

Frühe Auseinandersetzungen zwischen den verschiedenen Gremien der
Hersteller führten zu einem Treffen einer Gruppe europäischer Anwender,
das eine Satzung für eine dritte Standardisierungsgruppe schuf. Obwohl diese
Gruppe hauptsächlich aus Anwendern bestand, wurden die Einladungen auch
auf Hersteller ausgedehnt. Das X/OPEN Consortium Ltd. wurde mit dem
Hauptziel gegründet, sich auf pragmatische Richtlinien zu konzentrieren, die
es ermöglichten, daß Anwendungen auf den Betriebssystemen lauffähig sind,
die von den beiden großen Herstellergruppen definiert wurden. Ein Hauptziel
wurde die Anwendungsportabilität für die verschiedenen Unixsysteme. Die
Definitionen wurden um andere Softwareelemente erweitert, die die Portabilität beeinflußen, wie Programmiersprachen, Datenbanken, GUIs und
Netzwerkprotokolle. X/OPEN übernahm die IEEE POSIX Unixdefinition
und definierte Meßkriterien, um die unterschiedlichen Unixversionen zu beurteilen. Die Gruppe entwickelte auch ein Gütesiegel als Schutzmarke, das
die Fähigkeiten jeder Implementierung identifiziert.

Die Corporation for Open Systems wurde 1986 geschaffen, um offene Sy-
steme im Weltmarkt zu fördern. Es ist eine gemeinnützige Organisation, die
Zusammenarbeit und die Verifizierung offener Implementierungen anregt.
COS führte zu beträchtlicher Anwenderbeteiligung bei der Definition offener
Systeme.

Weltweite Standardisierungsgruppen existieren seit Jahren. Kommunikationsstandards wurden schon früh als wichtig für die internationale Zusammenarbeit erkannt. Die International Telegraph Union wurde im Mai 1865
gegründet. 1932 wurde der Name in International Telecommunication Union
(ITU) geändert. 1947 wurde die Gruppe den Vereinten Nationen angeschlossen, um die internationale Zusammenarbeit in der Telekommunikation fortzu-
führen und zu erweitern. Das International Telegraph und Telephone Consul-
tative Committee (CCITT) wurde 1956 von der ITU gegründet, um Änderungen in den technischen oder Betriebsstandards für die Telekommunikation zu
empfehlen. Das CCITT hat sich auf Telekommunikationsfragen konzentriert,
die für Netzwerkverarbeitung relevant sind, wie Datenkommunikations-
netzwerke, Netzwerkbetrieb und ISDN („Integrated Services Digital Network"). CCITT arbeitet mit Experten in der ganzen Welt zusammen, um die
komplexen Definitionen von Standards zu schaffen, die auf die Vielfalt der

Kommunikationsnetzwerke angewandt werden. Viele seiner Arbeiten sind für die Benutzung in der ganzen Welt übernommen worden.

Die International Organization for Standardization (ISO) begann im Februar 1947 als Zusammenschluß der nationalen Standardisierungsorganisationen zu arbeiten und beschäftigte sich mit der Standardisierung in allen Gebieten - außer elektrischer und elektronischer Technik. Diese werden vom International Electrotechnical Committee (IEC) behandelt. 1987, als wachsende Bereiche der Überlappung erkannt wurden, schufen ISO und IEC das Joint Technical Committee für die Standardisierungsarbeit in der Informationstechnologie. Das gemeinsame Komitee hat auch mit der CCITT zusammengearbeitet bei der Definition von Bereichen, die für offene Systeme so wichtig sind, wie Fernverarbeitung, Systemmanagement, Dateiverzeichnisse und offene verteilte Verarbeitung.

Eine wichtige Definition des Joint Commitee ist das OSI-Referenzmodell („Open System Interconnect"), das Grundregeln für den Informationsaustausch zwischen mehreren heterogenen Systemen und Netzwerken definiert. Der Standard benutzt symmetrische Schichten für jeden Rechner, um klare und einfache Implementationen in den beteiligten Computern zu ermöglichen. Die internationalen Standards wurden erweitert durch die Anwendung der Grundregeln für lokal verbundene Computer. Diese Standards können für die Verbindung zwischen verschiedenen Computern benutzt werden, gleich ob es sich um Desktops oder größere Prozessoren handelt.

Existierende Netzwerkprotokolle wie Digital Equipment's „Digital Network Architecture" (DNA) oder IBM's SNA wurden auf OSI-Standards abgebildet. Diese Abbildung liefert für die Anwender von herstellerspezifischen Architekturen einen Migrationspfad zu standardisierten offenen Systemen. Die meisten Computerunternehmen haben Programme für die Unterstützung der Migration entwickelt, aber für den Wechsel auf OSI wird immer noch mit einem erheblichen Zeitaufwand gerechnet.

Der reichhaltige OSI-Standard bietet viele alternative Wege zur Konformität, besonders für die höheren Schichten der Definition. General Motors definierte eine Untermenge des OSI-Protokolls für produzierende Betriebe. Dieses „Manufacturing Automation Protocol" (MAP) wurde für die Bedürfnisse von General Motors definiert, aber es ist für andere Herstellerbetriebe erweiterbar, die Teile zuliefern. Hersteller wurden um Unterstützung des Standards gebeten und viele Unternehmen lieferten MAP-Versionen an General Motors.

Viele Teile von OSI werden in der Industrie unterstützt. Protokolle auf der Verbindungsebene werden immer öfter bei vielen Implementationen unterstützt. Selbst Anwendungsprotokolle höherer Ebenen wurden aufgegriffen wie das X.400 Protokoll für Electronic Mail. Der Standard X.500 für Dateiverzeichnisse wird ebenfalls bei einer wachsenden Zahl von Unternehmen implementiert.

Die OSI-Standards werden sorgfältig in die Arbeit von sowohl UI wie OSF integriert. Wenn wir UI's Definition eines Rahmens für Offene Datenverarbeitung prüfen, wie sie im UI Atlas niedergelegt ist, finden wir Elemente, die auf den sieben Schichten des OSI-Modells aufbauen. Andere Merkmale wie GUI und das Systemmanagement sind aus der Arbeit anderer Gruppen abgeleitet. Das Netzwerkdateisystem („Network File System", NFS) ist aus Arbeiten entstanden, die ursprünglich bei Sun Microsystems durchgeführt wurden.

Zusätzlich zu Standards für die Betriebsumgebung und die Kommunikation haben sich einige Grundstandards als fundamental für die Unterstützung von Client/Server-Umgebungen erwiesen. Implementierer müssen eine große Bandbreite von Hardware- und Softwarestandards verstehen, die Definitionen für herstellerübergreifende Implementationen geben. Ein gutes Beispiel sind die Grafikstandards (Bono, 1985).

Ein grundlegender Standard, der aus der Arbeit der deutschen Standardgruppe von 1980 entsprang, ist das Graphische Kernsystem („Graphics Kernel System", GKS), das zweidimensionale Schnittstellen für die grafische Unterstützung auf Schreibtischgeräten (wie Personalcomputern) definiert. „Computer Graphics Metafile" (CGM) wurde von ANSI 1985 eingeführt, um die Übertragung von zweidimensionalen Bildern zu vereinfachen. Die virtuelle Geräteschnittstelle („Computer Graphics Virtual Device Interface", CG-VDI) erweitert GKS für dreidimensionale Darstellungen und PHIGS („Programmer's Hierarchical Interactive Graphics System") definierte Programmierschnittstellen für dreidimensionale Grafiken mit Linien, Polygonen und Vektoren. Spätere Zusätze definierten Anwendungsprotokolle für Beleuchtung und Schattierung, die für moderne grafische Systeme wichtig sind.

Jeder Standard liefert einen Rahmen für die Entwicklung von Anwendungen, die auf verschiedenartigen Prozessoren einheitlich erscheinen. Die Betriebsumgebungen liefern Definitionen von Softwareprotokollen, die Anwendungen Einheitlichkeit verleihen können, die auf unterschiedlicher Hardware entwickelt wurden. Hardwarestandards oder kombinierte Standards wie die Grafikstandards erlauben ein einheitliches Erscheinungsbild („look and feel"), was wichtig ist, wenn sich die Anwender zwischen verschiedenen Schreibtischcomputern bewegen.

Die Aktivitäten in den Standardisierungsgremien variieren bei den verschiedenen Ebenen der Unterstützung. Auf der Hardwareebene gibt es einige Aktivitäten für die Definition von Standards, die es erlauben, Ein- oder Ausgabegeräte an Workstations oder Server anzuschließen. Geringere Aktivitäten gibt es für die Definition von Standardchips, obwohl in praktischen Implementationen nur eine geringe Anzahl von Chips Verwendung findet.

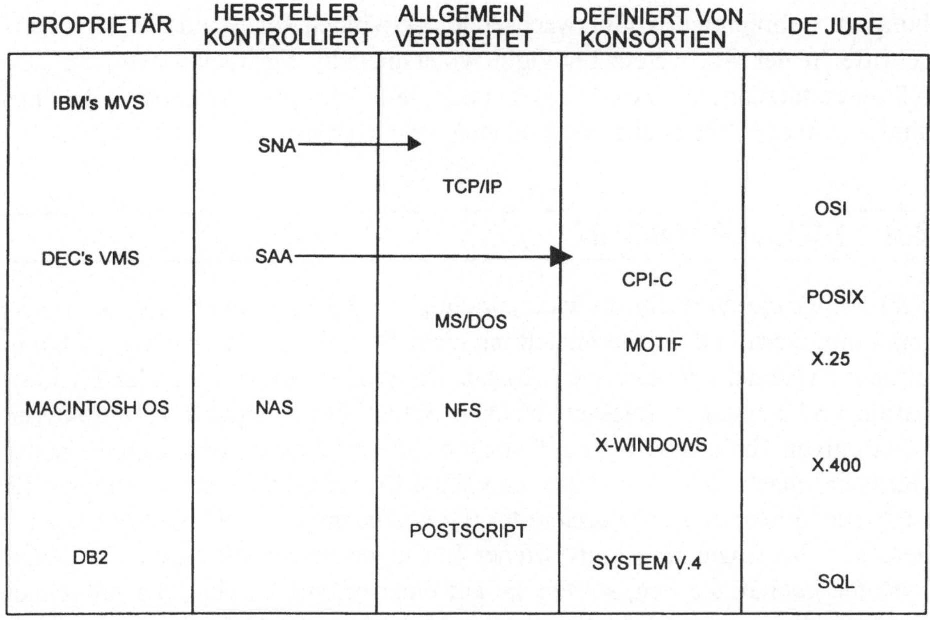

Abbildung 3.6   Standards

Es gab und gibt immer noch einen hohen Aktivitätsgrad bei der Definition von Standardkommunikationsprotokollen, die von vielen Prozessoren verarbeitet werden können. Die Arbeit an Kommunikationsstandards hat eine lange und erfolgreiche Geschichte, was dazu beitrug, sie zum Vorbild für andere Standardisierungsgruppen zu machen.

Abbildung 3.6 zeigt die Beziehungen zwischen Standards, die von einem einzelnen Hersteller (proprietär) definiert wurden, und Industriestandards. Standards können streng proprietär sein oder durch einen Hersteller kontrolliert. Sie können durch allgemeine Benutzung akzeptiert sein wie TCP/IP oder MS/DOS. Standards können ihren Ursprung in Herstellerkonsortien haben - wie X-Windows und Motif -, die zusammenarbeiteten, um Übereinstimmung zu erreichen. Standards erreichen die höchste Form der Akzeptanz wenn sie de jure von vielen Ländern oder Organisationen übernommen werden. Beispiele für de jure Standards sind POSIX und SQL.

Im Softwarebereich gibt es wachsende Aktivitäten für die Definition zusätzlicher Standards. Die Aktivitäten für Betriebssysteme werden fortgesetzt, aber sie wurden auch ausgedehnt auf Benutzerschnittstellen und Kontrollsprachen. Datenbanken sind von wachsender Wichtigkeit und hier insbesondere die Sprachen, die für den Zugriff auf Datenbanken benutzt werden. Es wird ebenfalls daran gearbeitet, eine Standard-Programmentwicklungsumgebung zu definieren. Es gibt wachsende Aktivitäten für Standards, die Fortschritte in der Softwaretechnologie widerspiegeln. Gearbeitet wird an Objektunterstützung, Netzwerkmanagement und verteilter Verarbeitung. Dies sind wichtige Gebiete, aber sie sind auch sehr komplex.

3.4 FOLGERUNGEN

Technologische Fortschritte waren wichtig für die Preissenkungen bei Desktop-Computern und die Bereitstellung einer Umgebung für die Unterstützung offener Systeme. Die niedrigen Kosten, kombiniert mit wachsender Funktionalität und Leistungsfähigkeit, machen Schreibtischcomputer zu attraktiven Alternativen für offene Systemlösungen. Die erhöhte Zuverlässigkeit neuer Hardware macht sie zur vernünftigen Wahl für produktive Anwendungen. Es ist anzunehmen, daß die Fortschritte in der Technologie sich fortsetzen werden, was die Anziehungskraft offener Lösungen weiter erhöhen wird. Wenn Systeme geplant werden, sollten sie auf einer offenen Architektur aufgebaut werden, die den leichten Wechsel auf verbesserte Lösungen in vielen technologischen Bereichen erlaubt.

Moderne Workstations vereinen fortgeschrittene Designtechniken für Komponenten vom simplen Prozessorchip zu anschließbaren Geräten. Komponenten, die eingeführt wurden, um Vorteile für Workstations zu erzielen, werden auch in Servern angewandt. Diese Komponenten gewähren mehr Möglichkeiten und Leistung als Mainframes und bilden die Basisbausteine selbst für die schnellsten Computer.

Betriebssysteme haben sich seit ihrer Einführung in den späten 50er Jahren verändert. Die Wandlungen führten zu erweiterten funktionalen Fähigkeiten und leichter Benutzbarkeit. Diese wachsenden Fähigkeiten haben die Bewegung zu offenen Systemen unterstützt, da die neuen Verarbeitungsfähigkeiten auf der Desktop und Serverebene angewandt werden konnten. Fünf Haupt-Betriebssysteme findet man auf Clients in offenen Systemen. Dies sind MS/DOS, MS/DOS mit Windows, OS/2, Macintosh und Unix. OS/2 und Unix sind auch Serversysteme, aber es gibt eine größere Akzeptanz für proprietäre Betriebssysteme auf Servern. Moderne Versionen dieser Betriebssysteme werden entworfen, um mit den sich entwickelnden Technologien gleichzuziehen und die Änderungen in der Systemtechnologie aufzunehmen. Weitere Fortschritte werden die Benutzbarkeit der Systeme erhöhen und die Benutzung durch Clients verbessern.

Ursprünglich half die Benutzung des gleichen Betriebssystems in Installationen, eine Lastverteilung zwischen vielen Maschinen zu erreichen. Unterschiedliche Betriebssysteme widerstanden der Lastverteilung. Offene Systemstandards helfen bei der Lastverteilung, indem sie es erlauben, binärkompatible Anwendungen auf unterschiedlicher Hardware und Betriebssystemen laufen zu lassen, die sich an die Standards halten.

Internationale Standards sind eine wichtige Kraft bei der breiten Akzeptanz offener Systeme. Experten aus aller Welt arbeiteten zusammen, um die Spezifika akzeptabler Standards zu definieren. Obwohl es viele Standardisierungsgruppen gibt, ist der letzte Richter über die Akzeptanz der Markt, der die Benutzung spezifischer Standards bestimmt. Heterogene Computer, die sich an Standards halten, können in einem Netzwerk verbunden werden, das dem Anwender die Option gibt, den besten Prozessor für seine spezifischen Bedürfnisse zu wählen.

LITERATUR

Maurice J. Bach, *The Design of the Unix Operating System*, Prentice Hall, Englewood Cliffs, NJ, 1986; deutsche Ausgabe: *Unix - Wie funktioniert das Betriebssystem?*, deutsch von Rudolf J. Sauerer, Hanser, München, 1991.

Peter R. Bono, „A Survey of Graphics Standards and Their Role in Information Interchange", *IEEE Computer*, October 1985, pp. 63-75.

Harold Lorin and Harvey M. Deitel, *Operating Systems, The Systems Programming Series*, Addison-Wesley, Reading, MA, 1981.

Peter Norton and Harley Hahn, *Peter Norton's Guide to Unix*, Bantam Books, New York, 1991. (Dies ist eine leicht zu lesende Darstellung von Unix mit einer guten Beschreibung der Geschichte und den wesentlichen Merkmalen, die vom Betriebssystem unterstützt werden.)

David A. Patterson, „Reduced Instruction Set Computers", *Communications of the ACM*, January 1985, pp. 8-21.

Roger Penrose, *The Emperor's New Mind*, Penguin Books, New York, 1990, pp. 168-169, 302-303; deutsche Ausgabe: *Computerdenken, Des Kaisers neue Kleider oder Die Debatte um Künstliche Intelligenz, Bewußtsein und die Gesetze der Physik*, deutsch von Michael Springer, Spektrum der Wissenschaft, Heidelberg, 1991, hier S. 166 f. und 304 f..

Emerson W. Pugh, Lyle R. Johnson, and John H. Palmer, *IBM's 360 and Early 370 Systems*, MIT Press, Cambridge, MA, 1991, pp. 39, 109, 291-365.

Edmund Strauss, *Inside the 80286*, A Brady Book, published by Prentice Hall Press, New York, 1986.

Unix International, *1991 System V Roadmap*, Unix International, Parsippany, NJ, 1991.

Thomas J. Watson, Jr., with Peter Petre, *Father, Son and Co.*, Bantam Books, New York, 1990, p. 231.

4

Clients

Der Client ist ein Schreibtischcomputer, der Benutzerschnittstellen zu einem Gesamtsystem zur Verfügung stellt, das mehrere Prozessoren umfaßt. Der Client führt lokale Anwendungen aus, wo es angemessen ist, und kooperiert mit anderen Prozessoren bei der Vervollständigung kompletter Jobabläufe. Er dient als Host* für die Bildschirmkontrolle und Benutzerschnittstellen, die den Zugang zu lokal oder remote abgelegten Daten erleichtern. Die Schnittstellen vereinfachen und individualisieren die im Netzwerk benutzten Anwendungen. Im Client sind Hardware- und Softwarefunktionen eingebettet, die Verbindungen zu Kommunikationsgeräten und Datenbankzugriffe vereinfachen. Es ist zu erwarten, daß wachsende Verarbeitungskapazitäten die Tätigkeiten für den Endbenutzer weiter vereinfachen werden.

Durch kontinuierliche Funktionsverbesserungen können Clients dahingehend modifiziert werden, daß sie die Anforderungen der Endbenutzer an Schnittstellen erfüllen. Spezielle Schnittstellen, die Bedürfnisse eines spezifischen Geschäftszweigs oder nationale Anforderungen erfüllen, können im Design festgelegt werden. Die Schnittstellen zu den Benutzern können an den Kenntnisstand der Benutzer angepaßt werden und sie können verbessert werden, wenn der Benutzer vom Anfänger zum Experten wird.

Bei der Auswahl von Clients sind Kostengesichtspunkte zu berücksichtigen. Abbildung 4.1 zeigt die Unterschiede der Kosten bei verschiedenen Typen von Clients. X-Terminals und Workstations ohne Sekundärspeicher („diskless workstations") liefern beträchtliche Verarbeitungsmöglichkeiten zu relativ niedrigen Kosten.

4.1 DESKTOP PLATTFORMEN

Desktop Plattformen sind in vielen unterschiedlichen Formen anzutreffen; als Clients fallen sie in drei Kategorien. Diese Kategorien spiegeln die Unter-

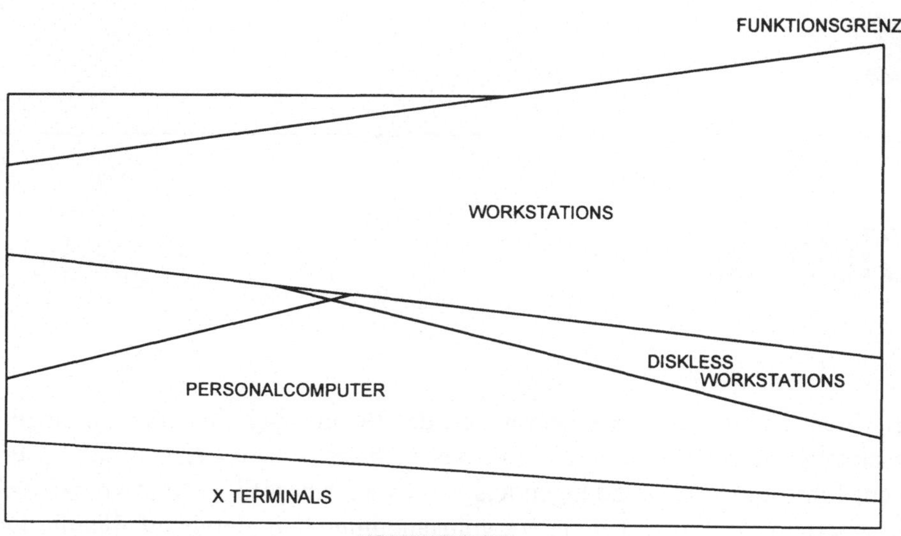

Abbildung 4.1   Kostenniveaus von Clients

schiede in der Hardware wider und die Softwaresysteme, die auf den verschiedenen Plattformen laufen. Die populärsten Plattformen sind PCs, die ursprünglich als Produkte für die individuelle Produktivität eingeführt wurden.
Über ein Drittel aller PCs werden in LANs als Teile von Client/Server-Kon-
figurationen eingesetzt.

Die leistungsfähigsten Schreibtischcomputer sind Workstations. Die Unterschiede zwischen Workstations und großen PCs sind schwer exakt zu bestimmen. Workstations haben üblicherweise leistungsfähigere Prozessoren
für normale und Fließpunktberechnungen. Workstations habe spezielle Grafikfähigkeiten für die Bildschirmdarstellung in hoher Geschwindigkeit. Auf
ihnen laufen auch viele der traditionellen PC-Softwarepakete, aber das hauptsächliche Betriebssystem ist Unix.

Die preiswertesten Schreibtischcomputer, die als Clients benutzt werden,
sind X-Terminals, die reduzierte Rechenfähigkeiten haben, aber gegenüber
traditionellen Terminals über wesentlich bessere Verarbeitungsmöglichkeiten
für die Benutzerinteraktion verfügen. Diese Stationen enthalten Benutzerschnittstellen, die den Definitionen offener Systeme entsprechen, aber sie
teilen sich Anwendungen über gemeinsame Server. Die Grafikfähigkeiten der
Stationen sind mächtig genug für die Unterstützung von Benutzeroberflächen,
aber sie erreichen nicht die Leistungsfähigkeit, die man gewöhnlich auf PCs
oder Workstations findet.

Jede Plattform hat Merkmale, die sie für spezifische Anwendungen geeignet macht. Die Plattform profitiert von den technologischen Verbesserungen, aber die Umsetzung dieser Verbesserungen wird von den unterstützten Verarbeitungsmöglichkeiten beeinflußt. Jede stellt spezifische und mächtige Funktionen in einer offenen Systemumgebung bereit; daher repräsentiert jede der Alternativen eine wirkliche Wahlmöglichkeit für jene, die ein offenes System konfigurieren.

4.2 BENUTZERSCHNITTSTELLEN

Der Client ist der erste Berührungspunkt zwischen dem Menschen und offenen Systemen. Die meisten Ein-/Ausgabegeräte, die direkt mit dem Endbenutzer kommunizieren, sind an den Client angeschlossen. Eingabegeräte übertragen von Menschen erzeugte Informationen in das Computersystem und Ausgabegeräte bringen die im Computer enthaltene Information zu den Endbenutzern.

Verbesserungen bei diesen Geräten haben die Interaktion zwischen Menschen und Computern vereinfacht, aber sie haben auch die Designaufgabe komplexer gemacht, da die Interaktion zwischen den verschiedenen Ausgabeverfahren ausgewogen sein muß, um die bestmögliche Präsentation zu erhalten. Kurz gesagt: der Zugang zum Computer beginnt mit etwas so einfachem wie Text oder mit etwas so kompliziertem wie einem Bildsignal von ei-

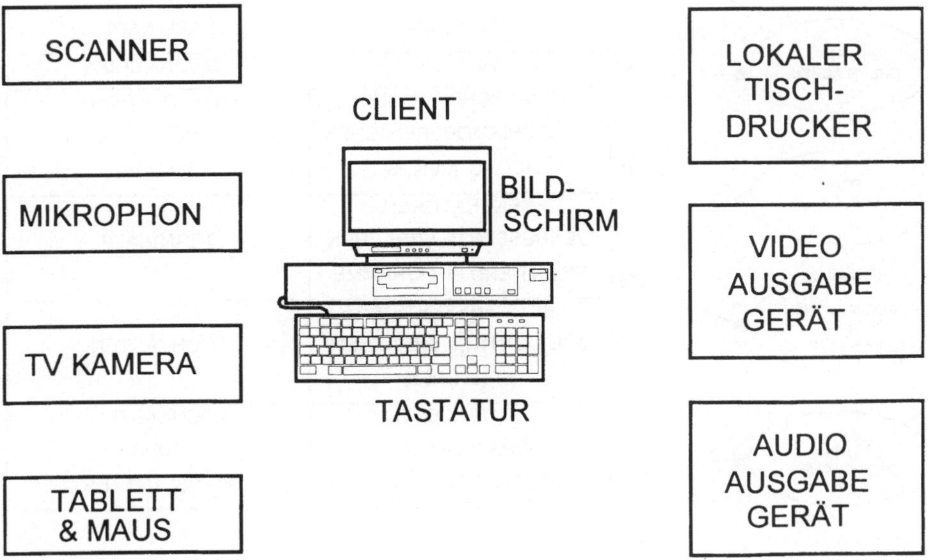

Abbildung 4.2   Ein-/Ausgabegeräte bei Clients

ner Videokarte („frame grabber"). Abbildung 4.2 zeigt einige wichtige Ein-/Ausgabegeräte, die für Clients erhältlich sind.

Die Merkmale von Schnittstellen haben sich in der Geschichte der Datenverarbeitung kontinuierlich verändert. Abbildung 4.3 zeigt das Wachstum von den frühen Schnittstellen zu der neuen Welle von Oberflächen, die auf modernen Workstations verfügbar sind. Die Weiterentwicklung von einfachen Kartengeräten zur heute erhältlichen fortgeschrittenen Nutzung von Bildschirmen und Icons wurde teilweise vorangetrieben von den Verbesserungen in der Workstationtechnologie. Da typische Benutzer-Ein-/Ausgabegeräte beim Client angesiedelt sind, ist er der Brennpunkt für die menschliche Interaktion mit dem Computersystem. Er wird zu einer kompletten Arbeitsumgebung, die mit dem Benutzer interagiert.

Der Client entscheidet über die Akzeptanz des Gesamtsystems für den Endbenutzer. Der Anwender interagiert mit dem Client und beurteilt die Vollständigkeit des Systems nach den Interaktionsmöglichkeiten, die er an diesem Berührungspunkt vorfindet. Die Zufriedenheit der Benutzer mit dem System stammt aus der Interaktion mit dem Client.

4.2.1 Eingabe

Wenn Sie ihre Vorstellungskraft benutzen, können Sie sich unterschiedliche Geräte bildlich vorstellen, die als Eingabemöglichkeiten für Computer benutzt werden könnten. Elektronische Klaviaturen („keyboards") können mit

	SOFTWARE	HARDWARE
NEUARTIGE OBERFLÄCHEN	VISUALISIERUNG	MULTIMEDIA
	FORTSCHRITTLICHE BILDSCHIRMOBERFLÄCHEN ICONS, MENUS	WORKSTATIONS GESCHÄFTSGRAPHIK MÄUSE
PC-OBERFLÄCHEN	GENERATOREN VERBESSERTE SPRACHEN FRONT-END PROGRAMME	TERMINALS
GROSSRECHNER- & MINI-OBERFLÄCHEN	BETRIEBSSYSTEME JOB CONTROL SPRACHEN SPRACHEN	LOCHKARTEN
FRÜHE BENUTZER-OBERFLÄCHEN	KARTENLESER KIPPSCHALTER VERDRAHTUNG	LOCHKARTEN ODER KIPPSCHALTER

Abbildung 4.3   Fortschritte bei Benutzeroberflächen

einem offenen Netzwerk verbunden werden und den Klang eines Symphonieorchesters erzeugen, wenn die Musik auf einem Supercomputer synthetisiert wird. Frühe Eingabegeräte für Computersysteme schlossen Kartenleser ein, die von elektronischen Tastaturen ersetzt wurden. Nahezu jedes Gerät, das Daten digitalisieren kann, kann als Eingabegerät für offene Systeme dienen.

Traditionelle Eingabegeräte wie Tastaturen oder Zeichenstifte wurden vermehrt um Spracheingabe, Scanner und Videoeingabegeräte. Existierende Mustererkennungsgeräte können geschriebenes Japanisch abtasten und die Zeichen in digitale Eingabe umsetzen. Spracheingabe wird durch eine vergleichbare Technologie ermöglicht, die Wörter direkt ins digitale Format übersetzt.

Das wichtigste Eingabegerät bleibt die Tastatur. Obwohl der wachsende Einsatz von Grafik die Benutzung von Zeigegeräten wie Digitalisiertablett und Maus ausgedehnt hat, ist die Tastatur das Hauptgerät für die Eingabe textueller Informationen. Die ersten Geräte im Mehrbenutzerbetrieb nutzten modifizierte Schreibmaschinen als Eingabegeräte. Die Computertastatur leitet sich direkt aus dem alphanumerischen Standard der Schreibmaschinen ab, QWERTZ (im englischen Sprachraum: QWERTY) genannt nach den ersten sechs Buchstaben der obersten Reihe. Eine Person, die Blindschreiben gelernt hat, kann die Computertastatur problemlos benutzen. Die Schreibmaschinentastatur wurde erweitert, um die Benutzung spezieller Kommandos zu verbessern. Zu manchen Tastaturen wurden schließlich zu viele Funktionstasten hinzugefügt, was sie schwer erlernbar und benutzbar macht.

Ausgedehnte Studien durch Ergonomen ermittelten Merkmale, die bei modernen Tastaturen geändert werden mußten. Funktionstasten wurden von verschiedenen Positionen an eine einzige Stelle am oberen Rand verlegt. Die Funktionstasten wurden begrenzt durch die menschliche Fähigkeit, sich große Zahlen von Optionen zu merken. Die Einführung der Tastaturvariante mit 101-Tasten (102 im europäischen Sprachraum; MF II-Tastatur) wurde bei vielen Anwendern populär, weil sie mit vielen Desktop-Alternativen benutzt werden konnte.

Die breite Benutzung von Computertastaturen lenkte die Aufmerksamkeit auf physische Beschwerden, die durch die fortgesetzte Benutzung von Tastaturen verursacht werden können (Mallory und Bradford, 1988). Diese kumulierenden traumatischen Beschwerden entstehen durch langandauernde gleichartige Bewegungen des Handgelenks oder der Hand und sie sind auch bei anderen Berufen festzustellen. Insbesondere das Karpaltunnelsyndrom hat weite Beachtung gefunden, da es bei vielen auftrat, die für lange Zeiträume Tastaturen benutzten. Sein Name leitet sich von der Schwellung in dem Tunnel ab, der von Handwurzelknochen und Bändern geformt wird.

Der Autor wurde mit ausgedehnten Studien bekannt gemacht, die in europäischen Universitäten durchgeführt wurden. Diese Studien konzentrierten sich auf die physischen Effekte des Arbeitsplatzes. Elektrische Sensoren registrieren Änderungen in der Benutzung der Muskulatur. Die Benutzung von Tastaturen beeinflußt nicht nur die Arme und Finger, sondern zeigt auch meßbare Effekte auf Rücken-, Schulter- und sogar Nackenmuskulatur.

Viele Studien führten zu Änderungen im Tastaturlayout, um die physische Tätigkeit des Schreibens zu erleichtern. Neigung und Winkel der Tastatur und die Form der Tasten kann die Benutzbarkeit der Geräte beeinflußen. Hörbarkeit oder die Erzeugung eines Tons beim Niederdrücken einer Taste liefert eine Rückmeldung, die den Tastenkontakt anzeigt. Entwürfe mußten auch die Entfernung zwischen den verschiedenen Tasten berücksichtigen, da die Anwender sie den ganzen Tag benutzen müssen. Gute Schreibtischcomputer setzten Qualitätstastaturen voraus. Testverfahren können eingeführt werden, um die Qualität der Tastatur sicherzustellen.

Die meisten Workstations kombinieren die Tastatur mit einer Maus für die Eingabe. Die Computermaus ermöglicht es, auf Daten am Bildschirm zu zeigen, sie zu ziehen, zu markieren und auf verschiedene Zeichen zu klicken. Wenn sich die Maus auf dem Schreibtisch oder einer speziellen Unterlage bewegt, bewegen sich hervorgehobene Formen auf dem Bildschirm. Durch diese Prozesse ist es möglich, Icons auf dem Bildschirm zu verändern oder Texteingaben zu ändern. Die Maus kann benutzt werden, um die Darstellung von Formen durch sehr einfache Manipulationen zu vergrößern oder zu verkleinern. Eine wachsende Zahl von Programmen ist sehr gut für Mausinteraktionen eingerichtet. Die Maus, obwohl nur ein kleine Position bei der Ausstattungsplanung, hat einen hohen Rang für die Endbenutzer gewonnen.

Innovative Eingabegeräte werden jetzt an Desktopcomputer angeschlossen. Einfache Handscanner sind durch Ganzseitenscanner ersetzt worden. Ingenieure können alte Entwurfszeichnungen einscannen und sie dann in modernen Datenbanken verändern. Interaktive Programme benutzen Fuzzy Logik*, um Fehler in diesen Bildern zu korrigieren und die eingescannten Bilder zu verbessern. Japanische Unternehmen wie Toshiba und Nippon Electric haben Geräte eingeführt, die handgeschriebenes Kanjii lesen können und ein Vokabular von über 3000 Zeichen erkennen können.

Moderne Desktops haben Geräte eingeführt, die die fortgeschrittene Benutzung von Multimedia erlauben. Fortschrittliche Geräte erzeugen Objekte, die über das Netzwerk benutzt werden können. Zum Beispiel erlauben Videokameras die Einführung aktiver Daten über das Netzwerk zu anderen Workstations und Servern. Eine entfernt installierte Kamera kann mit dem Netzwerk verbunden sein, um ein Verfahren zu demonstrieren oder auf anderen Workstations in ein Verfahren einzuführen.

Die Benutzung von Sprache nimmt sowohl für die Erfassung von Anmerkungen wie die Verarbeitung von Befehlen zu. Einfache Mikrophone gehören jetzt zur Standardausrüstung für einige PCs. Mikrophone können Eingaben in hoher Qualität aufnehmen, die dann als Kommentare benutzt oder über das Netzwerk versendet werden können. Die gleichen Geräte werden für die erweiterte Unterstützung von gesprochenen Kommandos benutzt werden. Die wachsende Leistungsfähigkeit bei Clients hat zu Einheiten geführt, die Diktate entgegennehmen können. Diktatqualität ermöglicht die Erzeugung von Dokumenten. Verbesserungen der Geräte versprechen neue Leistungsmerkmale für Netzwerke, aber Tastaturen werden für die überschaubare Zukunft weiterhin das bedeutendste einzelne Eingabegerät für Workstations bleiben.

4.2.2 Ausgabe

Zwei spezielle Ausgabegeräte werden mit Workstations benutzt. Das erste ist der Bildschirm. Jeder Client benötigt einen Bildschirm, der während der gewünschten Verbindungszeiten das Kriterium der ausreichenden Geschwindigkeit erfüllen muß. Bildschirme werden mit Computern seit einiger Zeit benutzt, aber die zunehmende Benutzung von Bitmap-Grafiken[*] hat für kommerzielle und wissenschaftliche Benutzer ähnliche grafische Fähigkeiten ermöglicht. Das zweite wichtige Gerät für Clients ist der direkt angeschlossene lokale Drucker. Spezielle Entwurfsüberlegungen lassen diese Drucker als ebenso leise Partner wie Prozessoren und Bildschirme arbeiten.

4.2.2.1 Bildschirme

Die verbesserte Geschwindigkeit von Bildschirmen hat interaktive Grafiken und Visualisierung für Endbenutzer Wirklichkeit werden lassen. Visualisierung erlaubt dem Endbenutzer die Betrachtung von typischerweise flachen Daten als dreidimensionale Bilder. Trendberechnende Anwendungen können die erweiterten Informationen benutzen und erlauben es den Managern, bessere Entscheidungen zu treffen. Bildschirme, die in kaufmännischen und professionellen Umgebungen ausgiebig genutzt werden, übersteigen die Qualität selbst der besten vor wenigen Jahren benutzten grafischen Geräte. Neue Anwendungen stellen aber bereits neue Anforderungen an den Entwurf der besten Geräte, da interaktive Grafik und Video ihnen neue Entwurfsgesichtspunkte auferlegen.

Zwei Faktoren sind für die Auswahl von Bildschirmgeräten wichtig. Der erste ist die Qualität der Bilddarstellung; der zweite ist die Geschwindigkeit beim Zeichnen und der Erzeugung von Bildern auf dem Bildschirm. Ein Maß für die Effektivität ist die Bildwiederholfrequenz. Ein dritter Faktor sind die ergonomischen Qualitäten des Bildschirms (DataSaab, 1981). Der dritte Faktor beeinflußt die dauernde Arbeitsumgebung des Benutzers und hat eine wachsende Zahl von gesetzlichen Regelungen für die Benutzung und Installation von Workstations hervorgebracht.

Bildschirmhardware benutzt Technologie, die für Fernsehgeräte entwickelt wurde. Die Kathodenstrahlröhre („Cathode Ray Tube", CRT), die für Clients die meistbenutzte Technologie ist, beruht auf einer elektronischen Kanone, die auf phosphorüberzogene Bildschirme feuert. Eine Anzahl von Faktoren beeinflußt die Qualität des Bildes, einschließlich der Dauerhaftigkeit des Phosphorbildes. Die Bildwiederholrate hängt von der Leuchtdauer des spezifischen Phosphors ab.

Viele Desktop-Bildschirme erlauben eine qualitativ gute Farbdarstellung auf CRTs. Drei separate elektronische Kanonen aktivieren die Primärfarben Rot, Grün und Blau, die für ein breites Farbspektrum auf dem Bildschirm zusammengemischt werden. Sehr große Farbpaletten, die auf modernen Bildschirmen zur Verfügung stehen, können durch einfache Programmiertechniken ausgewählt werden. Es gibt immer weniger Unterschiede zwischen Bildschirmen für ein kommerzielles oder technisches Umfeld. 19-Zoll-Bildschirme mit einer großen Anzahl von Bildpunkten sind für Geschäftsgrafiken ebenso populär wie für technische Anwendungen. Obwohl oft kleinere Bildschirme benutzt werden, wählen häufige Benutzer die größeren Geräte.

Tragbare Computer haben flache Qualitätsbildschirme mit Hintergrundbeleuchtung eingeführt. Diese Einheiten sind relativ dünn und hell und haben ansprechende Merkmale. Ursprünglich auf monochrome Anzeigen beschränkt, werden nun wachsende Zahlen von Farbbildschirmen mit tragbaren Computern geliefert. Flachbildschirme werden nun auch für Desktopcomputer benutzt. Es wird erwartet, daß sich dieser Trend fortsetzt, da der Bildschirm weniger Platz benötigt und einzigartige Alternativen für die Bürogestaltung bietet. Es wird angenommen, daß sich Flachbildschirme auch jenseits tragbarer Einheiten verbreiten werden. Bei der Definition von Anwendungen für offene Systeme helfen eine Anzahl von Bildschirmgesichtspunkten bei der Auswahl des Clients.

Farbe ist ein erstes Selektionskriterium für viele Anwender. Reiche Farbpaletten sind für Workstations verfügbar. Viele Anwendungen profitieren von der Farbtechnologie, aber es ist wichtig, sich daran zu erinnern, daß es eine Alternative für farbenblinde Menschen geben muß. Farbe kann effektiv für die Kennzeichnung von Bereichen genutzt werden, die besonderer Aufmerksamkeit bedürfen.

Nach der Farbe ist die Bildschirmgröße der nächste bestimmende Faktor für Menschen, die Desktopgeräte auswählen. Die Größe des Bildschirms bestimmt den Betrag an Information, der auf dem Schirm gleichzeitig darstellbar ist. Größe kann auch den Blickwinkel beeinflußen, der Muskelschmerzen verursachen kann. Nacken-, Rücken und Kopfmuskeln können von falschen Positionen beeinträchtigt werden. Korrekte Bildschirmgrößen können Probleme der Dauernutzung ausschließen.

Bildpunkte („picture elements" = Pixels) bestimmen die Genauigkeit der Darstellung von grafischen Daten. Je mehr Bildpunkte, desto höher die Auflösung und die Klarheit der auf dem Bildschirm dargestellten Zeichen. Zeichnungen, die einen hohen Präzisionsgrad verlangen, profitieren von einer höheren Anzahl von Bildpunkten.

Intensität und Auflösung sind wichtig für die Auswahl des Bildschirms für Dauerbenutzung. Auflösung definiert die Detailliertheit der Zeichendarstellung. Sie ist ein Schlüsselelement für die Qualität der Präsentation, da die Genauigkeit durch die Auflösung bestimmt wird. Wie schon zuvor erwähnt, trägt auch die Bildwiederholrate zur Gesamtqualität des Bildschirms bei.

Grafik, sei es für kaufmännische oder technische Zwecke, hat von den Fortschritten in der Computertechnologie profitiert. Viele der Grundlagen, die von frühen Autoren beschrieben wurden (Foley und Van Dam, 1982), blieben die gleichen, aber die technologischen Verbesserungen eröffnen neue Optionen für die Implementierer* von Grafik. Einstige Spezialanwendungen können jetzt gut auf PCs implementiert werden. Die Übernahme von Standards hat die Portierung von Anwendungen auf mehrere Plattformen erlaubt, was dazu beitrug, ein mächtiges Repertoire von Anwendungen zu bauen.

Es wurden eine Anzahl von Untersuchungen über die Effekte der fortwährenden Benutzung von Bildschirmen durchgeführt. In ganz Europa und in einigen Bezirken der USA wurden strenge Gesetze über die Benutzung und die Folgen der andauernden Benutzung von Bildschirmen erlassen. Gruppen, die Bildschirme extensiv benutzen, haben geltend gemacht, daß die Schirme für alles mögliche verantwortlich waren, von Fehlgeburten bis zu Augenbeschwerden durch das Bildschirmflimmern.

Detaillierte Untersuchungen haben gezeigt, daß eine sorgfältige Beachtung des Bildschirmdesigns und der Plazierung die langfristige Benutzbarkeit der Produkte beeinflußen kann. Hersteller produzierten Handbücher, die diese Studien wiedergeben. Das Schwergewicht lag auf der Verminderung von Spiegelungen und der Schaffung einer Atmosphäre, die der ausgedehnten Benutzung von Bildschirmen förderlich ist.

Frühe Lösungen bestanden darin, Reflektionsfilter an vorhandenen Bildschirmen anzubringen oder einfach den Standort des Bildschirms im Raum oder auf dem Tisch zu verändern. Moderne Entwürfe konnten viele der Probleme durch Änderungen des Bildschirms oder des Phosphors beheben. Zum Beispiel kann das Bildschirmflimmern durch interne Anpassungen an den

Phosphor oder durch die Anpassung der Bildwiederholrate behoben werden. Einstellmöglichkeiten helfen, die Bildschirmhelligkeit für Endbenutzer akzeptabel zu machen. Unterschiedliche Arbeitsumgebungen tragen zur Gesamtbenutzbarkeit innerhalb der gegebenen Bedingungen bei. Maximale Flexibilität wird durch gut erreichbare Helligkeits- und Kontrastregler erreicht.

Lärm und unerwünschten Geräuschen ausgesetzt zu sein, ist eine andere ergonomische Frage, die den Arbeitsplatz beeinflußt. Die skandinavischen Ländern haben sich auf dieses Problem in Universitätsstudien konzentriert, aber das Problem ist weitreichend. Scharfer, lauter oder konstanter Lärm beeinflußt den Arbeitsplatz negativ. Ein Krankenhausmanager demonstrierte dies dem Autor in Stockholm, als er einen auf 45 Dezibel eingestellten Oszillator auf den Konferenztisch stellte. Die Störung meiner Konzentration ließ mich ihn nach einer kurzen Zeit abstellen. Büroangestellte sind diesem Lärmpegel durch ihre Workstations fortwährend ausgesetzt.

Es gibt eine ganze Anzahl ergonomischer Probleme am individuellen Arbeitsplatz. Einige dieser Probleme werden in diesem Kapitel diskutiert, aber so wie sich die Technologie ändert, so ändern sich die Anforderungen durch diese neuen Probleme. Die Gesetzgebung erzwingt eine Konzentration auf einige der Probleme, andere werden durch die Einführung schnellerer Technologien aufgeworfen. Zum Beispiel haben Studien gezeigt, daß ein Mensch pro Sekunde 1 Million Bit Information eines grafischen Gerätes verarbeiten kann. Wir befinden uns im Moment an dieser Schwelle und einige Forscher bezweifeln, daß es uns möglich sein wird, diese Zahl zu erhöhen. Dies wirft die Frage nach dem Sinn schnellerer Prozessoren auf.

Auf ähnliche Weise mag Hochgeschwindigkeitsverarbeitung Ergebnisse zu schnell erzeugen, als daß ein durchschnittlicher Mensch sie erfassen könnte. Der Einschluß von Benutzbarkeitsfragen in das Systemdesign half bei der Bewältigung der Komplexität des Geschwindigkeitsproblems. Benutzer verlangen einfachen Zugang zu komplexen Möglichkeiten des Systems. Die einst populären Mainframeoberflächen wurden von Ansätzen verdrängt, die GUIs benutzen, um Daten auf einheitliche Weise zu präsentieren.

Viele Aspekte der Benutzbarkeit von Schnittstellen kann auf die Arbeit am Palo Alto Research Center (PARC) der Xerox Corporation zurückgeführt werden. PARC entwarf einzigartig benutzungsfreundliche Schnittstellen mit Fenstern, Icons und Menus. Fenster sind Bildschirmbereiche, die einzelnen Programmaufgaben zugeordnet sind. Icons sind Bilddarstellungen der auf dem Rechner laufenden Prozesse. Menus sind Listen von Programmalternativen, die interaktiv über Tastatur oder Maus ausgewählt werden. Das Unternehmen führte das 8010 Star Information System ein, das viele dieser Merkmale beinhaltete, aber am Markt nicht erfolgreich war (Johnson et al., 1989).

Viele der von PARC bei der Arbeit an Star entwickelten Ideen gingen später in Apple's Macintosh ein. Durch die Verwendung dieser Technologie hat der Macintosh der mächtigen aber einfachen Benutzbarkeit einen guten Ruf verschafft. Leebaert und Dickinson glauben, daß der Ruf des Macintosh auch durch das Fehlen von Ermüdungserfahrungen bei den Endbenutzern entstand (Leebaert und Dickinson, 1991). Ermüdung kann durch die geistige Umstellung entstehen, die der Benutzer machen muß, wenn er unterschiedliche Alternativen auswählt.

Moderne Fenstersysteme machen ausgedehnten Gebrauch von Bitmap-Grafiken wie sie auf modernen Bildschirmen zu finden sind. Die erhöhte Anzahl von Pixeln erlaubt die Darstellung von komplexen Grafiken und Bildern. Jüngste Entwürfen unterstützen Video und Animation in Farbe. Verbesserungen in der Bildschirmtechnologie, ob auf Flachbildschirmen oder den Fortschritten bei hochauflösendem Fernsehen (HDTV) basierend, versprechen die Qualität dieser wichtigen Schreibtischgeräte weiter zu verbessern.

Die Verbesserungen der Bildschirme wurden zur Herausforderung für die Entwickler von Druckern, um mit der Präzision der Bildschirmdarstellung gleichzuziehen.

4.2.2.2 *Drucker*

Schreibtischdrucker ergänzen die Bildschirmausgabe und erlauben es dem Benutzer, sofort Hardcopies (Ausdruck des Bildschirminhaltes) der Ausgabe zu erzeugen. Verbesserungen bei Druckern erlaubten es den Entwicklern relativ preiswerte Einheiten zu schaffen, die Qualitätsausgaben auf dem Schreibtisch erzeugen. Drucker ohne Anschlag („nonimpact") oder Laserdrucker haben die lauten Anschlagdrucker für die Ausgabe von Grafik und Text ersetzt. Laserdrucker unterstützen eine Technologie, bei der jeder Punkt adressierbar ist („all-points-adressable", APA), was den Endbenutzern die Erzeugung von Bildern oder komplexen Grafiken erlaubt. Die vier Druckertypen, die Qualitätsausdrucke erzeugen, sind Nadelmatrix-, Laser-, Tintenstrahl- und Thermotransferdrucker. Präzise Zeichnungen können detailgenau auf diesen preiswerten Druckern ausgegeben werden.

Es gibt höherpreisige Drucker, die am besten über einen Printserver[*] gemeinsam genutzt werden. Diese Drucker benötigen normalerweise einen eigenen Bediener oder arbeiten mit so hoher Geschwindigkeit, daß sie gemeinsam benutzt werden sollten. Printserver können auch Seiteninhalte bearbeiten und verfügen über Funktionen, die für individuelle Benutzung immer noch zu teuer sind. Sehr schnelle Laserdrucker können in sehr kurzer Zeit große Mengen von Papier verbrauchen.

Drucker verwenden Computerchips, um logische Verarbeitungen durchzuführen, die einst dem Computer zugeordnet wurde. Fähigkeiten wie Fontverarbeitung, Seitenformatierung und Farbe werden direkt über zusätzliche Logikelemente realisiert. Noch wichtiger: die gleichen Verarbeitungsfähigkeiten werden benutzt, um die Verbindung zu Standardprotokollen zu unterstützen, die Layoutinformationen für Seiten übertragen. Die Verbindungen zu Datenbanken und Kommunikationsverbindungen werden direkt durch Chips im Drucker unterstützt.

Farbdrucker sind sogar in tragbaren Ausführungen erhältlich. Die auf Farbbildschirmen erzeugte Information kann zum Farbdrucker übertragen und aufbewahrt oder in Präsentationen benutzt werden. Da Qualitätsfarbdrucker teuer sind, sind die meisten an Server angeschlossen, aber preiswerte Farbdrucker mit guter Qualität sind auch für Desktops erhältlich.

Da Druckausgaben für die meisten Geschäftszweige wichtig bleiben, wird die Auswahl und Plazierung von Druckern oft das Qualitätsimage bestimmen, das Ihr Unternehmen vermittelt. Wenn die Verbesserungen der Druckertechnologie und der Verbindungsprotokolle anhalten, können wir die Verfügbarkeit von mehr Qualitätsgeräten für Desktops und tragbare Einheiten erwarten.

4.3 PERSONALCOMPUTER

Personalcomputer wurden zuerst 1975 eingeführt. Schließlich erlaubten sie Verarbeitungskapazitäten auf dem Schreibtisch, die sich durchaus mit fortgeschrittenen grafischen Workstations vergleichen ließ. Mit dem Erfolg des PCs in den frühen 80er Jahren wuchsen die Erwartungen, da jeder folgende Prozessor mehr Leistungsfähigkeit für Berechnungen und Benutzeroberflächen bot. Anwendungen für die individuelle Produktivität waren grundlegend für den Erfolg des PCs und haben den Wandel zum modernen Desktop-Client überdauert. Offene Systeme haben eine Umgebung geschaffen, in der individuelle Anwendungen durch die Einführung von Gruppensoftware ergänzt werden müssen.

In den 80er Jahren gab es eine Bewegung weg von den Terminals, die für Großsysteme benutzt wurden. PCs wurden für die Verbindung zu großen Computern eingerichtet und nahmen die Erscheinungsweise von Standardterminalschnittstellen an. Schließlich wurden Aufgaben, die einst auf Mainframes oder Minicomputern erledigt wurden, auf PCs übertragen, indem die Anwendungen entweder komplett auf den Desktop übernommen oder zwischen Desktop und größeren Computern aufgeteilt wurden. Am Ende des Jahrzehnts konnten viele Softwarepakete auf tragbare Computer übertragen werden und mit den Arbeitsstellen durch eingebaute Modems verbunden werden, die an analoge Telefonleitungen angeschlossen wurden. Professionelle Benutzer und Manager begannen ihre Arbeit auf batteriebetriebenen PCs quer durch das ganze Land mitzunehmen.

Neue Netzwerkentwürfe wurden eingeführt, die den PC als Ersatz für Terminals benutzten. Da die Leistungsfähigkeit gekoppelter Schreibtischrechner erkannt wurde, wurden LANs für viele Computer eingeführt. Indem der PC als Terminal genutzt wurden, standen Verbindungen zu Anwendungen in größeren Rechnern zur Verfügung. Als das Terminalkonzept eingeführt wurde, nutzten die PCs einfache Terminalemulationsgeräte auf Steckkarten für den Anschluß an das System. Die Verbindung als einzelnes Terminal wurde als Einendverbindung („single-tail", „single-stack") bezeichnet. Indem zusätzliche Anschlußkarten benutzt wurden, konnte der PC die Arbeitsweise von vielen unterschiedlichen Typen von Terminals nachahmen. Software wurde entworfen, die den PC mit unterschiedlichen Hardwareprogrammen verband. Die Verbindung zu mehreren Prozessoren wurde als Mehrendverbindung („multiple-tail", „multiple-stack") bezeichnet.

Führende Unternehmen entdeckten die erheblichen Produktivitätsgewinne durch die Verwendung von PCs als Schreibtischgeräten. Wichtiger noch: am Ende des Jahrzehnts benutzten Projekte zur Zusammenarbeit von Gruppen Desktops für die Vereinfachung der Gruppeninteraktion. Der Begriff „Groupware" wurde für Software eingeführt, die Gruppeninteraktionen ermöglichte. Kommunikation stand im Zentrum dieser neuen Software, die auf ausgedehnter Kommunikation zwischen den Mitgliedern der Arbeitsgruppe basierte.

Die Leistungsfähigkeit des PCs ermöglichte es, Anwendungen, die auf Grafik und Objekten beruhten, auf Desktops zu übertragen. Oft wurden Anwendungen aufgeteilt, so daß die Routinen zum Umgang mit der Datenbank auf größeren Computern residierten, während die Benutzerschnittstellen auf die Schreibtischcomputer ausgelagert wurden. Der PC wurde zu einem exzellenten Produktivitätswerkzeug für das Unternehmen.

Der PC hat die Computerkultur und die Arbeitsumgebung des professionellen Benutzers erheblich verwandelt. Herkömmliche tägliche Aufgaben wie Berichte schreiben, Kosten schätzen und Kommunikation mit Kollegen finden jetzt am PC statt. Unternehmens- oder berufsspezifische Aufgaben können auf demselben PC erledigt werden, der mit dem Netzwerk verbunden ist. Ob die Aufgabe im Verfassen einer Dokumentation oder im Fertigstellen eines Entwurfs besteht: die Interaktion kann über eine intelligente elektronische Schnittstelle erfolgen. Die offene Architektur des PCs forderte die Industrie heraus, weiterzusehen und Standards zu identifizieren, die sowohl die Bedürfnisse der Kunden wie der Hersteller erfüllten. Er war das Einstiegsmittel für Client/Server-Computer und wird als Schreibtischgerät wichtig bleiben.

PCs haben auf dem Schreibtisch eine Dominanz erreicht, die schwer von anderen Architekturen aufzuholen sein wird.

Seit den Anfängen des Apple II verfolgte die Apple Computer Company eine Vision, die leichte Benutzbarkeit und einfachen Betrieb von Computern auf den Schreibtisch brachte. Der ursprüngliche Apple II gedeiht in vielen Schulbezirken, aber Mitte der 80er Jahre erkannte Apple den Bedarf für einen leistungsfähigeren Computer für das Geschäftsleben, der die besten Benutzeroberflächen mit einfachen Zugangsmöglichkeiten zu Dateien verband.

Das Ergebnis war die Einführung des Macintosh 1984. Diese Computer gewährten eine Einfachheit der Benutzung für die persönliche Produktivität, die von keiner anderen Alternative überholt wurde. Einfache Iconmanipulationen konnten für die Bewältigung der komplexesten Aufgaben benutzt werden. Obwohl ihr ursprünglicher Entwurf viele Ingenieure anzog, begrenzten Einschränkungen beim Bildschirm und Speicher ihre breite Akzeptanz als Netzwerkcomputer.

Der Macintosh war sehr erfolgreich als spezialisiertes Produktivitätswerkzeug, aber die Einführung eines modularen Designs in folgenden Versionen machten ihn leistungsfähiger und stellten eine potentielle Grundlage für offene Verarbeitung dar. Obwohl es eine frühe LAN-Unterstützung gab, konzentrierte diese sich auf spezielle Macintosh-Protokolle. Das Unternehmen dehnte die Verbindungsmöglichkeiten auf andere Protokolle aus, aber diese funktionierten nicht so gut wie die mit seinen eigenen internen Netzwerken. Appletalk wurde für die Verbindung von Applerechnern und Servern entwickkelt. Die kontinuierliche Entwicklung von Protokollen hat dem Unternehmen die Verbindungen zu anderen LANs wie Ethernet oder Token Ring ermöglicht. Es wird erwartet, daß Vereinbarungen zwischen Apple und IBM die Verbindungsmöglichkeiten zu Netzwerken erweitern werden.

Da der Macintosh die Leistungsfähigkeit verkörpert, die auf einem Schreibtischcomputer möglich ist, wird er mit wachsenden Möglichkeiten zum Netzwerkanschluß eine wichtige Alternative für Clients bleiben. Die Einführung von Unix mit Macintosh-Schnittstellen festigt seinen Anspruch, als offene Plattform benutzbar zu sein. Viele Anwender empfinden seine Schnittstellen als leicht benutzbar und er hat eine große Zahl von Büroangestellten für sich gewonnen.

Der IBM Personal Computer und seine Nachbauten sind die am breitesten unterstützten Clients. Der ursprüngliche PC wurde im August 1981 angekündigt. Der Entwurf beruhte auf einem Intel-Chipsatz mit zur Architektur passenden Ergänzungen. Die ersten Modelle wurden entworfen, um die Verbindung mit Kommunikationsprotokollen zu erleichtern. Freie Steckplätze im Computer wurden vorgesehen, um die Installation zusätzlicher Kommunikationsverbindungen zu erleichtern. Es gab von Anfang an Unterstützung dafür, den Desktopcomputer wie ein Standardterminal erscheinen zu lassen.

Das ursprüngliche PC-Design bildete eine Architektur, die viele unterschiedliche Hardware- und Softwareverbindungen unterstützte. Diese Offenheit machte die Entwicklung von Kopien der Hardware einfach und erlaubte es vielen Unternehmen, kurz nach der Ankündigung des Originals Konkurrenzprodukte anzukündigen. Die Ankündigungen von Nachbauten erfolgten so schnell, daß die Anwender leicht auf preiswertere Alternativen warten konnten.

Erweiterte Leistungsfähigkeit und Speichermöglichkeiten machten den IBM Personal Computer AT („advanced technology") zu einem aussichtsreichen Kandidaten für das Netzwerk. 1984 eingeführt, boten diese Computer den Endbenutzern wirkliche Leistungsfähigkeit, aber sie boten auch ausreichende Geschwindigkeit für den Betrieb von Netzwerken. Da diese Computer leistungsfähigere Intel-Chips benutzten, konnten sie auch Server werden. Die ersten mikroprozessorbasierten Server wurden auf PC ATs aufgebaut.

IBMs Verpflichtung auf die Systems Network Architecture erzeugte einen starken internen Druck auf PCs, diese frühzeitig zu unterstützen. Unternehmensgruppen mit Managementinformationssystemen (MIS), die stark von SNA abhingen, waren ebenso an einer bindenden Verpflichtung interessiert. Dies hatte zur Folge, daß SNA zuerst auf der PC-Architektur unterstützt wurde.

Konkurrenzdruck, verbunden mit dem Bestreben, PCs stärker in die Gesamtstrategie des Unternehmens einzubinden, veranlaßte IBM, am 2. April 1987 eine komplett neue PC-Familie anzukündigen. Das IBM Personal System/2 (PS/2) bot mehr Leistung bei einem streng kontrollierten Entwurf. Die neue Gerätefamilie war entworfen, um genauer in IBMs Vision der Datenverarbeitung zu passen. Die neue Familie benutzte leistungsfähigere Intel-Chips mit erweitertem Kern- und Plattenspeicher.

Gestiegene Geschwindigkeit und erweiterte Speichermöglichkeiten haben den PC zu einem mächtigen Werkzeug individueller Produktivität gemacht. Die Ergänzung um Kommunikationsmöglichkeiten, verbunden mit neuer Software hat die gleichen Geräte zu ansprechenden Netzwerkprodukten gemacht. Sowohl Apple Macintosh wie IBM-Geräte und ihre Nachbauten bieten weiterhin eine starke Netzwerkunterstützung. All diese Prozessoren werden bei der Verarbeitung im Netzwerk benutzt.

4.4 PROFESSIONELLE WORKSTATIONS

Es ist schwieriger geworden, zwischen Workstations und PCs zu unterscheiden. Leistungsfähigere Microchips erlauben es Hochleistungs-PCs, aktiv mit Workstations zu konkurrieren. Ein Unterscheidungsmerkmal ist, daß Workstations normalerweise zusätzliche Leistungsmerkmale für die Behandlung normaler Rechenoperationen enthalten. Sie haben auch erweiterte Fließpunktbefehle für die Behandlung von Berechnungen in technischen und wissenschaftlichen Anwendungen. Auch die grafische Leistungsfähigkeit wurde bei Workstations erhöht. Workstations tendierten dazu, Unix als Betriebssystem zu benötigen, da das System am besten für die Verarbeitung mehrerer Prozesse und einiger komplexer Grafikoperationen entworfen ist. Auch der Preis war ein Unterscheidungsmerkmal für die zwei Schreibtischgeräte.

Die Unterscheidung zwischen Workstations und PCs ist schwieriger geworden, als die Preise für Workstations unter die einiger PCs fielen. PCs haben ihre Geschwindigkeit für normale Rechenoperationen beschleunigt. Die Hersteller haben auch Fließpunkt- und Grafikfähigkeiten hinzugefügt, die denen auf Workstations nahezu äquivalent sind.

Workstations wurden unter Benutzung von Architekturen mit 16-Bit-Adressierung für technische und wissenschaftliche Anwendungen eingeführt. Bis Mitte der 80er Jahren boten die meisten Hersteller erweiterte Adressierung in der Form von 32-Bit Prozessoren an. Mit den Ankündigungen von 1990 erfolgte der Wechsel zur 64-Bit-Adressierung, die einen großen Reichtum an Anwendungsalternativen bietet. In ihren frühen Stadien schien den Workstations eine klare Entwicklungsrichtung zu fehlen.

Professionelle Anwendungen, die für Workstations geschrieben wurden, schienen die gesamte Leistungsfähigkeit des Prozessors zu benötigen. Die grafische Leistungsfähigkeit wurde für Fortschritte in der Kinematik im technischen Entwurf benötigt. Workstations wurden auch gute Werkzeuge für die Animation. Fließpunktfähigkeiten erlaubten vielen Ingenieuren die Erledigung von Aufgaben, die einst auf dedizierten numerischen Prozessoren ausgeführt wurden.

Kontinuierliche Verbesserungen der Leistungsfähigkeit von Workstations verbunden mit reduzierten Preisen machen Workstations für bestimmte kritische Anwendungen zur besten Alternative. Selbst wo niedrige Kosten eine Anforderung sind, kann die zusätzliche Leistungsfähigkeit der Workstation der Vereinfachung des Umgangs mit dem Computer durch den Endbenutzer gewidmet werden. Wissenschaftliche Visualisierung wurde eingeführt, um das Verständnis von komplexen technischen und naturwissenschaftlichen Gleichungen zu erleichtern. Die gleiche Visualisierung wird in der Finanzwelt angewandt, um Veränderungen in ökonometrischen Modellen abzubilden.

Wenn die Leistungsfähigkeit der Workstations für Gruppenanwendungen verwandt wird, kann sie einen hohen Ertrag bringen. Technische Anwendungen für den Entwurf von Elektronik waren die ersten, die von dieser Leistungsfähigkeit profitierten, aber schon kurz darauf wechselten auch die entsprechenden Aufgaben in der Mechanik auf die Workstation als primäres Werkzeug für Entwurfsanwendungen.

Die Wall Street entdeckte die Anwendung von Workstations als sie die Vorteile der Modellierung von Preisänderungen bei Wertpapieren erkannte. Kleine Änderungen bei Papieren, die in großer Anzahl gehandelt werden, können zu hohen Erträgen beim einzelnen Händler führen. Obwohl große Maklerfirmen nur langsam vom PC abgehen, haben die führenden Makler die Vorteile der leistungsfähigeren Workstations erkannt.

Produktivitätsvorteile werden Anwender von PCs zu Workstations wechseln lassen. Die Amortisationsperiode ist kurz in Fällen, wo die Anwendungen auf die Bedürfnisse des Geschäfts zugeschnitten wurden.

Mehrere Leistungsklassen haben zu einem ganzen Spektrum professioneller Workstations geführt. Von Stationen mit niedrigeren Preisen als einige PCs bis zu Workstations zum Vielfachen des niedrigsten Preises umfassen die Einheiten ein ganzes Spektrum von Preisen und Funktionsunterschieden. Superworkstations dienen als ideale Einheiten für Animationsprojekte. Die kontinuierliche Verbesserung der Workstations wird zu hochleistungsfähigen Geräten zu sehr niedrigen Preisen führen.

Bei der Einführung in den frühen 80er Jahren waren professionelle Workstations zunächst für Entwicklungsingenieure und Wissenschaftler gedacht. Schließlich wurde ihre Brauchbarkeit für andere Märkte wie Finanzmodelle offensichtlich und 1989 waren Workstations zum schnellstwachsenden Marktsegment der Computerindustrie geworden. Die großen Hersteller haben zur Akzeptanz offener Systeme beigetragen.

Die Bewegung der Industrie zu offenen Systemen wurde unterstützt von Sun Microsystems in Mountain View, Kalifornien. Ihr Ansatz, Systeme zur Verfügung zu stellen und zu unterstützen, die offen sowohl auf der physikalischen Ebene wie auf der Softwareebene waren, machte sie zum Marktführer bei Workstations. Sun (Stanford University Network terminal) setzte seit seinen frühesten Produkten von 1982 auf Offenheit. Das Unternehmen demonstrierte früh seine führende Rolle bei der Entwicklung und Propagierung der Unixunterstützung.

Ursprünglich wurden Sun Workstations mit Motorola M680x0 Prozessoren gebaut, aber 1989 wechselte das Unternehmen auf seine populären Chips mit skalierbarer 32-Bit-Architektur („Scalable Processor ARChitecture", SPARC) als Basis für seine Workstations und Server. Die Einheiten, die auf dieser Architektur basieren, bieten eine Reihe von Preis-/Leistungsalternativen, die mit PCs konkurrieren. Da die SPARC-Chips in großem Umfang von anderen Herstellern genutzt werden, gibt es eine große Popularität für die Unterstützung von Sun-Software.

Sun´s Unterstützung verbindet die Leistungsfähigkeit von SPARC mit innovativem industriellem Design zu einem beachtlichen Workstationangebot. Die Einführung der SPARCstations mit kundenspezifischer Halbleitertechnik („gate array technology") und flachen Gehäusen trug dazu bei, die Unterstützung zu popularisieren. Die Grafikfähigkeiten, verbunden mit zwei Platteneinheiten hoher Kapazität und einem Energieverbrauch unter dem einer 100-Watt-Lampe, trugen zum Erfolg der Geräte bei. Produkte mit höherer Leistung haben das Unternehmen zum Anbieter eines Spektrums von Produkten gemacht, die Workstations und Server unterstützen.

Sun ist für viele innovative Neuerungen bei offenen Systemen verantwortlich. Die wichtigsten: Ihre Unterstützung für heterogene Verbindungen in LANs durch Open Network Computing (ONC), das die Kommandostruktur für verschiedene Systeme vereinheitlichte; das Netzwerkdateisystem („Network File System", NFS*), das Datenportabilität ermöglichte; der Aufruf entfernter Prozeduren („Remote Procedure Call", RPC*), der die Kommunikation zwischen Clients und Servern über das Netz erlaubt. Diese Funktionen wurden teilweise oder komplett von anderen Herstellern offener Systeme übernommen.

Das fortgesetzte Wachstum des Unternehmens führte zu einer neuerlichen Konzentration auf die stärkere Betonung der Softwareseite. Eigene Unternehmen wurden geschaffen, die sich auf Software, Compiler und den Integrationsprozess konzentrieren, da Wachstumsvoraussagen für offene Systeme diese Teile des Geschäfts hervorheben.

Hewlett Packard (HP) ist ein anderer großer Workstation-Hersteller. HP erreichte breite Akzeptanz in Technikerkreisen durch Produkte, die Qualität mit exzellentem Service verbinden. Das Unternehmen bietet eine Reihe von Produkten auf der Basis seiner PA RISC-Chips an. Das beginnt mit X-Terminals und Workstations und reicht bis zu kompletten Servern und größeren Prozessoren. Da alle Prozessoren das Standardunix HP/UX benutzen, können Anwendungen zwischen den Computern unterschiedlicher Größe ausgetauscht werden. HP hat zu den Standardisierungsaktivitäten der OSF aktiv mit Vorschlägen und Unterstützung beigetragen.

Der Erwerb von Apollo durch das Unternehmen versorgte es mit einer reichhaltigen Workstationarchitektur, die auf PRISM („Parallel Reduced Instruction Set Multiprocessor") basiert und sehr hohe Leistungswerte erreicht. Einzelne Desktop-Prozessoren konnten hohe Leistungen erreichen, aber durch die Zusammenfassung mehrerer 64-Bit-Prozessoren für parallele Berechnungen wurden Werte über 160 Millionen Instruktionen pro Sekunde erreicht.

HPs große Bekanntheit als technisches Unternehmen hat zur frühen Akzeptanz im technischen Bereich geführt. Die Einführung zusätzlicher Leistungsmerkmale für kommerzielle Anwender mit einer erneuten Betonung des Marketing wird zu einer breiteren Akzeptanz der Produkte in offenen Systemen für kommerzielle Unternehmen führen.

Die Digital Equipment Company (DEC) führte ihre ersten 32-Bit Workstations 1984 unter Benutzung ihrer Minicomputer-Architektur und ihres proprietären Betriebssystems ein (Levy und Eckhouse, 1980). Obwohl DEC Elemente einer offenen Architektur schon früher aufgriff, gab es einen wesentlichen Schritt zur vollen Unterstützung erst 1985 mit der Gründung einer Gruppe für offene Systeme in Palo Alto, Kalifornien. Die Gruppe festigte DEC's Präsenz bei offenen Systemen mit dem Angebot von Workstations, die auf RISC-Architektur und Unix basierten. 1989 führte das Unternehmen die Chips von MIPS als Grundlage für ihre Workstation und Server-Produktlinien ein. Die Einführung der schnellen Workstations wurde gekoppelt mit der Übernahme schneller Kanäle („turbochannels") für die Unterstützung der notwendigen Ein-/Ausgabegeräte. DEC hat sich für seine Architekturen in der gesamten Produktlinie auf die Benutzung offener Standards verpflichtet. Das Unternehmen war Gründungsmitglied der OSF und war führend bei der Definition von X-Windows durch seine enge Verbindung zum Massachusetts Institute of Technology (MIT).

IBM hat offene Systeme in seine Workstation-Angebote direkter aufgenommen. Obwohl das Unternehmen seit 1984 im Markt für Unix-Workstations aktiv ist, plazierte die Ankündigung der RISC System/6000 Familie im Februar 1990 das Unternehmen in direkte Konkurrenz zu einem Teil des Marktes für Clients. Die neue Familie basiert auf der proprietären Power-Architektur („Performance Optimization With Enhanced RISC"). Alle Systeme unterstützen IBMs Unixangebot AIX.

Die Ergebnisse zeigen, daß die zweite Generation der RISC-Familie ein konkurrenzfähiges Angebot für Fest- und Gleitpunktinstruktionen ist. Zwei Designmerkmale sind insbesondere bemerkenswert. Das Design, das auf vier Instruktionen in einem Zyklus über einen Cache* zugreift, hat die Performance verbessert (Bakoglu et al., 1990). Der sehr große virtuelle Speicher, der 4 Petabytes (2 hoch 52) erreichen kann, verweist auf weitere Fortschritte in der Adressierungstechnik. Die Prozessoren bieten verbesserte Grafikunterstützung aus den früheren Workstations. IBM hat den Microchannel Bus für den Datentransport übernommen, aber Datenströme für die Verbesserung der Busleistung vorgesehen. Obwohl IBM ein starker Verfechter von SNA bleibt,

wurden für die ersten Verbindungen zu Netzwerken Standardindustrieprotokolle verwendet. IBM unterstützt einen weiten Bereich von Produkten in der
RS/6000 Familie. Einstiegsprodukte für Clients beginnen mit X-Terminals
und reichen bis zu sehr leistungsfähigen Workstations. Die gleiche Architektur wurde für eine Familie von Servern verwandt.

Eine Familie von professionellen Grafikworkstations wurde durch Silicon
Graphics Incorporated (SGI) definiert. SGI unterstützt Standardunix aber
bietet einzigartige Grafikfähigkeiten, die für fortschrittliche Anwendungen
eine breite Akzeptanz genießen.

Es ist eine Anzahl alternativer Workstations erhältlich, die sich an Standards für offene Systeme halten. Traditionelle technische Unternehmen haben
ihr Angebot erweitert, indem sie sowohl kommerzielle wie wissenschaftliche
Alternativen anbieten. Andere Firmen haben Chipstandards wie SPARC oder
MIPS aufgenommen, um konkurrenzfähige Einstiegsprodukte anzubieten.
Die Portabilität der Anwendungen reduziert den Eintrittspreis für neue Hersteller, die versuchen, in den Markt für offene Systeme einzusteigen.

Jüngste Chipentwicklungen deuten darauf hin, daß Hochleistungsworkstations in wenigen Jahren Multiprozessormaschinen sein werden. Da Chips der
Chiphersteller im Handel erhältlich sind, ist es relativ einfach, in den Hardwaremarkt für Workstations einzutreten. Verbinden Sie dies mit der Verfügbarkeit von Unix und es ist folgerichtig, ein Workstation-Unternehmen zu
gründen. Dies hat zur Folge, daß die Zeit bis zum Markteintritt nur sechs
Monate beträgt. Die Zeit zwischen zwei Workstation-Generationen liegt bei
etwa 18 Monaten.

Die Führer im Workstationgeschäft folgten den Anforderungen der Anwender, Lösungen zu liefern, die sich an das Design offener Systeme halten,
aber sie bieten auch reichhaltige funktionale Fähigkeiten. Die Unternehmen
waren sensibel für den sich rapide ändernden Charakter der Technologie und
des Marktes. Die Verwendung schnellerer Chips hat es den Marktführern erlaubt, regelmäßig Verbesserungen des Preisleistungsverhältnisses anzubieten.
Fortschritte bei anderen Technologien waren auch von Vorteil für den Endbenutzer und halfen den Markführern, ihre Position zu halten. Die Einführung
fortschrittlicher Medien hilft den Anwendern und erhält den Herstellern ihren
Vorsprung.

4.5 X-TERMINALS

Eine Anzahl von Arbeiten in einem Unternehmen benötigt nicht die volle
Leistungsfähigkeit eines Schreibtischcomputers. Andere Aufgaben verlangen
eine strenge Kontrolle durch überwachende Gruppen. Endbenutzer werden

oft entsprechend der Natur ihrer Aufgaben in ihren Zugriffsmöglichkeiten auf alle Fähigkeiten des Computers eingeschränkt. Als sich die Server entwickelten, wurde deutlich, daß eine neue Form des Schreibtischcomputers zusätzliche Intelligenz aber nicht die volle Leistungsfähigkeit eines PCs bieten könnte. Das X-Terminal erwuchs aus dem Bedürfnis, einen gewisse Menge Code gemeinsam zu benutzen und trotzdem die Leistungsfähigkeit von Computern zu verwenden, um einfachere Benutzerschnittstellen zu vielfältigen Computerressourcen zu bieten.

Diese kostengünstigen Desktop Plattformen wurden durch preiswerte Stations eingeführt, die den Standards für Benutzerschnittstellen zu Unixservern entsprachen. X-Terminals verbinden Fensterunterstützung in hoher Qualität mit minimalem Code für die Unterstützung spezieller Diensteabfragen im LAN. Über das Netzwerk kann der Benutzer auf andere Anwendungen auf einem oder mehreren Servern zugreifen. X-Terminals stellen preiswerte Alternativen zu anderen Client-Lösungen dar.

Die Benutzerschnittstellen für X-Terminals entstanden aus der Arbeit am Projekt *Athena* am MIT. Diese Arbeit wurde in den frühen 80er Jahren begonnen, um ein universitätsweites Netz mit Tausenden von Stationen zu installieren. Als Teil von *Athena* wurde eine Benutzerschnittstelle unter dem Namen X-Windows entwickelt, die ein Fenstersystem für unterschiedlichste Hardware definieren sollte. Zusätzlich lieferte die Arbeit herstellerunabhängige Mechanismen für den Anschluß an das Netzwerk. Beginnend mit 1984 hat X eine Reihe von Entwicklungsschritten erlebt, die seine Beliebtheit in der Industrie erhöhten. 1988 wurde ein MIT X-Consortium gegründet, das überwachen konnte, was nun als Industriestandard akzeptiert war, und neue Versionen des Standards für die vielen Anwender bereitstellen sollte.

Werkzeuge, die X Implementierern zur Verfügung gestellt wurden, haben die Erzeugung von Benutzeroberflächen erleichtert, die den Protokollen entsprechen, die im Standard definiert sind. Die Werkzeuge unterstützen Eigenschaften wie Menus, Schaltknöpfe, Rollbalken, Textfenster und Benutzerpräferenzen. Drei Werkzeugtypen sind aus X entstanden. Dies sind die Toolkits: „X based", „Xlib based" und „intrinsic based".

Die Carnegie Mellon Universität und Texas Instruments definierten „X based" Toolkits. Die Carnegie Mellon Universität, die Universität Stanford, die Universität von Illinois und Sun Microsystems bauten alle „Xlib based" Toolkits. Sun's OpenLook-Oberfläche ist eine weithin akzeptierte Version des X-Windows Systems. MIT baute eine eigene Version des „intrinsic based" Toolkits für *Athena*. Motif wurde von der OSF als Standard für Toolkits verabschiedet.

Da Anwendungen in Wirklichkeit auf den Servern laufen, die unter dem Betriebssystem Unix arbeiten, variiert die Anzahl der Workstations pro Server. Die Benutzerschnittstelle und die Kommunikationsprotokolle residieren auf der X-Station. Eine einzelne X-Station kann mehrere Verbindungen zu mehreren Unixservern unterhalten.

Schließlich wurde die Arbeit an *Athena* von der Industrie als kommerzielles Produkt aufgenommen, das nicht nur Benutzerschnittstellen umfaßte, sondern auch die Definition des Arbeitsflußes. Das Arbeitsflußprotokoll erlaubt es dem X-Terminal, sich mit heterogenen Umgebungen zu verbinden, inklusive Workstations. Unixserver stellen die Verbindungsprotokolle zum Rest des Systems zur Verfügung. Synchronisation erfolgt über das Netzwerk hinweg für mehrere Stationen, die sich das gleiche Netz teilen.

Eine Anzahl von Herstellern bietet Produkte, die zu den X-Terminal Definitionen konform sind. Dazu gehört der Marktführer, Network Computing Devices (NCD), der nur X-Terminal Produkte anbietet. Große Workstationhersteller wie DEC, Hewlett Packard und IBM bieten Produkte entsprechend dieser Standards. Da es ein wachsender Markt ist, wird es zusätzliche Hersteller geben, die einfache X-Terminals gemäß dem Standard produzieren werden.

X-Terminals wurden ursprünglich für CAD/CAM-Anwendungen eingeführt. Ingenieure hatten Zugriff auf allgemeine Entwurfs- und Produktionsinformationen, die mit Entwurfspaketen auf Minicomputern erzeugt worden waren. Diese Programmpakete wurden auf Server übertragen und auf sie konnte durch die erweiterten Möglichkeiten des Standards zugegriffen werden. Die Verwendung von X-Terminals bietet sich bei solchen Anwendungen an, die einen Zugriff auf Daten und nur wenig lokale Berechnungen benötigen. Auf diese Weise könnten Reservierungsagenturen und andere kommerzielle Anwender die Terminals für ihre Aufgabenstellungen verwenden.

Die kontinuierliche Akzeptanz von X-Terminals für gemeinsam genutzte Anwendungen demonstriert die Vielseitigkeit der Architektur offener Systeme. Mischungen von X-Terminals, PCs und Workstations können effektiv im gleichen Netz arbeiten. Jedes Gerät hat seinen Platz in Lösungen, die den Ansatz offener Systeme für große Unternehmen weiterentwickeln. Kombiniert mit tragbaren Computern ist es möglich, Datenverarbeitung an jedem Ort zu erreichen.

4.6 MOBILE COMPUTER

Preiswerte Chips und Entwürfe mit niedrigem Gewicht halfen bei der Einführung des Konzepts der Datenverarbeitung an jedem Ort innerhalb offener Systeme. Computer in Brieftaschengröße - oder sogar Computer, die Platz auf dem Handballen finden - bieten genügend Leistungsfähigkeit, um die Arbeit im Netz von jedem Ort aus zu unterstützten. Das Netzwerk kann in beweglichen Fahrzeugen über Funk oder direkt vom Hotelzimmer durch Kommunikationsverbindungen erreicht werden. Da die meisten tragbaren Einheiten bisher nur Zeichendarstellung unterstützen, unterscheiden sich die Benutzerschnittstellen von denen der Workstations. Der Grad der Portierbarkeit hängt von vielen Entwurfsmerkmalen der jeweiligen Geräte ab, wenn sie jedoch dem Standarddesign für Workstations entsprechen, können sie Client im Netzwerk werden.

Die Benutzerinteraktion mit einem entfernten Client ist den lokalen Varianten ähnlich, aber oft ist ein wenig zusätzlicher Aufwand für die Verbindung nötig. Wenn der Vertreter im Hotelzimmer eintrifft, gibt es die Möglichkeit, sich an das entfernte Netzwerk anzuschließen und die Server im Netzwerk zu erreichen. Der Designer kann auf Designcomputer zugreifen und Änderungen durchführen, solange es eine Möglichkeit gibt, den Benutzer zu identifizieren.

Moderne tragbare Computer sind mit den Desktopversionen im Büro voll kompatibel. Ob es sich um einen PC oder eine populäre professionelle Workstation handelt, es ist möglich, Geräte zu finden, die den stationären entsprechen. Notebooks und noch kleinere Computer, die sehr klein und doch robust sind, erfüllen die Bedürfnisse von Personal im Feld für die Kommunikation mit dem aktiven System und die Interaktion mit ihren verschiedenen Arbeitsgruppen.

Tragbare Computer unterstützen Standardbetriebssysteme und ihre Schnittstellen. Die Werkzeuge, die benutzt werden, um Anwendungsprogramme für Desktops zu erstellen, können für die Schaffung portabler Anwendungen benutzt werden. Besondere Überlegungen sind für Pen-basierte Computer anzustellen, die Eingaben in Druckbuchstaben erkennen müssen.

Die Anforderungen an die Verbindungsmöglichkeiten werden unter Systemgesichtspunkten komplexer, wenn remote-Verbindungen gestattet sind. Zusätzliche Überlegungen für die Gewährleistung der Sicherheit sind erforderlich. Tragbare Computer sind zu Erweiterungen des lokalen Arbeitsplatzes geworden und ermöglichen mobile Datenverarbeitungsfähigkeiten, die noch vor kurzer Zeit unvorstellbar waren.

4.7 FOLGERUNGEN

Offene System wurden teilweise durch die breite Akzeptanz des Client/Server-Modells vorangetrieben. Abbildung 4.4 zeigt verschiedene Clients und ihre Netzwerkinteraktion mit Servern. Die Abbildung nennt auch Beispiele von Herstellern, die Produkte für Client/Server-Konfigurationen lie-

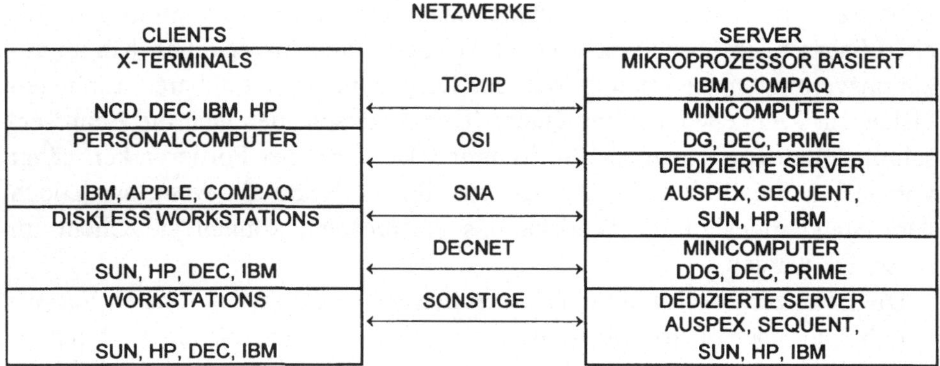

Abbildung 4.4   Client/Server Beispiele

fern. Einige der populäreren Verbindungsprotokolle sind unter dem Stichwort Netzwerke aufgeführt.

Überlegungen zur Ein-/Ausgabe können helfen zu bestimmen, welcher Client angemessen ist. Dies beginnt mit ergonomischen Überlegungen für Tastaturen wie für Bildschirme. Die Checkliste für die Brauchbarkeit als Client enthält die Fähigkeit des Bildschirms für die uneingeschränkte Unterstützung fortgeschrittener Grafik. Clients werden mit Schreibtisch-Laserdruckern verbunden, die Qualität und leise Druckausgabe bieten.

Sun Microsystem's effektive Nutzung der offenen Technologie um ein schnelles Wachstum im Markt zu erreichen, diente als Modell für ihren Erfolg im vergangenen Jahrzehnt. Aktive Unterstützung und Beteiligung mit den verschiedenen Produkten für den Schreibtisch hat den gesamten Bemühungen um offene Systeme einen starken Impuls gegeben.

Während des Jahrzehnts gab es bedeutende Verbesserungen von Leistung und Funktion der Desktop Plattformen. Beginnend mit dem PC hat sich die Leistung der Desktops erhöht. Schließlich sind die Unternehmen zu verstärkter Interaktion über Netzwerke mit diesen Prozessoren übergegangen.

Der IBM Personal Computer und seine Nachbauten wurden zuerst benutzt, um sie mit dem Mainframe zu verbinden und schließlich auch mit Servern. Fortgesetzte Leistungsverbesserungen der Mikroprozessoren erweiterten die Funktionalität und machten diese Prozessoren zu effektiven Clients für den Schreibtisch. Die erwarteten Veränderungen der Prozessorleistung werden zu erweiterten Desktops führen.

Der Apple Macintosh wird eine wachsende Rolle als Client spielen, wenn die Unterstützung für Unix erweitert wird. Die für den Macintosh charakteristische leichte Benutzbarkeit hat ihn zu einem populären individuellen Produktivitätswerkzeug gemacht. Wenn das Produkt sich von proprietären hin zu offenen Architekturen wandelt, wird es eine breite Aufnahme in Netzwerken finden. Die Implementierung von Standardverbindungsmöglichkeiten („Connectivity*") wird die Akzeptanz in kaufmännischen Anwendungen erhöhen.

Der PC war der erste Client im historischen Sinn, aber ihm folgte die Workstation, die mehr Leistung und in bestimmten Fällen sogar ein besseres Preisleistungsverhältnis bietet. Das X-Terminal ist eine preiswerte Alternative für Installationen, in denen nach Wegen gesucht wird, offene Systeme zu benutzen, ohne einen hohen Preis pro Arbeitsplatz zu bezahlen.

Clients bestimmen die Merkmale des Systems, die der Endbenutzer sieht. Die GUI-Unterstützung basiert auf diesen Schreibtischgeräten. Im weiteren Verlauf dieses Jahrzehnts wird es weitere Vereinfachungen der Schnittstellen geben, die auf diesen Prozessoren anzutreffen sind.

Sicherheit beginnt mit sicheren Clients. Der Zugang zu einem Client gewährt oft Zugang zum Rest des Netzwerks. Es gibt eine Anzahl brauchbarer Techniken, den Client vor Eindringversuchen zu schützen und davor, daß er als Vehikel für den Einbruch in den Rest des offenen Systems benutzt wird.

Bei der Auswahl des richtigen Clients ist es wichtig, sich daran zu erinnern, daß der Client in enger Interaktion mit dem gesamten offenen System arbeitet. Die Auswahl von Clients, die nur die Zielvorstellungen der Endbenutzer erfüllen, wird die Anforderungen an den Client verfehlen, effektiv mit dem Rest des Systems zu interagieren. Oft wird der Systemverwalter Änderungen vornehmen müssen, um Veränderungen in der Betriebsumgebung zu berücksichtigen. Die Synchronisation der Korrekturen bei vielen Prozessoren bleibt bei vielen produktiven Systemen erforderlich. Genauso wichtig sind synchrone Updates von Hardware und Software, die im gesamten Netzwerk durchgeführt werden müssen.

LITERATUR

H. B. Bakoglu, Gregory F. Grohosky, and Robert K. Montoye, „The IBM RISC System/6000 Processor: Hardware Overview", *IBM Journal of Research and Development*, Vol. 34, No. 1, January 1990, pp. 12-22.

DataSaab, *Ergonomics, The Third Factor*, DataSaab Corporation, 1981, #IN 5000272-923.

James D. Foley and Andries Van Dam, *Fundamentals of Interactive Computer Graphics, The Systems Programming Series*, Addison-Wesley, Reading, MA, 1982, pp. 93-136.

Jeff Johnson, Teresa L. Roberts, William Verplank, David S. Smith, Charles H. Irby, Marian Beard, and Kevin Mackey, „The Xerox Star: A Retrospective", *Computer*, Vol. 22, No. 9, September 1989, pp. 11-26.

Derek Leebaert and Timothy Dickinson, „A World to Understand: Technology and the Awakening of Human Possibility", *Technology 2001*, edited by Derek Leebaert, MIT Press, Cambridge, MA, 11991, p. 309.

Henry M. Levy and Richard H. Eckhouse, Jr., *Computer Programming and Architecture, The Vax-11*, Digital Press, Bedford, MA, 1980.

M. Mallory and H. Bradford, „An Invisible Workplace Hazard That's Harder to Ignore", *Business Week*, January 20, 1988, pp. 92-93.

Ashok K. Thareja, "Migration from ASCII to X", *UNIX Review*, Vol 9, No. 1, 1991, p. 36 ff.

5

Clientsoftware

Die meisten Benutzer werden mit Netzwerkverarbeitung zuerst durch Software bekannt, die sich auf dem Client befindet. Obwohl diese Software mit anderen Systemen verbunden sein mag, scheinen die Anwendungen lokal zu laufen. Die Software mag sich auch auf anderen Prozessoren befinden und nur das Front-End* für die Kommunikation liegt auf dem Client. Dieses Kapitel untersucht Clientsoftware mit dem Betonung auf individuellen Produktivitätswerkzeugen, die die Verarbeitungsmöglichkeiten des Endbenutzers erweitern.

Wie andere Computer hat der Client ein residentes* Betriebssystem mit Hilfsroutinen, die sowohl lokale Anfragen verarbeiten wie auch mit größeren Computern interagieren. Auf der obersten Ebene des Betriebssystemcodes gibt es Serviceroutinen, die die lokale Verwaltung erledigen. Am wichtigsten ist der Code für die Kommunikation und die Benutzerschnittstelle, der die Charakteristika des Clients bestimmt und die Verbindungen zu angeschlossenen Prozessoren zur Verfügung stellt. Viele Anwendungen wurden auf Clients übertragen und arbeiten in Verbindung mit anderer Software im Netzwerk.

Viele Programmpakete für die persönliche Produktivität wurden mit PCs ausgeliefert. Jedes dieser Pakete war für die Verbesserung der individuellen Produktivität gedacht, aber es wurde um Möglichkeiten der Gruppenverarbeitung erweitert. Software für die Gruppenverarbeitung wurde definiert, die die Interaktion von Individuen erleichtert, die an gemeinsamen Zielen arbeiten. Softwarepakete für die Gruppenverarbeitung dehnen die Produktivität vom einzeln arbeitenden Individuum auf die Gruppe der zusammenarbeitenden Profis aus.

Viele Unternehmen haben vertikale Anwendungen eingeführt, die sich auf die Rolle von Individuen konzentrieren. Diese Anwendungen können auf die Ziele eines spezifischen Geschäftszweiges spezialisiert sein oder es mögen

Pakete sein, die für einen bestimmten Beruf gedacht sind. Ein Beispiel professioneller Softwarepakete sind die vielen CAD-Programme („Computer-Aided Design"), die für die meisten Clients erhältlich sind. Einfache Zeichenprogramme sind für PCs erhältlich und komplexere Entwurfswerkzeuge wurden von gemeinsam benutzten Prozessoren auf Desktopcomputer übertragen. Vergleichbare allgemein gebräuchliche Software ist für andere Berufe erhältlich.

Mit der gewachsenen Verarbeitungsleistung auf spezifischen Clients ist es jetzt möglich, Expertensystemtechnologie in der Form residenter Assistenten auf Desktops zu portieren. Desktop-Expertensysteme können die Beachtung von Regeln automatisieren und so den Endbenutzer mit zusätzlichen Fähigkeiten versorgen. Zum Beispiel kann ein Assistenzprogramm für Ingenieure dem professionellen Ingenieur dabei helfen, beim Entwurf bekannte Entwurfsregeln einzuhalten. Finanzexpertensysteme enthalten Pakete wie Handelsassistenten, die beim Handel mit Waren und Wertpapieren helfen können.

Es gibt einen wachsenden Bestand von Software für offene Systeme, die auf das Management zielt. Zuerst entstand diese Software aus Systemen für die Entscheidungsunterstützung und die Managementinformation, die ursprünglich für Mainframes programmiert wurden. In jüngster Zeit sind verteilte Managementsysteme entstanden, bei denen die für Mainframes vorbereitete Software angepaßt und auf Workstations plaziert wurde („Downsizing*"). Wichtiger noch: Eingabedaten aus dem normalen Betrieb werden gesammelt und für die Managementinformationssysteme zur Verfügung gestellt.

Die große Anzahl der Clients wirft Managementfragen auf, die spezifisch für eine Umgebung mit reichen Verarbeitungsfähigkeiten auf individuellen Desktops sind. Die Synchronisation von neuen Releases* für sehr große Anzahlen von Desktops erzwingt neue Lösungen, die sowohl den Client wie die unterstützenden Server betreffen. Die Unterstützung für einen einzelnen Desktop ist relativ einfach, aber wenn die Anzahl der Geräte sich vervielfacht, werden die Probleme groß und komplex. Die geographische Verteilung macht das Problem noch komplexer, weil Updates* und Änderungsprozesse für mehrere Orte synchronisiert werden müssen.

Die Sicherstellung der gleichen Ergebnisse bei vielen verteilten Prozessoren erzwingt die Einführung neuer Software. Groupware wird erst später diskutiert, jedoch erfordert bereits die Synchronisation von Ausgaben und die Kontrolle des Datenflußes die Erweiterung des Codes auf Desktopcomputern. Jeder Prozessor hat Autonomie, aber in vielen Unternehmen wird erwartet, daß der Code überall die gleichen Kontrollmöglichkeiten realisiert.

5.1 SOFTWAREELEMENTE FÜR OFFENE SYSTEME

Das schnelle Auftauchen der Workstations hat unsere Perspektive auf das erwartete Niveau der Softwareunterstützung für jeden Knoten des System verändert. Die Fülle erhältlicher Softwarepakete hat die Erwartungen für folgende Generationen erhöht und eine Herausforderung für die Hersteller offener Systeme geschaffen. Softwareanwendungen sind oft zwischen dem Client und mehreren Servern im Netzwerk aufgeteilt.

Die Einbindung ins Netzwerk schafft Kommunikationsanforderungen für die Clientsoftware. Als die Rechenleistung der Desktops weiter wuchs, überstieg die zusammengefaßte Rechenleistung auf Netzwerken die Leistung von zentralen Rechnersystemen. In jüngster Zeit haben Unternehmen Techniken entdeckt, diese neue Leistungsfähigkeit zu nutzen, aber Software bleibt der Angelpunkt für die volle Ausnutzung der Leistungsstärke des Netzwerkes.

Heterogene Umgebungen sind wichtig geworden, um die Optionen offener Systeme wahrzunehmen, aber praktische Überlegungen schränken normalerweise die Anzahl der Architekturen ein, die ein Unternehmen benutzt. Pro-

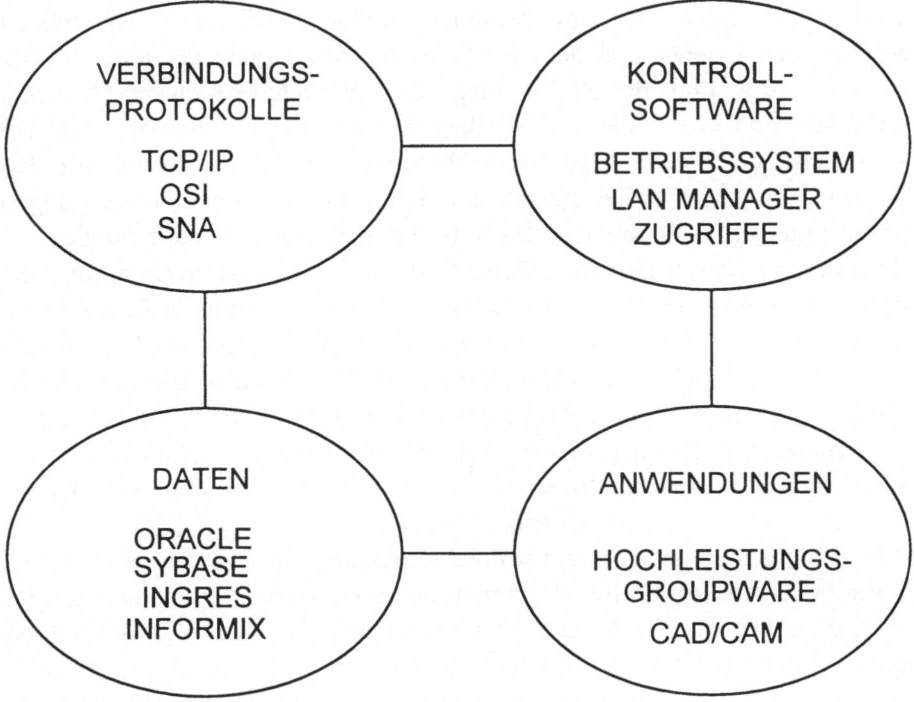

Abbildung 5.1 Softwareüberlegungen für offene Server

bleme wie Kontrolle, Management, Ausbildung und die Wartung mehrerer paralleler Programmversionen haben die Manager von Informationssystemen vor Probleme gestellt. Die Wartung mehrerer Versionen eines Programms ist schwierig, selbst wenn sie automatisch durch elektronische Bibliotheken geschieht.

Architekturen offener Systeme liefern einen Rahmen für die Definition neuer Systeme, aber für Installationen wird es immer noch einzigartige Programmprobleme geben, die durch die Annahme interner Standards vereinfacht werden können. Die speziellen Standards innerhalb des Unternehmens sollten einen Softwarerahmen für Betriebssysteme, Kommunikation, Datenbanken und Benutzerschnittstellen definieren. Andere interne Definitionen, die die Software beeinflußen, sind Punkte wie Sicherheit, Zuverlässigkeit, Wiederanlauf und Installationsverfahren.

Abbildung 5.1 zeigt die hauptsächlichen Überlegungen bei der Auswahl von Software für offene Systeme. Diese beinhalten Kommunikation, Kontrollsoftware, das Datenbankmanagementsystem (DBMS) und die Anwendungen. Das Betriebssystem liefert die Verbindungen zwischen Hardware und Anwendungen. Es ist der Ort des Kontrollpunktes für den autonomen Prozessor. Das Betriebssystem verteilt auch die Ressourcen zwischen den konkurrierenden Elementen von Software und Hardware. Verteilte Systeme erfordern gut geplante Kommunikationsverbindungen, die die Verbindungen zwischen den Clients und dem Rest des offenen Netzwerks unterstützen. Kommunikation muß der Zielrichtung des Unternehmens entsprechen, die vorhandene alte Protokolle und gewünschte neue Wege reflektiert. Auf den niedrigsten Schichten erfolgt die Verbindung mit der Hardware, auf den höchsten Schichten werden transparente Schnittstellen zu den Anwendungen zur Verfügung gestellt, die über das Netzwerk gemeinsam benutzt werden.

Das dritte Softwareelement offener Systeme ist die Datenverwaltung, die mehrere Schichten des Systems beeinflußen kann. Sequentielle Dateien sind die einfachste in offenen Systemen benutzte Form, aber die meisten Anwender benötigen komplexe Datenstrukturen, die von Datenbankherstellern unterstützt werden. Die Datenzugriffssprache SQL („Structured Query Language", strukturierte Abfragesprache) erlaubt den offenen Zugang zu unterschiedlichen Systemen, die über das Netzwerk verbunden sind. SQL-Unterstützung ist auf den meisten Clients vorhanden.

Ein wichtiges viertes Element bei der Anpassung eines offenen Systems ist die Endbenutzerschnittstelle. Verbreitete Ansätze wurden - basierend auf der Arbeit an MITs Projekt Athena - für Fenstertechnik angepaßt. X-Windows wurde von vielen Entwicklern übernommen und wird vom MIT X Consortium überwacht. Andere Benutzerschnittstellen wurden von Unternehmen freigegeben. Sun Micro Systems macht sich für sein OpenLook stark, aber viele Unternehmen übernehmen das auf X-Windows basierende Motif.

Der Wert eines offenen Systems für ein Unternehmen wird an der Einfachheit der Produktion und des Managements von Anwendungen gemessen, die das fünfte Element der Clientsoftware bilden. Die Möglichkeit, Anwendungen zu entwickeln, die die volle Leistungsfähigkeit des verteilten Systems nutzen, wird eine wichtiges Kriterium für die Akzeptanz einer Netzwerkimplementation. Elementare Werkzeuge auf PCs erlauben es vielen Anwendern, Code direkt für ihren Computer zu schreiben. Werkzeuge, die das Management großer Netzwerke verteilter Workstations erlauben, werden zunehmend wichtig für die Akzeptanz offener Systeme durch Unternehmen.

So wie Betriebssysteme übertragen wurden, gab es eine wachsende Bewegung zur Übernahme von Programmiersprachen, die Portabilität zwischen mehreren Hardwareplattformen erlauben. Ein wichtiger Bestandteil dieser Bemühungen ist die Sprache C, die Portierungen zwischen mehreren Hardwareplattformen erleichtert hat. Hypertextwerkzeuge sind populär auf Systemen wie dem Macintosh. Diese Werkzeuge verbreiten sich auf andere Plattformen.

5.2 BETRIEBSSYSTEMAUSWAHL FÜR OFFENE SYSTEME

Obwohl viele Betriebssysteme auf Clients benutzt werden können, tut man gut daran, die Alternativen sorgfältig zu erwägen, bevor eine endgültige Wahl getroffen wird. In Kapitel 3 untersuchten wir das Design alternativer Betriebssysteme, die für offene Systemplattformen benutzt werden könnten. Einige oder alle der Möglichkeiten können für eine Installation benutzt werden, die den Zielen offener Systeme entspricht. Viele Unternehmen wählen aber die Einschränkung auf eine oder zwei Optionen, um die Supportkosten und die potentiellen Übertragungen von Software zu reduzieren.

Die Oracle Corporation ist ein gutes Beispiel für ein Unternehmen, das Unterstützung für viele Computer und viele verschiedene Betriebssysteme bietet. Obwohl das primäre Produkt des Unternehmens seine verteilte Datenbank ist, werden in vielen Ländern zusätzliche Softwareprodukte angeboten. Unternehmen ebenso wie Entwicklergruppen benutzen Oracle Internet, um mit ihren weltweiten Niederlassungen Verbindung aufzunehmen (Havetry, 1991). Da die Produkte des Unternehmens eine breite Palette von Herstellern unterstützen, wurde das Netzwerk für den Betrieb mit mehreren Protokollen entwickelt.

Oracleprodukte werden für Hardware entwickelt, die vom PC bis zum Mainframe reicht. Das Unternehmen wendet strenge Verfahren bei der Entwicklung des grundlegenden Codes und der folgenden Portierung auf verschiedene Betriebssysteme an. Dies ermöglicht es Oracle, Versionen für alle unterstützte Hardware in relativ kurzen Zeiträumen zu produzieren. Die Testgruppe kann die Verfahren benutzen, um den Code bei mehreren Herstellern zu testen und die Wartungsgruppe kann Korrekturen des Basiscodes liefern. Als Ergebnis eines wohlstrukturierten Prozesses kann Oracle seine Softwarepakete für viele Hardwarehersteller und Betriebssysteme produzieren. Dies ist ein Makrokosmos von Unternehmen, die mehrere Plattformen benutzen.

Die meisten Unternehmen ziehen es vor, die Anzahl der in ihren Installationen gewarteten Systeme zu reduzieren. Es ist wichtig, die Qualitäten zu berücksichtigen, die die unterschiedlichen Systeme als Clients wichtig machen. Wir werden jetzt die fünf Kandidaten untersuchen: MS/DOS, MS/DOS mit Windows, OS/2, das Macintosh Betriebssystem und Unix. Die Kriterien helfen den verwendenden Unternehmen, zu entscheiden, welches System für viele unterschiedliche Clients zu bevorzugen ist.

MS/DOS ist vielleicht das am breitesten unterstützte System in der Geschichte der Datenverarbeitung. Es bildet die Grundlage für die Mehrheit der IBM PCs und ihrer Nachbauten. Eine Fülle von Werkzeugen für die persönliche Produktivität wurde für kein anderes System angeboten. Ein Großteil der Programme zielt auf einzeln arbeitende Benutzer und wurde begrenzt durch Designschwächen innerhalb des Systems selbst. Microsoft selbst plant leistungsfähigere Lösungen in der Form von Windows.

Microsoft baute auf die Akzeptanz von MS/DOS bei der Einführung von Windows, das viele Beschränkungen des ursprünglichen Betriebssystems überwand. Viele Anwendungen wurden auf Windows umgestellt, aber selbst diese unterliegen Beschränkungen, was den langfristigen Wert der MS/DOS-Unterstützung einschränkt. Microsoft hat Windows/NT entwickelt, um das System zu ersetzen.

OS/2 sollte MS/DOS ersetzen, aber es erreicht nur langsam eine kritische Masse von Installationen. Das ist teilweise ein Ergebnis der Entwurfsgrenzen des 16-Bit-Systems in den frühen Versionen und der Verwirrung über die gesamte Zielrichtung, die von IBM oder Microsoft für die Unterstützung des Systems eingeschlagen würde. Da beide Unternehmen alternative Produkte in dem relativ kurzen Zeitraum seit der Einführung angekündigt haben, bleibt OS/2 die dürftigste der technischen Wahlmöglichkeiten.

Das Betriebssystem von Apple's Macintosh wird als das am leichtesten benutzbare System für Desktopcomputer akzeptiert. Die ausgedehnte Benutzung von Icons und Menus hat das System als Endbenutzersystem anziehend gemacht. Auch die Verbindungen zwischen den verschiedenen Dateien, die auf dem System benutzt werden, ist transparent. Das MAC OS (Macintosh Operating System) stellt eine anziehende jedoch proprietäre Alternative zu offenen Betriebsumgebungen dar, ist jedoch nicht wirklich ein offenes System.

Unix ist das primäre Betriebssystem, das in vielen offenen Systemlösungen auf Clienthardware anzutreffen ist. Da das System für viele Hardwaresysteme erhältlich ist, ist es bei Anwendungsherstellern populär. Programme, die für Unix geschrieben wurden, können mit minimalen Änderungen des Codes auf unterschiedliche Hardwaresysteme portiert werden. Das wichtigste Problem für Clients ist die Komplexität der Benutzerschnittstelle. Diese Schnittstelle wurde durch eine Anzahl von Softwarelösungen maskiert, die eigentlich eine Schicht für die Benutzbarkeit über die Unixbasis legen.

Santa Cruz Operations (SCO) ist seit vielen Jahren der dominierende Hersteller von Unixprodukten für PCs. Andere Hersteller haben Unixsysteme für Workstations auf PCs übertragen. Sun Microsystems liefert z. B. eine PC-Version seines Workstation-Unix unter dem gleichen Namen Solaris. NeXT hat sein Unix ebenfalls für PCs verfügbar gemacht. Apple liefert ein Unix (A/UX), das entweder Unixschnittstellen oder die populäreren Macintosh-Schnittstellen benutzt.

Viele wichtige Hersteller von Workstations haben eigene Versionen von Unixsystemen eingeführt. Z. B. wird SunOS (Sun Operating System) von Sun Microsystems von Anwendern weithin akzeptiert und von Hardwareherstellern verwendet, die SPARC-Chips als Basisbausteine benutzen. SunOS diente auch als Basis für die Definitionen offener Systeme durch Unix International. Sun's GUI mit der Bezeichnung OpenLook wurde ebenso in breitem Maße für Desktopcomputer übernommen.

Andere Hersteller haben Unixversionen für ihre Clientangebote eingeführt. IBM z. B. unterstützt AIX („Advanced Interactive Executive") auf seinen Hardwaresystemen (Loucks und Sauer, 1987). HP benutzt sein HP/UX Betriebssystem und DEC bietet ULTRIX an. Die drei Unternehmen unterstützten die Arbeit für die Portierung des MACH-Systems, das an der Carnegie Mellon University definiert wurde. PC-Benutzer haben Zugang zu Unix durch unabhängige Produkte.

Die erweiterte Benutzung von Grafik hat dem Macintosh OS ähnliche Elemente für Endbenutzer eingeführt. Als Unix auf die Desktops ausgedehnt wurde, wurden zusätzliche Anstrengungen für die Definition einfacherer Benutzerschnittstellen unternommen. Fenstertechnik und grafische Benutzerschnittstellen tragen dazu bei, die Systeme benutzbarer und mit PC Betriebssystemen konkurrenzfähig zu machen.

Im Zentrum der Benutzbarkeit des Desktop steht das X-Windows System, das am MIT während des Projekts Athena entwickelt wurde. Die Unterstützung durch die großen Hersteller DEC und IBM trug zu seiner frühen Akzeptanz bei. Die allgemeinen Schnittstellen, die X-Windows zur Verfügung stellt, bieten eine Grundlage für die transparente Erzeugung von Fensteroberflächen auf verschiedenen Desktopcomputern. Eingabeereignisse für X werden von der Tastatur, Zeigewerkzeugen oder von Fenstern ausgelöst. Die Ausgabemöglichkeiten umfassen zweidimensionale Grafiken, Fenster, Farbe und Text in mehreren Fonts. PEX wurde als dreidimensionales Grafiksystem auf der Basis des PHIGS-Standards („Programmers Hierarchical Interactive Graphics System") eingeführt. Die Unterstützung wurde auf Desktops ausgedehnt, was PCs, Workstations und X-Terminals einschließt.

Zusätzliche Unterstützung hat die Benutzung von X attraktiv gemacht. Eine Programmierschnittstelle zu X unter der Bezeichnung Xlib wurde eingeführt, die eine C-Schnittstelle zu dem Protokoll zur Verfügung stellt. Werkzeuge (Toolkits) wurden eingeführt, um die Benutzung von X in unterschiedlichen Umgebungen zu vereinfachen. Diese Werkzeuge bieten eine höhere Abstraktionsebene als Xlib und stellen ein Standard-GUI und eine Programmierschnittstelle zur Verfügung. Drei Typen von Toolkits sind verfügbar: „X based", „Xlib based" und „intrinsic based". Zu den „X based" Toolkits gehören CLUE von Texas Instruments und Garnet von CMU. Zu den „Xlib based" Toolkits gehören Andrew von der Carnegie Mellon Universität und XView/OpenLook von Sun Microsystems. „X intrinsics" Toolkits sind Athena vom MIT, Xcu von Cornell, OLIT/OpenLook von Sun Microsystems und Motif von der Open Software Foundation. Die drei populärsten Toolkits - Athena, Motif und OpenLook - werden weithin von Workstationentwicklern benutzt.

Die Konzentration auf Benutzeroberflächen erreichte eine neue Stufe mit der Akzeptanz von Motif als Benutzerschnittstelle für X-Windows. Unter Benutzung der Leistungsfähigkeit moderner Grafikgeräte unterstützt die Software dreidimensionale Bilder, die in ihrer Erscheinung dem ähneln, was auf dem Macintosh zu sehen ist. Die Benutzer moderner Schnittstellen werden mit Schaltknöpfen, Pop-up-Fenstern und Pull-down-Menus vertraut. Eine Anzahl wichtiger Merkmale ermöglicht es den Anwendern, fortgeschrittene Oberflächen zu benutzen.

Eine wachsende Anzahl von Programmpaketen für die Erzeugung und Veränderung von Benutzeroberflächen wird verfügbar. Diese Pakete erlauben dem Entwickler, ein System leichter zu bauen, das mit dem Datenbanksystem verbunden ist, das auf dem lokalen System verfügbar ist. Z. B. gibt es ein User Toolkit für Motif. Dieses enthält ein Werkzeug für die Konstruktion von GUIs, die mit der Datenbank verbunden sind. Pop-up-Hilfen im Toolkit erleichtern den Bildschirmentwurf. Diese Toolkits machen es dem Anwendungsentwickler möglich, seine eigenen Fenster zu definieren.

Obwohl die Portierung zwischen verschiedenen Systemen als der Hauptgrund für die Akzeptanz von Unix angepriesen wurde, haben Manager von Informationssystemen den Wert der Portierung gegenüber der kompletten Objectcodekompatibilität in Frage gestellt, die auf PCs zu finden ist. Es ist klar, daß vollständige Binärkompatibilität einfacher ist als Portierung. Portierung scheint jedoch nicht so komplex zu sein, wie die Kritiker fürchten, noch ist sie so einfach, wie uns die Fanatiker glauben machen wollen. Es gibt wenig verläßliche Statistiken über die erforderliche Zeit für eine Portierung vom Unix eines Herstellers zu einem anderen. Die Beobachtung ist jedoch, daß der Prozeß sehr einfach ist. Der Autor war an einigen experimentellen Systemen beteiligt, die ein kleines Team etwa einen Monat kosteten, um relativ große Programme von einer Herstellerversion auf die andere zu übertragen.

Eine Anzahl von Richtlinien ergab sich aus der Untersuchung von erfolgreichen und weniger erfolgreichen Portierungen. Die Aufgabe muß einem engagierten Team zugewiesen werden, das Unix versteht. Der ursprüngliche Quellcode sollte wohlstrukturiert sein, um den Personen, die die Portierung durchführen, die Modifizierung der nötigen Bereiche schnell zu erlauben.

Soweit Betriebssysteme betrachtet werden, ist es wichtig, den Wert des Kontrollpunktes und den Bedarf der Interaktion mit vielen anderen Prozessoren gegeneinander abzuwägen. Die Verteilung der Kontrollpunkte ist ein kritischer Faktor für die Entscheidung, welches Betriebssystem benutzt wird.

5.3 BENUTZEROBERFLÄCHEN

Wie oben erwähnt, ist der Client der Ort der Benutzerschnittstelle zur Netzwerksoftware und deshalb der zentrale Punkt für Softwarepakete, die Benutzbarkeit unterstützen. Die ersten Benutzerzugänge zu Computern bestanden aus Kippschaltern und Stecktafeln, die eine ganze Menge Schulung und Erfahrung verlangten. Als Kontenkarten ein Softwarewerkzeug wurden, konnten Kommandos als Stapel ins System eingegeben werden. Elementare Prozesse beruhten auf einfachen Karten, aber als die Komplexität der Software wuchs, erforderte die Kommandostruktur auch neue komplexe Parameter. Die frühen Kommandosprachen beruhten auf dem 80-Spalten-Format für die Eingabe der Steuerungsinformationen.

Viele Kommandostrukturen, die auf modernen Computern unterstützt werden, wurden in der Ära der Lochkarten entworfen und zeigen immer noch Spuren dieses Entwurfs. IBMs Job Control Language (JCL) z. B. ist immer noch Teil der Struktur von MVS, das in offenen Systemen benutzt wird. Das ursprüngliche Eingabegerät für diese Sprache war der Kartenleser und die Sprache wurde dementsprechend aufgebaut. Die Sprachen wurden auch in einer Ära konstruiert, in der die Kontrollprogramme limitiert waren, und der Anwender mehr Informationen über die Ein-/Ausgabegeräte des Computers spezifizieren mußte. Selbst so populäre Desktop-Betriebssysteme wie Unix entstammen dieser Periode der Karteneingabe und der abgekürzten Kommandos. Als Ergebnis ist die Kommandostruktur von einer Komplexität, die oft sogar Programmierer vor Probleme stellt.

Wichtige Studien haben die Benutzerinteraktion mit Computern untersucht und Softwareansätze vorgeschlagen, die die Benutzerinteraktion vereinfachen (Abelson, 1987). Bei einigen der besten Systeme gehörten Humanisierungsexperten von Beginn an zum Entwurfsteam. Die Benutzeroberflächen wurden zuerst entworfen und das System wurde auf der Voraussetzung aufgebaut, daß der Anwender auf einfache Konzepte vertrauen könnte. Andere Systeme haben von dieser Arbeit gelernt, die bei Xerox begann.

Die Arbeit an Smalltalk beim Palo Alto Research Center der Xerox Corporation bildete eine Basis für Desktopcomputer-Schnittstellen während der 80er Jahre. Die Verwendung von Menus und Icons ersetzte die schwerfälligen Kommandostrukturen aus der Frühzeit der Computer. Unglücklicherweise gibt es einen großen Bestand an Anwendungen, die noch an ältere Kommandostrukturen gebunden sind, die schwer zu benutzen sind. Ein Icon ist eine grafische Repräsentation irgendeiner Computeraufgabe. Apple verwendete diese Oberflächen zuerst bei LISA und dann im sehr populären Macintosh, der eine breite Akzeptanz in der Anwendergemeinde erfuhr. Ein Menu bietet eine Bildschirmauswahl mit vielen Alternativen, bei der die Auswahl durch die einfache Bewegung eines Cursors zur Stelle der gewünschten Aktion geschieht. Das Icon mit den sehr benutzungsfreundlichen Computerterminis war ein weiterer Schritt in der Benutzbarkeit. Icons können sehr einfach sein, wie dem Autor demonstriert wurde. Ein Menu benutzte einen Hammer als Zeichen für die Programmerzeugung (make-Programm); ein Herz stand für die Lieblingsprogramme; ein Hase bezeichnete die schnellste Vorgehensweise.

Eine Anzahl von Elementen versieht Desktopsoftware mit Eigenschaften, die ihre Anziehungskraft für den Benutzer erhöhen. Auf einem modernen Desktopcomputer findet der Benutzer mehrere Fenster auf dem Bildschirm. Die Fenster helfen, den unordentlichen Schreibtisch der meisten Angestellten zu simulieren, da sie parallele Arbeitsvorgänge zusammen auf den Bildschirm bringen. Da der Arbeitstag aus vielen Vorgängen besteht, bringt das Fenstersystem das gleiche Erscheinungsbild auf den Desktopcomputer. Jeder begonnene Job erscheint in einem separaten Fenster, das durch einen simplen Mausclick aktiviert wird.

Fenster erlauben die visuelle Parallelität von Jobs, die zu einer beliebigen Zeit aktiv sein können. Wenn Client/Server-Verarbeitung benutzt wird, mag der tatsächlich ausführende Job sich auf verschiedenen Computern befinden und die Fenster dienen als logischer Anschlußpunkt zu den verschiedenen Jobs. Die Verbindung innerhalb der Workstation erlaubt die Übergabe von Information zwischen verschiedenen Programmen, die in verschiedenen Fenstern aktiv sind. Viele Desktopcomputer verfügen über Zwischenablagen, die als Notizblöcke für die Übertragung von Informationen von einem Fenster zum nächsten dienen. Die einfache Verschiebefunktion („cut and paste") auf dem Macintosh ist ein mächtiges Werkzeug, wenn sie benutzt wird, um Informationen zwischen verschiedenen Fenstern oder Anwendungen zu übergeben.

Ein Fenster ist einfach ein Zugangspunkt zu anderen Programmen im Computer. Fensterunterstützung basiert auf der im Design moderner Workstations enthaltenen Bitmap-Grafik, die genügend Pixelelemente für die Reproduktion komplexer Abbildungen zur Verfügung stellt. Diese Leistungsfähigkeit erlaubt die Unterstützung von Video, Animation und textuellen Informationen durch die gleiche Art der Programmierung. Die Hardware wird von einem Multitasking-Softwaresystem unterstützt, daß mehrere Tasks verwaltet und Ressourcen für die aktive Task bereitstellt. Ein leistungsfähiger Fenstermanager behandelt die Interaktion zwischen den Fenstern und dem Anwender. Diese Routinen erlauben dem Anwender die einfache Erzeugung oder Veränderung von Fenstern auf dem Bildschirm ohne komplexe Softwarekenntnisse.

Wenn ein Fenstersystem einmal ausgewählt ist, ist es wichtig, die unterschiedlichen Icons zu erwägen, die in einem Fenster erzeugt werden können. Icons sind einfache bildliche Repräsentationen von gängigen Benutzer- oder Programmaufgaben. Die meisten Icons sind aus der üblichen Wortverwendung in der Sprache abgeleitet und für den Endbenutzer an der Workstation modifiziert worden. Z. B. ist die Mülltonne benutzt worden, um den Ort zu bezeichnen, wo unerwünschtes Material abgelegt werden kann und sie kann benutzt werden, um Dateien zu löschen oder Disketten zu entfernen. Die meisten Systeme erlauben es dem Benutzer, sich die Entfernung noch einmal zu überlegen, da die Datei nicht wirklich gelöscht wird, bis der Mülleimer ausgeleert wird. Selbst dann kann im noch ungeleerten Eimer nach vermißten Dingen gesucht werden.

Auf traditionelle Computeranwendungen wurde durch ein Kommandosystem zugegriffen, daß üblicherweise komplexer war als erforderlich. Traditionelle Kommandosystem basierten auf einem Kommando mit Parametern für die Aktivierung von Systemsoftware oder den Zugang zu Anwendungen. Die Einführung von Hardwaregeräten wie Maus oder Trackball hat den Prozeß vereinfacht, indem sie den Zugang zu Systemstrukturen durch einfache Handbewegungen erlaubt.

Die Komplexität der Benutzerschnittstellen führte zur Notwendigkeit von Hilfsfunktionen. Vor den interaktiven Workstations erschienen Fehlernachrichten als Nummern am Bildschirm oder auf Druckausgaben. Der Benutzer wurde auf ein Fehlerhandbuch mit zusätzlichen Hinweisen zum Problem verwiesen. Eine solche Nachricht enthielt den Kommentar: "Diese Meldung sollte nie auftreten." Es ist überflüssig zu sagen, daß diese Meldung öfter als jede andere im System erschien und den Anwender mit wenig Hilfe stehenließ.

Mit der Einführung von ausreichend Speicherplatz wurde die Hilfe dann auf Knopfdruck des Anwenders zur Verfügung gestellt. Gut entworfene Systeme enthalten Hilfsmöglichkeiten für jedes Kommando. Die Hilfe erleichtert die einfache Benutzung des Systems. Obwohl einige nutzlose Nachrichten wie "Diese Meldung sollte nie auftreten" geblieben sind, wurden doch wesentliche Fortschritte bei der Implementierung von Hilfesystemen gemacht.

Untersuchungen haben gezeigt, daß die Kombination von Menus, Kommandos und Icons zur besten Benutzbarkeit führt. Menus und Icons sind leichter zu lernen und Kommandos sind schneller zu benutzen, wenn das System einmal beherrscht wird. Kommandos sind schwieriger zu lernen, aber sie bieten im allgemeinen einen sehr schnellen Systemzugriff. Und weder Menus noch Kommandos erlauben komplexe Interaktionen, die durch natürlichsprachige Schnittstellen unterstützt werden können.

Desktopcomputer enthalten Präsentationsdienste, die Elemente von Fenstern mit Werkzeugen für ihre einfache Erzeugung kombinieren. Eine Anzahl von Unternehmen bietet jetzt Werkzeuge an, die die Erzeugung von neuen Fensterprogrammen vereinfachen. Diese Toolkits ermöglichen es dem Anwender, logische Schaltknöpfe zu konstruieren und die verschiedenen Teile des Systems damit zu verknüpfen. Wenn Bildschirmlayouts für individuelle Benutzer angepaßt werden, bieten Dialogmanager wertvolle Unterstützung bei der Abbildung von Programmen auf Bildschirmelemente.

Ein gutes Beispiel für eine Paket, das für die leichte Benutzbarkeit angepaßt wurde, ist HPs NewWave, das unter Microsoft Windows läuft. Die leichte Benutzbarkeit für Anwender von Desktops hat eine große Nachfrage bei einer Anzahl von Installationen bewirkt. Das Paket benutzt Objekte, um auf textuelle, numerische und grafische Informationen über eine gemeinsame Benutzerschnittstelle zuzugreifen. Das Paket benutzt Icons, Objekte und Taskmanagement, um die leichte Benutzbarkeit zu ermöglichen.

Es ist schon lange Zeit ein Ziel von Computerdesignern, den Endbenutzern die Kommunikation mit dem System durch die Benutzung natürlicher gesprochener Sprache zu ermöglichen. Obwohl das letzte Ziel ist, mit dem Computer zu sprechen, glaubt man, daß natürliche geschriebene Sprache den

Zugriff selbst unter Benutzung der Tastatur beschleunigen kann. Die Verwendung der Maus hat die Eingabe vereinfacht, aber selbst dies ist ein Lernprozeß. Fortgeschrittene Scanner wurden in Japan eingeführt, um Kanjii von Formblättern zu lesen.

Fortschritte bei Expertensystemen erlauben es Softwareentwicklern, Ratgeber für den Schreibtisch zu schaffen, die Verbindungen zum offenen System besitzen. Der Benutzer am Desktop kann mündlich Fragen an einen residenten Assistenten formulieren wie: „Welche Rohranschlüsse sind für Toiletten nach amerikanischem Standard verfügbar?" Die wachsende Benutzung von natürlicher Sprache kombiniert mit Programmen der künstlichen Intelligenz wird die Bewegung zu vollständigeren Möglichkeiten der natürlichsprachigen Eingabe verstärken (Samad, 1986). Natürlichsprachige Software erlaubt die Unterstützung für das Diktat direkt in das Textverarbeitungssystem.

Fortschritte bei Eingabegeräten unterstützen die Designer von Benutzerschnittstellen. Exakte Sprachverarbeitung mit verbesserten Mikrofonen erlaubt den Zugang zu offenen Systemen durch gesprochene Sprache. Die Einführung von Pen-basierten Computern hat eine Möglichkeit für die Verwendung handgeschriebener natürlicher Sprache eröffnet. Obwohl die ersten Modelle für viele Schreibenden umständlich und schwierig zu benutzen sind, kann das Erscheinen dieses Typs der Eingabe Änderungen in der Struktur von Kommandoschnittstellen erleichtern. Die wachsende Benutzung von Prozessoren mit sehr hoher Geschwindigkeit hat Lösungen wie die der künstlichen Realität nutzbar gemacht, zumindest im Produktionsbereich. Künstliche Realität erzeugt eine Umgebung, die an die Geschwindigkeit des menschlichen Auffassungsvermögens angepaßt ist. In der Tat werden die Ausgaben verlangsamt, um den Bedürfnissen der Benutzer zu entsprechen.

5.4 ALTERNATIVEN FÜR DIE PERSÖNLICHE PRODUKTIVITÄT

Ein wichtiges Ziel für jeden Desktopcomputer ist es, die Gewinne der persönlichen Produktivität zu erhalten, die in der letzten Dekade erzielt wurden. Anwendungen, die diese Fähigkeiten erweitern, wurden während des ganzen Jahrzehnts eingeführt, und jede erweiterte die Verarbeitungsmöglichkeiten, die der Einzelne durch den Computer erzielen konnte.

Eine Anzahl von Werkzeugen kam aus den Maschinensälen und Laboratorien auf den Desktopcomputer. Diese neue Werkzeuge erweiterten die individuelle Fähigkeit, auf Anfragen zu antworten und ersparten oft die Notwendigkeit, sich an erfahrene Programmierer wegen spezieller Programme zu wenden. Viele Geschichten kursieren über Produktivitätswerkzeuge, die von ungeübten Benutzern durch einfache Veränderungen wesentlich verbessert werden konnten. Die Umgebung hatte sich radikal verändert und der Einzelne konnte seine Verarbeitungsergebnisse kontrollieren. Softwarepakete waren nicht nur kostengünstiger zu entwickeln, sie waren auch leichter zu benutzen und anzupassen.

Obwohl die Kenntnisse des Betriebssystems weiter wuchsen, gab es weniger Beschäftigung mit Kontrollcode und mehr mit der leichteren Benutzbarkeit. Es gibt eine beständige Verschiebung zu Merkmalen der Benutzbarkeit sowohl bei Hardware wie bei Software. Die Maus, Icons und Menus haben die Verbindung zu verschiedenen Rechnern verändert und das System weit einfacher benutzbar gemacht.

Als der PC ursprünglich entworfen wurde, wurde der Begriff „Programmierer mit Herz und Verstand" („heart and mind" analog zu „heart and soul" = mit Leib und Seele) benutzt, um sich auf die erfahrenen professionellen Benutzer zu beziehen, die offene Schnittstellen benutzen konnten, um Aufgaben auf den Rechnern durchzuführen, von denen man sich nicht einmal hatte träumen lassen. Obwohl viele mit Spielen anfingen, gab es eine wachsende Verfügbarkeit von Werkzeugen, die halfen, einen individuellen Arbeitsstil zu entwickeln. Viele der heutigen Angestellten könnten sich einen Schreibtischcomputer ohne Tabellenkalkulation, Textverarbeitung und noch ausgeklügeltere Anwendungen wie Desktop Publishing nicht vorstellen. Die Verfügbarkeit von Softwarepaketen in großen Softwaresupermärkten hat es dem Durchschnittsanwender erlaubt, das Angebot durchzugehen und das Paket auszuwählen, das seine oder ihre Bedürfnisse am besten erfüllt.

Lassen Sie uns einige der wichtigeren Produktivitätstools untersuchen, die in offenen Systemumgebungen vorhanden sind. Die Zahlen sind sehr hoch, da der niedrige Eintrittspreis und der enorme Markt für Entwickler anziehend war. Um 1984 hatte der Autor eine Liste von über 5000 Anwendungen, die für PCs erhältlich waren. Obwohl die meisten Anwendungen nicht sehr interessant waren, gab es viele allgemeine Pakete, die den meisten Endbenutzern zusagten. Es gab auch Anwendungen für fast jeden wichtigen Beruf, den man sich nur vorstellen konnte. Anwendungen für Techniker waren sehr häufig, aber es gab auch neue Anwendungen für Ärzte oder Rechtsanwälte.

Die Liste der Anwendungen begann mit denen, die tägliche Verwaltungsaufgaben für jeden Anwender erledigten. In zentralen Rechnersystemen werden viele dieser Aufgaben von Operatoren erledigt, aber beim individuellen Desktop ist der Anwender der Operator. Das einfache Formatieren von Disketten ist eine Aufgabe, mit der alle Anwender bekannt wurden. Die Sicherung und das Archivieren von Daten ist eine komplexere Routine, die gelernt werden muß. Glücklicherweise lernten die meisten Endbenutzer die Notwendigkeit, Platten zu sichern, ohne allzuviel wertvolle Informationen zu verlieren. Für bestimmte Bereiche wurden automatische Sicherungsverfahren geliefert.

Die Norton Utilities wurden auf den meisten PCs sehr populär, da sie eine Fülle von Funktionen mit einer einfachen Oberfläche verbanden. Die Utilities scheinen die vielen Aufgaben zu übernehmen, die notwendig sind, um ein wohlgeordnetes Plattensystem zu betreiben. Alles vom Formatierungsprogramm, das den Schutz der Platteninformationen sicherstellt, bis zum Wiederauffinden verlorener Dateien hat das Paket Anklang finden lassen. Die gleichen Funktionen sind in das System des Apple Macintosh eingebettet.

Die ursprüngliche Liste der notwendigen Programme für den IBM PC enthielt elektronische Tabellenkalkulationen als zwingend. Seither sind Tabellenkalkulationen für den Endanwender noch wichtiger geworden. Die Technik, die Tabellenkalkulation als logische Erweiterung des Taschenrechners zu benutzen, hat Tabellenkalkulationen zur Anforderung für die meisten Clients gemacht, selbst wenn sie auf einem X-Terminal als gemeinsam benutztes Programm verwendet werden.

Einfache Tabellenkalkulationen enthalten die Möglichkeit zur Definition von Gitternetzen von Zellen mit Berechnungen. Die Zellen können programmiert werden, miteinander zu interagieren, um komplexere Berechnungen auszuführen. Sie können von Technikern benutzt werden, um zu versuchen, den Finanzwert neuer Produkte herauszufinden. Makler können sie benutzen, um Fluktuationen im Waren- oder Wertpapiermarkt zu untersuchen. Kleine Unternehmen können sie benutzen, um den Lagerbestand zu kontrollieren oder einfach das Budget für einen Monat zu berechnen. Einzelne Anwender benutzen sie ständig, um sie bei den Entscheidungen in ihren Jobs zu unterstützen. Viele Anwender haben die Makros, die mit den Programmen zur Verfügung stehen, als Erweiterung der Sprache zu gebrauchen gelernt.

VisiCalc, geschrieben von Dan Bricklin und Bob Frankson für den Apple II, war das erste erfolgreiche Produkt. Die einfachen Schnittstellen und die Fähigkeit zur Unterstützung analytischer Aufgaben wurden von anderen Unternehmen erweitert. Am bemerkenswertesten war das Angebot der Lotus Development Corporation, die ihr ursprüngliches Lotus 1-2-3 Produkt 1983 auslieferte. Dieses Paket ergänzte die einfache Tabellenkalkulation um erweiterte Möglichkeiten der Benutzbarkeit und die Datenbankunterstützung. Obwohl Lotus auch neue Pakete für Workstations angeboten hat, gab es auch Konkurrenzpakete, die stärker auf die Hardwaregrafik oder spezifische Benutzerschnittstellen abgestimmt waren. Dieser wichtige Bereich der individuellen Produktivität wird weiter ein Punkt der heftigen internen Konkurrenz bleiben.

Ein zweiter Punkt auf der ursprünglichen Liste der „heißen" Werkzeuge für die persönliche Produktitivtät ist die Textverarbeitung. Jeder Desktopbenutzer muß irgendwelche geschriebenen Dokumente vorbereiten. Ursprünglich von der Büroarbeit mit Schreibmaschinen hergeleitet, wurde die Erzeugung elementarer textueller Dokumentation die erste Anforderung für die Implementierer von Textverarbeitung.

Eine Anzahl von Funktionen ist allen Textverarbeitungen gemeinsam, darunter die Möglichkeit zum einfachen Erzeugen und Editieren von textuellen Informationen. Änderung der Seitenanordnung oder Bewegen von Daten ist ebenfalls allen Textverarbeitungen gemeinsam. Verbesserte Wörterbücher für die Rechtschreibung haben diese Fähigkeiten erweitert und die Verbindung zu Online-Datenbanken hat Textverarbeitung in die gewohnte Arbeitsumgebung integriert. Die elektronische Verschiebung und Veränderung von Daten half bei der schnelleren Erzeugung von Dokumenten und half auch bei der Änderung selbst sehr großer Dokumente. Schließlich wurden diese Fähigkeiten um fortschrittliche Grafiken und die Erzeugung zusammengesetzter Dokumente erweitert.

Als die Fähigkeiten der Prozessoren sich weiter verbesserten, wuchsen auch die Möglichkeiten für das Büro auf dem Schreibtisch. Funktionen, die für den Benutzer der Schreibmaschine schwierige Aufgaben waren, konnten mit der Textverarbeitung leicht bewältigt werden. Die ausgedehnte Benutzung der Textverarbeitung für die individuelle Produktivität führte zu ihrer Erweiterung in Richtung Gruppenproduktivität. Daten, die einst durch die Einhaltung bestimmter Formvorschriften eingeschränkt waren, können jetzt in größere Datenbanken integriert werden.

Die Erweiterung der Tastaturbenutzung durch Mausinteraktionen hat die Schnittstellen zum System weiter vereinfacht. In Netzwerkanwendungen wird das persönliche Produktivitätswerkzeug erweitert, so daß die Gruppe ein kompliziertes Dokument zusammenstellen kann, wenn man sich einmal über die gemeinsame Textverarbeitung geeinigt hat. Aus dem WYSIWYG (what you see is what you get) der Entwickler ist für die Gruppenunterstützung das wichtigere WYSIWIS (what you see is what I see) geworden: Jedes Mitglied der Gruppe möchte das gemeinsame Dokument mit gleicher Form und gleichem Inhalt sehen.

Wie im Fall von Lotus finden wir auch hier ein Unternehmen, das zum führenden Lieferanten von Textverarbeitungen wurde. WordPerfect von der WordPerfect Corporation in Orem, Utha wird von mehr Menschen benutzt (Strehio, 1988), aber die Konkurrenz anderer Anbieter, die beachtliche Produkte liefern, ist groß. Die zweite Wahl für PCs ist Microsoft Work, das gut mit grafischen Oberflächen zusammenarbeitet. Eine dritte populäre Textverarbeitung ist WordStar von MicroPro International Corporation. Das Unternehmen war früher führend, aufbauend auf Knowhow der aufgekauften NBI Company, die Marktführer bei Einzeltextverarbeitungssystemen war.

Erweiterungen zur Textverarbeitung haben eine Generation von Programmen eingeführt, die Grammatikprüfungen an dem fertiggestellten Text durchführen. Diese grammatikprüfenden Programme bringen die verarbeitete Ausgabe dem kompletten Publizieren vom Bildschirm (Desktop Publishing) einen Schritt näher. In diesem Bereich finden wir immer mehr der traditionellen Aufgaben - wie Seitenlayout - direkt in anderen Paketen enthalten. Veränderungen der Fonts können ebenfalls direkt auf dem Desktopcomputer vorgenommen werden. Auch hier wieder haben Fortschritte im Netzwerk eine Gelegenheit eröffnet, Publishingwerkzeuge für die persönliche Produktivität zur Zusammenstellung von Dokumenten mit mehreren Autoren zu verwenden.

Die frühe Akzeptanz von PCs wurde teilweise durch die breite Akzeptanz von Desktop Publishing auf diesen Geräten erzeugt. Dessen Akzeptanz wurde gefördert, als Paul Brainert, der Gründer von Aldus, 1984 PageMaker vorstellte. Die ganze Eigenart von PageMakers Möglichkeiten machten es zu einem frühen Erfolg und trugen dazu bei, daß der Apple Macintosh früh als führend bei Desktop Publishing angesehen wurde.

Über Desktop Publishing hinaus verbesserte auch die Erzeugung von Desktop Präsentationen die individuelle Produktivität und führte zu einer anderen Dimension beim Verkauf von Produkten. Raffinierte Präsentationen profitierten von vielen Programmpaketen, die es erlaubten, die Informationen, die in Tabellenkalkulationen erzeugt worden waren, aktiv in Grafiken und Folien auf dem Desktop zu integrieren. Diese interaktiven Präsentationen können auf die üblichen Präsentationsmedien übertragen werden oder einfach über spezielle Geräte gezeigt werden, die an den Desktopcomputer angeschlossen werden. Die Erweiterung um Farbe und Animation hat sehr viel zum Erfolg neuer Angebote beigetragen.

Die Verbesserungen bei Produkten zur persönlichen Produktivität setzen sich fort und sie werden die Akzeptanz von Desktopcomputern beeinflußen. Diese Werkzeuge für die individuelle Produktivität haben eine wichtige Rolle bei der verteilten Verarbeitung. Jeder Einzelne wird die Produktivitätswerkzeuge behalten wollen, die ihm oder ihr halfen, das Management wird diese Werkzeuge jedoch in einen größeren Rahmen einordnen wollen. Die persönliche Produktivität muß zur Gruppenproduktivität ausgeweitet werden und die oben diskutierten Werkzeuge können in diesem Prozeß helfen.

5.5 SCHRITTE ZUR GRUPPENPRODUKTIVITÄT

Die Einführung von Anwendungen, die die Gruppenproduktivität auf dem Desktop erhöhen, setzen die Existenz von Schnittstellen voraus, die den existierenden Code auf Desktopcomputern ergänzen. Unternehmenskritische Anwendungen wurden für Desktopcomputer entwickelt, die vorhandene Produkte vom Regal erweitern können. Diese Anwendungen enthalten Anwendungscode, der die Aufgabe einer spezifischen Anwendung im Unternehmen unterstützt. Unternehmenskritische Anwendungen sind oft Punkte, um sich vor der Konkurrenz hervorzuheben, und müssen deshalb vor Verfälschungen geschützt werden.

Es gibt viele Beispiele für unternehmenskritische Anwendungen. Der Ingenieur benutzt individuelle Entwurfswerkzeuge, die die spezifischen Produktziele des Unternehmens besser unterstützen. Der Produktionsmanager hat spezifische Anwendungen geschrieben, die chemische oder mechanische Prozesse besser ausführen als beim Wettbewerb. Wertpapiermakler erreichen vielleicht einen Vorteil, wenn sie Verkaufszeitpunkte für große Posten von Wertpapieren errechnen und durch die Ergebnisse beträchtliche Gewinne erzielen.

Ein klassisches Beispiel für eine unternehmenskritische Anwendung, die den Wert des unterstützten Betriebs übertraf, ist das Reservierungssystem, das von American Airlines gebaut wurde. Zunächst bekannt unter dem Namen SABER („Semi-Automatic Business Environment Research"), wurde es zusammen mit IBM für die Unterstützung von Flugzeugreservierungen in Gang gebracht. Der Name wurde aus Copyrightgründen in SABRE geändert und das System wurde zum Kern der Datenverarbeitung von American Airlines. Schließlich umfaßte das Projekt neben der Platzreservierung die Planung für die Mannschaften, die Verpflegungsplanung, Wartung und andere ähnliche Aktivitäten. SABRE wurde zum Modell für die Datenverarbeitung bei anderen Fluggesellschaften und kommerziellen Unternehmen. American Airlines konnte Teile der einst komplett Mainframe-orientierten Anwendung erfolgreich auf offene Systeme auf Unixbasis übertragen. Die Einführung von PCs und Workstations hat die Systemarchitektur erheblich geändert, während die Basisfunktionen erweitert wurden. Wichtiger noch: das Projekt repräsentiert ein Beispiel für eine komplexe Portierung einer großen und erfolgreichen Mainframe-Anwendung auf ein verteiltes offenes System.

Ein anderes Beispiel eines Dienstes, der über das unterstützende Medium hinauswuchs, ist *TV Guide*. Das System wurde ursprünglich als Unterstützung für Fernsehkanäle geschrieben. Als *TV Guide* verkauft wurde, überstieg der Preis den Wert jedes der drei ursprünglichen Netzwerke und vielleicht den von allen dreien zusammen. Der Informationsdienst war wertvoller geworden als die Produkte, für deren Unterstützung er ursprünglich entworfen worden war.

Neben unternehmenskritischen Anwendungen gibt es eine Anzahl von Anwendungen, die speziell für die Unterstützung eines bestimmten Berufszweiges entworfen wurden. Die offensichtlichsten Anwendungsbeispiele sind die für Ingenieure in Entwurf und Herstellung entwickelten. Aufgrund der schweren rechnerischen und grafischen Aufgaben, die mit Ingenieursarbeit verbunden sind, war der Computer ein natürliches Werkzeug, um die schwerfälligen Zeichenbretter und Rechentechniken zu ersetzen. Mit der Einführung des elektronischen Datenaustauschs wurde es möglich, Produkte zu schaffen, die an unterschiedlichen Orten oder von verschiedenen Gruppen von Entwicklern gemeinsam benutzt werden konnten. Die gemeinsam akzeptierte Disziplin hat dazu beigetragen, Ingenieurstätigkeit in den 90er Jahren schneller und zuverlässiger zu machen.

Im Ingenieurwesen konnten Client/Server-Modelle früh genutzt werden, weil es hier einen großen Teil individueller Arbeit gibt, der schließlich mit anderen Ingenieuren geteilt werden muß. Der Entwurf, der auf individuellen Workstations erfolgt, muß für das Endprodukt mit der Arbeit von anderen Ingenieuren kombiniert werden. Selbst CAD/CAM-Produkte für Mainframes und Minicomputer schufen eine Umgebung für individuelle Produktivität. Die Integration von komplexen Produkten wurde zum Kontrollpunkt für die Entwicklung von gemeinsam benutzten Anwendungen.

Finanzunternehmen schaffen ein Repertoire von Anwendungspaketen, die dem Makler oder Manager helfen können. Veränderungen in der Modellierung haben es dem einzelnen Händler erlaubt, von unixbasierten Anwendungen zu profitieren, die Simulationen von alternativen Kaufverläufen durchrechnen. Die Kopplung von Workstations mit Hochgeschwindigkeits-Rechenservern mit paralleler Verarbeitung kann ein Konkurrenzvorteil sein, der einer Firma einzigartige Geschäftsmöglichkeiten eröffnet.

Große Anwender wie die Toronto Stock Exchange haben Unixlösungen implementiert, um den existierenden Handelsbetrieb zu verbessern. Toronto Stock Exchange führte Unix 1988 im Maklerbereich ein und hatte bis 1991 alle wesentlichen Anwendungen auf offene Systeme umgestellt (Fowler, 1992).

Werkzeuge für die persönliche Produktivität, die den professionellen Nutzer unterstützen, werden sich in kommenden Computergenerationen weiter entfalten. Die zusätzliche Unterstützung von Gruppeninteraktion wird die Interaktion zwischen weit verstreuten Mitglieder professioneller Teams erlauben.

5.6 INDIVIDUELLE DATENVERARBEITUNG

Die breite Akzeptanz von Desktopcomputern hat einen großen Wandel bei der Plazierung von Daten im Netzwerk mit sich gebracht. Es wurde entdeckt, daß PCs große und gemischte Datenbanken unterstützen können, und die Einführung der Workstations hat diese Fähigkeit erweitert. Datenträger hoher Kapazität können jetzt für relativ niedrige Kosten gekauft werden und Einheiten noch höherer Kapazität stehen für die nahe Zukunft in Aussicht. Die Ära großer lokaler Dateien mit Informationen hat begonnen.

Die Auswahl von Datenhaltungsroutinen ist etwas, was die meisten Endbenutzer nicht gewohnt sind. Typischerweise wählt die Managementinformationsgruppe in einem Unternehmen die Dateisysteme aus und die Software, die zu ihrer Unterstützung benötigt wird. Als Einzelpersonen ihre eigenen Desktopcomputer kauften, standen sie den neuen Fragen der lokalen Verwaltung und Benutzung von Daten gegenüber. Wichtige Selektionskriterien für den Endbenutzer mögen unterschiedlich von denen des Unternehmens sein, das die Auswahl trifft. Endbenutzer suchen nach einfachen Wegen für die Speicherung und Wiederauffindung von Daten, während Unternehmensmanager auf Fragen wie Langlebigkeit und Dauerhaftigkeit achten.

Die ursprünglichen Datenbankanwendungen waren einfach, aber mit der Einführung leistungsfähiger Workstations wurden zusätzliche Fähigkeiten auf Workstations verfügbar. Ursprünglich konzentrierte sich eine begrenzte Zahl von Datenbankherstellern auf den PC als Desktopgerät und viele dieser Produkte sind noch immer auf Desktopcomputern erhältlich.

Genauso wichtig ist es, daß große Datenbankunternehmen, die Serverprodukte herstellen, die Gegenstücke für Desktopcomputer anbieten. Diese Produkte sind für die Verbindung mit Servern entworfen. Unternehmen wie Oracle und Sybase haben Produkte, die mit Code auf ihren Servern zusammenarbeiten.

Oracle war ein Schrittmacher für die Datenverarbeitung in den Abteilungen in den 80er Jahren und hat sein Interesse Desktops und Hochgeschwindigkeitsservern zugewandt. Ihre portable relationale Datenbank, die auf vielen unterschiedlichen Computern läuft, hat das Unternehmen bei einer breiten Palette von Computern erfolgreich gemacht. Oracle betrat den PC-Markt erst spät, benutzte seine Erfahrung jedoch, um eine einheitliche Erscheinung der Datenbank auf vielen verschiedenen Computern zu schaffen.

Die Vielfalt der PC-Datenbanken ist eine Herausforderung und eine Chance für die Benutzer von Workstations. Datenbankhersteller haben eine Menge aus den PC-Erfahrungen gelernt und wir können erwarten, daß diese Pakete direkt auf Workstations übertragen werden.

Obwohl es große Erwartungen für verteilte Datenbanksysteme gibt, bei denen Teile der Datenbank auf verschiedene Rechner im Netzwerk verteilt sind, sieht die Realität so aus, daß Datenbanken auf Clients primär auf die individuelle Datenhaltung konzentriert sind. Die Kapazität wird an der Fähigkeit gemessen, die individuelle Produktivität zu unterstützen und Informationen zu ergänzen, die auf Servern und großen Datenhaltungssystemen gespeichert sind.

Die individuelle Datenverarbeitung erfordert ein Bewußtsein für die spezifischen Anwendungen und die Notwendigkeit, Daten von einer zur anderen zu übertragen. Diese Datenübertragung ist in Macintosh-Anwendungen gut gelöst und verspricht in Anwendungen gut zu funktionieren, die um die Verarbeitung von Objekten zentriert sind.

Individuelle Datenbanken für den Desktop beginnen mit spezifischen Datenbanken, die das alltägliche Arbeitssystem enthalten. Sequentielle Dateien dominieren beim Betrieb von Clients, da sie auf Druckausgaben, bei Bändern, Platten oder Disketten verwendet werden. Daten auf Papier stellen die größte sequentielle Datenquelle dar und die, die am schwersten zu verwalten ist. Bis vor kurzem war Papier für viele Vorgänge das einzige verwendete Medium.

Ein gutes Beispiel ist die Einkommenssteuer, die 1989 über 200 Millionen Steuererklärungen mit durchschnittlich 5 Seiten betraf. Obwohl einige Erklärungen elektronisch abgegeben wurden, wird die Mehrzahl in Papierform abgewickelt. Selbst mit extensiver Unterstützung für elektronische Ablage wird ein Wachstum der Verarbeitung von Papier für den Rest des Jahrhunderts erwartet.

Offene Systementwürfe haben neue Möglichkeiten für relationale Datenbanken geschaffen. Neue Entwurfsparadigmen gehen von einer Mischung von Daten aus, die Bilder, kombinierte Medien und Animationen beinhalten. Diese Datenanforderungen stellen eine Herausforderung für die alten Datenverarbeitungsroutinen dar und bieten Gelegenheit für neue Entwürfe. Neue verbundene Daten werfen Fragen der Speichertechnik auf, die Bild- und Grafikinformationen auf komprimierte digitale Formate reduzieren, die für die Speicherung und die Übertragung über das Netzwerk benutzt werden können.

Datenbanken werden betrieben durch Sprachen, die es den Endbenutzern erlauben, ihre Möglichkeiten zu nutzen. *Structured Query Language* (SQL) ist eine populäre Variante, die heute auf den meisten Computern verfügbar ist. Eine Datenmanipulationssprache („Data Manipulation Language", DML) ist eine Sprache, die Abfragen und Veränderungen von Datenbanken erlaubt. Abfragen wählen Teile aus den Daten aus.

In Datenbanken für offene Systeme bestimmt der Zugang die Vollständigkeit des Systems. Offene Ansätze haben das relationale Modell als Standard akzeptiert. Sie haben die Unterstützung für die Benutzung von SQL als Zugang zu den Daten erweitert. Anforderungen an die Sicherheit werfen zusätzliche Entwurfsfragen für Datenbanken auf, deren Bedeutung im nächsten Jahrzehnt wachsen wird.

5.7 FOLGERUNGEN

Das Betriebssystem selbst war einst die hauptsächliche Schnittstelle zum Endbenutzer. Mit der Einführung von modernen Benutzeroberflächen hat der Anwender Schichten, die die Anwendungen von den Spezifika des Designs einzelner Betriebssysteme isolieren. Verbesserte Grafik macht die Schnittstellen zum Betriebssystem für unerfahrene Benutzer einfacher, die vielleicht nicht einmal wissen, daß es ein Betriebssystem auf ihrem Computer gibt. Weitere Fortschritte bei Benutzerschnittstellen führen zur Produktion von künstlicher Realität, die es den Anwendern erlaubt, die volle Leistungsfähigkeit offener Systeme zu erfahren.

Ebenfalls unter diesen transparenten Schnittstellen verborgen sind die Verbindungsprotokolle, die das Zugangsproblem zu unterschiedlichen Protokollen im System lösen. Obwohl der Zugang zu den Protokollen in PCs und Workstations nicht ganz sauber gelöst ist, wird die Situation besser. Schnittstellen für Anwendungsprogramme („Application Programming Interface", API) können auf allen LANs gleich sein.

Der Desktopcomputer ist der Ort der Benutzerschnittstellen in offenen Systemen. PC-Architekturen schufen Innovationen beim Design, die Desktopcomputer für nichtprofessionelle Nutzer anziehend machen. Die zunehmende Benutzung von Fenstern, Icons und Menus hat eine Schutzschicht geschaffen, die den durchschnittlichen Anwender von der Komplexität des Netzwerkdesigns abschirmt.

Die wachsende Leistungsfähigkeit der Desktopcomputer bringt zusätzliche Anwendungen für die einzelnen Clients. Diese gewachsene Leistungsfähigkeit wirft auch neue Probleme für Manager auf, die die richtigen Programme auswählen müssen und ihre störungsfreie Ausführung in der Betriebsumgebung sicherstellen müssen.

Programmpakete für die persönliche Produktivität trugen dazu bei, die rasche Ausbreitung der PCs voranzutreiben. Diese in der Ära der PCs eingeführte individuelle Produktivität wird von neueren Paketen ergänzt, die die Gruppenproduktivität verbessern. Die Einführung dieser neuen Paradigmen schafft für den Manager Herausforderungen und Chancen, die Produktivität der ganzen Gruppe zu verbessern.

Das Datenbankdesign verbessert weiterhin die Verbindung zwischen Desktopcomputern und den größeren Servern. Der lokale Anwender hat Zugang zu großen Speicherkapazitäten und zu Werkzeugen, die bei der Verwaltung dieses Speichers unterstützen.

Clients benutzen zentrale Dienste, die in leistungsfähigen Programmen geboten werden, die über Server gemeinsam genutzt werden. Die Server ergänzen die Fähigkeiten der Desktopprozessoren und stellen eine Umgebung zur Verfügung, die dem Benutzer offener Systeme einzigartige Möglichkeiten bietet.

LITERATUR

Robert P. Abelson, „Psychological Status of the Script Concept", *System Design for Human Interaction*, edited by Andrew P. Sage, IEEE Press, New York, 1987.

Wayne A. Fowler, nach Anmerkungen über „The Toronto Stock Exchange Case Study" auf dem Third Annual Executive Symposium on Unix and Open Systems, Toronto, March 4, 1992.

Jack Havetry, Präsentation unter dem Titel „Planning the Oracle Internet", InterOP91, October 10, 1991, San Jose Convention Center, Interop Inc.

Larry Loucks and Charles H. Sauer, „Advanced Interactive Executive (AIX) Operating System Overview", *IBM Systems Journal*, Vol. 26, No. 4, 1987, pp. 326-345.

Tariq Samad, „Towards a Natural Language Interface for Computer-Aided Design", SRC-CMU Center for Computer-Aided Design, Department of Electrical and Computer Engineering, Carnegie Mellon University, January 1986.

Christine Strehio, „What's So Special about WordPerfect", *Personal Computing*, March 1988, pp. 100-120.

6

Server

Die wachsende Akzeptanz von PCs und Workstations führte einen Bedarf an gemeinsam genutzten Diensten herbei, die Kosten reduzieren könnten. Server sind dedizierte Computer, die dafür optimiert sind, Aufgaben auszuführen, die mehreren intelligenten Workstations dienen (Wheeler, 1991). Die miteinander verbundenen Anwender können sich auf einen einzelnen Server stützen, der gemeinsame Funktionen ausführt und den mehrfachen Einsatz von Code und Hardware vermeidet. Zunächst wurden größere PCs als Server benutzt, aber viele Abteilungen wählten vertraute Minicomputer, um schnellere Verarbeitung oder erweiterte Funktionalität zu erreichen. Die ursprüngliche Hinwendung zu Servern war begrenzt auf die gemeinsame Benutzung von Daten oder teuren Ein-/Ausgabegeräten. Schließlich wurden Server durch Bridges*, Routers* und Gateways* für verschiedene Kommunikationsprotokolle erweitert.

Server entstanden als Lösungen, die anziehend für Abteilungen mit vielen PCs waren. Die gemeinsame Nutzung von Ressourcen unter Beibehaltung der persönlichen Autonomie traf die Interessen der Einzelnen wie der Abteilung. Um 1984 wurde eine wachsende Zahl von Servern verwendet, um Daten und teure Ein-/Ausgabefunktionen gemeinsam zu benutzen. Als die wachsende Leistungsfähigkeit der Chips es den Entwicklern ermöglichte, mächtige redundante* Umgebungen zu schaffen, wurden zusätzliche Funktionen von den Desktopeinheiten auf die Server übertragen. Die Akzeptanz von Verbindungsstandards erlaubte die Verwendung von leistungsfähigeren Prozessoren als Servern. Die Akzeptanz der Standards offener Systeme hat die Leistungsgrenze für die vielen unterschiedlichen Maschinenkonfigurationen, die als Server benutzt werden, weiter hinaufgetrieben.

Nach der ursprünglichen Einführung von Servern wurde es klar, daß zusätzliche Hardware das Leistungsverhalten von Servern verbessern könnte. Dedizierte Entwürfe für Server verbesserten ihre Leistung. Neue dedizierte

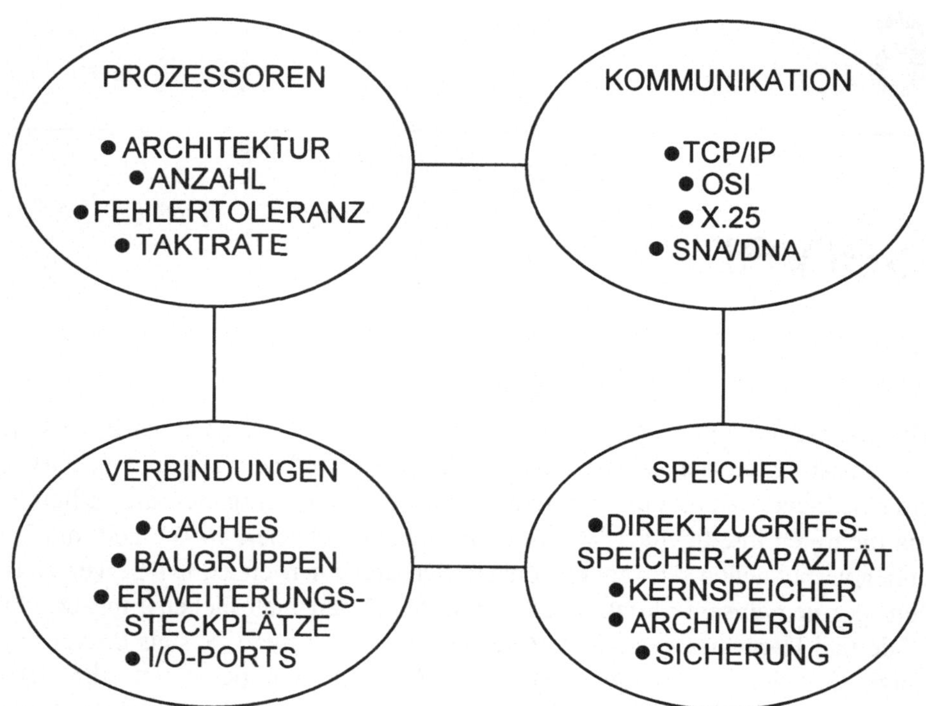

Abbildung 6.1   Hardwareüberlegungen für offene Server

Server erlauben den Hochgeschwindigkeitszugriff auf spezielle Funktionen mit größerer Redundanz für die gemeinsam benutzten Geräte. Server haben sich von der einfachen Erweiterung einer Workstation zu dedizierten Hardwaregeräten gewandelt.

Viele fragen nach dem Unterschied zwischen dem Client/Server-Modell und den früheren Mainframes und Minicomputern. Die frühere Computerphilosophie basierte auf gemeinsam genutzter Logik oder Programmöglichkeiten, die geringe oder keine Verarbeitungskapazität in der Terminalschnittstelle voraussetzte. Der moderne Server kommuniziert mit der Workstation als gleichrangig („peer-to-peer"), was erfordert, daß ein Teil der Arbeit auf dem zentralisierten Prozessor geschieht. Moderne Server benutzen preiswerte Hardware, um Minis und Mainframes zu ersetzen.

Eine Anzahl von Überlegungen zur Hardware hilft die Konfiguration zu bestimmen, die für eine spezifische Anwendung am besten geeignet ist. Abbildung 6.1 zeigt vier Elemente, die bei jeder Serverauswahl berücksichtigt werden müssen. Das erste sind die Prozessoren, die die Antwortzeit auf Anfragen bestimmen. Das zweite sind die internen Verbindungen im Server, was die Typen der Ein-/Ausgabeverbindungen umfaßt und die unterstützende Hardware, die die Leistungsfähigkeit erhöht. Das dritte ist die Kommunikation, die die Merkmale der Unterstützung für das Netzwerk definiert. Das vierte - besonders wichtig für Datenserver - sind die Speichermerkmale des Servers.

Die Auswahl von Servern beginnt oft mit der Bestimmung der funktionalen und Leistungsmerkmale, die erforderlich sind, um die Aufgaben für mehrere Benutzer zu erfüllen. Oft schließt das die Identifizierung der benötigten Funktionen und Verbindungsprotokolle ein, die zur gewählten Client-Architektur des Unternehmens passen. Obwohl verschiedene Serverfunktionen ganz bestimmte Hard- und Software benötigen, um eine erfolgreiche Installation sicherzustellen, können die Verbindungsprotokolle für unterschiedliche Leistungsebenen der Hardware oft die gleichen sein. Wir werden als nächstes die verschiedenen Hardwareplattformen untersuchen, die von Servern genutzt werden können.

6.1 HARDWAREBASIS FÜR SERVER

Die Anwender von Computernetzen finden die verschiedensten Typen von Servern mit Unterschieden in Leistungsfähigkeit, Speicherkapazität und Ein-/Ausgabefähigkeiten. Jeder Server, der die Standards für die Verbindung offener Systeme unterstützt, kann einfach über das Netz erreicht werden. Mehrere Hardware- und Softwarearchitekturen bieten Lösungen für benutzerspezifische Anforderungen an erhöhte Leistung oder Kapazität.

Abbildung 6.2 zeigt Beispiele verschiedener Technologien offener Server mit einem breiten Spektrum an Leistungsoptionen. Vom einfachsten Server beginnend, der die Hardware eines einzelnen Mikrochips benutzt, kann der Anwender ein System entwerfen, das Schritt für Schritt höhere Grade der Leistungsfähigkeit und der Redundanz durchläuft, ohne daß die Verbindungen von den Clients geändert werden müssen. Einfache Server benutzen einzelne Mikroprozessoren. Parallelität wird erreicht, indem mehrere Prozessorchips im Server plaziert werden. Am oberen Ende der Skala stehen parallele Prozessoren, die hohe Leistung bieten und die gleichen Chips benutzen, die man auf Workstations findet.

Die Abbildung gibt Beispiele der Leistungsstufen, ausgedrückt in Millionen Instruktionen pro Sekunde (MIPS) und Transaktionen pro Sekunde (TPS). Server können mit der Leistungsfähigkeit eines PCs konfiguriert werden, aber es wird erwartet, daß sie für spezifische Anwendungen um die Mitte des Jahrzehnts die Marke von einer Billion Operationen übersteigen. Spezialisierte Hochleistungsserver werden von Teradata, Pyramid, Sequent und

TPS	Groß- & Parallelrechner	MIPS
400-1000	**Groß- & Parallelrechner**	60-3000
	GROSSRECHNER UND MASSIV PARALLELE PROZESSOREN **SEHR GROSSE DIREKTZUGRIFFSSPEICHER-KAPAZITÄT**	
100-400	Hochleistungsserver	50-500
	1 - 16 PROZESSOREN **GROSSE DIREKTZUGRIFFSSPEICHER**	
30-100	Mittlere Server	10-50
	1 - 4 PROZESSOREN **MITTLERE DIREKTZUGRIFFSSPEICHER**	
2-30	Einfache Server	2-10
	EINZELNE PC PROZESSOREN **KLEINE DIREKTZUGRIFFSSPEICHER**	

Abbildung 6.2   Technologien Offener Server

NCR angeboten. Sequent z. B. unterstützt über 30 Prozessoren mit einer Leistungsskala von 28 - 420 MIPS. Die Architektur für das Sequent-Board ist auf Abbildung 6.3 wiedergegeben.

Eine Reihe von Jahren dienten Minicomputer in den Abteilungen als Alternative zu Mainframes. Obwohl sie ähnlich den Mainframes gemeinsam be-

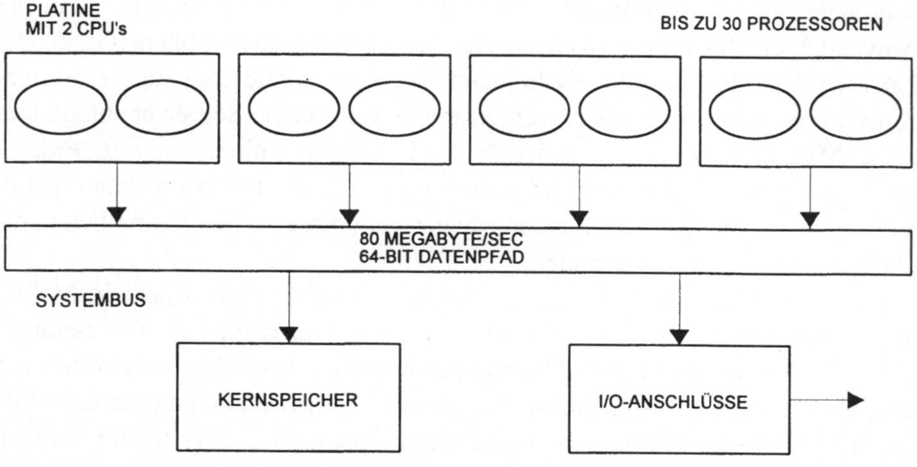

Abbildung 6.3   Sequent Architektur

nutzte Logik unterstützten, erlaubten sie eine lokale Autonomie ähnlich den Servern. Viele Funktionen, die von den heutigen Servern unterstützt werden, waren auf diesen Computern zu finden. Minicomputer teilten mit den Mainframes die Komplexität, aber sie erlaubten den Abteilungen Autonomie bei der Setzung ihrer Prioritäten. Kommerzielle Minicomputer waren allgemein für die Unterstützung von gemeinsamen Verarbeitungen optimiert wie Buchhaltung, Personal und Rechnungsschreibung. Minicomputer boten Vorteile in der Funktion und im Preis, die ihre Benutzung für viele Unternehmen attraktiv machte.

Die ersten Minicomputerarchitekturen boten eine offene Systembasis, die sich auf Programmierer stützte, die Zusatzpakete lieferten, um die vorhandenen Systemfunktionen zu ergänzen. Die Hardware war für fortgeschrittene Programmierung optimiert durch Designparadigmen wie Stacks, Register und einen großen Befehlsvorrat. Die ersten Produkte waren komplex und schwierig zu benutzen, aber mit der dritten Generation waren sie leistungsstark und mit vielen leicht zu benutzenden Merkmalen versehen. Hohe Verfügbarkeit oder Fehlertoleranz wurde in Minicomputerarchitekturen populär. Redundanz wurde ein wichtiges Kaufkriterium im wissenschaftlichen Bereich und bei solchen Anwendungen, bei denen man sich keine langdauernden Ausfälle leisten konnte. Redundante Computer stellen die Ausführung einer Funktion auch dann sicher, wenn ein Teil des Systems Probleme hat. Redundanz erfuhr eine weitverbreitete Akzeptanz in einer Anzahl kritischer Geschäftsbereiche wie bei Banken und in der Chemie.

Die Behandlung von Daten und Kommunikationsverbindungen variierte so stark wie die Leistungsfähigkeit der Prozessoren, die in den Systemen anzutreffen waren. Die vielfältigen Varianten reichten von einfachen Drahtverbindungen zu ausgeklügelten Architekturen. Server wurden benutzt, um die Behandlung von Datenbanken oder spezieller Hardware zu konzentrieren.

Server begannen als einfache Geräte, die in LANs gemeinsam benutzt wurden, aber sie wurden kontinuierlich erweitert, um gemeinsame Funktionen für viele miteinander verbundene Benutzer zu erfüllen. Die Preise für dedizierte Server sind weiter gefallen und machen sie gegenüber Minicomputern und Mainframes konkurrenzfähig.

6.2 VERSCHIEDENE ARTEN VON SERVERN

Abbildung 6.4 veranschaulicht einige unterschiedliche Typen von Servern, die für den Benutzer offener Systeme verfügbar sind. Datenbankserver repräsentieren die größte Einzelkategorie der heute benutzten Server. Datenbankserver unterstützen das Lesen, Schreiben oder Verändern von Datenbanken,

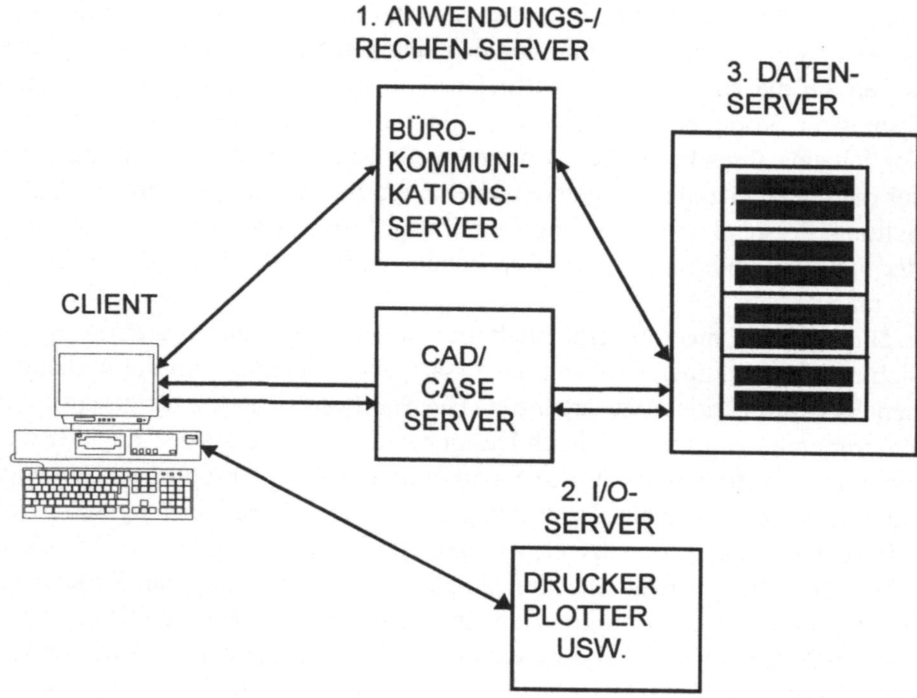

Abbildung 6.4   Servertypen

aber sie erleichtern auch die Verbindung zwischen Dateien offener Systeme und existierenden Datenbanken. Geräteserver bieten den Zugang zu teuren Geräten, die von vielen Endbenutzern geteilt werden. Obwohl dies typischerweise Drucker sind, können es auch teure Multimediageräte oder Plotter sein. Kommunikationsserver sind Gateways zu unterschiedlichen Protokollen, die den Zugang erleichtern, indem sie die unterschiedlichen Kommunikationsprotokolle maskieren.

Andere Server bieten spezifische Funktionen - wie z. B. Simulation - an, die von mehreren Workstations genützt werden können. Büroserver stellen Textverarbeitungen und Tabellenkalkulationen zur Verfügung, die typischerweise bei der Büroarbeit benutzt werden. Server für Managementinformationssysteme sind Datenhaltungssysteme für Managementinformationen, die vom Management auf verschiedenen Ebenen benutzt werden. Ein Sprachserver könnte z. B. benutzt werden, um Fonts für verschiedene Zeichen im japanischen oder chinesischen Alphabet zur Verfügung zu stellen. Namensserver liefern Verzeichnisse von Dateinamen, was die Suche von Daten im Netzwerk erleichtert. Mit Namensservern läßt sich eine Funktion "Gelber Seiten" im Netz anbieten.

6.2.1 Datenserver

Die gemeinsame Benutzung von Daten durch viele Mitarbeiter war eine wesentliche Anforderung für Anwendungsentwickler seit der Einführung von Computern. Diese Aufgabe besteht weiter, wenn offene Systeme Dienste für und von mehreren Prozessoren anbieten. Die Daten sind im Netz verteilt und unterschiedliche Softwareprodukte werden benutzt, um auf die Information zuzugreifen.

Die ersten Server im Ingenieurbereich befriedigten den Bedarf an extensiven Speicherkapazitäten. Entwürfe benötigen umfangreiche grafische und numerische Informationen, die Speicherplatz verbrauchen. Als die Entwürfe von Workstations auf Server in große Datenhaltungssysteme übertragen wurden, wurde zusätzlicher Speicherplatz für die Server benötigt. Ganze Batterien von Servern wurden benötigt, um komplexe Entwürfe wie z. B. für Nuklearreaktoren oder komplizierte Düsenmotoren aufzunehmen, die pro Maschine über 35.000 Teile enthalten. Diese großen Datenserver unterstützen sowohl technische wie kaufmännische Anwendungen.

Wie üblich, folgten die kommerziellen Anforderungen den vorangehenden technischen Gruppen. Massen von Finanz- und Inventurdaten konnten vorübergehend auf lokalen Datenservern abgelegt werden. Die benötigten Geschwindigkeiten und Kapazitäten fand man auf den Prozessoren im Ingenieursbereich. Die Anforderungen an die Transaktionsverarbeitung können mit modernen Datenservern leicht erfüllt werden.

Die benötigte Speicherkapazität wurde zuerst mit preiswerten Magnetplatten erreicht. Die Kapazität ist mit dem technologischen Fortschritt kontinuierlich gewachsen und Preissenkungen machen Server mit Magnetplatten hoher Kapazität zu vernünftigen Alternativen.

Die wachsenden Anforderungen für massive Speichersysteme wurden durch die Einführung von optischen Servern beantwortet. Diese Geräte können Terabytes (Billionen) von Zeichen auf relativ kleinem Raum speichern. In einer Serverkonfiguration senden die Workstations Massendaten an den optischen Speicher. Da optische Speicher eine hohe Zuverlässigkeit haben und relativ unberührt von traditionellen magnetischen Problemen bleiben, sind diese großen Server für bestimmte Industrien wichtig.

Die ersten Server auf PCs benutzten sequentielle Dateien. Seit der Einführung von Datenbanken benutzen viele Server relationale Datenbanken mit Zugriff über SQL. Als mit parallelen Servern zusätzliche Redundanz eingeführt wurde, wurde eine begrenzte Anzahl von Servern für eine hohe Verfügbarkeit eingerichtet. Zuverlässigkeit und Verfügbarkeit für kritische Datenbanken sind durch diese Designparadigmen sichergestellt.

6.2.2 Rechenserver

Spezialisierte Berechnungen verlangen oft Server, die für diese hohen Rechenleistungen optimiert sind. Diese waren zuerst als Hochgeschwindigkeitsprozessoren für technische und wissenschaftliche Anwendungen gedacht. In der Technik werden oft umfangreiche numerische Berechnungen benötigt, die die Leistungsfähigkeit lokaler Prozessoren übersteigen, selbst wenn mehrere verbunden werden, um größere gemeinsame Rechenleistung zu erzielen. Aufgaben wie Simulationen zu Voraussagezwecken, Eigenwertprobleme und Finite Elemente benötigen hohe Rechenleistung, die typischerweise auf Desktopprozessoren nicht zur Verfügung steht.

Kommerzielle Anwendungen, die große Simulationen von Marktkräften oder Bevölkerungsverschiebungen ermöglichen, oder große Finanzmodelle benötigen Rechenleistungen, die den Anforderungen der technischen Abteilungen vergleichbar sind. Die Einführung von Expertensystemen, die Berechnungen für viele Parameter erfordern, um Lösungen zu erreichen, ist ein anderes Gebiet, auf dem Hochleistungscomputer im kaufmännischen Umfeld benutzt werden mögen.

Doch es bleiben zunächst die technischen und wissenschaftlichen Anwendungen, die leistungsstarke Computer für die Erledigung ihrer Aufgaben benötigen. Computer-Aided Engineering (CAE) benutzt sei langem leistungsstärkere Server, um die Fähigkeiten der einzelnen Desktopcomputer zu ergänzen. Die Modellierung und das Testen technischer Probleme kann durch die Erstellung eines Modells auf einem größeren Computer erleichtert werden. Oft können Ingenieurprobleme ohne die Benutzung leistungsstärkerer Computer nicht gelöst werden.

Z. B. stellt die Strömungsmechanik einen anspruchsvollen Bereich von CAE dar. Oft haben Strömungsprobleme Effekte, die von nichtlinearen Beziehungen abhängen und in hohem Maße zeitabhängig sind. Es gibt viele Beispiele komplexer Probleme, die selbst für die schnellsten erhältlichen Computer eine Herausforderung darstellen.

Ein solches Beispiel war ein Problem mit der Bildung eines Hohlraumes, das von Ingenieuren von General Electric auf einem Läufer einer Hydroturbine in James Bay, Kanada, entdeckt wurde. Die Turbine ist eine große mehrstöckige Maschine, die einen großen geografischen Bereich mit Wasserkraft versorgt. Nachdem das Problem einmal entdeckt war, war klar, daß die Turbine nicht auseinandergenommen und im Einzelnen untersucht werden konnte. Durch die Benutzung eines Cray Supercomputers als Rechenserver konnten die Ingenieure die Ursache des Problems finden und eine Lösung entwerfen, ohne die Turbine auseinanderzubauen.

Mächtige Rechenserver werden von Ingenieuren in vielen Bereichen des Neuentwurfs benötigt. Die Berechnung der Strömungsmechanik für den Orient Express, ein modernes Hochgeschwindigkeitsflugzeug, benötigt die Dienste eines Supercomputers als Server. Die Luftströmung durch und um die Düsen sowie um die Tragflächen kann von diesen Rechenservern berechnet werden.

Parallele Rechenserver sind auch für Finanzmärkte nützlich. Berechnungen der Veränderungen bei Wertpapieren beeinflußen viele Geschäfte. Eine einfache Berechnung auf einem leistungsfähigen Server kann den Zeitpunkt und den schließlich aus einem Verkauf gezogenen Profit beeinflussen. In kaufmännischen Anwendungen ist es notwendig, Daten von großen Speichern auf Mainframes an die parallelen Prozessoren zu übertragen. Hersteller paralleler Prozessoren haben für die Durchführung dieser Übertragungen die Benutzung der Hochgeschwindigkeitsverbindung HIPPI gewählt.

Anwender in vielen Bereichen profitieren von der Benutzung paralleler Prozessoren als Superserver. Da viele parallele Prozessoren den Designparadigmen für offene Systeme folgen, können sie mit geringem Aufwand mit Workstations verbunden werden, wenn die Standards einmal festgelegt sind. Der Server führt die Rechenoperationen aus und gibt die Ergebnisse an die Workstation des Ingenieurs zurück. Häufig führen diese Rechner spezielle Formen der Berechnung durch, aber die Standardverbindungen zu offenen Netzwerken machen sie zu einem kritischen Teil des gesamten Prozesses.

Es gibt eine Reihe noch komplexerer Probleme, die oft extensive Berechnungen erfordern, die die Möglichkeiten der schnellsten Rechner von heute übersteigen. Diese wissenschaftlichen und technischen Anwendungen, die den schnellsten Computer bei alleiniger Benutzung für ein Jahr belegen würden, wurden „grand challenge"-Anwendungen (große Herausforderung) genannt. Ein Beispiel einer solchen Anwendung ist das Modell für die globale Erwärmung. Die meisten massiv parallelen Computer werden mit Verbindungsmöglichkeiten zu Netzwerken entworfen.

Es wird einen wachsenden Bedarf für hochleistungsfähige Computer geben, die Aufgaben mit mathematischem Hintergrund ausführen. Der Typ der Anwendungen wird sich ändern, wenn kommerzielle Unternehmen das Verbesserungspotential durch hochleistungsfähige Rechenserver stärker wahrnehmen. Später werden wir die Technologie untersuchen, die funktionsfähige Verbindungen von Hochleistungsrechenservern zu Netzwerken ermöglicht.

6.2.3 Kommunikationsserver

Ein Benutzer offener Systeme muß mit dem vorhandenen Netzwerk des Unternehmens kommunizieren, das vor den Industriestandards entstand. Jeder

Computerhersteller definierte Protokolle, die zu seiner Architektur paßten und sich erheblich von denen anderer Hersteller unterschieden. Der Anschluß erfordert offenkundig eine Übersetzung, um mit unterschiedlichen Netzwerkprotokollen kommunizieren zu können. Das Übersetzungsproblem wird noch schwieriger durch Unterschiede in den Datenstrukturen zwischen den verschiedenen Herstellern und sogar bei einem Hersteller.

Populäre Protokolle wie TCP/IP, DNA und SNA unterscheiden sich alle voneinander, aber andere Hersteller mit kleineren Marktanteilen haben auch besondere Kommunikationsstandards. Jedes dieser verschiedenen Systeme verlangt eine Übersetzung entweder im sendenden oder empfangenden Computer oder in einem neutralen Prozessor wie einem Kommunikationsserver. Kommunikationsserver verbinden Hard- und Software, um Nachrichten auf eine Weise zu verpacken, die die Übersetzung zwischen verschiedenen Prozessoren erlaubt. Separate Adapterkarten werden für die physikalischen Hardwareschnittstellen des sendenden Prozessors verwandt. Diese Signale werden in eine gemeinsame Form umgewandelt und an Softwareprogramme übergeben, die die Protokolle anpassen. Die Software konvertiert das eingehende Protokoll, indem sie es in neue Informationen einschließt, die die Datenübertragung zum neuen System ermöglichen.

Ein frühes Designkonzept ähnelte der Verpackung der unterschiedlichen Protokolle in Umschläge des neuen Protokolls. Auf jeder Stufe des Prozesses wird Information entweder hinzugefügt oder entfernt. In diesem Fall wird jede folgende Schicht ein Empfänger, wobei der letzte Zwischenknoten für das endgültige Protokollformat verantwortlich ist.

Wie bei anderen Servern begannen die Kommunikationsserver als PCs, die in ein Netzwerk eingebunden waren wie IBMs SNA-Netzwerk oder Digitals DECnet. Der spezialisierte PC bildete die Protokolle von den Standardschnittstellen auf die Herstellerschnittstellen ab. Zusätzlich zum Backbone*-Netzwerk erlaubt das System einem Client auch die Kommunikation mit unterschiedlichen LANs. Diese Art der Problemstellung ist nicht spezifisch für offene Systeme. Große Unternehmen haben seit einiger Zeit dedizierte Rechner für die Verbindung zu unterschiedlichen Systemen.

6.2.4 Ein-/Ausgabeserver

Eine Anzahl teurer Geräte wurde an Server angeschlossen, um die gemeinsame Benutzung durch viele Anwender zu ermöglichen. Ein gutes Beispiel ist der Hochgeschwindigkeits-Printserver, der den Zugang zu Druckern höherer Qualität ermöglicht. Der Printserver hat sich als wertvoll erwiesen für die Verbindung von Desktopcomputern in offenen Systemen zu Einrichtungen, die für die einzelne Workstation zu teuer wären. In einer Ära, in der der Arbeitsplatz portabel geworden ist, wird auch der Bedarf für den Zugang zu Printservern über Telefonverbindungen wachsen.

Der Drucker wurde in PC-Netzwerken früh als wichtiger Gegenstand für die gemeinsame Nutzung und die Kostenersparnis ausgemacht. Der einfache Zugang zum Drucker über PCs durch eine Warteschlange konnte sich in relativ kurzer Zeit auszahlen. Die Verarbeitungslogik konnte von mehreren Prozessen geteilt werden und den Bedarf an teuren Druckern senken. Da die Kosten für Drucker weiter sinken, ist jetzt hohe Qualität auf dem Schreibtisch möglich, aber es bleibt weiterhin ein Bedarf für Drucker hoher Geschwindigkeit und Funktionalität.

Der Printserver führt viele Funktionen aus, die gewöhnlich auf dem lokalen Computer angesiedelt sind. Die einfachste Funktion besteht darin, für den angeschlossenen Drucker als Fontserver zu dienen. Dies erlaubt zentrale Fontverwaltung und Speicherung. Erweiterte Protokolle führen Informationen über Fonts, Seitenausrichtung und Kontrollmerkmale mit sich. Dazu wurden ausgeklügelte Protokolle für die Kommunikation mit Hochgeschwindigkeitsdruckern mit zusätzlichen Funktionen definiert. Moderne Protokolle wurden auf zusammengesetzte Dokumente erweitert. Die Intelligenz der Printserver erlaubt es dem Unternehmen, die Protokolle in einzelnen Workstations zu reduzieren und den Prozeß auf den Server zu konzentrieren. Funktionen wie erweiterte Fontverwaltung können lokal abgehandelt werden.

In Ländern mit komplexen Schriften nimmt der Printserver eine erweiterte Rolle bei der zusätzlichen Sprachunterstützung ein. Drucker der großen Hersteller finden in Umgebungen mit ideografischen Sprachen zusätzlich eingebettete Funktionen des Printservers für die Behandlung dieser Unterschiede.

Ein anderes geteiltes Ausgabegerät ist der Plotter, der präzise Linienzeichnungen von fertiggestellten Entwürfen erzeugt. Obwohl auch die Kosten für Plotter infolge technologischer Fortschritte gefallen sind, sind Präzisionsgeräte hoher Qualität immer noch zu teuer, um sie an einzelnen Workstations anzuschließen. Zwei unterschiedliche Varianten existieren: elektrostatische Plotter und solche mit Zeichenstiften. Außerdem gibt es Flachbett- oder Trommelausführungen. Der Flachbettplotter zeichnet auf Papier auf einer Tischoberfläche. Diese Plotter sind für unterschiedliche Papiergrößen erhältlich. Trommelplotter benutzen Papierrollen für die Zeichnung. Das Papier wird durch ausgestanzte Löcher befestigt, was zur Präzision beiträgt.

Stiftplotter können Zeichnungen in vielen Farben ausgeben, während elektrostatische Plotter normalerweise auf Schwarz und Weiß beschränkt sind.

6.3 ENTWURFSÜBERLEGUNGEN

Entwurfsüberlegungen sind wichtig für die Definition eines wohlausgewogenen Serversystems. Eine wichtige Überlegung betrifft die Synchronisation der Uhren der Workstations und der Server. Fehlervermeidung, -toleranz, -diagnose und -korrektur sind Merkmale des gesamten offenen Systems. Der Server hat einen besonderen Bedarf für jede dieser Qualitäten, da er eine gemeinsam benutzte Ressource ist, die die Arbeit von vielen Benutzern beeinflussen kann.

Fehlervermeidung ist der erste Schritt beim Erstellen eines zuverlässigen Designs. Dieser Schritt beginnt mit dem Entwurf der Computerchips und setzt sich fort bei der Entwicklung der Anwendungen auf dem Server. Beim Chipentwurf erleichtern automatisierte Entwurfswerkzeuge die frühe Identifizierung von möglichen Problemgebieten. Monitorchips im Server und in der Workstation können potentielle Fehler frühzeitig melden. Diese Geräte können eine Anzahl von Bedingungen entdecken, die in einer Computerumgebung zu unerwünschten Folgen führen können. Ein gutes Beispiel ist ein Chip für die Temperaturüberwachung, der feststellen kann, wenn ein Gerät ein fehlerträchtiges Wärmeniveau erreicht hat. Ein anderes Gerät dieser Art ist der Chip in portablen Workstations, der feststellt, wenn die Batteriespannung einen Zustand erreicht hat, bei dem Datenverlust droht.

Für die Fehlertoleranz wurden komplexe Techniken entworfen. Einige beruhen auf gespiegelten Platten, wobei Informationen kopiert werden und so sichergestellt wird, daß das System lauffähig bleibt. Richtig angewandte Redundanz bei den Prozessoren kann garantieren, daß das System beim Ausfall von Teilen weiter funktionieren wird.

In modernen Systemen helfen fortschrittliche Chips bei der Fehlerentdeckung sowohl in der Hardware wie in der Software. Gewöhnlich ist zusätzliche Programmierung notwendig, um sicherzustellen, daß dies ein fortlaufender Prozeß ist. Code zur Fehlerisolierung wird in modernen Computern seit Jahren benutzt, aber jetzt veranlassen Schlußfolgerungen aus dem Code den Computer dazu, die benötigten Teile über das Netzwerk anzufordern, die für die Korrektur erforderlich sind. Wenn ein Fehler einmal entdeckt ist, besteht das nächste Problem darin, ihn in der kürzestmöglichen Zeit zu beheben. Auch dies geschieht durch eine Kombination von Hardware-, Netzwerk- und Softwareressourcen.

Die grundsätzliche Entwurfsüberlegung besteht darin, sicherzustellen, daß der Server offene Protokolle voll unterstützt. Dies ist wichtig, um die Portabilität von Anwendungen zwischen mehreren Servern zu erreichen.

6.4 PARALLELPROZESSOREN ALS SERVER

Multiprozessortechnologie wurde ursprünglich für Mainframes in den 70er Jahren eingeführt. Zunächst boten Dualprozessoren höhere Geschwindigkeit und Redundanz, was für kritische mathematische und Entwurfsverfahren eingesetzt werden konnte. Die Computer, die für die bemannten Missionen der NASA eingesetzt wurden, waren durch parallele Verarbeitung in Hardware und Software redundant ausgelegt. In diesem Fall hatte jeder Prozessor eine komplette Kopie des Betriebssystems und des Anwendungscodes. Redundanz war auch eine Motivation bei den Prozessoren, die für Anwendungen in der Wall Street eingesetzt wurden. Frühe Anwendungen beruhten auf identischen Kopien in duplizierter Hardware.

Mit fortgeschrittener Technologie kann Multiprozessortechnologie jetzt direkt in Workstations angewandt werden. Parallel verbundene Chips auf einzelnen Boards erlauben Lastverteilung zwischen mehreren Prozessoren und bieten Vorteile bei Leistung und Zuverlässigkeit. Workstations mit vielen Chips können in Multiprozessorserver umgewandelt werden, die die Arbeit über viele Prozessoren verteilen. Einfache Multiprozessoren haben nur einige wenige Chips, die für höhere Leistung und Redundanz sorgen.

Die Verwendung von Multiprozessorenchips wurde für spezialisierte Server für offene Systeme eingeführt. Sequent Computer z. B. können bis zu 30 Prozessoren benutzen, um sehr hohe Leistung und wachsende Redundanz zu erreichen. Sequent benutzt Intel 80x86-Chips in seinem grundlegenden Entwurf, um sehr hohe Leistungsklassen zu erreichen. Diese funktionalen Server unterstützen sehr schnellen Datenzugriff und hohe Grade der Zuverlässigkeit. Parallele oder Multiprozessorarchitekturen haben Fehlertoleranz auf Servern erreicht. Mit anderen Worten: wenn ein Prozessor aufhört zu arbeiten, wird ein anderer Prozessor automatisch mit den Daten im Netzwerk weiterarbeiten.

Größere Grade der Parallelität wurden erreicht, indem große Zahlen von einfachen Chips in einer parallelen Anordnung zusammengefaßt wurden. Massiv parallele Prozessoren können Tausende von Prozessoren und Speicherstellen haben, was Rechenleistungen hervorbringt, die oft die Leistungsfähigkeit eines Supercomputers übersteigen. Ein gutes Beispiel für eine hochintensive Anwendung ist der Entwurf für die Antriebsaggregate für den Orient Express, ein Hochgeschwindigkeitsflugzeug, das zwischen den Vereinigten Staaten und China verkehren soll.

Viele der massiv parallelen Prozessoren benutzen Standard-Workstationchips, um sehr hohe Leistungen zu erreichen. An das Netzwerk wie jeder andere Computer in offenen Systemen angeschlossen, können diese Computer komplexe technische Probleme lösen wie Struktur- und Strömungsanalysen, Entwurf elektronischer Schaltungen, thermische Analysen und Simulationen

(Karin und Smith, 1987). Anwendungen im Finanzbereich betreffen komplexe Modelle, um den Wert von Aktien oder anderen Wertpapieren zu bestimmen. Solche Simulationen können zu hohen Erträgen in relativ kurzer Zeit führen.

Die Entwicklung der Parallelprozessoren verläuft schnell genug, um hohe Leistung sicherzustellen. Parallele Prozessoren werden in offenen Systemkonfigurationen eine wachsende Rolle spielen. Da diese Geräte auf preiswerten Bausteinen basieren, werden sie preislich in hohem Maße konkurrenzfähig sein.

6.5 MAINFRAME SERVER

Der Wunsch, offene Systeme einzuführen, während kritische Daten auf vorhandenen Mainframes verbleiben, hat die Anforderung geschaffen, effektive Verbindungsprotokolle zu definieren. In der Rolle des Mainframes hat sich ein Wandel vollzogen vom primären Kontrollpunkt im Netzwerk und Zentrum aller Anwendungen zur zentralen Datenhaltung für die Informationen über den Zustand des Unternehmens. Anwendungen wandern von der zentralen Verarbeitung an lokale Niederlassungen, da viele auf Server und Workstations übertragen werden (Downsizing). Zur gleichen Zeit haben viele Mainframehersteller offene Systemlösungen für ihre Mainframes übernommen. Die Rolle des Mainframes wandelt sich von einer zentralen geteilten Ressource, die alle Verarbeitungen ausführt, zu einem Server, der Funktionen zur Verfügung stellt, bei denen er besonders leistungsfähig ist.

Der Mainframe bietet den Zugang zu den vorhandenen traditionellen Anwendungen, die das Rückgrat des Unternehmens bilden. Diese Softwareerbschaft spiegelt 40 Jahre kontinuierlicher Entwicklung durch Tausende von Programmierern wieder. Die große Zahl fertiggestellter Programme repräsentiert eine beachtliche Investition in Problemlösungen, die nicht durch die Einführung einer neuen Technologie eliminiert werden können. Als Rückgrat der Verarbeitung im Unternehmen ist dieser Code wertvoll für den weiteren Betrieb des Unternehmens.

Die Anforderung an offene Systeme besteht darin, einfache Verbindungsmechanismen von der großen installierten Mainframebasis zu offenen Netzwerken zu identifizieren. Die erste Verbindungsmöglichkeit besteht darin, traditionelle Terminalverbindungen zwischen offenen Systemkomponenten und dem Mainframe zu benutzen. Diese Verbindungen sind mit einem unnötigen Overhead belastet, der die Leistungsfähigkeit der Verbindung senkt. Außerdem gibt es, da Mainframes proprietäre Schnittstellen verlangen, keine Möglichkeit, sie transparent ins Netzwerk einzubinden.

Mainframehersteller sind übereingekommen, sich an Standard-POSIX Schnittstellen zu halten, was die Verbindung unterschiedlicher Prozessoren sehr vereinfachen wird. Zusätzliches Gewicht wird dann auf den Anschluß von Datenverbindungen gelegt werden, die die Leistung anderer angeschlossener Prozessoren verbessern können. Die ersten Mainframenetzwerke benutzten Kanal-Kanal-Verbindungen, was die Leistung von Hochgeschwindigkeitsrechenservern begrenzt. Erweiterte Kanalarchitekturen wie HIPPI erlauben schnellere Verbindungen zwischen Mainframedaten und anderen Komponenten des Netzwerks.

Die Konformität zu Standardschnittstellen wird üblicherweise durch die Einführung einer Standardschicht über vorhandenen Betriebssystemen erreicht. Diese Schicht konvertiert Unixschnittstellen in proprietäre Systemaufrufe. Anwender, die diese Option wählen, müssen sich an zusätzliche Pfadlängen für den Zugriff auf Systemcode gewöhnen.

Die zweite Anforderung besteht darin, die Datenhaltung des Unternehmens - die sich ebenfalls über Jahre entwickelt hat - für die Benutzer offener Systeme zugänglich zu machen. Viel von der Geschichte und der Kultur des Unternehmens steckt in diesen Daten. Wichtiger noch: Kundeninformationen sind in diese wertvollen Informationsquellen eingebettet. Unzählige Dateien existieren, die nur durch diese größeren Computer zugänglich sind, die operationale Daten enthalten, die für den Betrieb des Unternehmens notwendig sind.

Da viele Mainframeanwendungen als Batchprogramme laufen, ist es möglich, diese Programme von Clients anzustoßen. Dies behandelt den Mainframe, als sei er ein großer Rechenserver. Daten müssen durch Routinen übersetzt werden, die die Informationen direkt in ein Format konvertieren, das für den Mainframe benötigt wird. Ausgaben vom Mainframe müssen für die Übertragung durch das Netzwerk ebenfalls konvertiert werden.

Der Zugang zu Timesharing-Funktionen ist etwas gewundener. Zunächst wird der Client ein Timesharing-Terminal mit erweiterten Funktionen, die die Intelligenz des Desktop nutzen. Da Programmen logische Zeitscheiben zugeteilt werden, ist es für den Client möglich, andere Aufgaben zu erledigen, während er auf die Interaktion mit dem Mainframe wartet. Die Interaktion zwischen dem Prozessor und den Daten ist die gleiche wie oben diskutiert.

Der Mainframe wird weiter an offenen Systemen beteiligt sein als Server mit gleichberechtigten Beziehungen zu anderen Servern. Der Zugang zu Mainframecode erfolgt durch Anwendungen, die die Verbindung zur korrekten Stelle in der Datenhaltung herstellen. Die Gesamtkosten für Mainframes bleiben höher als für Serveralternativen, so daß diese Lösungen vorübergehend sein werden.

6.6 FOLGERUNGEN

Server sind Netzwerkressourcen, die Funktionen für mehrere Nutzer bereitstellen. Der Server kann unterschiedliche Hardwaredesigns benutzen, wenn die Verbindungsprotokolle angepaßt werden, um Transparenz zu erreichen. Die einfache Erweiterung vorhandener Mikroprozessoren ist der erste Schritt für die Installation eines Servers. Wenn die Auswahl der Architektur sorgfältig erfolgt, kann die Größe des Servers wachsen, um die spezifischen Bedürfnisse von Anwendungen zu befriedigen. Eine einzige Schnittstelle kann das Netzwerk mit allem verbinden, vom mikroprozessorbasierten Server bis zu mehrfach parallelen Computern.

Fähigkeiten durch Server auf Abteilungsverarbeitung zu verlagern, hat technische und organisatorische Implikationen. Es gibt einen Bedarf nach einer konsistenten Vorgehensweise, die die Leistungsfähigkeit der neuen Verbindungen widerspiegelt, aber auch Wege offenhält. Die breite Nutzung von serverbasierten Daten erhöht die Notwendigkeit für Verzeichnis- und globale Namenskonventionen.

In einem offenen System ist der Server eine geteilte Ressource, was einschließt, daß er die Fähigkeit hat, die Arbeit vieler Anwender zu beenden, wenn ein Fehler auftritt. Verbindungen von Hochleistungsservern zu Hochleistungsnetzwerken stellen höhere Anforderungen an den Support des Systems. Zusätzliche Aufmerksamkeit muß dem Wiederanlauf nach Katastrophen gewidmet werden. Eine Anzahl von Punkten muß berücksichtigt werden, um die Zuverlässigkeit des Servers in einer Netzwerkumgebung sicherzustellen.

In vielen Installationen vertraut man traditionellerweise auf wöchentliche Sicherungsbänder. Mit der Einführung von Servern sind viele Unternehmen zu einer höheren Sicherungsfrequenz übergegangen.

Drei traditionelle Funktionen sind in Servern angesiedelt. Die wichtigste Anwendung der Servertechnologie ist die Unterstützung des Datenzugriffs. Datenserver reichen von einfachen Dateiservern zu komplexeren Informationsservern. Die zweite Funktion ist die Unterstützung einzelner und unterschiedlicher Ein-/Ausgabegeräte. Der dritte Bereich von Interesse sind Rechenserver, die spezielle Aufgaben innerhalb des offenen Netzwerks erfüllen. Der verfügbare Speicher auf Servern hat sich kontinuierlich erhöht, da sich die Preise und die Konfigurationsmöglichkeiten von Platten verbessert haben. Die angestrebte Redundanz bei der Informationsverarbeitung hat zu einem gestiegenen Interesse an der Benutzung von schnellen und redundanten Platteneinheiten geführt.

Multimedia ist eine andere Anwendung, die auf Servern im Wachsen ist. Verbunden mit Programmen der künstlichen Intelligenz wird das Repertoire von Serveranwendungen stark erweitert.

Mit der Einführung der Parallelverarbeitung werden neue Ebenen der Rechenleistung auf Servern erreicht, die mit Netzwerken verbunden sind. Sie werden in zunehmendem Maße für Simulationen in technischen und wissenschaftlichen Anwendungen benutzt. Da die Leistung der Systeme wächst, kann es weitere Verbesserungen der Leistung von Servern geben. Schließlich werden mehrfach parallele Prozessoren für diese Aufgaben genutzt werden.

Obwohl die Hardware sich ständig verbessert hat, hängt die effektive Nutzung der Hardware von wohlausgewogenen Softwarepaketen ab, die die Hardware effizient benutzen. Das nächste Kapitel untersucht die Softwaremerkmale von Servern.

LITERATUR

Sidney Karin and Norris Parker Smith, *The Supercomputer Era*, Harcourt, Brace Jovanovich, San Diego, 1987.

Thomas F. Wheeler, *Professional Workstations*, McGraw-Hill, New York, 1991.

7

Serversoftware

Serversoftware stellt gemeinsam benutzte Funktionen zur Verfügung, die von mehreren Clients benötigt werden. Diese Software liefert Funktionen, die auf kleineren Prozessoren nicht leicht ausführbar wären oder die effektiver benutzt werden können, wenn sie von mehreren Clients geteilt werden. Obwohl viele Softwarebausteine identisch mit denen auf Workstations oder Mainframes sind, gibt es wachsende Besonderheiten im Programmcode für Server. Verbindungsprotokolle, die den Wechsel zu Standardschnittstellen widerspiegeln, sind einzigartig gegenüber speziellen Mainframe- und Minicomputerverbindungen.

Standardsystemprotokolle (Abbildung 7.1) unterstützen eine vielseitige Hardware, die für die gleiche Serversoftware benutzt werden kann. Viele Programmpakete beginnen mit Angeboten für preiswerte Mikroprozessorkonfigurationen, die für eine begrenzte Anzahl von Anwendern geeignet sind und eingeschränkte Funktionen bieten. Die gleichen Programme können auf mehrfach parallelen Prozessoren angeboten werden, ohne daß die Systemschnittstellen geändert werden müßten, die auf den preiswerteren Servern benutzt wurden. Viele unterschiedliche Typen von Serversoftware können innerhalb dieses breiten Spektrums von Leistungsklassen eingesetzt werden. Rechenintensive Programme, die Technikern oder Mathematikern dienen, können von Abteilungsservern auf große Supercomputer übertragen werden. Der Code für Datenbankserver hat eine Wanderung in die gleiche Richtung erlebt, als die auf PCs erhältlichen Angebote auf dedizierte parallele Prozessoren übertragen wurden.

Der Server ist die Quelle des ausgeführten Codes für große Zahlen von X-Terminals. Unixanwendungen liefern die wesentlichen Funktionen und erleichtern die gemeinsame Benutzung durch viele Anwender.

Der Code des Betriebssystems und unterstützender Kontrollcode sind ähnlich den vergleichbaren Basisdiensten, die auf Minicomputern oder Mainfra-

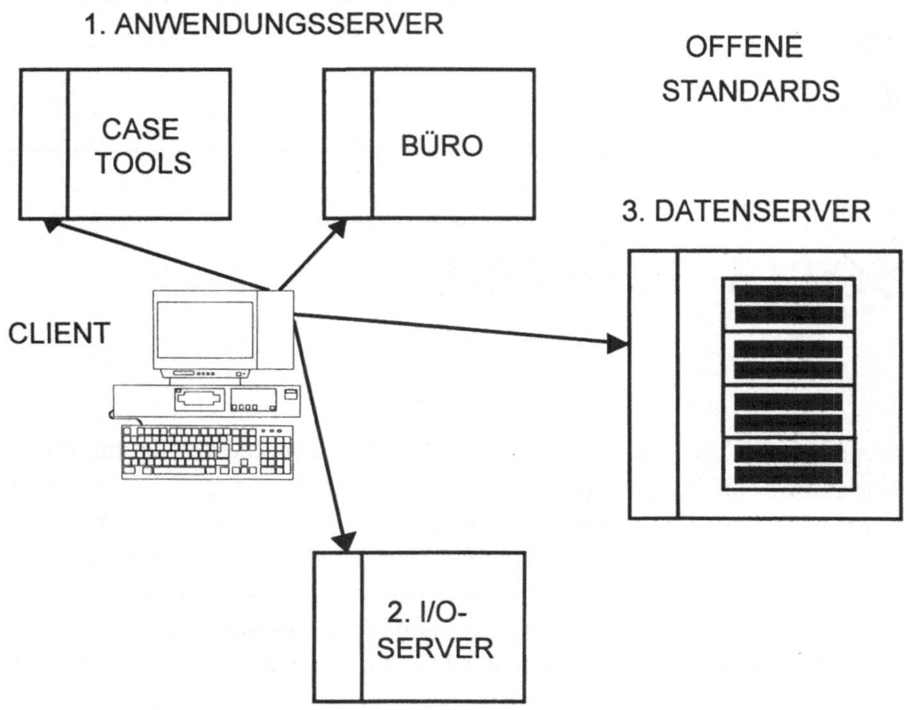

Abbildung 7.1   Standardschnittstellen

mes benutzt werden. Diese Software schließt die Dienstprogramme ein, die das System in Gang halten und die Entwicklungen innerhalb des Netzwerks überwachen. Prozessorverbindungen in einer Client/Server-Umgebung benötigen robusten Kommunikationscode, der in der Serversoftware enthalten ist. Oft wird die Obergrenze für die Anzahl der Verbindungen durch den Umfang der Tabellen- und Codegröße bestimmt, der für zu verbindende individuelle Knoten benötigt wird. Eine obere Grenze wird häufig durch die Algorithmen gesetzt, die benutzt werden, um die Verbindungen herzustellen. Da Server zuverlässige Verbindungen benötigen, wird der Server auch über Code zur Entdeckung und Korrektur von Fehlern als grundlegendem Bestandteil des Supports verfügen.

Es gibt ein Gleichgewicht zwischen den Funktionen, die in Clients enthalten sind und denen, die auf Server übertragen wurden, wie in Abbildung 7.2 zu sehen ist. Server unterstützen allgemeine Anwendungen mit speziellen Bezügen, die spezielle unterstützende Arbeiten für die besondere dedizierte Aufgabe ausführen. Die spezifische Aufgabe bestimmt Typ und Umfang des Codes. Z. B. haben Datenserver, die ausgedehnte Unterstützung für relatio-

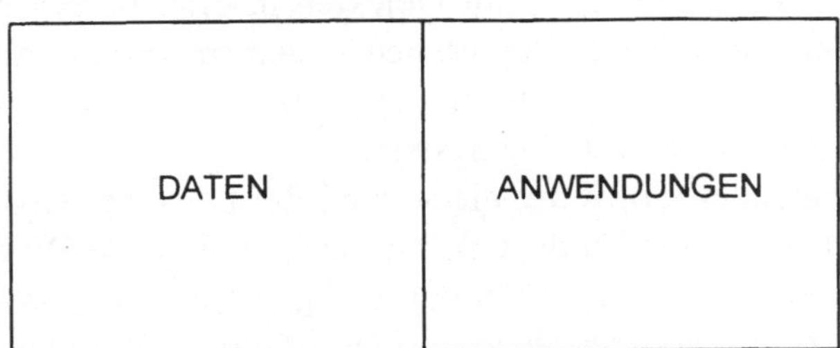

Abbildung 7.2   Verteilung von Funktionen

nale Datenbanken bieten, zusätzlichen Code, der den Zugang zu den Informationen erlaubt. Printserver haben speziellen Code, der die Fähigkeit der Fontverwaltung unterstützt. Die meisten Server haben zusätzlichen Code, der ein Protokoll für die Kommunikation von Anwendung zu Anwendung unterstützt. Namensserver wurden eingeführt, um Daten in komplexen Netzwerken lokalisieren zu können. Zentrale Namensserver wurden entworfen, um Datenstrukturen über das gesamte System hinweg zu unterstützen.

Die größte Einzelanwendung für Abteilungsserver ist die Datenbankunterstützung. Eine Datenbank ist eine Informationssammlung, auf die von Endbenutzern oder Anwendungsprogrammen als Agenten der Endbenutzer zugegriffen wird. Die Informationssammlung wird üblicherweise von einem Datenbankmanagementsystem (DBMS) kontrolliert, das eine Methode für die wohlstrukturierte Verwaltung von Daten bereitstellt. Fortschritte in der Leistungsfähigkeit der Computer haben einen Bedarf für Datenbanken erzeugt, die nichttextuelle und textuelle Informationen enthalten können. Die nichttextuelle Information umfaßt Grafik, Bilder, Klang- und sogar Videoinformationen. Dieses Kapitel wird zwischen elementaren Datenbankservern unterscheiden und komplexen Informationsservern, die DBMS mit Expertensystemcode beinhalten. Einfachere Server behandeln Daten als Erweiterungen von sequentiellen Dateien. Extensivere Datenverwaltungs- und Entscheidungsmechanismen wurden in Wissensserver eingebaut.

Objektdatenbanken haben wachsenden Auftrieb durch die Arbeit der *Object Management Group* (OMG) erfahren, die ursprünglich gegründet wurde, um die Benutzung von Hewlett Packard's Softwareentwicklung zu fördern. OMG gab eine Definition eines Object Request Brokers (ORB) heraus, die benutzt werden kann, um auf Daten von Objektservern zuzugreifen. Die Spezifikation, die von Programmierern für die Implementierung von ORB verwendet wird, ist in der *Common Object Request Broker Architecture* (CORBA) enthalten, die die Spezifikationen sowohl für Clients wie Objektserver festlegt. Das Komitee für Objektdatenbanken definierte spezielle Namensserver, die die Verbindung mit Objekten in offenen Systemen erleichtern. In jeder aktiven Datenbank in offenen Systemen wird die Abbildung von Namen ein wichtiger erster Schritt bei der Definition der Integration offener Systeme in vorhandene produktive Systeme.

Printserver enthalten Software, die sowohl die Leistung der Drucker steigert wie die grundlegende Hardwarekontrolle erlaubt. Viele Druckfunktionen wie Überschriften, die in der Abteilung auf gleiche Weise benutzt werden, können auf den Server übertragen werden. Kopf- und Fußzeilen für bestimmte Seiten können auf dem Server abgelegt und verändert werden. Indem moderne Fontverwaltung auf dem Server verwendet wird, können unterschiedliche Schriftgrößen oder Farben durch die Benutzung von Servercode erzeugt werden. Die Verwendung von Farbdruckern hat die Wichtigkeit von gemeinsam benutzten Druckern nochmals betont. Printserver unterstützen Protokolle für zusammengesetzte Dokumente, die das Seitenlayout der Informationen an den Server übertragen.

Rechenserver bieten eine Mischung von Funktionen an, die bei leistungsfähigen Problemlösungen oft verwendet werden. In dieser Rolle befinden sich Simulations- oder Analyseprogramme auf dem Server und komplementärer Verbindungscode auf den Desktopeinheiten. In wachsendem Maße haben Elemente von Expertensystemen die Rolle des Servers erweitert, indem Regeln mit den allgemeinen Unterstützungssystemen verknüpft werden. Serversoftware wird komplexer, wenn die Unterstützung durch zusätzliche Aufgaben erweitert wird.

Da Server von vielen Angestellten geteilt werden, ist es nützlich, die Prozessoren fehlertolerant auszulegen. Fehlertoleranz schafft die Möglichkeit, sicherzustellen, daß das System weiterhin funktioniert, wenn ein schwerwiegendes Problem im Hard- oder Softwaresystem aufgetreten ist. Komplexe Daten sind für Unternehmen so wichtig geworden, daß es wichtig ist, gemeinsam benutzte Datenserver auch dann noch zur Verfügung zu haben, wenn das System abstürzt. Genauso wichtig ist es, Zugriffsmöglichkeiten zu behalten, wenn ein Teil des Systems ausfällt. Viele Leser, die nicht in der Lage waren, auf kritische Informationen zuzugreifen, als ein Computer ausfiel, können sich die Notwendigkeit für eine solche Ebene der Redundanz vorstellen.

Der Server ist ein logischer Kontrollpunkt im LAN geworden. Ein Großteil der Struktur des Anwendungscodes beruht auf der Definition des Kontrollpunkts im Server und seiner Fähigkeit, die Anfragen von vielen unterschiedlichen Benutzern zu verwalten.

7.1 STEUERUNGSFUNKTIONEN

Wie bei anderen Verarbeitungselementen in einem offenen System liefert auch beim Server das Betriebssystem die funktionale Basis für unterstützende Funktionen des Systems. Die Auswahl eines Serverbetriebssystems ist für Endanwender nicht so kritisch wie bei Clientbetriebssystemen, da Anwender selten direkt mit der Schnittstelle zum System in Berührung kommen. Der Client greift auf die Fähigkeiten des Servers durch maskierte Aufrufe zu, die Standardbenutzerschnittstellen entsprechen.

Die Leistungsfähigkeit und Funktionalität des Servers hängt vom Umfang und der Leistungsklasse des Betriebssystems ab. Die meisten eingeführten Betriebssysteme sind für die Konstruktion moderner Server benutzt worden. Wenn eine Serverkonfiguration einen IBM Mainframe benutzt, wird die Unterstützung durch eines der großen Betriebssysteme OS/MVS oder VM erfolgen. Beide Systeme unterstützen POSIX-Standards und lassen sich daher mit Protokollen für offene Netzwerke verbinden. Da OS/MVS einen hohen Prozentsatz der Daten von Unternehmen verwaltet, erlaubt es die POSIX-Unterstützung den Anwendern von Client/Server-Verarbeitung, direkt auf die traditionelle Datenbasis auf vorhandenen Mainframes zuzugreifen. Die Komplexität der Schnittstelle zum System wird dadurch allerdings erhöht.

Viele Ingenieure und Herstellungsunternehmen haben Digital Equipment Hardware für die Verwaltung ihrer Entwurfs- und Produktionsdaten benutzt. Die Unterstützung von DECs Betriebssystem VMS für POSIX hat die Zugriffsmöglichkeiten für Ingenieurs- und Herstellungsteams unter Benutzung von offenen Systemprotokollen erweitert. Die vorhandene DEC Hardware kann einfach als aktiver Entwurfsserver im Netzwerk behandelt werden.

Da Server sich aus PCs entwickelten, war das erste Serverbetriebssystem MS/DOS. Dieses Singleuser-System war nicht gut für die Unterstützung mehrerer Anwender geeignet, aber innerhalb seiner begrenzten Fähigkeiten erledigte es seine Aufgabe gut. Die breite und fortgesetzte Akzeptanz von MS/DOS trug dazu bei, es zu einer kritischen Komponente für den Bau offener Netzwerke zu machen. Frühe Serverprogramme wurden in Windows Programmpakete übertragen, was eine realistischere Unterstützungbasis für mehrere Anwender bietet.

Bei seiner ersten Einführung wurde OS/2 als natürlicher Nachfolger von MS/DOS und ideales Serverbetriebssystem gesehen. Die begrenzten Möglichkeiten des Betriebssystems und die schleppende Akzeptanz trugen dazu bei, die Akzeptanz anderer Betriebssystemalternativen zu festigen.

Unix wächst an Popularität als Betriebssystem der Wahl für Serverhersteller einschließlich einiger Mainframehersteller. Unternehmen wie IBM, Amdahl, Fujitsu und Hitachi haben Unix als unterstütztes System aufgenommen. Das System hat eine ausreichende Basis für die effektive Unterstützung mehrerer Benutzer. Da Unix eine weiten Bereich von Prozessorklassen umspannt, ist es attraktiv für Unternehmen, die nach kontinuierlichen Wachstumsmöglichkeiten in der Serverleistung suchen. Es ist für einen Hersteller möglich, einen Server niedriger Leistungsfähigkeit mit vollen Unixfähigkeiten einzuführen und einen Wachstumspfad zu planen, der das System um höhere Leistungsklassen erweitert, ohne das Betriebssystem zu wechseln.

Novell hat einen Subsystemcode produziert, der auf dem Betriebssystem aufsetzt. Obwohl Netware ein Betriebssystem genannt wird, benutzt es tatsächlich MS/DOS oder Unix als Basis für viele Funktionen. Novell bietet viele zusätzliche Funktionen, die für reibungslose Netzwerkfunktionen erforderlich sind.

Betriebssysteme bilden eine wichtige Basis für die Konstruktion des grundlegenden Servercodes. Es kann für den Hersteller und schließlich den Kunden von Vorteil sein, Gemeinsamkeiten zu definieren, um die Betriebssystemunterstützung zu reduzieren. Es ist wichtiger, daß der Server in hohem Maße skalierbar ist, um das Potential für Wachstum zu verbessern. Beides beeinflußt die Leistungskapazität der residenten Subsysteme in der Serverumgebung.

Da der Server ein Teil des Netzwerkes ist, stellt der Subsystemcode die Kommunikationsverbindungen zwischen den verschiedenen Teilen des Netzwerks zur Verfügung. Dieser Code ist Teil des grundlegenden Codes des Servers. Es wurden auch separate Netzwerkbetriebssysteme geliefert, um die komplexen Kommunikationsbedürfnisse offener Systeme zu unterstützen. Da der Server mehr von der Rolle des Mainframes zu übernehmen beginnt, ist zusätzliche Software für die Erledigung der Aufgaben notwendig.

Die Verwaltung lokaler Netzwerke umfaßt administrative Aufgaben, die zwischen verschiedenen Workstations geteilt werden können. Die einfache Aufgabe, die Verteilung der Ressourcen innerhalb des LANs festzustellen, ist eine der vielen Funktionen, die auf dieser Ebene der Software bereitgestellt werden muß. Sicherung und Wiederanlauf lokaler Unixsysteme ist eine wichtige Anwendung, die auf Servern zur Verfügung gestellt wird. Anwendungen wie Sun's „On-Line: Backup Copilot™" erlauben die automatische Online-Kontrolle des Netzwerks. Die Softwarespiegelung oder die Duplizierung von Informationen auf verschiedenen Platten bildet ebenfalls eine wesentliche Ebene der Zuverlässigkeit.

Jenseits der einfachen Dienste sind die extensiven Anwendungsdienste, die von spezifischen Serverkonfigurationen zur Verfügung gestellt werden. Datenbank- und Informationsfähigkeiten sind die wichtigsten und werden als nächste untersucht.

7.2 DATENBANKDIENSTE

Ein Großteil der Geschichte der Computer dreht sich um die effektive Nutzung und Produktion von Daten für die Bedürfnisse des Unternehmens. Zunächst waren die meisten Computerdaten in Kartenform vorhanden und führten zu Papierausgaben, die die Veränderung der Informationen auf den Karten wiedergaben. Selbst nach der starken Verschiebung zur Verarbeitung auf Magnetträgern sind über 90 Prozent der Unternehmensdaten immer noch in Papierform vorhanden. Viele historische Konstruktionsdaten befinden sich in Bibliotheken voller Papierzeichnungen. Der Zugang zu diesen Papierarchiven basiert auf Ablagesystemen, die sorgfältig geführt werden müssen. Einfache Ansätze für die Ablage und Wiedergewinnung von Informationen („Information Retrieval") begannen mit der Verwendung von Bandgeräten. Die Verarbeitung profitierte von der Geschwindigkeit der Bandgeräte, aber die endgültige Ausgabe erfolgte schließlich wieder auf Papier.

Frühe Pioniere bei der Wiedergewinnung von Informationen wie die National Library of Medicine and Chemical Abstract Service, benutzten Batchabfragen an große Bandbibliotheken. Selbst die ersten Information Retrieval-Dienste auf PCs basierten auf Bandkassettengeräten, die oft unzuverlässig waren. Die Einführung von Platten in den 70er Jahren bildete eine Basis für fortgeschrittenere Durchsuch- und Zugriffsverfahren, die schließlich zur Entwicklung von Datenbanksystemen führten.

Frühe Datenbankentwürfe basierten auf Direkt- und Indexzugriffsverfahren. Kommerzielle Angebote enthielten eine erweiterte Verwaltung, um Änderungen der Daten durch Aktualisierungen aufzuzeichnen. Datenbanken für technische Anwendungen wurden gebaut, um die enge Verbindung zwischen Entwurfsbildschirmen und den grafischen Informationen in der Datenbank sicherzustellen. Hier wurden grafische und textuelle Informationen benutzt, während in kaufmännischen Anwendungen primär textuelle Daten benutzt wurden. Moderne Datenbanken für sowohl technische wie kaufmännische

Anwendungen verwenden zusammengesetzte Datenformate, die sowohl textuelle wie komplexere digitale Informationen unterstützen (Beeby, 1983). Moderne Datenbanksysteme spiegeln die Speicheranforderungen von Anwendungen wider, die Audio, Video, Grafik und Bilder ebenso wie Textinformationen benutzen. Dokumente, die mündliche Anmerkungen enthalten, werden von Workstations an unterstützende Server übergeben. Ausgaben können an Multimedia-Geräte verschickt werden. Datenbankserver ändern sich, um der veränderten Verteilung zwischen gemeinsam genutzten Fähigkeiten und den auf lokalen Workstations vorhandenen Rechnung zu tragen.

Die wachsende Benutzung von Netzwerkdiensten hat zu mächtigen Netzwerkinformationsservern geführt, die auf Informationen an unterschiedlichen Orten zugreifen, wie auf Abbildung 7.3 zu sehen. Kombiniert mit der gewachsenen Rechenleistung und Plattenkapazität der Server finden wir große Mengen an Speicher, auf die über das Netzwerk zugegriffen wird. Große zentrale Datenbanken, die mehrere Terabyte übersteigen, sind jetzt in vielen Unternehmen anzutreffen. Zusätzlich zu der großen zentralen Datenbank gibt es eine Menge von Daten, die auf Servern und einzelnen Desktopcomputern gespeichert sind, die jetzt Dateien enthalten können, die in Millionen Zeichen gemessen werden. Entwickler müssen diese ständig wachsende

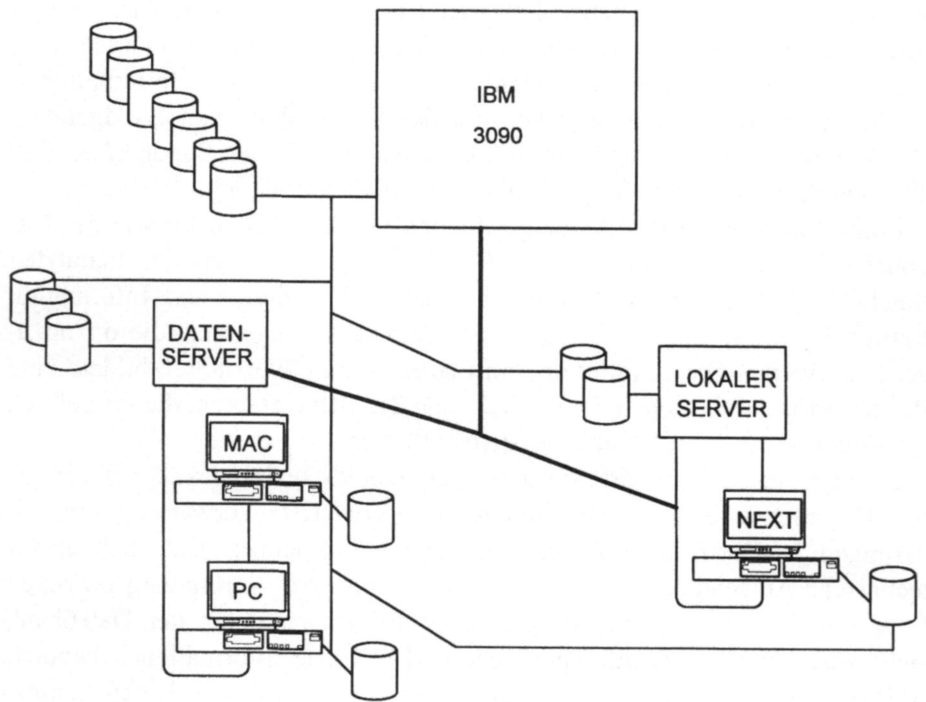

Abbildung 7.3   Verteilte Daten

Kapazität berücksichtigen, wenn sie die Speicherorte in einem wachsenden Netzwerk verteilen. Zeiger bestimmen den Ort und den Typ des Datenbankspeichers, der auf jedem Server vorhanden ist.

Traditionelle Überwachungsfunktionen müssen erweitert werden, um den Status von Informationen im Netzwerk aufzuzeichnen. Die Verteilung zwischen den verschiedenen Orten der Daten ist das Ziel wahrhaft verteilter Systeme, und die Verteilung muß mit ausreichenden Informationen bestimmt werden, um wohlinformierte Entscheidungen zu treffen. Die Verteilung von Daten in einem heterogenen Netzwerk beansprucht die Ressourcen für einfache Dateisuchen.

Eine Anzahl von Faktoren bestimmen die Angemessenheit unterschiedlicher Routinen für das Datenhandling. Aktualität und Exaktheit der Daten werden von vielen Unternehmen benötigt, die Finanzen oder lebenswichtige Systeme überwachen. In vielen Systemen werden die Daten täglich durch fortgesetzte interaktive Transaktionen verändert. Ein gutes Beispiel ist das Bankensystem, das tägliche Einlagen und Auszahlungen unterstützt. Ältere Daten in diesen Systemen verlieren rasch an Wert, aber selbst diese Systeme haben einen starken Bedarf an historischen oder archivierten Informationen. Gesetze verlangen die Aufbewahrung von Finanzdaten für sieben Jahre und das Datensystem muß diese Informationen bereithalten.

Abbildung 7.4 zeigt den relativen Wert von Daten und die benötigten Aufbewahrungsperioden. Daten von hohem Wert verlangen oft eine lange Aufbewahrungsfrist. Daten von hohem Wert sind z. B. Patentinformationen, historische Finanzdaten, Unternehmensstrategien und kritische Personalinformationen. Einige Daten, wie Finanzinformationen haben vorgeschriebene Aufbewahrungsfristen. Andere Daten benötigen entweder nur kurze oder

HOHER WERT LANGE AUFBEWAHRUNG NÖTIG	ENTWURFS- UND HERSTELLUNGSDATEN PRODUKTARCHIV & FIRMENGESCHICHTE
HOHER MOMENTANER WERT AUFBEWAHRUNG VORGESCHRIEBEN	FINANZDATEN, STRAFAKTEN WARTUNGSAUFZEICHNUNGEN
HOHER MOMENTANER WERT KEINE AUFBEWAHRUNG NÖTIG	TRANSAKTIONEN UNTER 10.000 $ BARGELD ENTWURFSZWISCHENSTUFEN
NIEDRIGER WERT KURZE AUFBEWAHRUNG	AUFZEICHNUNG INTERAKTIVER VERKAUFSVORGÄNGE

Abbildung 7.4 Datenwerte

überhaupt keine Aufbewahrung. Bei der Bewertung von Routinen für das Datenhandling ist es wichtig, die notwendigen Aufbewahrungsfristen für die spezifischen Daten festzulegen.

Andere Systeme ändern sich nicht so schnell wie Finanzsysteme, aber benötigen Zugriff für längere Zeiträume oder durch mehr Funktionen. Entwurfsdaten ändern sich dauernd, bis das endgültige Design feststeht. Sie werden dann in den Datenbestand oder die endgültige Produktinformation aufgenommen, die für die gesamte Lebensdauer des Produktes aufbewahrt werden muß. Schließlich wird der Entwurf in Archivdateien wandern, die nur für spezifische Designprobleme benötigt werden. Technische Daten können eine außergewöhnliche Lebensdauer haben, entsprechend dem spezifischen Entwurf. Z. B. werden einige von Thomas Edison's Entwürfen 70 Jahre nach der Entstehung der ursprünglichen Dokumente immer noch benutzt. Die Entwurfsdaten für Nuklearanlagen müssen die geplante Lebensdauer der Anlagen berücksichtigen, die in einigen Fällen sehr hoch sein kann.

Die Einführung von PCs resultierte in einer Verschiebung der Daten auf mehrere Prozessoren. Sequentielle Dateien wurden auf den PCs und Workstations abgespeichert, aber sie interagierten oft mit komplexen Datenstrukturen in relationalen Datenbanken auf Servern oder Mainframes. Menschen betrachten Daten auf eine sequentielle Weise, obwohl mächtige parallele Computer neue Techniken benutzen können, um auf viele Informationsgegenstände zur gleichen Zeit zuzugreifen. Schließlich werden Daten wieder in eine sequentielle Form gebracht für die vielen Berichte die typische Druckformate für die Ausgabe verwenden.

Offene Computer werden für die Ausführung mehrerer Funktionen in einem komplexen System benötigt. Auf kurzfristige Daten muß durch das System zugegriffen werden. Archivierte Daten müssen zugänglich sein, wenn es erforderlich ist. Die Daten werden sich infolge des wachsenden Werts ständig ändern und die Zugriffsmechanismen müssen diese ständig wachsenden Bedürfnisse des Anwenders offener Systeme widerspiegeln. Eine Fülle von Informationen steckt in Computersystemen, aber die Anforderung, sie wiederzufinden, hat oft zu geringem Nutzen geführt. Abbildung 7.5 bildet den Trend von einfachen Dateien zu komplexeren Informationssammlungen ab. Gegenwärtig bieten offene Systeme Unterstützung für Dateien und Datenbanken. Wenn das Niveau der Daten weiter wächst, wird zusätzliche Expertensystemlogik mit den Datenbankzugriffen kombiniert, um Wissensbasen zu erzeugen. Es wird erwartet, daß entscheidungsunterstützende Algorithmen sich mit Daten zu einsichtigen Systemen kombinieren lassen. Dieser Trend berührt die Weise, wie sich Datenserver entwickeln.

Datenbankmodelle haben sich als Antwort auf die gewachsenen Fähigkeiten gewandelt. Drei unterschiedliche Modelle wurden in der Datenbankun-

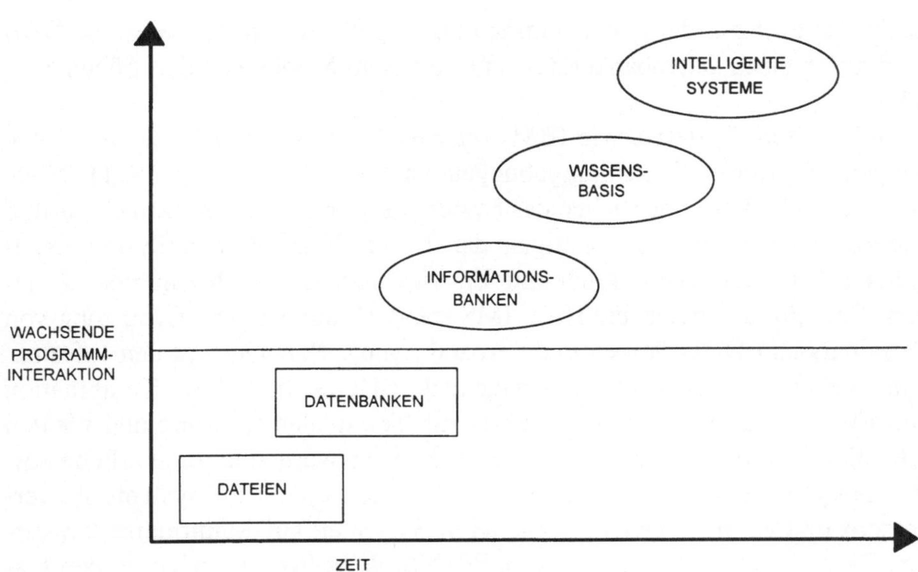

Abbildung 7.5   Wachsende Datenkapazität

terstützung breit genutzt. Das ursprüngliche Netzwerkmodell war in dem Bericht der CODASYL Data Base Task Group vom April 1971 (DBTG, 1971) enthalten. Wie der Name sagt, wird eine Modell von Netzwerkknoten für die Verwaltung von Daten benutzt. Jeder Datensatz kann mehrere Zugriffspfade von mehreren über- oder untergeordneten Knoten haben. Schemata werden benutzt, um die Sätze, Sets und die Verbindungspfade zu definieren. Sets sind zweistufige Hierarchien. Obwohl Netzwerkmodelle eine hohe Leistungsfähigkeit bieten, sind sie umständlich zu benutzen, da der Anwender einen großen Teil der Definitionen zur Verfügung stellen muß. Programmierer konnten auf Netzwerkdatenbanken durch Hochsprachen wie COBOL oder FORTRAN zugreifen (Martin, 1983), aber selbst diese Sprachen maskierten die Komplexität nicht vollständig.

Um die Komplexität zu reduzieren wurde das hierarchische Modell als Spezialfall des Netzwerkmodells eingeführt. Die einfache Abbildung auf die in der Hardware benutzten sequentiellen Prozesse machten es bei Datenbankentwicklern beliebt. Die Datenorganisation beruht auf Eltern/Kind-Beziehungen ähnlich der Struktur, die oft auf Organigrammen zu finden ist. Das Modell wurde auch mit einer Baumstruktur mit Wurzeln, Ästen und Blättern verglichen. Der Zugriff auf spezifische Sätze funktioniert gut, aber der Änderungsprozeß ist ein typischer Flaschenhals in diesem Modell. Viele Hersteller führten eigene Sprachen für den Zugriff auf hierarchische Modelle ein, obwohl auch mit Standardsprachen auf sie zugegriffen werden konnte. Obwohl

sie in der Frühzeit der Datenverarbeitung populär waren, gab es keine Neu-
einführung eines Datenbanksystems nach diesem Modell seit den frühen 80er
Jahren.

Einige ältere Systeme, wie IBMs *Information Management System* (IMS),
bleiben in offenen Systemumgebungen wichtig (Pugh et al., 1991). Viele
kommerzielle Anwender haben das System verwandt und benutzen es für ihre
Unternehmensdaten und benötigen daher Zugriff in offenen Systemumgebungen. IMS war ursprünglich eine Entwicklung von North American Avia-
tion, Caterpillar Tractor und IBM. IMS stand für die einfache Benutzung von
Terminals und Datenbanken und verband remote-Benutzer mit den Informationsquellen. Sein Datenbankmanagement ist eine komplexe Kombination
von Elementen, die wichtige Teile für die Terminalansteuerung und für den
schnellen Zugriff auf Datenbanken enthalten. Es wurden kontinuierliche Anstrengungen unternommen, die Geschwindigkeit dieses Subsystems zu verbessern und es mit anderen, schnelleren Systemen auf Mainframes konkurrenzfähig zu halten. Basierend auf OS/MVS bleibt IMS in vielen großen Unternehmen wichtig. Die Verbindung zu IMS ist in diesen Unternehmen notwendig, um Akzeptanz für offene Systemlösungen zu erreichen.

Auf proprietären Mainframes und Minicomputern sind viele andere kritische Datenbanken vorhanden, die Unternehmensdaten enthalten, die wichtig
für den Betrieb des Unternehmens sind. Da es normalerweise große Investitionen in diese Datenbanken und die entsprechenden Programme gibt, existieren kaum Pläne, diese in der nächsten Zukunft zu wechseln. Viele dieser Datenbanken benutzen hierarchische oder Netzwerkmodelle. Die Verbindung zu
diesen traditionellen Datenbanken wird als kritischer Faktor für die Akzeptanz offener Lösungen betrachtet.

Das beliebteste Serverdatenbankmodell ist das relationale, das Merkmale
der vorhergehenden Modelle kombiniert und die gemeinsame Verwendung
von Informationen in Echtzeit für unterschiedliche Datenstrukturen erlaubt.
Das relationale Modell entstand durch die Arbeit von Edward F. Codd bei
IBMs Research Laboratory in San Jose, Kalifornien (Codd, 1982). Das Unternehmen führte, basierend auf dieser Arbeit, seine relationale Datenbank
Database 2 (DB2) 1985 ein. Das Produkt erhielt wachsende Unterstützung
auf Mainframes und ist dafür vorgesehen, IMS schließlich zu ersetzen. Dieses
Produkt kann als relationaler Server in einer offenen Umgebung eingesetzt
werden.

Relationale Daten werden in Tabellen abgelegt, die einen Zugriffspunkt für
mehrfache Datenströme bilden. Ähnlich wie bei einer Tabellenkalkulation
sind die Zeilen ähnlich in Größe und Inhalt. Ein Primärschlüssel wird für jede
Tabelle zusammen mit Domänen (Wertebereichen) und Fremdschlüsseln definiert. Zwischen den Daten in den Tabellen werden logische Verknüpfungen

gebildet, wobei eine mathematische Theorie der Relationen benutzt wird, die
als Prädikatenlogik erster Stufe bekannt ist. Einfache Aussagen definieren die
Verbindungen zwischen den Zeilen, die wiederaufzufindende Daten enthalten. Prädikate verfeinern die Selektionskriterien, um die Zugriffszeiten zu
verbessern.

Standarddefinitionen für relationale Datenbanken wurden geschaffen, um
den Informationsfluß zu verbessern. 1986 wurde SQL für den Zugriff auf relationale Datenbanken übernommen. Das nationale Standardisierungsgre-
mium definierte einen Standard für SQL, der auf den ursprünglichen Definitionen von IBM beruhte (ANSI X3.135, 1986), und von der Oracle Corporation als erstem Hersteller von Standard-SQL übernommen wurde. Die SQL
Access Group (SAG) wurde geschaffen, um Ansprüche einzelner SQL-Im-
plementierer zu bewerten, und war ein Instrument für die Definition von Änderungen des Standards, die die Interoperabilität zwischen Herstellern erleichtern.

SQL ist eine nichtprozedurale Sprache, die für den Zugriff auf relationale
Datenbanken benutzt werden kann. Die hochsprachlichen Ausdrücke gewähren einen leichten Zugang zu relationalen Datenbanken, was Anwender be-
fähigt, auf Daten auf einer hohen Ebene zuzugreifen, ohne Anwendungscode
zu benützen. Die Sprache wurde entworfen, um das Lernen zu erleichtern,
und benutzt relationale Mathematik für die Verbindung zu den unterschiedlichen Datenbanken. Diese Sprache wird von den unterschiedlichen Hersteller-
datenbanken breit unterstützt und ist heute die populärste auf Computersystemen vorzufindende Alternative. Einige Kritiker haben geltend gemacht,
daß die Sprache weiter vereinfacht werden könnte und eine Anzahl von Sprachen der vierten Generation wurde eingeführt, um den Zugriffsvorgang zu
vereinfachen.

Eine Reihe von Unternehmen hat die relationalen Definitionen für verteilte
Systeme ausgeweitet. IBM z. B. führte seine Grundlagenforschung von 1979
bis 1987 weiter, indem relationale Unterstützung für verteilte Systeme untersucht wurde. Das Ergebnis wurde als R* (R Star) bekannt und diente zur Bewertung von Optionen für offene Netzwerke. Zusätzliche Arbeiten wurden
von den unterschiedlichen Datenbankherstellern wie Oracle und Sybase unternommen.

Viele Arbeitsaufgaben drehen sich um die Veränderung und Benutzung
von Objekten. Z. B. sind Entwurfszeichnungen Objekte, die die Zeichnung
oft mit Attributen definieren, die für den korrekten Zusammenbau des entworfenen Teils benutzt werden. Vergleichbare Beispiele gibt es im kaufmännischen Bereich, wo der Kunde spezifische Attribute für die Information des
einzelnen Kontos enthält. Die Verwendung objektorientierter Datenbanken
beschleunigt den Zugriff und verbessert die Programme, die für den Zugriff

auf die Informationen benötigt werden. Daher gibt es in modernen Anwendungen eine wachsende Benutzung von objektorientierten Datenbanken. Da diese Datenbanken mit Veränderungen in den Workstationschnittstellen zusammenwachsen, werden sie sehr wichtig für den Systementwurf. Ursprünglich für den technischen Bereich als bequemer Weg für den Bezug auf Entwurfsinformationen eingeführt, hat sich die Verwendung auch auf Finanz- und kommerzielle Anwendungen ausgedehnt. Objekte bezeichnen sowohl die Daten wie die Attribute, die verwendet werden, um die Daten zu verarbeiten.

Objekte enthalten Informationen über die Verwendung der Daten und ihre Verarbeitung. Objekte von fertigen Teilen enthalten oft Informationen über die Verarbeitung des fertiggestellten Produkts oder die zu benutzenden Materialien. Ein wichtiges Element für das Verständnis von Objekten ist das Verständnis von Klassen. Klassen definieren Muster für häufige Objekte und sind auch als Objekttypen bekannt, die Modularität erlauben. Für einen Objekttyp sind die einzelnen Objekte Instanzen der Klasse mit einem zugewiesenen Speicher. Jeder Teil eines fertiggestellten Produktes kann ein Objekt sein und das gesamte Produkt kann als Objekt betrachtet werden. Die Attributdaten, die im Objekt enthalten sind, erlauben es dem Entwickler, die Daten erst im letztmöglichen Moment an das Programm zu binden. Daher sind Objekte wichtig für die Unterstützung offener Systeme, wo die späte Bindung an das System eine Notwendigkeit ist.

Ein einfaches Beispiel eines Objekts ist ein Fahrrad, das mit unterschiedlichen Perspektiven oder Attributen von unterschiedlichen Menschen gesehen wird. Für den Entwickler ist es ein mechanisches Gerät mit Rädern. Für das Kind sind die Attribute die eines Spielzeugs, während die Eltern es als eine potentielle Gefahr für das Kind sehen. Ein Rennfahrer wird das Objekt Fahrrad aus der Perspektive eines wohlkonstruierten Ausrüstungsgegenstandes betrachten. Die Daten ändern sich nicht, nur die Attribute, die von den Betrachtern benutzt werden, um die Daten zu verarbeiten.

Objektunterstützung beginnt sich in offenen Systemen zu verbreiten, da Techniken für die Unterstützung zusammengesetzter Datentypen definiert wurden, die Objekte benutzen. Große Binärobjekte („Binary large Objects", BLOBS) werden benutzt, um Dateien in mehreren Megabyte Größe mit zusammengesetzten Informationen wie Bildern und Grafiken zu speichern. Die Einführung objektorientierter Sprachen half bei der Formulierung von Programmen, die Objektdatenbanken benutzen. Die meistverwendeten Sprachen sind Variationen von C.

Wenn man den gegenwärtigen Zustand zusammenfaßt, so sind Datenbanken Familien von Serverdatenbanken, die die neueste Entwicklungstechnologie benutzen, um Unterstützung für eine führende Position zu schaffen. Diese Serverdatenbanken haben von den Gegenstücken auf Minicomputern und Mainframes gelernt und modernen Code produziert, der die Basis für eine ganze Familie neuer Anwendungen werden kann. Die Datenbanken sind normalerweise relational und bieten wesentliche Unterstützung für viele vorhandene Programmpakete. Viele dieser Datenbanken arbeiten auf Hardware unterschiedlicher Hersteller und sind damit wirklich Beispiele funktionierender offener Systeme. Oracle z. B. liefert seine Datenbankprodukte für eine große Zahl unterschiedlicher Prozessoren. Obwohl ein Großteil des Codes ursprünglich für Minicomputer geschrieben wurde, läuft er recht gut auf mikrobasierten Prozessoren ab und lief sehr schnell auf dem mehrfach parallelen Prozessor von nCube.

Es gibt eine wachsende Zahl von Datenbankherstellern, die offene Systemverbindungen unterstützen. Viele Unternehmen begannen mit Lösungen für Minicomputer oder Mainframes und dehnen die Unterstützung einfach auf offene Systeme aus. Andere Unternehmen begannen mit offenen Systemlösungen und haben beachtliche Lösungen für Server geliefert, indem sie entweder relationale oder objektorientierte Systeme benutzten.

Ein gutes Beispiel eines Datenbankunternehmens für offene Systeme ist die Oracle Corporation, die ein Pionier in der Unterstützung von Datenbanken für offene Systeme war. Das Unternehmen liefert grundlegende Datenbankunterstützung für unterschiedliche Hardware von Mikroprozessor-Servern bis zum Parallelprozessor nCube. Die Unterstützung ist hauptsächlich auf Angebote für Maschinen unterschiedlicher Leistungsstärke konzentriert. Das Unternehmen unterstützt eine breite Palette von Hardwareherstellern mit relativ geringem Zeitaufwand. Oracle betrat den Markt für relationale Datenbanken ursprünglich mit Produkten für Minicomputer und Mainframes. Spätere Versionen wurden für Microcomputer vorbereitet und für eine ganzen Bereich von Prozessorleistungsklassen. Die Produkte des Unternehmens werden in offenen Systemlösungen ausgiebig genutzt.

Ein anderer Datenbankhersteller, der bei offenen Systemlösungen für Server in vorderster Linie steht, ist Sybase aus Emeryville, Kalifornien. Ihr relationales Datenbankmanagementsystem (RDBMS) läuft auf offenen Servern, die vom PC bis zu parallelen Prozessoren reichen. Die Produkte unterstützen die Speicherung in Datenbanken mit der Betonung auf Integrität, Sicherheit und Wiederanlauferfordernissen im Netzwerk. Sybase Produkte unterstützen gespeicherte Prozeduren („stored procedures"), die den transparenten Zugriff auf andere Datenbanken erlauben. SQL Transaktionen und vorcompilierte Prozeduren machen sie zu einem effektiven Werkzeug für den Datenbankzugriff. Eine Reihe von Merkmalen macht die Produkte besonders nützlich für den Datenbankzugriff in offenen Systemkonfigurationen. Gespeicherte Prozeduren ersetzen Workstationcode bei der Überprüfung zahlreicher Optionen, die für den Endbenutzer verfügbar sind. Sybase Software baut auf offenen

Systemarchitekturen auf, so daß sie auf unterschiedliche Hardwarearchitekturen portiert werden kann.

Es gibt eine wachsende Zahl von Unternehmen, die den Wandel von Papier zur verteilten Verarbeitung in offenen Systemnetzwerken vollzogen haben. Obwohl dieser Wandel sich langsamer vollzieht, als er von den Experten geplant wurde, wurden bei diesen Anwendungen in den letzten Jahren wichtige Fortschritte erzielt. Große Stapel von Papier wurden bei Unternehmen wie Federal Express und Northwest Airlines durch Technologie ersetzt. Änderungen in der Einkommenssteuerverwaltung haben auch zu neuen kaufmännischen Anwendungen geführt, die auf Elektronik basieren. Das Einkommenssteuerproblem ist enorm, da über 200 Millionen Anträge jährlich in Papierform bearbeitet werden.

Vom Wechsel auf objektorientierte Datenbanken werden wesentliche Produktivitätsgewinne erwartet. Ein Objekt besteht aus den Daten und der Software oder anderen Instruktionen, mit denen die Daten verarbeitet werden sollen. Objekte wurden effektiv eingesetzt für die Verwaltung von Text, Daten, Grafik, Klang und Bildinformationen. Die Verwaltungsinformationen werden eingekapselt mit den tatsächlich in den Dateien abgelegten Nutzdaten. Da viele der Arbeiten, die wir mit komplexen Bildern und Grafiken ausführen, tatsächlich Arbeit mit logischen Objekten ist, gibt es eine weitverbreitete Unterstützung für diese Art der Verarbeitung.

Verteilte Datenbanken repräsentierten einen ganzen Bereich neuer Anforderungen für alle Datenbankhersteller. Verteilung eliminiert die Abhängigkeit von der korrekten Verarbeitung an einem einzigen Punkt, da die Daten lokal verändert werden. Die Verteilung von Daten auf Server erhöht den Grad des parallelen Zugriffs auf die Informationen und beseitigt traditionelle Flaschenhälse. Es verbleiben aber noch wesentliche Entwurfsprobleme für die Verteilung von Daten in offenen Systemumgebungen.

Die referentielle Integrität*, die sicherstellt, daß auf korrekte Daten zugegriffen wird, ist ein Problem in einer Umgebung mit mehreren Datenbanken. Jede Datenbank muß lokale referentielle Integrität sicherstellen, die über das ganze System gewahrt werden muß. Ein Beispiel ist eine Workstation ohne Verbindung, die wichtige Daten für das Unternehmen enthält.

Die Synchronisation von Änderungen war ein Problem für die ersten Implementierer offener Systeme. Sperrmechanismen halfen, die neuen Anforderungen des Netzwerks zu erfüllen. Gesperrte Sätze sind für andere Programme nicht mehr zugänglich. Moderne Datenbanksysteme erlauben Sperrmechanismen auf mehreren Ebenen, die entweder Datei-, Satz- oder Feldsperren erlauben.

Die Geschwindigkeit ist eine andere Anforderung an Entwurf und Implementation von Datenserverlösungen für offene Systeme. Entwickler müssen die unterschiedlichen Typen von Systemen kennen, die von der Verwendung von Servern profitieren. Typische Fragen betreffen etwa die Analyse von Ansätzen, die die Verwendung von Servern in offenen Systemen optimieren. Auch die Verteilung von Datenduplikaten im Netzwerk und die Folgen für die Geschwindigkeit sind von Belang.

Die Suche nach Antworten auf die Probleme von Datenservern hoher Kapazität hat die Universität von Kalifornien veranlaßt, ein Forschungsprojekt ins Leben zu rufen, das den Entwurf und die potentielle Nutzung solcher großen Server in großen Netzwerken untersucht. *Sequoia 2000* untersucht die Anwendung dieser großen Netzwerke und Server, die von vielen Universitäten gemeinsam benutzt werden.

Die kontinuierlichen Fortschritte bei Datenservern haben den Entwicklern die Definition verbesserter Datenserver oder Informationsserver erlaubt.

7.3 INFORMATIONSDIENSTE

Moderne Datenbanken können komplexere Informationsverarbeitung bieten, wenn sie mit Netzwerken verbunden sind. Die Verbindung von Programmen und relationalen Datenbanken, die über offene Systeme gekoppelt sind, hat zur Definition von Informationsbanken geführt. Zusätzliche Programme direkt auf dem Server können eine intelligente Interaktion zwischen den Daten und Sätzen von Regeln ermöglichen. Expertensysteme wurden eingeführt, um verschiedene Informationshäppchen zu suchen und mit speziellen Regeln zu verbinden, um Informationsbanken zu erzeugen. Diese Informationsbanken suchen Informationen aus vielen Quellen und kombinieren sie zu einer Form, die für Managementinformationssysteme verwendet werden kann, oder die für andere Informationssuchalgorithmen benutzt werden kann.

Mit der Verbesserung der Datendienste wird zusätzliche Intelligenz eingebracht, die den Zugang zu mehreren Datenbanken erlaubt. Datennavigation beschreibt den Prozeß, der die komplexe Suche nach Daten in heterogenen Netzwerken ausführt. Einfache Navigation wird heute von Operatoren ausgeführt, die spezifische Dateinamen verwenden; elektronische Navigation jedoch benutzt elektronische Namenssysteme, um Informationen aus mehreren unverbundenen Datenbanken zu ziehen. Eine kaskadierende Informationssuche bewegt sich durch unterschiedliche Ebenen der elektronischen Information und verweist auch auf relevante Informationen in Papierform. Da große Mengen von Daten in Papierform aufbewahrt werden, werden Suchverfahren - besonders für Teile im technischen Bereich - entworfen, die Papierarchive einschließen.

Der Navigator führt automatische Suchen durch, die Informationen irgendwo im System mit wenigen beschreibenden Angaben des Endbenutzers lokalisieren können. Navigatoren benutzen die korrekten Wiederauffindemechanismen für jedes System und fügen die Informationen den entsprechenden generierten Berichten hinzu. Expertensystemfähigkeiten werden in Navigatoren eingebettet, um die Suche über mehrere unterschiedliche Wege im Netz durchzuführen. Datennavigation steckt noch in den Anfängen und wird Zeit für die Entwicklung brauchen, aber Produkte mit dieser Ebene der Unterstützung können für offene Systeme erwartet werden.

Einfache Navigationsprogramme wurden für spezialisierte Anwender eingeführt, die den Einzelnen der Notwendigkeit entheben, die unterschiedlichen Zieldatenbanken und ihre Schnittstellen zu kennen. Die Leistungsfähigkeit des Clients wird auf die Herstellung der transparenten Verbindung zu den verschiedenen Serverdatenbanken gelenkt.

Eine andere wichtige Anwendung sind Routinen, die die Zusammenstellung von Dokumenten aus Teilen mit vielen unterschiedlichen Urhebern erlauben. Diese Dokumente, dynamische Dokumente genannt, benutzen die Möglichkeiten der automatischen Suche, um die Aufbewahrungsorte der Dokumentteile festzustellen und sie zusammenzufügen.

Mit dem Wachstum der künstlichen Intelligenz wurden zusätzliche Informationen über die gleichen Daten ermittelt. Ein anderer Wandel betrifft den Übergang zu Wissensbanken. Obwohl Server für Wissensbanken vorhandene Datenbanken benutzen können, profitieren sie zusätzlich von der Benutzung objektorientierter Datenbanken. Objektdaten enthalten sowohl Informationen über die Umgebung der Daten wie die einfache Information selbst. Attribute liefern eine Form der zusätzlichen Information, die es erlaubt, die Daten für die Verarbeitung über mehrere Knoten im Netzwerk zu transportieren.

Der nächste Schritt besteht darin, zusätzliche Verarbeitungsfähigkeiten im Server dazu zu benutzen, einsichtige Datenserver zu schaffen. Unter Verwendung der Leistungsfähigkeit künstlicher Intelligenz, kombiniert mit Entscheidungstabellen, scheint der nächste Schritt zu einsichtigen Systemen zu führen, die beim Treffen von Entscheidungen helfen können und das Management mit zusätzlichen Informationen darüber versorgen, wie das Geschäft zu führen sei.

Von Serverherstellern werden automatische Verteiler geliefert, die es dem Endbenutzer erlauben, auf Daten zuzugreifen, in welcher Form und auf welchem System auch immer sie vorhanden sein mögen. Es gibt eine wachsende Benutzung von spezieller Software, die den leichten Zugriff auf unterschiedliche Systempunkte ermöglicht.

7.4 KOMMUNIKATIONSDIENSTE

Kommunikationsserver erledigen die Übersetzung zwischen den unterschiedlichen Protokollen, die in offenen Systemnetzwerken verwendet werden. Die Übersetzung ergänzt den Datenserver um die Verbindung zu Computern, die auf anderen Kommunikationsprotokollen basieren. Herstellerspezifische Protokolle werden auf offene Protokolle abgebildet. Die wichtigsten Herstellerprotokolle, wie SNA von IBM und DECnet von DEC, können auf TCP/IP-Standards oder schließlich auf OSI-Schichten abgebildet werden. Wenn unterschiedliche Systeme eingeführt werden, wird der Server benutzt, um die Brücke zwischen den unterschiedlichen Systemen zu bilden.

Die wachsende Benutzung unterschiedlicher Systeme erhöht den Bedarf an Kommunikationsservern. Ob diese Server nun Router oder Gateways genannt werden, ihre Funktion ist einfach, mit unterschiedlichen Kommunikationssystemen zu verbinden.

Die Software in diesen Systemen übersetzt die verschiedenen Informationspakete zwischen den Systemen. Dieser Code erlaubt es dem System, Anwendungen zu behandeln, als ob sie lokal seien. Der remote-Zugang wird durch transparente Schnittstellen erreicht.

7.5 RECHENDIENSTE

Eine wichtige und wachsende Serverfunktion sind hochleistungsfähige Berechnungen. Mit offenen Systemschnittstellen ist es möglich, Server einzuführen, die schnelle Rechenoperationen zur Verfügung stellen. Rechenintensive Programme wandern von einfachen Servern auf mehrfach parallele Prozessoren, die Tausende von Prozessoren enthalten können. Die Lastverteilung zwischen mehreren Prozessoren ist eine wichtige Anforderung für Softwaredesigner geworden.

Traditionellerweise benutzen Rechenserver mit parallelen Prozessoren konventionelle Sprachen wie FORTRAN, aber es gibt eine wachsenden Benutzung von fortgeschrittenen Sprachen, die C erweitern. Sprachen wie C++ wurden benutzt, um Server niedrigerer Leistungsfähigkeit zu programmieren. Sprachen wie ESP werden als Instrument für den bruchlosen Übergang von einfachen Workstations zu mehrfach parallelen Prozessoren untersucht. Diese Arbeit wird am Microelectronics Consortium (MCC) in Austin, Texas durchgeführt.

Wenn rechenintensive Programme einmal in gebräuchlichen Sprachen codiert sind, kann die Software auf das System mit genügend Leistungsfähigkeit für die Ausführung der rechenintensiven Funktionen übertragen werden. So können Anwendungen auf kleinen Servern auf größere parallele Prozessoren übertragen werden. Solange die Schnittstellen den Protokollkonventionen der akzeptierten Standards entsprechen, kann die Rechenoperation an den Ort mit der höchsten Leistung wandern.

Viele technische und wissenschaftliche Anwendungen liegen in einem Gebiet, in dem schnelle Rechenserver benutzt werden können. Anwendungen, die intensive Berechnungen erfordern, können an den Punkt der höchsten Leistungsfähigkeit im Netzwerk wandern. Strömungsanalysen können auf modernen Workstations ausgeführt werden, aber Analyseprogramme, die hohe Anteile von Rechnerleistung verlangen, können an Supercomputerzentren übertragen werden.

In der Finanzwelt gibt es Anwendungen, die ebenfalls von der Möglichkeit des Wechsels von einfachen Servern zu Geräten mit ständig wachsenden Fähigkeiten profitieren können. Die Simulation von Finanzmärkten ist ein gutes Beispiel für einen Anwendungstyp, der von der Migration auf einen rechenintensiven Computer profitieren könnte.

Computersoftware gibt dem Netzwerk eine einzigartige Dimension. Mit leistungsstarken Prozessoren bietet sie die Mittel für die Ausführung von Anwendungen, die Berechnungen in der komplexen Umgebung des technischen oder Finanzbereichs vornehmen. Von den einfachen Berechnungen technischer Modelle bis zu den komplexeren Anwendungen, die die schnellsten Computer benötigen, gibt es einen breiten Bereich von Software, die auf Rechenservern eingesetzt werden wird.

Lastverteilung ist eine Verteilungstechnik, die Informationen auf die Knoten des Netzwerks bringt, die genügend Rechenleistung und Speicherplatz für die Ausführung der notwendigen Funktionen haben. Einige Systeme haben bereits definierte Mechanismen für die Verteilung zwischen unterschiedlichen Prozessoren mit genügend Leistungsfähigkeit für die Ausführung von Operationen. Dies ist insbesondere in Verbindung mit Rechenservern wichtig.

7.6 FOLGERUNGEN

Das Wachstum von Client/Server-Verarbeitung war erheblich langsamer als vorausgesehen. Ein großer Teil dieser Verzögerung wurde durch spät ausgelieferte Softwarepakete verursacht, die die Netzwerkfähigkeiten voll unterstützen (McCarthy und Bluestein, 1991).

Server werden benutzt, um den gemeinsamen Bedarf von vielen Clients zu decken. Diese unterschiedlichen Aufgaben spiegeln sich in den unterschiedlichen Typen von Software wider, die für Server benötigt werden. Spezieller

Code spiegelt den Bedarf an hoher Geschwindigkeit und Qualität wider, aber unterhalb des speziellen Codes liegen die allgemeinen Betriebssysteme, die Systemfunktionen zur Verfügung stellen.

Die primäre Nutzung von Servern in einem Netzwerk ist die Unterstützung für Datenbanken. Die Komplexität der Serversoftware ist direkt proportional zu den Anforderungen der Datenunterstützung. Die ersten Datenserver waren einfache Prozessoren, die große Zahlen von Dateien für viele PCs verwalteten. Schließlich wurden Server für relationale Datenbanken eingeführt, die ausgeklügeltere Verarbeitung mit höherer Datenkapazität verbanden.

Es gibt einen Wandel von relationalen Datenbanken zur Objektunterstützung, wenn Wissensverarbeitung die einfache Datenverarbeitung ersetzt. Objekte kapseln zusätzliche Attributinformationen über die Daten ein und erlauben einen Wechsel des Verarbeitungsortes. Zusätzliche Kontrollinformationen bewegen sich mit den Daten und erhöhen die Wahrscheinlichkeit für korrekte Verarbeitung.

Zusätzlichen Wandel in den Funktionen wird es geben, wenn einsichtige Systeme eingeführt werden. Die zusätzliche Nutzung implementierter Produkte für künstliche Intelligenz wird die Folge dieses Paradigmenwechsels sein. Auch Software für Managementinformationssysteme wird im Code für diese einsichtigen Systeme enthalten sein.

Die wachsende Benutzung von unterschiedlichen Datenquellen führte zur Entwicklung von Datennavigationswerkzeugen für das Netzwerk. Der Datennavigator findet Daten, wo auch immer im System sie vorhanden sind. Er stellt ein Konzept für die Suche nach korrekten Informationen dar, wo immer diese sich auch befinden mögen.

Der Auswahlprozeß für Server wird Fragen nach der ausreichenden Funktionalität für die Bedürfnisse der geplanten Anzahl von Anwendern genau untersuchen. Die Serversoftware sollte in ausreichendem Maße skalierbar sein, so daß mit wachsender Benutzerzahl die Daten- und Verarbeitungsmöglichkeiten ohne Unterbrechung des Betriebs erweitert werden können. Ebenso wichtig ist es, daß der Server sich an die Protokolle des Industriestandards hält, damit der Wechsel auf größerer Prozessoren möglich ist, wenn die Anwendung es verlangt.

LITERATUR

William D. Beeby, „The Heart of Integration: A Sound Database", *IEEE Spectrum*, May 1983, pp. 44-48.

Edward F. Codd, „Relational Database: A Practical Foundation for Productivity", *Communications of the ACM*, February 1982, pp. 109-117.

DBTG, Data Base Task Group of CODASYL Programming Language Committee Report, April 1981 (erhältlich durch die Association of Computing Machinery).

James Martin, Managing the Data-Base Environment, Prentice Hall, Englewood Cliffs, NJ, 1983.

John C. McCarthy and William Bluestein, „Resizing Client/Server", *The Computing Strategy Report*, Forrester Research Inc., December 1991.

Emerson W. Pugh, Lyle R. Johnson, and John H. Palmer, *IBM's 360 and Early 370 Systems*, MIT Press, Cambridge, MA, 1991.

8

Netzwerkmerkmale

Offene Systeme setzen ein leistungsfähiges Netzwerk oder Kommunikationsfähigkeiten zwischen den Komponenten voraus. Wir nähern uns einer Netzwerkgesellschaft, die fähig sein wird, jeden Computer von jedem Ort zu jeder Zeit zu erreichen. Die Datenübertragung hat von den Fortschritten in der Kommunikationstechnologie während der vergangenen 100 Jahre profitiert. Während der jüngsten Geschichte der Datenverarbeitung sind wir von einfacher Sprachübertragung zu komplexer Kommunikation übergegangen, die Daten und Bilder einschließt. Viele Anwender haben bereits vom offenen Zugriff auf elektronische Daten profitiert. Obwohl der Übergang vom Papier zur reinen elektronischen Übertragung noch nicht eingetreten ist, werden schnelle Fortschritte gemacht. Verbesserungen in der Kommunikation haben zu den Erfolgen offener Systeme beigetragen.

ARPAnet wird als praktischer Vorläufer moderner Computernetzwerke betrachtet. Dieses Netzwerk wurde, gefördert vom Verteidigungsministerium, entwickelt, um Forschungsorganisationen mit relativ hoher Geschwindigkeit und Datensicherheit zu verbinden (Booth, 1981). Kommerzielle Netzwerke wurden eingeführt, die kommerzielle Bedürfnisse in globalen Netzwerken zufriedenstellen. Die Beispiele haben sich multipliziert, als die Fluggesellschaften globale Kommunikation für Flugreservierungssysteme aufnahmen und Produktionsunternehmen weltweite Entwurfssysteme definierten. Viele wurden mit Kommunikationsnetzwerken durch den remote-Zugriff auf Mainframe-Computer bekannt. Die Verbesserungen der Kommunikationsprodukte haben die Verbindungen zwischen lokalen und entfernten Firmenstandorten sicher verbessert.

Frühe Netzwerkprotokolle benutzten weniger verläßliche Kommunikationssysteme. Protokolle waren wechselseitig abgestimmter Quittungsbetrieb („handshaking") zwischen Implementierern. Informationen gingen oft im Netzwerk verloren und es wurde notwendig, redundante Leitwegstechniken für die Übermittlung von Informationen zu definieren. Moderne Geräte haben die Zuverlässigkeitsprobleme und den Bedarf für redundante Systeme reduziert. Die Systemkomplexität hat zu zusätzlichen Problemen geführt. Die moderne Abhängigkeit von Netzwerken wurde im September 1991 deutlich, als ein Generatorfehler bewirkte, daß das Kommunikationsnetzwerk aufhörte zu arbeiten. Dies führte zur Einstellung der Landungen auf den New Yorker Flughäfen. Die Zuverlässigkeit des Netzwerks ist zu einem wichtigen und teuren Problem für Reisende und Fluggesellschaften geworden.

Kommunikation besteht in der Übertragung von Informationen von einem Sender zu einem Empfänger. Oft erfolgt diese Kommunikation direkt zwischen Computern, aber selbst in diesem Fall muß das Netzwerk verläßlich und voraussagbar sein. Kommunikation in offenen Systemen geht davon aus, daß jedes Gerät, das den offenen Protokollen entspricht, an das Netzwerk angeschlossen werden kann. Der offene Zugang zu Daten im Netzwerk wird durch die Konformität zu Standards erreicht, die in der ganzen Welt gelten.

Informationsnetzwerke werden rund um die Uhr aktiv genutzt. Die internationalen Bank bewegen große Mengen von Finanzdaten über Satellitenverbindungen rund um die Uhr. Der Wert der täglich übertragenen Finanzinformationen übertrifft oft das Bruttosozialprodukt vieler Länder. Ingenieure verwenden globale Netzwerke, um Design und Herstellung international zu koordinieren. Produktinformationen müssen verläßlich an entfernte Fabriken für den Herstellungsprozeß übertragen werden. Jede dieser Tätigkeiten beruht auf internationalen Standards für die Datenübertragung über Telefonsysteme mehrerer Länder.

Wenn wir offene Systeme betrachten, beschäftigen wir uns mit unterschiedlichen Aspekten der Nutzung von Kommunikation. Datenarchitekturen beginnen mit LANs, die Abteilungen in einem Gebäude unterstützen. Viele dieser Netzwerke begannen mit Verteilern, die die unterschiedlichen Systeme verbanden. Zunächst waren nur wenige Workstations an LANs angeschlossen, aber schließlich sind die Zahlen gewachsen. Viele LANs sind untereinander verbunden, wenn Abteilungen die Daten lokal teilen. Unser erster Schwerpunkt werden die lokalen Verbindungen in einer Einrichtung sein. LANs werden zusammen mit Backbone-Verbindungen genutzt, um Einzelne am gleichen Ort zu verbinden. Seit ihrer Einführung in den 80er Jahren sind LANs der Basisbaustein für Unternehmensnetzwerke geworden.

Verbindungen zwischen Netzwerken waren eine Herausforderung für Integratoren, die versuchten, die vielen unterschiedlichen Verbindungen zusammenzubringen. Abbildung 8.1 zeigt die große Zahl möglicher Verbindungen, die in einer Systemkonfiguration vorkommen können. Wenn Kommunikation zwischen unterschiedlichen Partnern im Netzwerk eingeführt wird, ist eine Konversion nötig, die spezifische Protokollmerkmale vom sendenden auf den

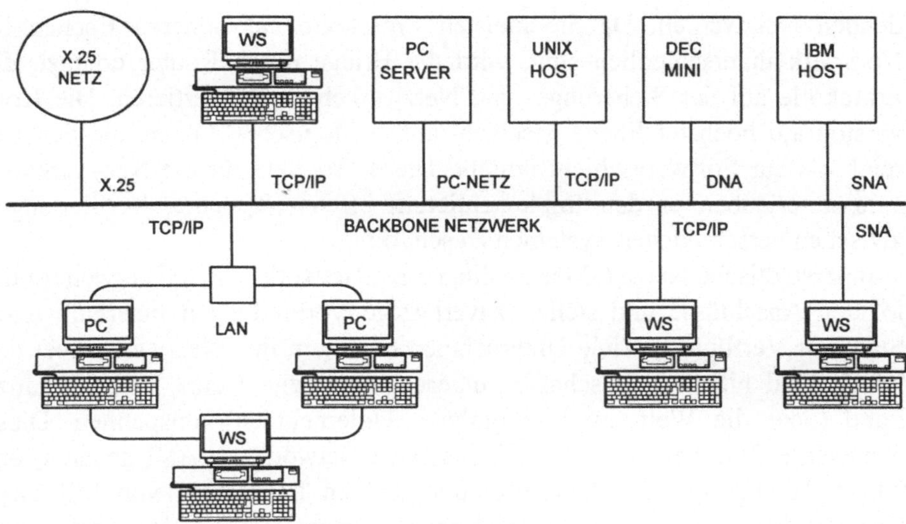

Abbildung 8.1   Netzwerkverbindungen

empfangenden Knoten abbildet. Es wird unterstellt, daß alle sich schließlich über das OSI-Modell (Open System Interconnect) verbinden lassen, aber bis dahin müssen Konversionsroutinen verwendet werden.

Die Konversion zwischen Netzwerken wird üblicherweise durch drei Ebenen kombinierter Hard- und Softwarekomponenten geliefert. Wie in Abbildung 8.2 zu sehen ist, wird die niedrigste Ebene der Konversion durch die Benutzung einer Bridge erreicht, die die Verbindung auf der physikalischen Ebene bildet. Die Bridge unterstellt identische Protokolle in den zu verbin-

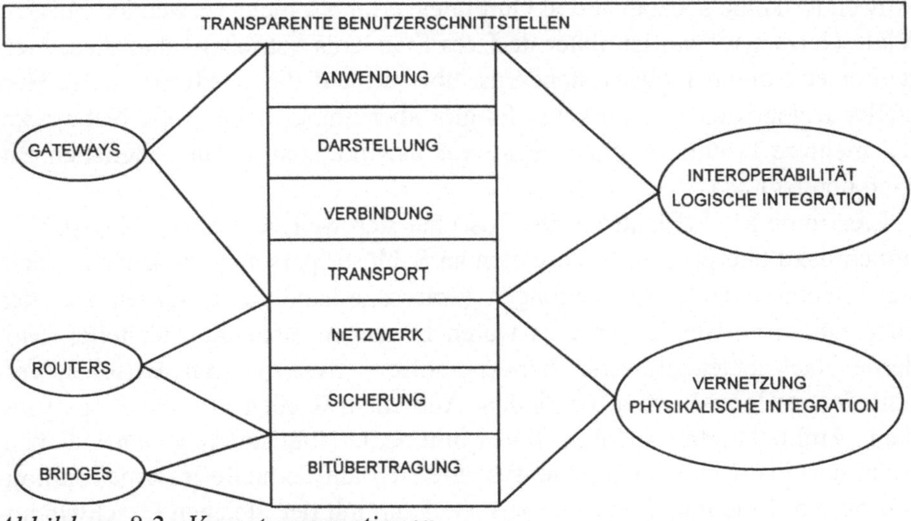

Abbildung 8.2   Vernetzungsoptionen

denden Netzwerken. Da die meisten Protokolle auf höheren Ebenen im Netzwerk unterschiedlich sind, wird die Bridge durch Router ergänzt, die Protokolle auf der Sicherungs- und Netzwerkebene konvertieren. Die Konversion auf höchster Ebene geschieht auf der logischen Ebene, die den Bereich bis zur Softwareschicht umfaßt. Diese Produkte für die Netzwerkkonversion erlauben es den Implementierern offener Systeme, Verbindungen zwischen verschiedenen Systemen zu schaffen.

Innerstädtische Netze („Metropolitan Area Network", MAN*) erweitern die lokalen Anschlüsse und stellen zuverlässige Verbindungen innerhalb einer Stadt zur Verfügung. Viele Unternehmen erweitern ihre Netzwerke über das lokale Feld hinaus und schaffen unternehmensweite Netze, die das ganze Land (oder die Welt, im Fall globaler Unternehmen) umspannen. Diese Netzwerke, Weitverkehrsnetze („Wide Area Network", WAN) genannt, benutzen Hochgeschwindigkeitsverbindungen, um Leistungen von Millionen von Zeichen pro Sekunde zu erreichen (Bartee, 1985). Die zunehmende Übertragung von zusammengesetzten Daten, wie Bilder und Videos, wird zusätzliche Anforderungen an diese WANs stellen.

Der Eintrittspreis für Kommunikation wird bis zu dem Punkt reduziert, wo auch Entwicklungsländer an Datennetzen teilnehmen können. Entwickelte Länder haben umfangreiche Pläne für Hochgeschwindigkeitsnetze, die als Backbone für Unternehmen dienen sollen. Die Nippon Telegraph and Telephone Co. hat einen der ehrgeizigsten Pläne in der Welt für die Verbindung von Privathaushalten und Unternehmen durch optische Fiberverbindungen. Die US-Regierung unterstützt Forschungen für den Bau eines Hochgeschwindigkeitsnetzes für das ganze Land.

Die Übernahme von Kommunikationsprotokollen hat es ermöglicht, daß Anwender keine spezialisierten Quittungsverfahren mehr verwenden müssen. Viele Netzwerke wurden unter de facto Standards betrieben, aber diese werden ersetzt durch Industriestandards, über die auf die Hardware vieler Hersteller zugegriffen werden kann. Es gibt aber immer noch große Netzwerke, die mehrere Protokolle ohne negative Auswirkungen auf den täglichen Betrieb unterstützen.

Electronic Mail (Elektronische Post) hat sich weit verbreitet, als Organisationen dazu übergingen, Nachrichten an Schlüsselpersonen zu senden. Nachrichtenverarbeitende Anwendungen („message-handling") werden seit den 60er Jahren verwendet, aber es waren Lösungen einzelner Hersteller. Moderne Nachrichtennetzwerke benutzen offene Systeme, um zwischen verschiedenen Herstellern zu verbinden. Außerdem werden in Forschungssystemen Architekturen verfolgt, die Multimedia-Unterstützung einschließen, während historische Nachrichtensysteme sich auf textuelle Information konzentrierten. Eine mündliche Anmerkung kann mit der gleichen Geschwindigkeit durch das Netzwerk übertragen werden wie textuelle Information. Standardisierung hat zur Definition fortgeschrittener Umgebungen beigetragen, in denen viele Prozessoren gleichzeitig Nachrichten senden können.

Elektronische „Schwarze Bretter" („Bulletin Boards", oder „Mailbox" - Briefkasten), die eine populäre Technik für die Verbreitung von Informationen sind, stellen eine Variante von Electronic Mail dar. In Bulletin Boards werden Informationen über viele beliebte Themen ausgetauscht. Z. B. werden in Bulletin Boards über Automechanik Kommentare über Entwicklungen auf diesem Gebiet gesammelt. Unixbenutzer greifen auf Bulletin Boards zu, um aktuelle Programminformationen zu erhalten oder sogar bestimmte Releases des Systems zu kritisieren. Die schnelle Verteilung von Informationen über Mainframe-basierte Netzwerke war in den 70er Jahren populär. Diese Netzwerke ermöglichten die frühe Anwendung von zentralen Informationsdateien für PC-Benutzer.

Internationale Unternehmen haben auf der Suche nach effektiver Kommunikationsunterstützung große Beträge in die Entwicklung investiert. Sowohl lokale wie remote-Anschlüsse tragen zu den hohen Kosten eines Netzwerks bei, das unterschiedliche Computer verbindet. Mit der Verwendung moderner elektronischer Technologie sind die Hardwarekosten der Kommunikationsnetzwerke schneller gefallen als die der Computertechnologie. Die Hardwareausstattung macht weniger als 20 Prozent der gesamten Netzwerkausgaben aus.

Die Netzwerkeffizienz ist ein kritischer Punkt, wenn große Mengen komplexer Informationen übertragen werden. Die Effizienz hat sich im letzten Jahrzehnt verbessert, aber das Volumen der Information und die Komplexität haben sich ebenfalls erhöht. Da sich die Leistungsfähigkeit der Informationsverarbeitung ständig verbessert, glaubt man, daß wir in den 90er Jahren ganze Ströme von Daten erleben werden, die sich durch die Netzwerke bewegen. Die Netzwerkkomponenten werden verbessert, wenn die Technologie Änderungen im Netzwerk erlaubt.

Viele Merkmale, die wir von offenen Systemen erwarten, hängen von der Zuverlässigkeit des Netzwerks ab. Die Fähigkeit, eine Welt von Datenstrukturen miteinander zu verbinden, beruht auf zuverlässigen Systemen unterhalb des Netzwerks. Hinzu kommt, daß die Komplexität des Netzwerks fortgeschrittene Werkzeuge verlangt, um Änderungen im Netzwerk verwalten zu können.

Netzwerke enthalten aus der Sicht des Managements Technologie, aber was wichtiger ist, sie sind Interaktionen zwischen verschiedenen Organisationen innerhalb der Organisation. Computernetzwerke sind eine Kombination von Hardware und Software, die zusammenarbeiten, um einen erfolgreichen Betrieb sicherzustellen. Menschen sind das dritte Element in einem erfolgreichen Netzwerk, da sie mit der Technologie interagieren müssen, um die gewünschten Resultate zu erzielen. Ein Fehler in irgendeiner Komponente kann zu einem erheblichen Problem für das gesamte Netzwerk führen. Da die Netzwerke größer werden und zusammenwachsen und die Leistungsfähigkeit bei jedem Schreibtischcomputer wächst, wachsen die Anforderungen für ein leistungsfähiges Management, um einfache und korrekte Verbindungen durch die Systeme sicherzustellen.

8.1 ALLGEMEINE KOMMUNIKATIONSHARDWARE

Die Lieferung offener Systeme beginnt mit elementaren Teilen von Kommunikationshardware, die als Bausteine für die Netzwerke dienen. Hardwarenetzwerke sind in vielen unterschiedlichen Konfigurationen zu finden. Obwohl jeder Knoten im System, ob Client oder Server, Teilnehmer des Netzwerks ist, gibt es spezialisierte Hardware, die das Kommunikationssystem betreibt. Die Hardware kann sich auf dem Grundstück des Kunden befinden und Teil des privaten Netzwerks sein, oder sie befindet sich im öffentlichen Netzwerk und ist Teil einer gemeinsam benutzten Ausstattung, die von jedem benutzt wird, der das Kommunikationssystem benutzt.

Wenn wir von der Perspektive des Endbenutzers beginnen, finden wir Kommunikationsadapter, die in viele Workstations und PCs eingebaut sind. Der Adapter stellt die Verbindung zwischen dem Desktop und dem lokalen Netzwerk her. Adapter bieten Hardwareverbindungen für eine ganze Palette von potentiellen Netzwerkprotokollen. Z. B. sind Adapter erhältlich für Protokolle wie Token Ring, Ethernet, SDLC, V.35, T1/T3, Drahtlos und X21.

Viele Workstations und PCs haben eingebaute Modems für die Verbindung zu analogen Netzwerken. Da Computerdaten in digitaler Form vorliegen und viele Übertragungsmöglichkeiten analog stattfinden, wurde der MOdulator und DEModulator (Modem) eingeführt (Pickholtz, 1985). Modems bieten einen Digital-Analog-Wandlung zwischen analogen Netzwerken und digitalen Geräten, entweder synchron oder asynchron, basierend auf einem Timer. Da synchrone Modems in jeder Leitungsgeschwindigkeit arbeiten können, haben sie einen größeren Marktanteil als asynchrone Modems, die normalerweise unterhalb 1200 Bits pro Sekunde (BPS) arbeiten. Ein Modem mit guter Leistung für offene Systeme arbeitet mit 2400 oder 9600 BPS. Eine andere wichtige Klassifikation ist, ob das Modem in beide Richtungen gleichzeitig übertragen kann, wobei es sich um ein Vollduplexmodem handelt. Halbduplexmodems können zu einem Zeitpunkt nur in eine Richtung übertragen.

Modems haben von den Kostensenkungen für elektronische Technologie profitiert. Während sie einst als separate Prozessoren mit eigener Stromversorgung und Diagnose angeboten wurden, werden sie nun in Workstations jeder Größe eingebaut. Selbst Palmtopcomputer haben eingebaute Modems, die es dem Gerät ermöglichen, mit offenen Netzwerken zu kommunizieren. Viele Funktionen wurden auf einem Chip zusammengefaßt, um dem Modem zu erlauben, die Leistungsfähigkeit seines Hosts auszunutzen. Es sind auch Taschenmodems erhältlich, die portable Geräte für die Übertragung mit dem Netzwerk verbinden.

Der Benutzer schließt das Gerät an eine Telefonsteckdose in der Wand an, was den Anschluß an die Verkabelung vereinfacht, die mehrere lokale Knoten verbindet. Gebräuchliche Anschlüsse können für Workstations, Drucker oder Datenbankserver benutzt werden. Viele Unternehmen benutzen abgeschirmte Koaxialkabel, die beim Bau neuer Gebäude mitverlegt wurden. In älteren Gebäuden wird das Kabel durch die Wand gezogen, was oft teuer ist. Die Abschirmung schützt von Störungen durch unerwünschte Signale. Viele Unternehmen verwenden nichtabgeschirmte verdrillte Zweidrahtleitungen (Twisted Pair), die für lokale Telefonnetze verwendet werden, für den Anschluß lokaler Terminals.

Kabel auf einem Stockwerk oder in Teilen eines Stockwerks werden in Verkabelungsschränken konzentriert, die als Zentrale für mehrere Anwender dienen. Für die Uneingeweihten: der Verkabelungsschrank sieht aus wie ein Labyrinth von Drähten. Die Schränke werden mit anderen Stockwerken im gleichen Gebäude durch ein Backbone-Kabel verbunden, das mehrere Übertragungen gleichzeitig ausführen kann. Moderne Schalträume haben die früheren Irrgärten aus Draht ersetzt. Es ist möglich, verteilte Workstations über Verteiler an mehrere Netzwerke anzuschließen.

Verteilerschränke erlauben es den Unternehmen, ihre Kommunikationsverbindungen an einem zugänglichen Ort zu konzentrieren. Die Zusammenfassung im Schrank macht Reparaturen und Austausch für die verschiedenen Verbindungen einfach. Wenn eine neue Station hinzugefügt wird, kann der Techniker die Veränderungen an einem einzigen Punkt vornehmen. Selbst Ringverbindungen profitieren von den lokalen Verteilschränken. Alle Verbindungen oder Änderungen können in dem Verteilschrank bearbeitet werden, ohne daß der Techniker die einzelnen Arbeitsplätze aufsuchen muß, um Veränderungen vorzunehmen.

Optische Verkabelung ist für Weitverkehrs- und lokale Netze wichtig geworden. Transozeanische optische Kabel haben die früheren Kupferkabel ersetzt. Optik hat die Bandbreite vergrößert und die Anzahl der Anwender, die sich an ein Netzwerk anschließen können.

Große Installationen führten Fiberoptik-Backbones ein, um LANs zu verbinden, die Koaxial- oder Drahtverbindungen benutzten. Fiberoptik hat die Leistungsfähigkeit und die Qualität der Verbindungen zwischen Netzwerken verbessert. Die optische Übertragung ist klarer und zuverlässiger da sie nicht von elektromagnetischen Störungen beeinflußt wird. Mit der weiteren Entwicklung von Fiberoptik sind Unternehmen zu lokalen Fiberoptikverbindungen übergegangen. Hersteller, die zuerst Kupferdrahtprodukte anboten, liefern nun optische Kabelsysteme, die höhere Zuverlässigkeit und eine Leistung bis zu 100Mbit pro Sekunde bieten. Der Verteilerschrank wird zum Verbindungspunkt für optische Netzwerke. In der Übergangszeit werden Kombinationen von optischen und Kupferverbindungen in den Abteilungen genutzt werden.

FDDI-Produkte („Fiber Distributed Data Interface") bieten Hochleistungsverbindungen, die als Backbone-Netzwerke für die Verbindung unterschiedlicher LANs eingeführt wurden. Die Weiterentwicklung der Fiberoptik hat zur Akzeptanz von Fiberoptik nicht nur als Backbone, sondern als primärer LAN-Verbindung geführt. Hersteller wie SynOptics Communications Inc. und Cabletron bieten Konzentratoren und Module an, die FDDI unterstützen.

Alternative Formen der Kommunikation werden aufgegriffen, um die Verdrahtung zu reduzieren und höhere Flexibilität in der Plazierung der Hardware zu erreichen. Infrarot wurde für die Kommunikation zwischen lokalen Knoten im Netzwerk benutzt. Eine andere Form der Kommunikation mit Desktopeinheiten ist die Funkverbindung mit dem Netzwerk. Wenn die Workstation mobil ist, wie im Fall von Verkaufs- oder Lieferservice, kann ein direkter Vorteil durch Funkverbindungen erzielt werden. IBM und Motorola haben diese Verbindung als Pioniere für ihre Servicerepräsentanten benutzt.

Eine andere Form der Hardware, die diesen Prozeß unterstützt hat, ist der Kommunikationsvermittler. Diese Vermittler verbinden LANs mit dem gesamten Netzwerk. Terminalcontroller werden benutzt, um mehrere Terminals an einen Mainframe anzuschließen und erfüllen die logische Funktion einer Vermittlung. Die meisten Systeme benutzen auch Kombinationen von Gateways, Routern und Bridges, die die Verbindung zwischen verschiedenen Protokollen und die Informationsübertragung zwischen ihren Systemen ermöglichen.

Wie in Abbildung 8.3 zu sehen ist, bieten Bridges einfache Verbindungen zwischen identischen LANs. Router, in Abbildung 8.4 zu sehen, verbinden ungleiche Netzwerke miteinander. In unserem Beispiel verknüpfen sie Token Ring und TCP/IP Netzwerke miteinander. Router sind populär geworden und haben eine hohe Zuwachsrate erreicht. Unternehmen wie Cisco, AT&T, IBM und Kentrox haben Router hergestellt. SynOptics hat Router mit intelligenten Leitungsverteilern gekoppelt, um mehrere LAN-Verbindungen zusammenzubringen. Cisco Systems hat mit SynOptics zusammen an der Entwicklung von Verteilerroutern gearbeitet.

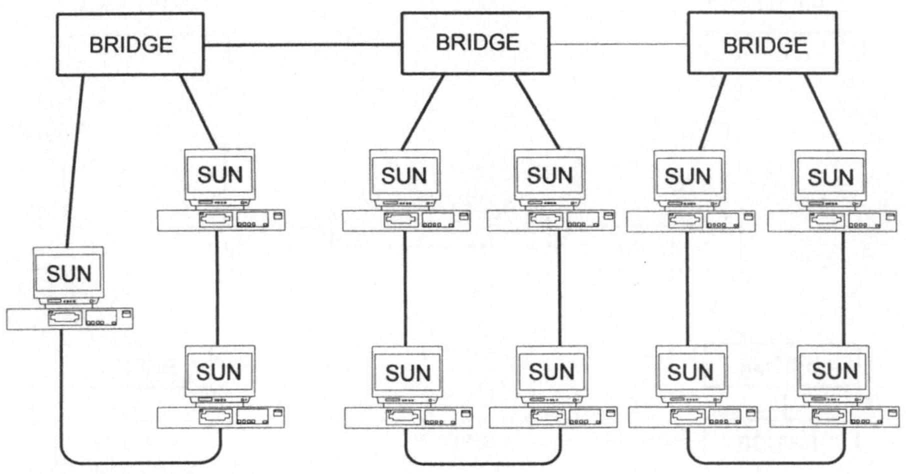

Abbildung 8.3   Bridges

Intelligente Verteiler sind Leitungsverteiler, die mit zusätzlichen Netzwerkmanagementfähigkeiten versehen wurden. Diese intelligenten Verteiler stellen einen wesentlichen Vorteil gegenüber dummen Verteilerschränken dar. Die Käufer sind bereit, hohe Preise für die Verwaltung des Netzwerks durch intelligente Boxen zu bezahlen. Konzentratoren wurden mit der Terminalkommunikation eingeführt, um gemeinsame Verarbeitung für die Terminals zur Verfügung zu stellen und ihre Signale für die Übertragung auf dem Netz zusammenzufassen. Hochgeschwindigkeitsleitungen können auf dem Netz geteilt werden und so die Kosten der Netzwerkverbindungen reduzieren. Viele Konzentratoren wurden als Einrichtungen für Speicherung und Weiterleitung („store-and-forward") benutzt. Der Front-End Prozessor (FEP) ist ein spezieller Konzentrator für die Sammlung von Nachrichten in der Kommunikation. Ursprünglich meinte man, ein hoher Prozentsatz der Kommunikationsverbindungen zu Computern könnte durch diese Konzentratoren verarbeitet werden. Die IBM 3705, 3725 und 3745 sind weitverbreitete Front-End Prozessoren, die Verbindungen zu Mainframes herstellen. Diese Prozessoren sind in offenen Systemkonfigurationen zu finden, die mit Mainframes verbunden sind.

Eine früh für Kommunikation genutzte Möglichkeit sind private Telefonnetze („Private Branch Exchange" PBX). PBXs basierten auf der Verwendung ungenutzter Zeiten, um die Leitungskosten für die das Grundstück verlassenden Leitungen zu senken, da nur ein Sechstel der Telefone während der Geschäftszeiten gleichzeitig benutzt wird. Aus der Verwendung dieser Gerä-

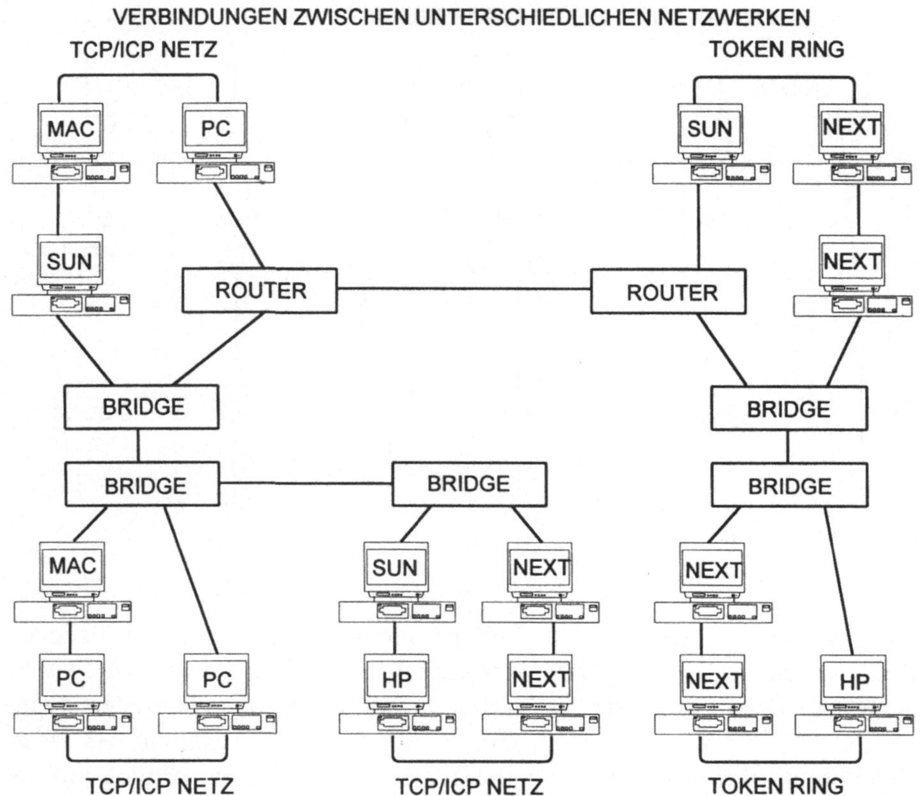

Abbildung 8.4   Router

te, um die Benutzung von Fernleitungen zu reduzieren, ergaben sich wesentliche Ersparnisse. Ursprünglich wurden Steckerverbindungen für PBX benutzt, aber neuere Technologie ermöglichte den Entwicklern, die Konfigurationen wesentlich zu verkleinern. Schließlich führte die Rolm Company Computer Branch Exchange (CBX) ein. Programmierung ersetzte die Verdrahtung und PBX trat in die elektronische Ära ein. Diese Durchbrüche haben dazu beigetragen, private Netzwerke realistisch zu machen.

Obwohl die Übertragungskosten weiter fallen, machen sie immer noch einen hohen Prozentsatz des Betrages aus, der für die Verbindung offener Systeme in einem Unternehmen ausgegeben wird. Die Einführung digitaler Kommunikation (ISDN) hat diese Kosten reduziert und weltweite Netze zu einer ständig wachsenden Wirklichkeit werden lassen. Digitale Kommunikation ist seit der Einführung von ISDN Netzwerken in den Vereinigten Staaten und Europa gewachsen.

Multiplexer (Leitungsvervielfacher) für die Datenkommunikation kommen in zwei Formen vor. Frequenzmultiplexing („Frequency-division multiplexing", FDM) war die meistverbreitete Technik für Sprachübertragung. FDM teilt die Bandbreite in kleinere Frequenzbereiche auf, die überlagert und über ein Übertragungsmedium versandt werden. Eine 9600 BPS-Leitung kann in 32 Leitungen zu 300 BPS aufgeteilt werden, wobei jeder Unterkanal an einem anderen Ort endet. Zeitmultiplexing („Time-division multiplexing", TDM), das Pulscodemodulation benutzt, ist für Daten gebräuchlich. TDM teilt die Übertragung in Zeiteinheiten auf und überträgt Informationen von langsamen Übertragungseinheiten über Hochgeschwindigkeitsverbindungen. Statistisches Zeitmultiplexing („Statistical time-division multiplexing", STDM) vergibt eine Zeitscheibe nur, wenn Verkehr für diesen Kanal auftritt. Wellenmultiplexing („Wave Division Multiplexing", WDM) hat in optischen Netzwerken FDM verdrängt.

Wenn die Kommunikation die lokalen Grundstücke überschreitet, bewegt sie sich in globalen Übertragungsnetzen, die für ihre hohe Geschwindigkeit bekannt sind. Dies war nicht immer der Fall, da die Menschen verschiedene Techniken für Fernverbindungen ausprobierten. Kuriere, Leuchtfeuer oder Trommeln waren alle in Entfernung und Dauer durch die Fähigkeiten des Mediums begrenzt. Die interkontinentale Kommunikation war genauso enttäuschend bis 1878 das erste Interkontinentalkabel verlegt war.

Heute können Text und Sprache mit komplexen Video-, Grafik- und Bildinformationen vermischt über moderne Hochgeschwindigkeitsnetzwerke übertragen werden. Fortgeschrittene Übertragungsmöglichkeiten haben den Verkehr beschleunigt. Schnelle digitale Übertragungen werden mit der Nutzung der Technologie noch besser. T1-Multiplexing mit hoher Leistung (1,544 Mbps) und Kapazität wurde 1974 verfügbar. Die niedrigeren Preise kombiniert mit der hohen Übertragungsrate machten die Verbindung genügend attraktiv für Unternehmen, um sie für Unternehmensnetzwerke mit Unterstützung für Sprache, Daten und Bilder zu verwenden. Verbesserungen des ursprünglichen ESS4 („electronic switching system 4") von AT&T führten zu weiteren Verbesserungen in Leistung und Kapazität. T3 bietet eine höhere Leistung (44 Mbps) mit der Option, das Äquivalent von 28 T1-Leitungen zu erreichen. T3 ist darüber hinaus mit vorhandenen Fiberoptik-Standards kompatibel.

Satellitenverbindungen bieten seit einiger Zeit Sprach- und Datenübertragungen und werden von Ingenieuren und Produzenten für die Übertragung von Entwurfsinformationen über Kontinente benutzt. Satelliten erreichten innerhalb weniger Jahre nahezu sofortige Verbindungen ohne die Probleme, die bei Unterwasserkabeln auftraten. Übertragungen können in Sekunden erfolgen und durch die Verwendung eines zweiten Satelliten wird Redundanz erreicht.

Ob das Netzwerk Mikrowellen, Satelliten oder Fiberoptik benutzt: moderne Übertragungen erzeugen den Anschein, lokal zu sein. Interaktive Telefonkonferenzen versprechen neue Dimensionen, indem sie die Interaktion über Video vom Konferenzraum auf den einzelnen Schreibtisch bringen.

In den externen Netzwerken finden wir einen weiten Bereich unterschiedlicher Tarife und Geräte. Die Organisation der öffentlichen Systeme variiert in den einzelnen Ländern und mit den Möglichkeiten der Kommunikation. Spezialisierte Fernsysteme haben von der Einführung elektronischer Technologie profitiert. Kontinuierliche Verbesserungen werden die Hardwarefähigkeiten sowohl lokal wie remote erweitern. Die Akzeptanz für optische Verbindungen in den unterschiedlichen Netzwerkknoten wird wachsen und wesentliche Kostenvorteile für die Systementwickler bringen.

8.2 LOKALE NETZWERKE

Lokale Netzwerke sind ein Angelpunkt für die Definition offener Systeme. Ursprünglich wurden diese Netzwerke durch informelle Verbindungen gebildet, indem Drähte zwischen Büros verlegt wurden, um kleine Gruppen von PCs zu verbinden. Da die Verbindung wechselseitig definiert war, war es relativ einfach, dem Netzwerk weitere Mitglieder hinzuzufügen. Die wachsende Population der mit LANs verbundenen PCs hat Fragen der Unterstützung und der Verwaltung aufgeworfen, die durch Standardisierung beantwortet wurden.

Das LAN wurde eingeführt, um die Kommunikation und die Teilung von Ressourcen in Arbeitsgruppen zu erleichtern. Es transportierte Informationen zwischen den Computern über lokal verbundene Knoten. Mit den wachsenden Fähigkeiten auf dem Netzwerk kann der Verkehr durcheinandergeraten und wesentlich höhere Bandbreiten benötigen, als ursprünglich innerhalb des Systems vorgesehen war. LANs waren ursprünglich auf einzelne Abteilungen beschränkt, aber ihre Reichweite wurde vergrößert auf ganze Gebäude oder sogar ganze Universitätsgelände (Stallings, 1987). Da die Hardware sich verbessert hat, ist es möglich geworden, die Zahl der Menschen mit Verbindung zum Netzwerk zu erhöhen.

Fortschritte in der LAN-Technologie haben Produkte hervorgebracht, die schneller und einfacher zu benutzen sind als ihre Vorgänger. Die Kapazität des Netzwerks hat die Dienste durch schnellere Verbindungsmechanismen erweitert. Einfachheit wurde durch die Einführung einfacherer und besser beschriebener Supportsoftware erreicht. Die Unterstützung im Netzwerk führte zur klaren Definition von Problemgebieten. Korrekturen können über das Netzwerk transportiert werden. Ursprünglich verlangten LANs eine spezielle Verdrahtung, aber neuere LANs benutzen innerhalb des Gebäudes Telefonkabel („Twisted Pair"). Die höheren Geschwindigkeitsanforderungen werden zur breiteren Nutzung optischer LANs führen.

Ein anderer Gesichtspunkt für den LAN-Anschluß sind die Kosten pro Einheit. Die ersten Adapter wurden direkt in PC-Steckplätze eingebaut und benutzten die Busleistung des Gerätes. Jüngste Anschlüsse benutzen Beschleuniger, um hohe Geschwindigkeiten für die tatsächliche Verbindung zu erreichen und auch die Kosten zu senken.

LAN-Kommunikation benutzt zwei unterschiedliche elektrische Protokolle, um die erforderlichen lokalen Dienste anzubieten. Basisband übermittelt codierte Signale als einen kontinuierlichen Strom, wobei jeder Knoten sequentiell Nachrichten auf dem Übertragungsmedium ablegt. Repeater („Wiederholer") werden im Übertragungssystem benutzt, um die Gesamtleistungsfähigkeit zu erhöhen und korrekte Übertragung sicherzustellen. Eine Reduzierung der Repeater kann die Kosten des Netzwerks senken, aber sie mag Fehler in der Übertragung verursachen. Basisbandnetzwerke können eine sehr hohe Leistung erreichen.

Das zweite elektrische Protokoll für die Nachrichtenübertragung ist Breitband, ein Hochgeschwindigkeitstransportverfahren für mehrere analoge Signale, das verschiedene Übertragungsmedien benutzt. Hochgeschwindigkeitsdatenverbindungen über Breitband werden durch HSSI („High Speed Serial Interface") hergestellt, was für Verbindungen zwischen Netzwerken benutzt wird. Breitband unterstützt unterschiedliche Typen von Netzverkehr wie Daten, Bilder, Video, Sprache und Multimedia. Mehrere Breitbandkanäle erlauben Parallelität, was Redundanz im Netzwerk ermöglicht.

Breitband wurde für einen weiten Bereich von Anwendungen verwandt, die offene Systeme betreffen. Dazu gehören Verbindungen zwischen LANs, die sowohl im technischen wie kaufmännischen Bereich benutzt wurden, und Videosignale für Workstations. Breitband wurde benutzt, um Mainframes und Datenbankserver zu verbinden. Mögliche weitergehende Anwendungen wären die Benutzung von Protokollen für die Unterstützung von Multimedia, Video und Hochgeschwindigkeits-Bildübertragung.

Eine Reihe von Protokollen wurde für die Nachrichtenübertragung in LANs verwendet. Das populärste für offene Systeme war TCP/IP („Transmission Control Protocol/Internet Protocol"), das ursprünglich 1992 vom Verteidigungsministerium für das ARPAnet („Advanced Research Projects Agency Network") entworfen wurde. Das Netzwerk benutzt einen Satz von Protokollen, die für die Verbindung von Netzwerken entworfen wurden und einfacher zu implementieren sind als die meisten anderen Protokolle, die auf LANs benutzt werden. Erweiterungen für den Zugriff auf gemeinsam benutzte Dateien, Dateiübertragung und Electronic Mail trugen zum Überdauern des Protokolls bei. Andere Bestrebungen erweiterten das ursprüngliche Protokoll für das Netzwerkmanagement mit der Einführung der vereinheitlichten LAN-Architektur („Unified LAN Architecture", ULANA).

Ethernet wird mit TCP/IP assoziiert, seit es bei der Einführung als Medium 1973 das Protokoll benutzte. Seit der Einführung des ersten einsatzfähigen Boards wurde das Design kontinuierlich bis zu dem Punkt verbessert, wo es Übertragungen mit 10 Mbps über Twisted Pair unterstützt. Ethernet stellt viele grundlegende Netzwerkfunktionen zur Verfügung und bleibt ein Ziel für nachfolgende Entwürfe. Seine Unterstützung für Pakete variabler Größe und der sofortige und direkte Zugriff durch Benutzer sind beides wichtige Merkmale, die es attraktiv machen. IEEE erkannte den Wert des Systems und begann 1979 mit der Standardisierungsarbeit.

Die Akzeptanz von TCP/IP und der wachsende Bedarf an Standards hat zu zusätzlichen Definitionen des Wertes von unterschiedlichen technischen Ansätzen für die Verbindung von Netzwerken untereinander geführt. Die Standardisierungsarbeit der IEEE hat zur Definition von drei LAN-Standards geführt, die eine Basis für den Entwurf offener Systeme bilden (Dixon, 1987) und drei unterschiedliche Philosophien für die Verbindung offener Systeme repräsentieren. Jeder der drei Standards kann für spezifische Implementationen übernommen werden.

1. CSMA/CD („Carrier Sense Multiple Access/Collision Detection") hört den Träger ab (carrier sense), um Verkehr auf dem Netzwerk festzustellen. Da ein Knoten die Verfügbarkeit des Netzwerks feststellt, ist es möglich festzustellen, wenn die Schaltkreise unbenutzt sind und eine Nachricht über den unbenutzten Knoten zu versenden. Die Entdeckung von Konflikten (collision detection) erlaubt die Entdeckung gleichzeitiger Übertragungen, was die Übertragungen beendet. (Anm.d.Übers.: Nach einer gewissen Verzögerung wird der Sendeversuch wiederholt - multiple access.) CSMA/CD ist das beliebteste Verfahren in offenen Systemen, da dieser Mechanismus in TCP/IP-Protokollen benutzt wird. Es ist einfach und kostengünstig zu implementieren und scheint für die meisten Installationen verläßlich genug.

2. Die zweite wichtige Architektur ist Token Bus. Tokens stellen einen natürlichen Weg für den Entwurf von Kommunikationsverbindungen dar, da sie auch in anderen Formen der menschlichen Kommunikation benutzt wurden. Wie eine Marke repräsentiert das Token die Erlaubnis, das Senden von Daten einzuleiten. Zwei separate Implementationen wurden in der Tokenarchitektur benutzt, wobei ein Bus oder ein

Ring vorgezogen wurde. Der Bus stellt eine dedizierte Übertragungsmöglichkeit mit hoher Zuverlässigkeit in zwei Richtungen dar. Der Bus wurde ursprünglich in Fabrikumgebungen eingeführt und ist wichtig für den MAP-Standard („Manufacturing Automation Protocol").

3. Die dritte Architektur ist Token Ring, welche die Knoten in einem geschlossenen Pfad in einer Richtung verbindet. Jeder Knoten regeneriert die Signale, wenn sie die Station erreichen. Auf dem Token Ring Netzwerk werden die Tokens vom Sender an den Empfänger erzeugt und durch das Netzwerk regeneriert, bis das Token die Zielstation erreicht. Die Zielstation macht eine Kopie der Information für ihren eigenen Speicher und reicht die Daten über den Ring weiter. Wenn das Token und die Information den Sender erreichen, wird diese entfernt und das Token freigegeben. Jede Station die ein freies Token entdeckt, kann die Übertragung beginnen, aber sie ist durch eine Maximalzeit für die Einbehaltung des Tokens eingeschränkt. Die asynchronen Prioritätsstufen machen Token Ring für viele Anwendungen attraktiv.

Die breite Akzeptanz von LANs mit den erforderlichen Verwaltungsstrukturen haben neue Anforderungen an Entwickler gestellt. In vielen Unternehmen hat jedes LAN einen eigenen Verwalter, was einen kostenträchtigen Verwaltungsaufwand für die Installation offener Systeme bedeutet. Es wurde geschätzt, daß in der Mitte des Jahrzehnts Millionen von LANs installiert sind. Die laufenden Kosten für Netzwerkverwalter können sehr groß werden. Die Herausforderung besteht darin, Techniken für die Verwaltung von LANs zu entwickeln, die nicht für jedes LAN einen Verwalter benötigen. Einige Unternehmen führen bereits Programme ein, um dieses Problem zu lösen.

LANs können sich über unterschiedliche Stockwerke oder mehrere Gebäude erstrecken. Die Verbindung zwischen LANs wird LAN Interconnect (LIN) genannt und entweder durch Router oder Bridges erreicht. Wenn mehrere LANs in einem Unternehmen existieren, sind LINs für die Unterstützung offener Systeme notwendig. Bridges verbinden LANs auf der niedrigsten Protokollebenen und sind am geeignetsten zwischen zwei gleichen Netzwerken. Router kennen die Existenz höherer Protokolle und sind am geeignetsten für heterogene LANs. LANs werden über Protokolle in Unternehmensnetzwerken verbunden, die über das einzelne Gebäude oder das Firmengelände hinausgehen. Wir werden als nächstes alternative Verbindungen jenseits des lokalen Bereichs untersuchen.

8.3 ERWEITERTE NETZWERKMÖGLICHKEITEN

Überlegungen zu erweiterten Netzwerkmöglichkeiten berücksichtigen Netzwerke außerhalb des Standorts. Diese Netzwerke benutzen entweder private oder öffentliche Einrichtungen, um breitere Verbindungen zu erreichen. Private Netzwerke benutzen Architekturen, die entweder von einem Computerhersteller oder dem benutzenden Unternehmen stammen. Das private Netzwerk nutzt gemietete oder eigene Einrichtungen mit privaten Kanälen.

Öffentliche Netzwerke benutzen Kommunikationseinrichtungen mit lokalen, nationalen und internationalen Verbindungsmöglichkeiten. In öffentlichen Netzwerken basieren die Schnittstellen zum Netzwerk auf Standards, die gemeinsam benutzte Bandbreiten verwenden. Öffentliche Netzwerke sind ökonomischer aber haben die gleichen Merkmale wie jede andere gemeinsam benutzte Einrichtung.

Eine Überprüfung der verfügbaren Datendienste zeigt, daß sie in drei Kategorien fallen.

1. Paketvermittlung erlaubt das Versenden von Datenpaketen über große Entfernungen, wobei gegenwärtige Verbindungen X.25-Protokolle verwenden. Geschwindigkeitsverbesserungen der Paketvermittlung werden sich aus der Einführung verbesserter Netzwerke in diesem Jahrzehnt ergeben, aber X.25 wird in vielen Ländern wichtig bleiben.
2. Leitungsvermittlung schließt die gegenwärtige Leitungsvermittlung und 64 kbps-Leitungen ein. Die Verbindung von Einrichtungen im Büro zur Leitungsvermittlung erfolgt durch Modems.
3. Leitungsverbindung durch dedizierte Leitungen über analoge oder digitale Systeme, die in viele Gebäude vorverlegt sind. Bei Leistungsklassen über 64 kbps können diese Leitung T1 mit 1,544 Mbps und T3 mit 45 Mbps benutzen.

Netzwerke sind über die miteinander verbundenen LANs in einem Unternehmen hinaus vorhanden. Innerstädtische Netze („Metropolitan Area Networks", MAN) bieten Netzwerkunterstützung innerhalb der Stadt oder zu Vorstädten. Lokale Büros können auf einem offenen Netzwerk verbunden werden und für zusammengesetzte Daten dieses öffentliche Netzwerk benutzen. Obwohl an vielen Orten Kupfer benutzt wurde, ersetzt Fiberoptikkabel in vielen Städten bereits die traditionellen Verbindungen. Da MANs lokale öffentliche Netze sind, können sie für die Verbindung mit Lieferanten und anderen Geschäftspartnern verwendet werden, die nicht im privaten Netz sind.

Große Unternehmen unterhielten lange Fernnetzabteilungen innerhalb des Unternehmens. Diese Netzwerke benutzen unterschiedliche Medien für die Kommunikation innerhalb des Unternehmens. So unterschiedliche Technologien wie Kupferkabel und Satellitenübertragungen wurden benutzt. Auch Fibernetzwerke im Boden und optische Verbindungen wurden verwendet. Diese Netzwerke benutzten traditionellerweise herstellerspezifische Implementationen, man geht jedoch zu Standardschnittstellen über. Unternehmensnetzwerke umfassen das gesamte Unternehmen und unterstützen entfernte Niederlassungen. Mit dem WAN können Unternehmen ihre Kommunikation über unterschiedliche Regionen der ganzen Welt ausdehnen.

Eine Reihe von Unternehmen hat Unternehmensnetzwerke für die Unternehmensführung benutzt. Boeing benutzte das Netzwerk für den Entwurf ihrer Flugzeuge. IBM hat ein weltweites Netzwerk, das nicht nur die Entwicklung sondern auch die Marketinggruppen verbindet.

Die Übernahme von Netzwerkprotokollen, die in globalen Systemen funktionieren, hat den offenen Ansatz für Unternehmen attraktiv gemacht, die die beste Hardware verwenden müssen, die im jeweiligen Land verfügbar ist. Logische Arbeitsgruppen können viele Orte umfassen und doch offene Kommunikationsgeräte benutzen.

8.4 NETZWERKARCHITEKTUREN

Lokale Computernetzwerke begannen mit einem Mischmasch von Protokollen und Drähten, um die unterschiedlichen Prozessoren zu verbinden. Die informelle Verdrahtung schloß auch ein, einen Draht über die Wand zu werfen, um die PCs zu verbinden. Die Protokolle zwischen diesen ersten Systemen waren einfache Quittungsverfahren, die zwischen den verbundenen Prozessoren vereinbart waren. Seit diesen frühen Tagen der Netzwerke haben ausgeklügelte Protokolle und Verkabelungsschemata den gesamten Ansatz modernisiert.

Als die Netzwerke weiter wuchsen, gab es einen offensichtlichen Bedarf, den Durcheinander in ein organisiertes System zu verwandeln, das die Ansprüche der heterogenen Verbindungen erfüllte. Obwohl die Standards gut vorankamen, bleiben Verbindungen mit mehreren Protokollen und mehreren Verkabelungssystemen in vielen Unternehmen dominierend und es wird erwartet, daß sie für den Rest des Jahrhunderts weiterbenutzt werden.

Wenn wir das Netzwerk aus einer rein funktionalen Perspektive betrachten, können drei unterschiedliche Ebenen zu diesem organisierten Ansatz beitragen. Verarbeitungsmodule für die Kommunikation behandeln die Erzeugung, Übertragung, Fehlerentdeckung und Überwachung der Nachrichten im Sy-

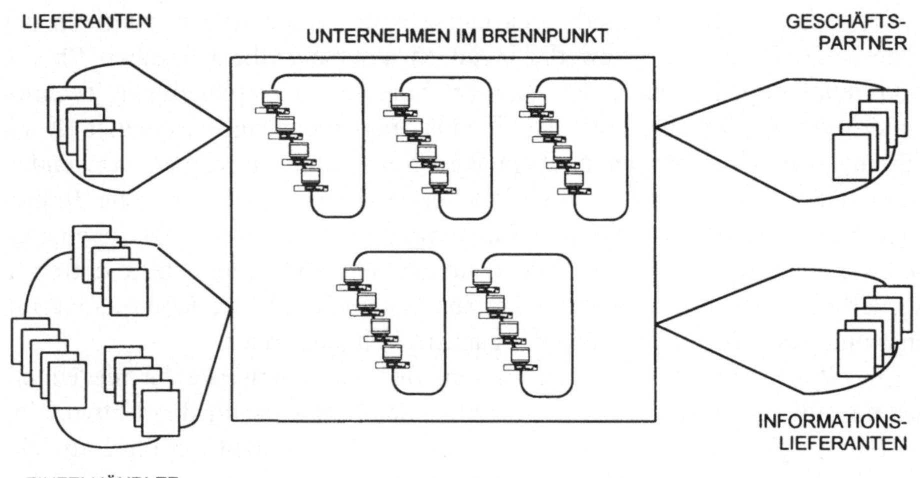

Abbildung 8.5   Externe Netzwerke

stem. Diese Module benutzen Protokolle, die Schnittstellen darstellen, die die Verbindungsregeln zwischen den kommunizierenden Knoten definieren. Kombinationen von Verarbeitungsmodulen und Protokollen repräsentieren die arbeitenden Netzwerke, die sich über lokale und remote-Verbindungen erstrecken. Jede dieser logischen Funktionen bietet einzigartige Fähigkeiten für offene Systeme und muß untersucht werden, um die Leistung des Netzwerks zu verstehen.

Die gleichen Fortschritte der Technologie, die eine Revolution in der Datenverarbeitung auslösten, haben auch die Kommunikationsumgebung beeinflußt. Frühe Terminals verlangten eine große Nähe zwischen Terminals und Computer. Verbesserungen erlaubten entfernte, jedoch - nach heutigen Standards - primitive Verbindungen für Endbenutzer. Fortschritte in Satelliten- und optischer Kommunikation haben remote-Umgebungen geschaffen, die wie lokale erscheinen. Netzwerke wurden einst der Übertragung von Sprache oder Daten gewidmet, aber können heute gemischte Kommunikation unterstützen. Datenübertragungen waren einst langsam und von zweifelhafter Qualität, aber heutige Hochgeschwindigkeitsbandbreiten können Daten in außerordentlich guter Qualität übertragen.

Mit der Verwendung von fortschrittlichen Konversionsprodukten haben remote-Verbindungen eine effektive Transparenz gegenüber unterschiedlichen Netzwerkprotokollen erreicht. Moderne Vermittlungstechniken erlauben die Verbindung zwischen lokalen Netzwerken und großen Datenbeständen mit wertvollen Daten. Viele Unternehmen wie Automobilhersteller sind an externen Netzwerken beteiligt wie in Abbildung 8.5 gezeigt. Diese Netzwerke bestehen aus dem Unternehmen im Brennpunkt, das den Angelpunkt der Verbindung darstellt und den Lieferanten, Einzelhändlern und Geschäftspartnern. Fortschritte bei remote-Verbindungen haben dazu beigetragen, diese Netzwerke zwischen Unternehmen Wirklichkeit werden zu lassen.

Zusammengesetzte Datensätze können sehr groß werden, wenn Text mit gesprochenen oder gezeichneten Anmerkungen oder Bildinformationen übertragen wird. Die Verwendung erweiterter Grafik für kaufmännische Anwendungen hat neue Anforderungen an das Netzwerk geschaffen. In den frühen Kommunikationsanwendungen war die Zuverlässigkeit des Netzwerks ein Problem, aber die späteren Architekturen und die Fortschritte bei elektronischen Chips haben die Zuverlässigkeit verbessert.

Die Übertragung von technischen Entwürfen war früh ein Grund für die Verwendung robuster Netzentwürfe. Ein einziges falsches Bit kann den Entwurf kritischer Komponenten verfälschen. Da Millionen von Zeichen übertragen werden, ist es wichtig, daß das System für die Übertragung korrekter Daten entworfen ist. Jeden Abend werden durch das Finanznetzwerk der Welt elektronische Informationen über Millionen Dollar übertragen. Auch dieser Bereich verlangt hohe Präzision.

Jede dieser Dateien enthält Informationen, die im Kommunikationsnetzwerk geschützt werden müssen. Eindringversuche in Telefonsysteme sind möglich und mit raffinierteren Ausrüstungen kann ein hohes Maß an industriellem Wissen aus den Wellen bezogen werden. Abhören durch erfahrene Profis kann Zugang zu Systemen verschaffen und sie verletzlich für Angriffe machen.

8.5 VERTEILTE VERARBEITUNG

Verteilte Verarbeitung bietet für viele Unternehmen eine große Chance, die wachsende Leistung von Desktopcomputern effektiv zu nutzen. Mit einem wohldurchdachten Verteilungsplan ist es möglich, existierende Ressourcen wirkungsvoll einzusetzen und gleichzeitig preiswertere Plattformen einzusetzen. Verteilte Verarbeitung ist eine flexible Alternative zu individueller und Gruppenproduktivität. Die ausgedehnte Benutzung verteilter Verarbeitung führt zu erhöhtem Verkehr auf dem Netzwerk. Die Kosten von Verwaltung und Installation sind sehr viel höher als in zentralen Systemen.

Bei der Implementation verteilter Systeme besteht eine Reihe technischer Probleme. Seit einigen Jahren versuchen Entwickler, verteilte Systeme zu schaffen, die in vielen Umgebungen zuverlässig arbeiten. Es wurde bald deutlich, daß die Unterstützung transparenter Kommunikation ein integraler Bestandteil jeder verteilten Systemlösung ist. Ein System der Namensgebung,

das die Tatsache der Verteilung der Informationen beachtet, ist ebenfalls eine
Voraussetzung.

Sowohl Unix International wie OSF haben Techniken für verteilte Verarbeitung definiert. Auf den ursprünglichen Unixdefinitionen aufbauend, ist es
der Zweck beider Definitionen die gegenwärtigen Fähigkeiten zu erweitern
und das Hineinwachsen in künftige Systeme zu unterstützen.

Unix International erklärte UI-ATLAS zum Rahmen für die verteilte Verarbeitung. Dieser Rahmen bietet Definitionen für die hauptsächlichen Dienste
bei verteilter Verarbeitung, mit der Möglichkeit, vorhandene Datenbanken zu
benutzen. Der Rahmen hilft Entwicklern bei der Definition von Systemkomponenten und hilft Anwendern, ihre Anforderungen an verteilte Verarbeitung
zu verstehen. Der UI-Standard basiert auf der Notwendigkeit, die Kompatibilität mit vorhandenen Systemen zu erhalten und künftige Erweiterungen der
Technologie zu erlauben.

Drei hauptsächliche Dienstkomponenten sind in der Architektur definiert.
Dazu gehören:

1. *Anwendungsdienste* sind die Dienste, die von Anwendungsprogrammen benötigt werden, um spezifische Funktionen in der verteilten
   Umgebung ausführen zu können. Zu diesen Diensten gehören:
   a. Systemverwaltungsdienste, die die Entwurfsrahmen für Implementierungen definieren. Diese Rahmen enthalten Informationen
      über die Verwaltung von Konfiguration, Geschwindigkeit, Netzwerken, Lizenzen, Fehlern, Geräten und Benutzern. Auch Fragen
      der Installation und Verteilung sind eingeschlossen.
   b. Transaktionsdienste definieren die Dienste, die nötig sind, um
      interaktive Anwendungen zu schaffen. Das Design des Transaktionsmonitor ist in diesem Abschnitt ebenso enthalten wie Fragen
      der Namensunterstützung und Techniken, die für die Definition
      von Ressourcenmanagern verwendet werden.
   c. Benutzerschnittstellendienste definieren das Erscheinungsbild
      („look and feel") von Anwendungsprogrammschnittstellen und
      Techniken für den Bau von Objektverwaltungsroutinen. Diese
      Definitionen helfen einem Unternehmen, Konsistenz in den Benutzerschnittstellen verteilter Systeme zu erzielen.
2. *Systemdienste* definieren grundlegende Dienste, die von Komponenten
   in der verteilten Umgebung benutzt werden. Zu diesen Diensten zählen:
   a. Datenspeicherdienste, die Techniken für das effiziente und korrekte Kopieren von Daten in einem Netzwerk von Prozessoren
      definieren. Verzeichnisnamensdienste bezeichnen Protokolle für

      die Erzeugung und Verwaltung von verteilten Dateiverzeichnissen. Diese Schnittstellen basieren auf virtuellen Dateischnittstellen, die mehrere Prozessoren in einer offenen Systemkonfiguration unterstützen.

b. Client/Server-Verarbeitung definiert die zugrundeliegende Technologie für transparente remote-Operationen. Techniken für die Implementation entfernter Routinen werden definiert, die die transparente Verbindung zum Netzwerk und die Definition von lokalen Domänen erlauben.

c. Namensdienste sind eine Sammlung von Definitionen aus anderen Standards, die Techniken und Protokolle für die Schaffung eines einheitlichen Namensraumes definieren. Lokale und globale Namensräume sind in diese Definitionen eingeschlossen. Diese Arbeit bezieht sich auf die Arbeiten für X.500 und ISDN-Standards.

d. Zeitdienste werden von mehreren Systemen im Netzwerk gemeinsam benutzt. Die Synchronisation der Zeit kann in einem Netzwerk mehrerer Workstations zum Problem werden, wo Zeitmarken die Gültigkeit von Dateien bestimmen können.

e. Objektmanagementdienste definieren den Rahmen für Objekte in verteilten Systemen mit Definitionen von Techniken für Hyperverbindungen*.

OSF stellte DCE („Distributed Computing Environment") als Rahmendefinition für verteilte Verarbeitung vor. Einer der ersten Schritte in ihrer Definition ist die Schaffung einer Umgebung für die Verwaltung vieler PCs mit zukünftigen Definitionen für andere verteilte Probleme. Eingeschlossen sind auch verteilte Dateidienste mit Verwaltungs- und Sicherheitsüberlegungen. Zeit- und Verzeichnisdienste sind ein fundamentaler Bestandteil der Arbeit.

Ein wichtiges frühes Protokoll in der DCE-Definition ist der Aufruf entfernter Prozeduren („remote procedure call", RPC). Der ursprünglich von Sun Microsystems eingeführte RPC benutzt Dienste in verteilten offenen Systemen durch Kommandos und definierte Programmschnittstellen („Application Programm Interface", API). Eine Bibliothek verteilter Routinen ist durch Kommandos benutzbar, die den Zugang zwischen Clients und Servern regeln. Durch RPC sieht der Endbenutzer alle Funktionen als lokal zu seinem spezifischen Computer - so wie die externe Datenrepräsentation („External Data Representation", XDR) hilft, Inkonsistenzen zwischen Daten auf verschiedenen Prozessoren aufzulösen. RPC-Namensdienste bieten Zugang zu mehreren Netzwerkprozessoren und wurden von mehreren Herstellern aufgegriffen.

Eine wichtiger anderer Herstellerbeitrag zur verteilten Verarbeitung war die Einführung des Network Computing Systems (NCS) durch Apollo. Dieser Satz von Hilfsprogrammen verteilt Aufgaben über mehrere Prozessoren transparent für die im Netzwerk angeschlossenen Computer. Auf die Daten im Netzwerk wird durch RPC oder die Schnittstellendefinitionssprache NIDL („Network Interface Definition Language") zugegriffen. NCS wurde als verteilte Datentechnik von vielen Herstellern übernommen, darunter IBM und DEC.

Große Hersteller haben die Standards von einem oder beiden der Konsortien übernommen, um neue Probleme der verteilten Verarbeitung zu definieren und Software für ihre Lösung anzubieten.

Wichtig ist: es gibt Beispiele verteilter Verarbeitung, die als Modelle für die effektive Entwicklung Ihrer eigenen Prozesse dienen können. Cambridge hat die Advanced Network Systems Architecture (ANSA) entwickelt, die heterogene verteilte Systeme einbezieht. ANSA trug zur Entwicklung bei, die OSFs DCE genommen hat. ANSA benennt fünf unterschiedliche Modelle. Das Unternehmensmodell bestimmt die globalen Ziele und die Rolle der Menschen. Das Informationsmodell definiert die Informationen und Modelle des Systems. Das Berechnungsmodell modelliert Informationszugriff und -veränderung. Das Engineeringmodell beschreibt, wie die Entwicklung automatisiert werden kann. Das Technologiemodell schafft einen Rahmen für die technische Umsetzung.

Die Microelectronics and Computer Technology Corporation (MCC) hat ein großes Programm für die Definition verteilter Verarbeitung unter dem Projektnamen Carnot entwickelt (Collet et al., 1991). In Carnot stecken viele Jahre Forschung über die Verbindung heterogener Systeme in einem reinen verteilten Modell. Es gibt viele Konzepte in diesem System, die schließlich als Produkte freigegeben werden.

Die Universitäten haben ebenfalls Forschungen über die fortgeschrittenen Aspekte verteilter offener Systeme begonnen. Das Projekt Athena trug zur Definition der Charakteristika großer lokaler Netze von Workstations bei. Als Nachfolger dieser Arbeit hat sich die Universität von Kalifornien an einer Studie über große Netzwerke offener Systeme für mehrere Universitäten beteiligt. Dieses Projekt, Sequoia 2000 genannt, verbindet offene Systeme mehrerer Universität und Supercomputerzentren.

8.6 ENTWICKLUNGSTRENDS

Der wachsende Netzwerkverkehr hat erhöhte Aufmerksamkeit auf Techniken gelenkt, zusammengesetzte Informationen mit hohem Datendurchsatz zu behandeln. Viele dieser Bemühungen werden zu neuen Angeboten führen, die die Verarbeitung in offenen Systemen erweitern werden. Hochgeschwindigkeitsnetzwerke werden die Einführung von Technologie erlauben, die Datenverarbeitung an jedem Ort („anywhere computing") erleichtert. Zusätzlich zu den traditionellen Entwicklungen gibt es ein wachsendes Interesse an Funkkommunikation, die Verbindungen für die portable Verarbeitung erleichtern wird.

Es gibt eine wachsende Betonung der Notwendigkeit von Gigabit-Netzwerken sowohl im lokalen wie im Fernbereich. Die geplanten Geschwindigkeitsverbesserungen machen das Netzwerk kritisch für die soziale und wissenschaftliche Datenverarbeitung. Fünf separate Gigabit-Netzwerkexperimente wurden von der Corporation for National Research Initiatives ins Leben gerufen. Dazu gehören das Aurora-Projekt, das sich auf Hochgeschwindigkeits-Paketvermittlung konzentriert; Nectar, das sich auf verteilte Verarbeitung in großem Maßstab konzentriert; und CASA, wo über verteilte Supercomputer gearbeitet wird.

Die Arbeit an FDDI und ISDN-B wird eine Kommunikationsbasis für mächtige Unternehmensnetzwerke bieten. Dazu ergeben sich Verbesserungen für dedizierte Leitungsvermittlung aus der Arbeit über synchrone optische Netzwerke („Synchronous Optical Network", SONET) bei 51,84 Mbps, das Fiberübertragungsdienste bietet, die mit der vorhandenen digitalen Hierarchie kompatibel sind. Alle regionalen Kommunikationsunternehmen in den USA verfügen über Systeme im Versuchs- oder einsatzfähigen Stadium und die wichtigsten europäischen Länder erwarten einen stufenweisen Einsatz in den nächsten Jahren.

Paketvermittlung wird von der Einführung von Frame Relay profitieren, das die Leistung privater und öffentlicher Netzwerkanwendungen verbessert. Frame Relay erwuchs aus der Arbeit von Telecom Finland, die mit DataNet begann, das 1989 der erste öffentliche LAN-Verbindungsdienst war. Anwendungen auf LANs niedriger oder mittlerer Leistungsfähigkeit wurden mit IP-Protokollen mit dem System verbunden. IBM-Protokolle wurden über TCP mit dem Netzwerk verbunden. Obwohl das Netzwerk ein Erfolg war, verlangten die Kunden zusätzliche Fähigkeiten. Die Vorteile des Systems schlossen Kostensenkungen für Anwendungen mit X.25-Protokollen ein.

Es wurde klar, daß die nächste Stufe von DataNet eine Datenverbindungsschicht auf Backbone-Basis mit Kontrolle des Verkehrsflußes bieten würde. Frame Relay hat den Vorteil, virtuelle Netzwerke zu ermöglichen, die die Verwendung von Protokollen nach OSI Schicht 3 erlauben, wodurch eine breite Palette von Netzwerken an das System angeschlossen werden kann. Frame Relay basiert auf internationalen Standards und wurde auf Effektivität getestet. Unternehmen wie *The Wall Street Journal* bereiten die Übernahme von Frame Relay in ihre weltweiten Netzwerke vor. *The Wall Street Journal* kann Frame Relay durch die Verwendung seines Wellfleet Routers in das vorhandene System einbinden (Rothwell, 1991).

„Switched Multi-megabit Data Service" (SMDS) ist ein öffentlicher Datagramm-Dienst (paketvermitteltes MAN), der von Bellcore für regionale US-Telefongesellschaften entwickelt wurde. Vergleichbare Arbeiten sind in Europa und Australien im Gang. Die Leistungsfähigkeit des Netzwerkes erreicht einen Durchsatz von 1 bis 45 Mbps. Schließlich wird er durch die Verwendung des SONET-Zugangs auf 155 Mbps steigen. SMDS bietet Hochgeschwindigkeitsnetze für vorhandene verteilte Verarbeitungssoftware und Anwendungen. Die hohen Leistungsraten machen es zum natürlichen Zugang für Hochleistungsserver wie Supercomputer. Die ersten SMDS Pilotprojekte wurden in den Vereinigten Staaten und wichtigen anderen Ländern 1991 begonnen und der Datagramm-Dienst ist für den vollen produktiven Einsatz in der Mitte der 90er Jahre geplant.

8.7 FOLGERUNGEN

Netzwerkhardware hat von den Fortschritten der Elektronik profitiert. Hardware, die einst komplex und in zentralen Prozessoren eingesetzt war, ist auf die Chips gewandert, die direkt in die einzelnen Workstations eingebaut werden. Z. B. sind Modems in portablen Prozessoren enthalten. Fernnetze können die Kupferverbindungen durch die Verwendung von Fiberoptik-, Satelliten- oder Funkübertragungen ergänzen.

Verkabelungssysteme waren komplexe Labyrinthe, bevor sie in einzelnen organisierten Schränken zusammengefaßt wurden. Im besten Fall ist das Verkabelungssystem bereits vorhanden, wenn die Implementation offener Systeme beginnt. Die Kombination intelligenten Netzwerkmanagements mit einer organisierten Verkabelung hat mit Sicherheit Vorteile für die Netzwerkverwaltungsteams. Schließlich wird drahtlose Kommunikation den Bedarf umfangreicher Gebäudeverkabelung beseitigen.

Die Effekte der Bandbreite haben die Vorstellungskraft der System- und Kommunikationsentwickler beschäftigt. Fortgeschrittene Anwendungen, die Multimediaübertragungen unterstützen, können die vorhandenen Netzwerkbandbreiten überbeanspruchen. Diese Anwendungen übertragen große Zahlen von Bits und verlangen eine ausreichende Bandbreite um die Korrektheit der Informationen sicherzustellen.

Bedeutende Alternativen werden von Kommunikationsunternehmen entwickelt, um Dienste über verschiedene Netzwerke auszudehnen. Die fortgesetzte Arbeit an FDDI und ISDN-B wird mächtige Unternehmensnetzwerke ermöglichen. Darüberhinaus gibt es wachsende Aufmerksamkeit für die Einführung von SONET und SMDS. Viele glauben, daß es Leistungsreserven bei Netzwerken gibt, von denen die Entwickler offener Systeme profitieren werden.

Routing über mehrere Wege wird dem Netzwerkmanager die Auswahl alternativer Pfade erlauben. Vermittler werden dem Anwender auf transparente Weise erlauben, die Daten über die unterschiedlichen Pfade zu bewegen.

Industriestandards werden oft nicht mit der gleichen Geschwindigkeit akzeptiert wie de facto Standards. Es wurde vorausgesehen, daß OSI der dominierende Standard werden wird, aber TCP/IP bleibt das wichtigste Übertragungsprotokoll für offene Systeme und wird für den Rest des Jahrzehnts entscheidend bleiben.

Netzwerke mit mehreren Protokollen beruhen auf Kombinationen von Hardware- und Softwarelösungen, die die Konflikte zwischen den Systemen auflösen. Ein großer Anteil dieser Unterstützung ist in der Hardware konzentriert, aber es können auch immer mehr Softwarewerkzeuge benutzt werden, um einen großen Teil dieser Konversion abzuwickeln. Das nächste Kapitel untersucht die verschiedenen erhältlichen Alternativen von Netzwerksoftware im Detail.

LITERATUR

Thomas C. Bartee, *Data Communications and Network Systems*, Howard W. Sams and Co., Indianapolis, 1985.

Grayce M. Booth, *The Distributed System Environment: Some Practical Approaches*, McGraw-Hill, New York, 1981.

Christine Collet, Michael N. Huhns, and Wei-Min Shen, „Resource Integration Using a Large Knowledge Base in Carnot", *IEEE Computer*, Los Alamitos, CA, December 1991, pp. 55-62.

Roy C. Dixon, „Lore of the Token Ring", *IEEE Network Magazine*, January 1987, pp. 11-18.

R. L. Pickholtz, „Modems, Multiplexors, and Concentrators", from *Data Communications and Network Systems*, edited by Thomas C. Bartee, Howard W. Sams and Co., Indianapolis, 1985, pp. 63-117.

Richard L. Rothwell, „Presentation on the Use of Frame Relay by the Wall Street Journal", Fall InterOP, San Jose Convention Center, Interop Inc., October 10, 1991.

William Stallings, „A Manager's Guide to Protocols for Local Networking", *Telecommunications*, September 1987, p. 38 f.

9

Netzwerksoftware

Die Ausbreitung offener Netzwerke wird sich fortsetzen und die Notwendigkeit schaffen, Verbindungen zu definieren und die Interaktionen zwischen den Benutzern und dem Netzwerk auszuführen. Eine Umgebung muß geschaffen werden, die Erzeugung, Wartung, Verwaltung und Veränderung von Netzwerken vereinfacht, die ein Teil der Umgebung offener Systeme sind. Wenn das geplante Wachstum von lokalen Netzwerken eintritt, wird geschätzt, daß Mitte der 90er Jahre über 11 Millionen Netzwerke existieren und jedes braucht einen Netzwerkverwalter (Grove, 1991). Dieses Wachstum der Netzwerkhardware hat die Notwendigkeit betont, automatische Techniken zu finden, die die Überwachung, Pflege und Einbindung dieser wesentlichen Verbindung in die Kette offener Systeme ermöglichen. Diese erweiterten Anforderungen führten zu Softwarepaketen, die beim Netzwerkmanagement helfen.

Die Erkundung der Netzwerksoftware beginnt mit der Untersuchung der verschiedenen Programme, die für Betrieb und Kontrolle des Netzwerks verwendet werden. Netzwerkplattformen enthalten Software, die Konversion für die verschiedenen Protokolle, grundlegende Betriebssystemunterstützung, Netzwerkkontrolle und Netzwerkmanagement bietet. Typische Netzwerksoftware muß für die Überwachung und Problembehebung eine Vielzahl von Protokollen verstehen. Das Ziel besteht darin, den Anwendungsentwickler von der Notwendigkeit zu befreien, die Komplexität des Verwaltungsprozesses zu verstehen. Das Computernetzwerk sollte mit der gleichen Transparenz und Zuverlässigkeit arbeiten, die das lokale Telefonsystem bietet.

Wir werden in diesem Kapitel vier unterschiedliche Typen von Netzwerksoftware untersuchen (Abbildung 9.1). Der erste sind die Netzwerkbetriebssysteme, die in Wirklichkeit zusätzliche Programme sind, die auf Standardbetriebssystemen aufsetzen und Unterstützung für Verbindung und Überwachung über das Netzwerk bieten. Diese Betriebssysteme sind der

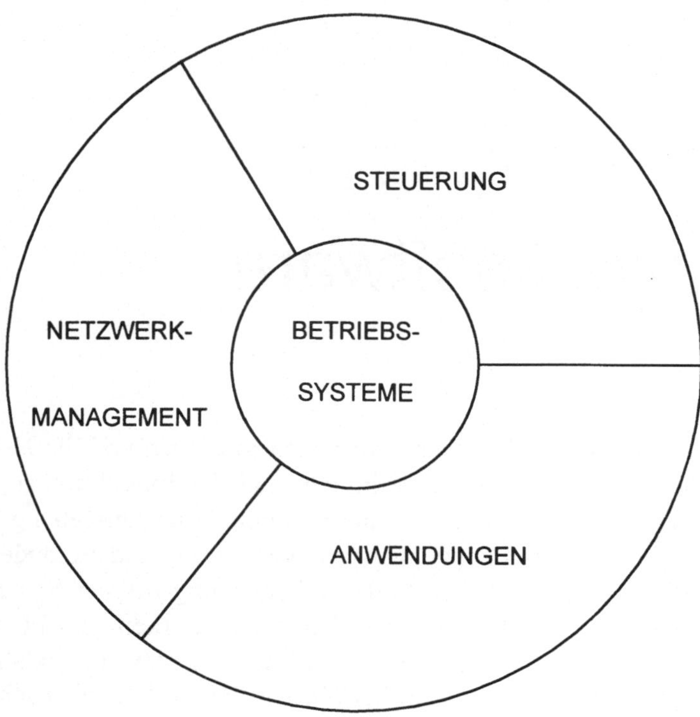

Abbildung 9.1   Netzwerksoftware

Kern der Connectivity und sie erlauben ein einfaches Wachstum, wenn zusätzliche Benutzer zum Netzwerk hinzugefügt werden. Danach untersuchen wir den Kontrollcode, der so wichtig für die Informationsflüsse im Netzwerk ist. Malone und Rockart weisen auf die entscheidende Bedeutung der Koordination der Leistungen in weltweiten Unternehmen hin (Malone und Rockart, 1991). Wir werden dann Netzwerkmanagementprogramme untersuchen, die die aktive Netzwerkverwaltung unterstützen. Netzwerkmanagement unterstützt die verschiedenen Unternetze und versieht den Netzwerkverwalter mit Werkzeugen für die Fehlersuche und -korrektur im Netzwerk. Zum Schluß untersuchen wir Anwendungen, die in das Netzwerk eingebettet sind und einen Zusatznutzen zum Kommunikationsprozeß bieten.

Netzwerkanwendungen müssen für ihre Verwendung auf Kommunikationsknoten angepaßt werden. Die Anwendung muß ihre spezifischen Aufgaben erfüllen und muß dann auf die volle Unterstützung der Netzwerkkommunikation ausgeweitet werden. Da die Kontrollstruktur des Prozesses auf Computern beruht, die über das Netzwerk verbunden sind, sind Betriebssysteme, die das Netzwerk unterstützen, ein wichtiger Teil des Erfolgs der

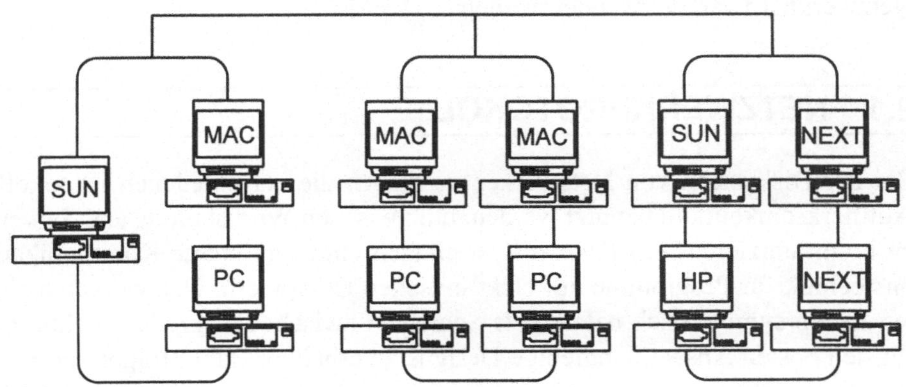

Abbildung 9.2   Verwalten von Netzwerk-Ressourcen

Netzwerksoftware. Ein wichtiges Merkmal aller Systeme ist die Fähigkeit, verschiedene Systemfunktionen von einem einzigen logischen Kontrollpunkt aus zu steuern.

Haben Sie je bemerkt, daß die zusammengefaßte Rechenleistung der Workstations und Server, die in Netzwerken verbunden sind, leicht die Rechenleistung ihres Mainframes übersteigt? Es wäre nützlich, diese Leistung zusammenzufassen und zwischen mehreren Benutzern zu verteilen. Es wäre besonders herausfordernd, die ungenützte Rechenleistung inaktiver Workstations und PCs zu benutzen. Es entstehen Programme, die einen logischen Parallelprozessor erzeugen, der aus inaktiven Workstations besteht. Ein gutes Beispiel ist Linda, entwickelt von Scientific Computing Associates in New Haven. Diese Programme werden Steuerprogramme (Scheduler) für große Zahlen von heterogenen Computern, die in einem Netzwerk verbunden sind. Das Design ist Programmen ähnlich, die massiv parallele Computer steuern (Abbildung 9.2). Diese Kontrollprogramme ermöglichen es Installationen, mehrere über ein TCP/IP-Netzwerk verbundene Prozessoren zu steuern und

sie als eine Programmressource mit der potentiellen Leistung eines Parallel-
computers zu betrachten.

Netzwerkbetriebssysteme stehen im Zentrum des Betriebes eines lokalen
Netzwerks. Diese Subsysteme wurden eingeführt, um die Funktionen zu ergänzen, die man auf PC-Betriebssystemen findet. Die Subsysteme benutzen
das Betriebssystem als primären Zugriffspunkt für die Hardware, aber sie
fügen viele notwendige Funktionen hinzu, die den Betrieb des Netzwerks sicherstellen. Ursprünglich wurden diese Programme für MS/DOS entwickelt,
aber sie wurden auf andere bedeutende Systeme ausgedehnt, die auf
Netzwerkhardware verwendet werden.

9.1 NETZWERKPROTOKOLLE

Bei der Diskussion von Netzwerken verdienen die verschiedenen Protokolle
Aufmerksamkeit, die benutzt werden, um zwischen Workstations und Servern
zu kommunizieren. Ein *Protokoll* ist einfach eine vereinbarte Kommunikati-
onstechnik für Programme auf elektronischen Computern. Netzwerkarchitek-
ten halten symmetrisch balancierte Schichten zwischen diskreten Funktionen
für den besten Ansatz, langlebige Designs zu erhalten. Daher folgen die meisten Protokolle einem symmetrischen Ansatz, der korrespondierende Schichten innerhalb der Netzwerkprozessoren vorsieht. In den ersten Implementierung vereinbarte jedes Paar von Computern oder Programmen ein Protokoll
untereinander. Als die Funktionen wuchsen und die Anzahl der kommunizierenden Computer zunahm, wurden allgemeine Vereinbarungen oder Stan-
dardansätze übernommen.

Zunächst konzentrierten sich die Verfechter von Standards auf herstellerspezifische Computer, die passende Protokolle für ihre eigene Software boten. Größere Computerhersteller etablierten ihre eigenen Protokolle und
stärkten sie, indem nur Software geliefert wurde, die sich an den proprietären
Ansatz hielt. Kleinere Computerfirmen folgten der Führung der großen Hersteller und stellten sich auf die speziellen Architekturen ein, um einen Marktanteil zu gewinnen. Offensichtlich hatte der große Hersteller einen Vorsprung
von mindestens zwei Jahren und konnte für lange Zeit einen exklusiven
Markt erhalten. Die zwei wichtigsten proprietären Protokolle wurden von
IBM und Digital Equipment Corporation entwickelt. Die Ähnlichkeit zwischen den proprietären Architekturen und den Standards kann Abbildung 9.3
entnommen werden, die die Protokollschichten für IBMs SNA, TCP/IP und
OSI zeigt.

IBM führte SNA („Systems Network Architecture") 1974 als Grundlage ihrer Kommunikationsstrategie ein. Dieses Protokoll stellt die Konsistenz zwi-

SNA

| TRANSAKTIONSDIENSTE |
| DARSTELLUNGSDIENSTE |
| DATENFLUSSKONTROLLE |
| ÜBERTRAGUNGSKONTROLLE |
| PFADKONTROLLE |
| DATENVERKNÜPFUNGSKONTROLLE |
| PHYSIKALISCHE KONTROLLE |

OSI SCHICHTEN

| ANWENDUNG |
| DARSTELLUNG |
| VERBINDUNG |
| TRANSPORT |
| NETZWERK |
| SICHERUNG |
| BITÜBERTRAGUNG |

TCP/IP

FILE MESSAGE PROTOKOLL (FMP) VIRTUELLES TERMINAL, TELENET, MAIL	
NULL	
TRANSMISSION CONTROL PROTOKOLL TCP	USER DATAGRAM PROTOKOLL UDP
INTERNET PROTOKOLL IP	
IEEE 802.3 ETHERNET	

Abbildung 9.3   Wichtigste Netzwerkprotokolle

schen den Systemen von IBM und jenen Unternehmen sicher, die Versionen des Protokolls übernommen haben (*IBM Systems Journal*, 1983; Sundstrom et al., 1987). Die Entwickler von SNA erkannten den Vorteil symmetrischer Schichten und schufen ausreichend saubere Schnittstellen zwischen den Schichten, um die Darstellung auf Hardware unterschiedlicher Größe zu ermöglichen. Die Architektur erleichterte asymmetrische Datenflüsse durch Variationen des grundlegenden Entwurfs (Cypser, 1978). Die Architektur wird innerhalb IBMs Produktlinie sehr unterstützt und hat eine breite Akzeptanz bei Herstellern, die sich an IBMs Prozessoren anschließen wollen. Viele Lektionen, die aus SNA gelernt wurden, haben sich als wertvoll für die Definition anderer Protokolle für offene Systeme erwiesen. SNA bleibt weiterhin das Kernstück von IBMs Supportstrategie und wird als ihre Basis für die Entwicklung offener Systemlösung dienen.

1982 definierte IBM LU6.2 als hauptsächliches Protokoll für die Unterstützung gleichberechtigter Beziehungen in einem verteilten Netzwerk. LU6.2 ist die Basis für die Kommunikation zwischen Programmen („Advanced Pro-

gram-to-Programm Communications", APPC), die Grundlage für IBMs
Netzwerkentwürfe ist.

Ein wichtiges IBM-Produkt, das seine eigenen Protokolle einführte, ist der
PC. Die ersten LANs auf der Basis von PCs wurden durch Erweiterungen des
Basis-I/O-Systems (BIOS) unterstützt, die als NETBIOS bekannt sind. Viele
Kommunikationsprodukte für die Verbindung zu PC-Netzwerken benutzten
NETBIOS als primitives Vehikel für die Verbindungen. Geläufige NET-
BIOS-Schnittstellen wurden geschaffen, um unterschiedliche PC-Protokolle
in LANs zu verbinden.

Auch die Digital Equipment Corporation (DEC) bietet mit DNA („Digital
Network Architecture") eine wichtige geschichtete Protokollarchitektur. Das
Netzwerksystem, bekannt als DECnet, ist die Grundlage für Digitals Groß-
rechnerunterstützung und die Basis für seine Client/Server-Verarbeitung.
1980 hat Digital die Netzwerkfähigkeiten um die Unterstützung adaptiver Pa-
ketkommunikation mit Fremdsystemen erweitert. Digital bot frühe Unterstüt-
zung für Ethernet und verwendete es für die Verbindung seiner Workstations.
Die fünfte Generation von DECnet unterstützt ein Netzwerkmodell nach OSI
(Bradley, 1988) und die aktive Kommunikation zwischen unterschiedlichen
Rechnern wurde demonstriert.

DEC erweiterte sein Protokoll für NAS („Network Application Support"),
das die gemeinsame Nutzung von Informationen im Netz bietet. Diese Definitionen wurden früh für die Schaffung von Schnittstellen für zusammengesetzte Dokumente in heterogenen Netzwerken benutzt. Diese Unterstützung
ist für Multimedia-Kommunikation aber auch für den vorhandenen Bestand
an Netzwerken wertvoll. NAS-Anwendungen unterstützen Standard-X-Win-
dows und Dienste wie Electronic Mail mit vorhandenen Netzwerken. NAS
benutzt Standardprotokolle für die Verbindungen zwischen den verschiedenen heterogenen Komponenten oder in einem offenen Netzwerk.

Es wurde früh deutlich, daß eine universellere Form der Vereinbarungen
für Verbindungen erzielt werden müßte. Standardprotokolle wurden zuerst
durch das Verteidigungsministerium eingeführt, das von allen Forschungs-
zentren verlangte, Informationen über sichere Netzwerke auszutauschen. Die
ersten Systeme basierten auf TCP/IP („Transmission Control Pro-
tocol/Internet Protocol"). Dieser preiswerte Verbindungsmechanismus, 1972
für das ARPAnet („Advanced Research Projects Agency Network") eingeführt, wurde zunächst von Kontraktunternehmen und Universitäten übernommen, verbreitete sich aber schließlich auch bei kommerziellen Kunden.
Da er von Workstationherstellern in großem Umfang unterstützt wird, stellt er
einen natürlichen ersten Schritt zu offenen Systemen dar. Obwohl ursprünglich für die Verbindung zwischen Netzwerken entwickelt, wurde TCP/IP für

die Unterstützung von verteiltem Dateizugriff, Dateiübertragung und Electronic Mail erweitert.

Das Übertragungskontrollprotokoll (TCP) ist das meistgenutzte Protokoll im TCP/IP Protokollstack. Es erlaubt zuverlässige Übertragung zwischen physikalischen Netzwerken. Das Internetz-Protokoll (IP) ist die niedrigste Ebene von TCP/IP und stellt den Paketversand für eine Verbindung zwischen Netzen zur Verfügung. IP bietet keine Fehlerentdeckung oder -korrektur. ICMP („Internet Control Message Protocol") wird für die Weitergabe von Meldungen in IP-Übertragungen verwendet. TCP/IP wird in Ethernet-Verbindungen seit 1973 unterstützt. 1989 war Ethernet in 60 Prozent der installierten LANs in den USA vertreten und weiter im Wachsen begriffen. Die Geschwindigkeit von Ethernet hat sich mit Fortschritten in der Verkabelungs- und Verbindungstechnologie verbessert. 1990 erreichte die Geschwindigkeit 10 Millionen BPS über Standardtelefonkabel.

In gemeinsamer Arbeit von ISO und CCITT wurde das OSI-Modell („Open System Interconnect") geschaffen, um offene Kommunikation zu erleichtern. Die Arbeit an OSI begann in den 70er Jahren, das Ziel wurde Mitte der 80er Jahre erreicht. Der tatsächliche Fortschritt war langsamer, als man ursprünglich hoffte. OSI konzentrierte sich auf den Austausch offener Systeme zwischen lokalen und Fernnetzen. Die Entwickler benutzten saubere symmetrische Schichten zwischen den Funktionen, um Implementierung auf unterschiedlichen Hardwarearchitekturen zu erleichtern.

OSI hat sieben symmetrische Schichten zwischen den Knoten im Netzwerk. Jede Schicht ist eine klar strukturierte Einheit, um eine Klarheit der Dienste zu erreichen. Die Einheiten der höheren Schichten nutzen die Dienste der nächsttieferen Schicht. Wie in Abbildung 9.4 gesehen werden kann, sind die OSI-Schichten denen von IBMs SNA ähnlich.

1. Die physikalische Schicht als niedrigste Ebene bietet die grundlegende physikalische Verbindung über verdrillte Zweidrahtkabel, Koaxialkabel und fiberoptische Verbindungen. Die physikalische Schicht ist normalerweise in der Hardware implementiert.

2. Die Datenverbindungsschicht ist eine wichtige Schicht für offene Systeme, da sie Datentransparenz und Datenflußkontrolle für die Verbindungen erlaubt. Diese Schicht verfügt über Fehlerkorrekturmechanismen. Die jüngsten Definitionen durch Standardarbeitsgruppen unterteilen diese Schicht in zwei Teile - die Medienzugangskontrolle und die Verbindungskontrolle. Die Datenverbindungsschicht ist so gut definiert, daß zahlreiche Hardwareimplementierungen existieren.

<table>
<tr><td colspan="2">ANWENDUNG</td></tr>
<tr><td colspan="2">DARSTELLUNG</td></tr>
<tr><td colspan="2">VERBINDUNG</td></tr>
<tr><td colspan="2">TRANSPORT</td></tr>
<tr><td colspan="2">NETZWERK</td></tr>
<tr><td rowspan="2">SICHERUNG</td><td>VERBINDUNGSKONTROLLE</td></tr>
<tr><td>MEDIENZUGANGSKONTROLLE</td></tr>
<tr><td colspan="2">BITÜBERTRAGUNG</td></tr>
</table>

Abbildung 9.4   OSI Schichten

3. Die Netzwerk- oder Vermittlungsschicht ist die Leitwegsschicht (routing), die die Pfadinformationen bestimmt, über die Nachrichten über das Netzwerk zu senden sind.

4. Die Transportschicht bietet eine fehlerfreie Datenübertragung zwischen zwei nichtbenachbarten Knoten. Dabei wird die Beibehaltung der ursprünglichen Reihenfolge der Datenpakete garantiert.

5. Die Verbindungsschicht (Kommunikationssteuerung) synchronisiert den Datenaustausch zwischen logisch benachbarten Sendern und Empfängern.

6. Die Darstellungsschicht reformatiert die Daten und präsentiert sie in der Architektur des intelligenten Knotens, der die Information empfängt.

7. Die Anwendungsschicht verbindet die verschiedenen Endbenutzeranwendungsprogramme. Diese Schicht ist die höchste Schicht des Standards und stellt den Zugriffspunkt von Anwendungen auf offene Systeme dar.

Andere Funktionen wurden ebenfalls in die Definitionen offener Systeme eingeschlossen. Einige enthalten das „Association Control Service Element" (ACSE), das einen Mechanismus bietet, Verbindungen oder Assoziationen über offene Netzwerke aufzubauen, indem Kontextnamen und Objekttitel von Anwendungen benutzt werden. FTAM („File Transfer Access and Management") bietet Dateiübertragung und Dateizugriff in einem Protokoll für Netzwerkbenutzer. Viele der oberen Schichten des Standards wurden von Implementierern mit dem Hinweis ignoriert, daß es andere Versionen des Standards geben würde.

Die Zusammenarbeit von ISO und CCITT hat zwei wichtige Standards hervorgebracht, die in offenen Systemverbindungen zwischen verteilten Netzwerken verwendet werden. Die breite Akzeptanz des Protokolls X.400 für Electronic Mail oder Nachrichtenübermittlungssysteme („Message handling") hat zu einer gemeinsamen Technik für die Nachrichtenübermittlung für die Industrie geführt. Der X.500-Standard für Verzeichnisse ist für verteilte Netzwerke ebenso wichtig. Netzwerksysteme benötigen ein Verzeichnis, das die Netzwerkorte und Bezeichner für Anwender und Daten enthält, die mit dem System verbunden sind. Verzeichnisse stellen Zeiger auf die Information und Leitwegsinformationen für primäre und alternative Übertragungswege dar. X.500 definiert einen globalen Namensdienst, der Verbindungen zu nationalen Namensräumen und privaten Netzwerken liefert, die ausgedehnte Suchmöglichkeiten unterstützen. Die Definition von Verzeichnisdiensten, auf die von Benutzeragenten zugegriffen werden kann, stellt eine Namenskonvention dar, die von einer wachsenden Zahl von Netzwerkentwicklern aufgegriffen wird. Eine Reihe von Bestandteilen des Standards wurde von Systemen unterschiedlicher Hersteller unterstützt und implementiert. Es wurde ein Rahmen für die Authentifizierung entwickelt, der Attribut- und Namensmodelle unterstützt.

Die Hersteller haben das reichgefüllte Tablett der Alternativen wahrgenommen, das OSI bietet. Da viele Industrieunternehmen die gleichen spezifischen Anforderungen haben, führte General Motors einen Versuch an, Standards innerhalb der Automobilindustrie zu definieren. Der hohe Bedarf an Kompatibilität in der Kommunikation schuf ein starkes Interesse an diesen Bemühungen. Das MAP-Protokoll („Manufacturing Automation Protocol") war der erste spezialisierte Subset von OSI, der für die Bedürfnisse einer spezifischen Industrie definiert wurde. Die zahlreichen Versionen von MAP haben bei den Herstellern eine Menge Verwirrung gestiftet, und selbst diese Untermenge von OSI hat die ursprünglichen Erwartungen nicht erfüllt.

Wir haben die Leistungsverbesserungen der Netzwerkhardware untersucht, aber viele Flaschenhälse stecken auch in den Systemen, die die Hardware unterstützen. Probleme mit dem Umfang von Transaktionen, Protokollen und der Benutzung von Puffern können die Netzwerkleistung herabsetzen. Um diesen Problemen zu begegnen, muß zusätzlich Gewicht auf den Entwurf von Softwarelösungen gesetzt werden, die am Knoten genügend Leistung bieten, um potentielle Engpässe zu überwinden. Viel von dieser Leistung wird durch Betriebssysteme und Subsysteme erreicht, die das System unterstützen. Die folgenden Überlegungen gelten den Auswirkungen des Betriebssystemcodes auf das Netzwerk.

9.2 NETZWERKDIENSTE

Netzwerkbetriebssysteme bieten den Zugriff auf die Funktionen innerhalb des LAN. In den einfachsten Implementationen bauen sie auf existierende Betriebssysteme auf, um Spooling* auf die Platte und Kommunikationsverbindungen für verteilte Netzwerkressourcen anzubieten. In dieser Konfiguration ist es möglich, größere PCs zu nehmen und sie die gemeinsam benutzten Dienste für die verbundenen Knoten im System ausführen zu lassen. Diese Computer können die typischen Jobströme einer Einbenutzerverarbeitung weiterhin unterstützen (nicht-dedizierte Server). Die Netzwerkdienste nutzen das existierende Kontrollprogramm und erweitern es um Fehlerprüfung und Verbindungsprotokolle. Da es sich um kein dediziertes Medium handelt, können die Installationskosten reduziert werden. Preiswerte Pakete, die diese minimalen Dienste anbieten, sind Artisofts Lantastic und Performance Technologys Powerlan.

Wenn wir uns die Skala hinaufbewegen zu komplexeren und dedizierten Ressourcen, finden wir stärker ausgearbeitete Softwarepakete, die extensive Unterstützung für größere Zahlen von Anwendern mit Einzelsystemen bieten. Die Hochleistungsnetzwerkdienste bieten zusätzliche Funktionen und Redundanz, aber sie sind komplexer. Ein Beispiel ist Novells Netware, das ausgezeichnet für Druck- und Dateidienste ist und am häufigsten benutzt wird. Microsofts LAN Manager, Digital Equipments Pathwork, IBMs PC LAN und Banyan Systems Vines sind alle reich an Funktionen und werden von vielen Unternehmen genutzt. Diese Netzwerkbetriebssysteme laufen auf PCs, wobei LAN Manager OS/2 benötigt. Als Basis für künftige Entwicklungen werden viele Pakete zunehmend auf das Unix Betriebssystem portiert.

Die Dienste enthalten alles von der Kommunikationsunterstützung bis zur Zeitsynchronisation auf dem Netzwerk. Dienste für verteilte Datenbanken erweitern die Fähigkeiten der Systeme der Serverlieferanten. Netzwerksicherheit ist in diesen Routinen einbegriffen. Die Betriebssysteme bieten die Basis für andere Netzwerkdienste.

Die nähere Untersuchung zeigt, daß diese Netzwerkdienstprogramme sich in der Fähigkeit unterscheiden, schnell benutzbar zu sein oder große Speichervolumen zu unterstützen. Die Verwendung von Bildverarbeitung und schließlich interaktiver Soundunterstützung auf dem Netzwerk wird die Anforderungsgrenzen für diese Technologie höher treiben. Netware hat einen Konkurrenzvorteil durch seine Fähigkeit, auf bis zu 32 Terabyte Plattenplatz und 4 Gigabyte Kernspeicher zuzugreifen, aber die anderen Systeme müssen in ihren Fähigkeiten für die Unterstützung wachsender Netzwerkanforderungen erweitert werden.

Die Auswahl des Netzwerkbetriebssystems ist entscheidend für die Bestimmung der Netzwerkmerkmale. Einfache LAN Betriebssysteme mögen eine ausgezeichnete Wahl sein, um mit einem System zu beginnen, aber sie können die Wachstumsmöglichkeiten einschränken, wenn das Netzwerk weiter wächst. Systeme, die ein hohes Maß an Plattenaktivität benötigen, werden von den leistungsfähigeren Systemen profitieren, die große Plattenkapazitäten adressieren können. Einige Systeme unterstützen Multiplattformverbindungen nicht sehr gut und einige unterstützen Macintosh oder Unixplattformen überhaupt nicht. In einem offenen System, in dem schließlich WANs benutzt werden sollen, ist es eine gute Idee, zu überprüfen, ob das System mit der WAN-Architektur Ihres Unternehmens zusammenarbeiten wird. Wichtig zu untersuchen sind auch die Unterstützung für Fehlertoleranz, Namensdienste für mehrere Dateien, die Verbindung zu Mainframes und die Sicherheitsmerkmale der Systeme.

Eine Reihe kritischer Fragen sollte bei der Auswahl eines LAN Betriebssystems überprüft werden. Wie hoch ist die Leistung des Systems und wie gut unterstützt sie meine Netzwerkziele? Unterstützt das System mehrere Plattformen für Clients? Unterstützt das System andere Umgebungen als DOS? Wie sind die Installations- und Wachstumsmerkmale des Systems? Was sind die wirklichen Kosten der Installation des LAN Betriebssystems?

Lokale Netze benötigen einen Netzwerkverwalter, der in der Benutzung des Netzwerks ausgebildet ist. Dies kann ein teurer Bestandteil der Unterstützung des Netzwerks sein. Man tut gut daran, die Kosten des Netzwerks für Ausbildung und Verwaltung zu überprüfen. Wie hoch sind die Kosten für die Anwender, die ein Netzwerk installieren wollen? Wie ist die erwartete Arbeitslast auf dem Netzwerk und wie hoch sind die veranschlagten Kosten für den Netzwerkverwalter?

9.3   NETZWERKSTEUERUNGSSOFTWARE

Bei Mainframes liegt die Kontrolle über das Netzwerk in einem dazu ausersehenen Kontrollpunkt auf einem oder mehreren spezifischen Computern. Da der Kontrollpunkt Gleichgewichtsprozesse verwaltet, ist es relativ leicht, die verschiedenen Rückmeldeanforderungen vom Netzwerk zu identifizieren. Mit der Einführung des PCs kontrollierte jeder Einzelne seinen Schreibtischcomputer. Mit der Einführung von LANs kann ein Kontrollpunkt ausgemacht werden, der regelt, was innerhalb des LANs geschieht. Da die Nutzung sowohl von Mainframes wie LANs gewachsen ist, gibt es eine Notwendigkeit, den Unternehmenskontrollpunkt zu identifizieren.

Ein gutes Beispiel ist die Verbindung zwischen den IBM Kommunikationscontrollern und dem Mainframe. Ein gewisser Grad der Verteilung von Kontrolle wird durch den Kontrollcode erreicht, der als NCP („Network Control Program") bekannt ist. Der Kontrollcode und der residente Code des Mainframes bilden durch ihre Interaktion ein großes Team. Als die Netzwerkfunktionen wuchsen, stieg auch die Größe und Komplexität des Kontrollprogrammcodes. Komplementäre Codeerweiterungen waren notwendig zwischen IBMs Kommunikationszugangsmethode für Mainframes, VTAM („Virtual Telecommunication Access Method"), und NCP.

Der Netzwerkkontrollpunkt unterliegt kontinuierlichem Wandel. Dies gilt besonders durch die Einführung von Clients, die buchstäblich überall sein können. Clients können auf einem Schreibtisch stehen oder sich gerade in einem fahrenden LKW befinden, der mit dem System über Radiowellen kommuniziert. In jedem Fall werden in modernen Netzwerken Benutzer in unregelmäßigen Abständen hinzugefügt und das Netzwerk kann sehr schnell wachsen oder schrumpfen. Wie im Falle eines Gasnetzwerkes suchen wir nach einem Punkt des Netzwerkgleichgewichts, der entweder real ist oder durch die Architektur induziert wird.

9.4   NETZWERKANWENDUNGEN

Wenn Informationen innerhalb des Netzwerks einmal vorhanden sind, kann eine Reihe von Anwendungen einzigartige Dienste für die Daten anbieten. Eine einheitlicher Datengesichtspunkt für Netzwerkverwalter und Manager kann bei der Bestimmung vieler Merkmale des Netzwerks helfen. Durch die Verwendung zusammenfassender Statistiken ist es möglich, Verkehrsanalysen anzustellen und das richtige Gleichgewicht für das System oder die richtigen Wege durch das Netzwerk zu finden. Dialoganwendungen mit visueller

Darstellung der Überwachung (Monitor) erlauben es dem Systemverwalter, alle Zeit- oder Gleichgewichtsprobleme im aktiven Netzwerk zu entdecken.

Fehlersuchsysteme erlauben dem Anwender, Fehler festzustellen und zeitgerecht zu beheben. Kommunikation kann mitverfolgt werden, um Fehlerinformationen im System zu erheben. Andere Netzwerkanwendungen schließen Maßnahmen zur Leistungsverbesserung („Tuning") für die verschiedenen Knoten im Netzwerk ein. Es gibt Netzwerkanwendungen, die Eindringversuche aufzeichnen. Gut durchdachte Informationssammlung erlaubt die Anwendung von Monitoren, die Veränderungen im Zugriff auf Informationen entdecken.

Gemeinsam benutzte Anwendungen im LAN bieten Dienste für mehrere Benutzer und reduzieren die Gesamtkosten des Unternehmens. Dabei wird unterstellt, daß bei den Lizenzvereinbarungen mit den Herstellern Preisvorteile möglich sind.

9.5 NETZWERKMANAGEMENT

So wie die Komplexität offener Systeme wächst, steigen die Anforderungen an effektive Verwaltungswerkzeuge. Die Verwaltungskosten für einige einfache Netzwerke mit einem Minimum an verbundenen Workstations können hoch sein. Netzwerke, die sich über ein ganzes Unternehmen oder einen Unternehmensbereich erstrecken, verlangen eine zusätzliche Betonung zeitgerechter Techniken für die Fehlerentdeckung. Drei separate Gebiete muß eine verteilte Managementumgebung abdecken. Der Netzwerkmanager muß den Level der Ressourcen im Netzwerk verstehen. Welche heterogenen Einrichtungen, Programme und Daten bilden das gesamte Netzwerk? In aktiven Netzwerken ist es notwendig zu verstehen, welche Netzwerke von den verschiedenen Knoten benutzt werden, die mit dem System verbunden sind. Oft können mehrere Netzwerke mit einzelnen Desktops verbunden sein. Mit intelligenten Verteilern ist es möglich, das Netzwerk Informationen überwachen zu lassen, die direkt im Verteiler gesammelt werden. Dies trägt erheblich zur Fähigkeit bei, Probleme im Netz zu entdecken und zu korrigieren.

Darüber hinaus muß der Netzwerkmanager die Konfigurationen der Menschen verstehen, die auch Teil des verteilten Systems sind. Normale und ungewöhnliche Betriebsbedingungen sind weitere bestimmende Elemente der Informationen für den Netzwerkmanager. Die Verfolgung der Systementwicklung ist hilfreich bei der Ausbalancierung der Systemressourcen und der Zuweisung von Verbindungen.

Die Notwendigkeit, Netzwerkprobleme zu entdecken und zu beheben war der Ursprung vieler früher Arbeiten. Es gibt einen wachsenden Bedarf für die

Ausführung von Verwaltungsfunktionen durch Systemmanagementcode. Die wachsenden Fähigkeiten an jedem Knoten vergrößern das Potential für die Datensammlung und erhöhen die Anzahl der Entscheidungen, die aus der vollständigen Nutzung der Software resultieren können.

Anfang 1977 betrat eine Gruppe das Büro des Autors in Kingston und wies auf die Komplexität der Entdeckung und Behebung von Problemen im Netzwerk hin. Probleme im Netzwerk traten auf, die nicht sofort entdeckt oder spezifischen Hardware- oder Softwareprodukten oder Herstellern zugeschrieben werden konnten. Da die Kosten der Fehlerentdeckung sehr hoch und weiter im Wachsen waren, gab es Verwirrung darüber, wie man Probleme auf eine spezifische ausfallende Komponente eingrenzen könnte.

Es war auch offensichtlich, daß die Kosten der Logik innerhalb des Systems immer weiter fielen und daß es möglich sein könnte, daß die Prozessoren selbst ihre Zustände überprüfen und an zentrale Managementroutinen übermitteln könnten. Jeder Prozessor könnte mit verbesserter Instrumentation Statistiken führen und Informationen über seinen Zustand liefern. Die ersten Versuche konnten Probleme in Ein-/Ausgabegeräten durch die Hinzufügung eines einzelnen Chips abgrenzen. Es wurde auch klar, daß bestimmte Prozessoren preiswerte diagnostische Informationen an zentrale Monitore liefern könnten. Wenn die Informationen einmal gesammelt waren, wurden die Ereignisse an die zentralen Netzwerkmanagementroutinen übertragen und von ihnen interpretiert.

Da die Netzwerkkomplexität wuchs, gab es einen dringenden Bedarf für Lösungen, die von zentralen Prozessoren angewandt werden konnten. Die ersten Netzwerkmanager liefen auf Mainframes und regulierten die Netzwerke des Unternehmens. Die ersten Statistiken waren dürftig, aber sie verbesserten sich mit jedem neuen Release. Diese Netzwerkmanager konzentrierten sich auf proprietäre Netzwerke, wo jedes Datenelement eng kontrolliert werden konnte und Unterstützung für alle Produkte möglich war. Die Schnittstellen zu den Kommunikationsleitungen waren wohldefiniert und es konnten Schlußfolgerungen gezogen werden, ob ein Problem im Netzwerkknoten oder im Kommunikationssystem lag. Wenn der Fehler nicht in den Knoten geschah, mußte er im Kommunikationssystem passiert sein. Die großen Computerhersteller und Kommunikationsunternehmen lernten zusammenzuarbeiten, um die wechselseitig verursachten Kosten zu reduzieren, aber die Komplexität der Probleme wuchs. Obwohl Mainframesysteme komplex erscheinen, setzen sie in Wirklichkeit einen Gleichgewichtspunkt, der bei der Definition zufriedenstellender Managementalgorithmen hilft. Ein vergleichbarer Gleichgewichtszustand wird bei offener verteilter Verarbeitung nie erreicht und die Netzwerkmanagementprobleme werden noch komplexer.

Mit offenen Systemen haben wir uns in den Bereich heterogener Systeme begeben, wo die Kontrolle schwieriger wird. Die Konformität zu Protokollen für Fehlererkennung und -behebung hängt erheblich stärker von Vereinbarungen oder Standards ab. Jeder intelligente Prozessor, der mit dem System verbunden ist, muß Fehlerinformationen sammeln und sie an den Netzwerkmanager liefern. Nicht alle Prozessoren können so modifiziert werden, daß sie die idealen Statistiken sammeln, und jene, die nicht kompatibel sind, können unbekannte Fehler haben. Außerdem können die angeschlossenen Prozessoren die Fehlerinformation selbst fehlerhaft sammeln oder an den Netzwerkmanager übermitteln.

Oft werden Änderungswünsche vom Systemadministrator kommen, um Änderungen der Betriebsverfahren widerzuspiegeln. Die Synchronisation von Fehlerkorrekturen für mehrere Prozessoren bleibt in vielen laufenden Systemen eine Anforderung. Genauso wichtig sind synchronisierte Updates von Hardware und Software, die für das gesamte Netzwerk gelten müssen. Nachdem Fehler entdeckt wurden, müssen die Korrekturen an die verschiedenen Knoten im System geliefert werden. Ursprünglich geschah das, indem man jemand an den Standort des ausgefallenen Knotens schickte. Da die Netzwerkknoten große und relativ teure Computer waren, waren die Mehrkosten für die Wartung der ausgefallenen Einheit im Verhältnis recht niedrig.

Mit der Einführung von PCs und LANs hat sich die Gleichung für das Netzwerkmanagement geändert. Da die Intelligenz auf den einzelnen Desktops liegt, wuchs der Bedarf, relevante Informationen auf jedem Desktopprozessor zu sammeln, die nicht nur Fehlererkennung und -beseitigung ermöglichten, sondern auch einen Überblick über den Status jedes Netzwerkknotens lieferten. Mit der Einführung von LANs gab es den Bedarf für spezifische Kontrolle über die verteilten Computer innerhalb des lokalen Netzwerks. LAN Manager wurden eingeführt, um das Netzwerk zu unterstützen und Information vom LAN an die zentralen Netzwerkmanager zu liefern.

Die Bedingungen für das Netzwerkmanagement haben sich mit dem Wachstum der Workstations verschlechtert. Die Menge der Daten auf den individuellen Knoten hat sich weiter erhöht. Wesentliche Unternehmensdaten können auf verschiedenen Knoten liegen, die Netzwerkabstürze für manche Unternehmen zur Katastrophe werden lassen können. Netzwerkredundanz reduziert diese Gefahr, aber effektive Diagnosemöglichkeiten haben an Bedeutung gewonnen. Jede Workstation hat die Rechenleistung und damit das Fehlerpotential größerer Prozessoren, aber sie hat einen Preis, der es verbietet, Wartungspersonal an jeden Ort zu schicken, wo ein Fehler auftritt. Da Workstations größere Computerleistung besitzen, können selbstkorrigierende Routinen die Zuverlässigkeit des Netzwerks erhöhen.

Die Anwendung von Meßgeräten kann nichtvorhersehbare Resultate haben. In den ersten Phasen der Entwicklung virtueller Systeme entdeckten wir, daß ein Phänomen auftreten konnte, das der Messung des Elektronenrings um einen Atomkern analog war. Die Hinzufügung von Meßgeräten veränderte die Messungen. Dies gilt auch für offene verteilte Systeme, bei denen das Systemgleichgewicht durch Meßgeräte beeinflußt werden kann.

Das Management von Unternehmensnetzen bleibt ein großes Problem, das durch die Einführung zusätzlicher Leistung auf den einzelnen Workstations noch verschlimmert wurde. Jede Workstation kombiniert die Leistung früherer Mainframes, die jetzt verwaltet werden müssen. In großen Unternehmen ist es wichtig, den Status aller Systeme weltweit zu kennen. Ältere Netzwerkmanagementsysteme bleiben auf großen Prozessoren und bieten ausreichend robuste Aufzeichnungsmechanismen, um größere Ausfälle vorauszusagen. Die Entdeckung von globalen Problemen kann zu umfangreichen korrektiven Aktionen führen, die zentral generiert werden.

Um die Verbindungen zwischen offenen Systemen und den Unternehmensnetzwerken zu erhalten, ist es oft notwendig, sie mit älteren Netzwerkmanagementroutinen zu verbinden. Dies schließt Netzwerkmanagementprodukte ein, die auf proprietären Entwürfen oder älteren OSI Definitionen beruhen. Abbildung 9.5 zeigt einige der wichtigsten Netzwerkmanagementroutinen für WANs. IBM und AT&T haben Produkte entwickelt, die globale

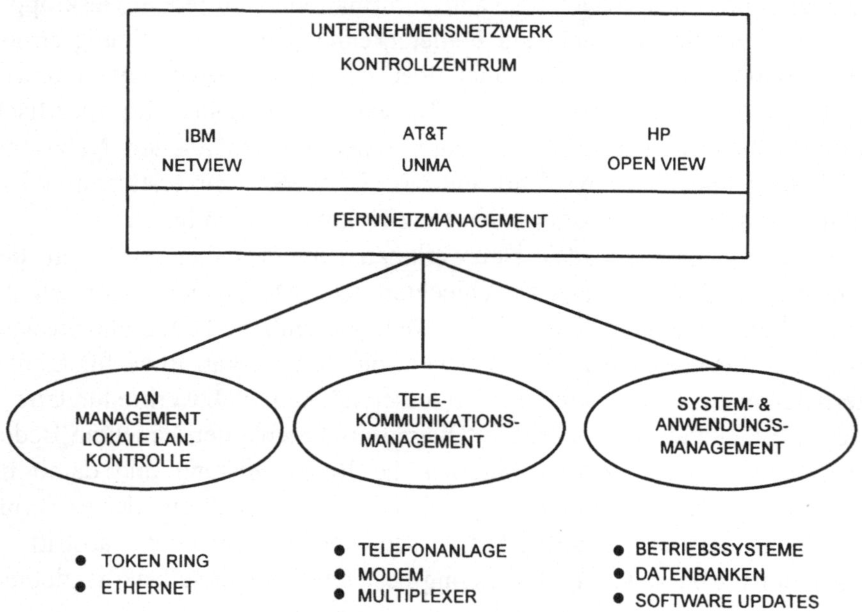

Abbildung 9.5 Netzwerkmanagement

Netzwerke verwalten. AT&Ts vereinheitlichte Netzwerkmanagementarchitektur („Unified Network Management Architecture", UNMA) benutzt das Netzwerkmanagementprotokoll (NMP) der ISO, um Informationen über heterogene Netzwerke aufzuzeichnen. UNMA ist eine Werkzeug, das gut mit AT&Ts spezieller Hardware wie Multiplexern, Vermittlern und PBX zusammenarbeitet.

IBMs Netview, ein weit genutztes Paket für Netzwerkmanagement, basiert auf deren eigener ONM-Architektur („Open Network Management"). Netview war ursprünglich ein reines Mainframeprogramm, aber erstreckte sich schließlich auch auf PCs. Eine kooperative Beziehung zwischen Monitorprogrammen auf dem Host und Sammelprogrammen auf den PCs wurde entwickkelt. Fehlerstatistiken wurden in den frühen 80er Jahren entworfen und schließlich erweitert, um viele andere Supportmerkmale des Netzwerks abzudecken.

Hewlett Packard liefert das populäre Netzwerkmanagementpaket OpenView, das auf der OSI Architektur basiert und sich mit anderen weithin genutzten Managementpaketen von IBM und AT&T verbinden läßt.

Die Anforderung für verteilte Managementroutinen besteht darin, lokales Netzwerkmanagement mit den globalen Aufzeichnungserfordernissen auszubalancieren. Autonome Routinen bieten beachtliche Fähigkeiten, was durch die Plazierung von LAN Management auf dem Server erreicht wird. Lokale Systeme kommunizieren mit größeren Prozessoren. Die Netzwerkmanagementfunktionen haben sich seit den einfachen Anfängen ständig erweitert. Zusätzlich zu den Diagnoseroutinen bietet Netzwerkmanagement jetzt Verwaltung, Leistungsüberwachung und Berichte über den täglichen Netzwerkbetrieb.

Mit der Leistungsfähigkeit offener Systeme ist es möglich, moderne Systeme zu definieren, die lokale Autonomie und LAN Netzwerkmanagement mit den Bedürfnissen zentraler Netzwerkverwaltung ausbalancieren. Die Entwürfe für diese Pakete berücksichtigen, daß die lokalen Einheiten Aktionen übernehmen oder Informationen an die zentralen Verarbeitungseinheiten übermitteln können. Einige weltweite Netzwerke haben außergewöhnliche Zuverlässigkeitsspezifikationen, die Redundanz verlangen. Ein Ausfall des Netzwerks könnte große entgangene Geschäfte oder den Verlust lebenswichtiger Informationen bedeuten. Satellitenstarts verlangten internationale Überwachungsmechanismen mit genügend Redundanz, um Ausfälle zu vermeiden. Es existieren vergleichbare Finanznetzwerke, die täglich große Summen Geld über das Netzwerk bewegen. Redundanz ist auf allen Ebenen des Netzwerks notwendig, um diese Verbindungen aufrechtzuerhalten.

Die Kommunikationslandschaft wurde komplexer, als lokale Netze über Backbone-Netze mit einander verknüpft wurden. Das gesamte System wird schließlich mit WANs verknüpft. Analyseprodukte sind sowohl für LANs wie für WANs erhältlich. Umfassende Managementprogramme verfolgen den Status der verteilten Rechnerplattformen, aber erlauben dem lokalen Netzwerk eine bestimmte Autonomie. Die gleichen Programme benutzen Expertensysteme, um eine gewisse Balance für den gesamten Datensammelprozeß zu erreichen. Die Einzelheiten, die im LAN gesammelt werden, sollten auf die höheren Ebenen des Netzwerks übertragbar sein.

Dieses komplexe Netzwerk wird am besten durch verteiltes Netzwerkmanagement verwaltet. Standards sind hilfreich, um mit Netzwerkkollektionsprotokollen strenge Kriterien zu definieren. Dies sind die gleichen Statistiksammler, die auch die zentralen Netzwerkmanager versorgen. OSF übernahm einen Rahmen für die Definition von Netzwerkmanagement in offenen Systemen der Distributed Management Environment (DME) genannt wird. Der Rahmen wurde ebenfalls von den Unix System Laboratories für das Distributed Open Management Environment (DOME) übernommen. Viele Hersteller haben den Rahmen akzeptiert und beginnen, Produkte auf der Basis der Definitionen zu schaffen.

Zwei wichtige Netzwerkmanagementprotokolle, die in DME verwendet werden, sind das Common Management Information Protocol (CMIP) und das Simple Network Management Protocol (SNMP). Beide enthalten APIs für Softwarehersteller, um sie mit ihren Netzwerkmanagementroutinen zu verbinden. Ein Kompatibilitätsteil erlaubt es, mehrere ältere Systeme mit den neueren Systemen zu integrieren.

CMIP ist ein komplexes Protokoll, das vom OSI/Network Management Forum definiert und im November 1990 erstmals vorgestellt wurde. CMIP wurde entworfen, um eine umfassende Verwaltung der Netzwerkelemente zu ermöglichen, mit einer Basis für die Behandlung komplexer Netzwerke. Es behandelt Managementressourcen als verwaltete Objekte, die in einer Hierarchie enthalten sind.

SNMP wurde von Marshall Rose entworfen, der am Design vieler Innovationen bei offenen Systemen beteiligt war. Es wurde aus dem Simple Gateway Monitoring Protocol entwickelt, das auf TCP/IP-Netzwerke ausgerichtet war. SNMP bietet einen Ansatz, in dem Ressourcen als Variable und Tabellen modelliert sind. In einem gewissen Sinne sollte die Entwicklung des Protokolls die Akzeptanz der bürokratischen Anpassung von CMIP verlangsamen. SNMP benutzt eine Teilmenge von CMIP und bietet sehr schnellen Zugang zu SNA, Vines, Netware und dem LAN Manager.

Standardisierungsorganisationen vergrößern und erweitern den Supportlevel für Netzwerkmanagement sehr schnell. Bestimmte Merkmale werden in allen Lösungen relevant und helfen den Anwendern, die Abhängigkeit von einem einzelnen Hersteller zu vermeiden.

Tivoli liefert ein Produkt unter dem Namen WizDOM, das auf dem Standardrahmen aufbaut. Dieses Produkt ist eine Sammlung von Routinen und Diensten, die beim Aufbau eines objektorientierten Managers für verteilte Systeme helfen können. Die zentralen Objektfunktionen bieten die Grundlage, um Anwendungen zu schaffen, die bei der Komplexität von Übersichten für die übertragenen Meldungen von Systemstatusinformationen helfen können. Die Hilfsmittel für den Desktop bieten ein Iconpaket, das wie eine Macintoshoberfläche erscheint. Mit den gelieferten Funktionen können Anwendungspakete gebaut werden, die die Anforderungen einzelner Gruppen erfüllen.

Sun hat ein eigenes Unternehmen, SunConnect, gegründet, um seine Netzwerkmanagement Software zu betreuen. Der Entwurf basiert auf dem Distributed Object Environment (DOE), das sich von den Designs der verschiedenen Standardisierungsgruppen unterscheidet. Dieser Teil des Unternehmens wird durch den Verkauf ihres Softwarepakets SunNet Manager finanziert.

Große kritische Netzwerke benötigen ausreichende Statistiken, die die Netzwerkmonitore bei jedem potentiellen Fehler alarmieren können. Dies wird üblicherweise in zentralen Netzwerkmonitorzentren durchgeführt, die Ausfälle voraussehen und die notwendigen Instruktionen für die Fehlerkorrektur veranlassen können. Die Informationen über die normalen Abläufe werden mit den eingehenden Statistiken verglichen. Oft wird der zentrale Monitor in der Lage sein, einen Ausfall vorauszusagen, bevor an der lokalen Stelle bekannt ist, daß ein Problem besteht, und er wird die nötigen Korrekturen oder Umleitungen veranlassen.

Die Sammlung von statistischen Informationen über das Netzwerk stellt auch sicher, daß vernünftige Abrechnungsverfahren für das Netzwerk festgesetzt werden können. Einfache Prozeduren, die auf der Anzahl der Netzwerkkontrollblöcke basieren, können durch genauere Techniken ersetzt werden, wenn ausreichende Statistiken gesammelt wurden. Die grundlegenden statistischen Information, die im Netz gesammelt wurden, konzentrierten sich auf Hardwareinformationen, aber erweiterte Programme können auch die Verwendung von Anwendungsprogrammen im Netz verfolgen.

In sehr großen Netzwerken ist die Geschwindigkeit ein kritischer Faktor, der das Unternehmen negativ beeinflußen kann. Glücklicherweise hilft die Eigenart von verteilten offenen Systemen, den Verkehr auf dem Netzwerk zu reduzieren, aber es gibt immer noch Knoten, die ernste Probleme haben können, wenn sie langsamer werden. Ausreichendes Monitoring muß vorhanden sein, um sicherzustellen, daß das Netzwerk seine Geschwindigkeit unter den gegebenen Arbeitsbedingungen beibehält. Mit dem Wachsen von Multimediaanwendungen wird es einen wachsenden Bedarf für diese Ebene der Unterstützung geben.

Sicherheit bleibt ein Hauptanliegen in Netzwerken, die die kritischen Informationen eines Unternehmens enthalten. Die erste Ebene besteht darin, das Netzwerk gegen unerwünschtes Eindringen zu schützen, aber es gibt auch eine Notwendigkeit, sicherzustellen, daß das Netzwerk nicht unbeabsichtigt beeinträchtigt wird. Von wachsender Bedeutung für Netzwerke sind Viren, die über mehrere Knoten verteilt werden. Eine Reihe von Viren war in Programmen in Netzwerken vorhanden und wurden sogar mit Netzwerkbetriebssystemen verteilt. Da es so viele verschiedene Formen von Viren gibt, ist es normalerweise schwierig, sich gegen alle zu schützen.

Die Netzwerkmanagementwerkzeuge haben als primäres Ziel die korrekte Diagnose von Netzwerkfehlern. Diese Fehler müssen identifiziert und dann mit diesen fortgeschrittenen Werkzeugen behoben werden. Bei Netzwerken mit vielen Tausenden von Knoten ist es entsprechend schwieriger, die notwendigen intelligenten Diagnosen zu stellen.

Typischerweise wird erwartet, daß Netzwerkmanagementprogramme die physischen Netzwerke, Netzwerkadapter, Bridges und Router, Gateways, Modems und Multiplexer, Terminalserver und die auf dem Netzwerk laufenden Anwendungen verwalten. Der Netzwerkmanager führt auch Informationen über PBX und andere elektronische Ausrüstungen, die an das Netzwerk angeschlossen sein mögen.

Netzwerkmanagement wird als hierarchisches System betrachtet, das auf der obersten Ebene beginnt und sich zu den niedrigeren Ebenen des Netzwerks fortsetzt. Informationen über das gesamte Unternehmen sind auf der oberstenen Ebene und LAN-Informationen auf der niedrigsten Ebene der Verwaltungsinformationen zu finden.

9.6 FOLGERUNGEN

Netzwerke haben Workstations als persönliche Produktivitätswerkzeuge mit Unternehmenssystemen verbunden, die von Gruppen von Menschen geteilt werden. Entscheidend für diese Rolle ist die Einführung der Netzwerksoftware, die die Interaktion zwischen den heterogenen Plattformen erleichtert. Diese Software bietet die Verbindungen und die Interaktionen zwischen mehren Clients und erleichtert die vollständige Nutzung der Netzwerkdienste.

Die Benutzerinteraktion bestimmt die Nützlichkeit des Netzwerks als ein Werkzeug für die Teilhabe. Obwohl die Benutzeroberflächen auf den individuellen Clients liegen, kann die Netzwerksoftware die Verwendung neuer Anwendungen erleichtern. Effektive Anwendungen, die auf dem Netzwerk geteilt werden können, helfen die Wartezeit auf Dienste zu reduzieren. Häufig genutzte Anwendungen werden weiterhin auf dem einzelnen Desktopcomputer gehalten, während geteilte Anwendungen sich im Netzwerk befinden. Als Workstations und LANs auftauchten, wurde eine stärkeres Gruppendenken möglich. Die Systeme bieten erhebliche Vorteile für jeden Einzelnen, aber was noch wichtiger ist, sie können Produktivitätsgewinne für die gesamte Organisation bieten, wenn sie im Netzwerk benutzt werden.

Die Verbindung zwischen den Installationen hat zwei Hauptbestandteile. Der erste ist die einfache Verbindung zwischen den unterschiedlichen Hardwareelementen, üblicherweise durch Router, Bridges und die entsprechende Software erreicht. Die höhere Ebene, als Interoperabilität bekannt, spiegelt die Verbindungen zwischen Anwendungen und Datenbanken wider.

Netzwerkmanagement in mainframebasierten Systemen wird auf einem System im Gleichgewichtszustand eingerichtet. Mit der Einführung offener Systeme wird dieser Gleichgewichtszustand verloren und das Netzwerk muß die Merkmale bestimmen, die die effektive Nutzung des Systems erlauben. Netzwerkmanagement muß die Ressourcen des Systems verwalten, das aus all den unterschiedlichen Prozessoren besteht, die mit dem offenen System verbunden sind. Es muß auch Benutzerkonten und -konfigurationen verwalten. Der Netzwerkmanager muß den Betrieb des ganzen Systems verfolgen und Informationen über die Entwicklung des Netzwerks bereitstellen.

Das Netzwerkproblem ist den Erfahrungen bei neuronalen Computern und massiv parallelen Prozessoren ähnlich. Es ist wahrscheinlich, daß die Entwicklungen für das Netzwerkmanagement zu ähnlichen Lösungen wie für die massive Parallelverarbeitung führen werden.

Groupware repräsentiert eine wichtige Anwendungskategorie für die Zukunft der Netzwerkverarbeitung. Die gemeinsame Verwendung von Informationen durch viele Menschen, die zusammenarbeiten, erfordert Anwendungswissen verbunden mit Wissen über die Netzwerkinteraktionen. Gute Groupware kombiniert diese beiden Bestandteile.

Unternehmen, die offene Systemnetzwerke installiert haben, kamen sehr schnell zu dem Schluß, daß Netzwerkmanagement für die effektive Benutzung notwendig ist. Es ist wichtig zu verstehen, was auf dem Netzwerk geschieht, wenn es aktiv verwendet wird. Es bleibt eine Anforderung, angemessene Werkzeuge zu definieren, die offene verteilte Netzwerke unterstützen.

LITERATUR

Bob Bradley, „Digital Network Architecture and the OSI Model", Telecommunications, February 1988, pp. 69-73.

Rudy J. Cypser, *Communications Architecture for Distributed Systems*, Addison-Wesley, Reading, MA, 1978, pp. 192-195.

Andrew S. Grove, nach Bemerkungen während seiner Eröffnungsrede bei der COMDEX 1991 in Las Vegas, 22. Oktober 1991.

IBM Systems Journal, Vol. 22, No. 4, 1983. (Dieses gesamte Heft des *IBM Systems Journal* ist Artikeln über IBMs Systems Network Architecture SNA gewidmet.)

Thomas W. Malone and John F. Rockart, „Computers, Networks, and the Corporation", *Scientific American*, Vol. 265, No. 3, September 1991, pp. 128-136.

Robert J. Sundstrom, James B. Staton III, Gary D. Schultz, Matthew L. Hess, George A. Deaton, Jr., Leo J. Cole, and Robert M. Amy, „SNA: Current Requirements and Direction", *IBM Systems Journal*, Vol. 28, No. 1, 1987, p. 13 ff.

10

Anwendungen

Wenn wir zur früher in diesem Buch verwendeten Analogie eines Jachtrennens zurückkehren, so nimmt die Anwendungsentwicklung die Technologie und die Standards und verbindet sie zu einer gewinnenden Rennjacht. Sehr ähnlich den Mannschaften der gewinnenden Jacht wird der Anwendungsentwickler das endgültige Design zurechtstutzen und formen, bis die Anwendung auf offenen Systemen gut läuft.

Wenn wir Anwendungsentwicklung näher betrachten, werden wir eine Umgebung entdecken, die durch Fortschritte in der Technologie vereinfacht wurde und durch die Vielzahl der immer noch verbleibenden Optionen komplizierter wurde. Die Techniken, die für die Konstruktion der gewinnenden Anwendung verwendet wurden, werden auch die Auswahl und die Installation von Hardwareplattformen für offene Systeme beeinflußen. Anwendungen sind der Grund, warum Unternehmen Computer kaufen und in diesem Kapitel werden wir einige Techniken für den Bau von Anwendungen in einer Netzwerkumgebung untersuchen.

In den meisten Installationen sind große Mengen von traditionellem Code vorhanden, die die Bewegung zu offenen Systemen beeinflußen können. Dieser Code enthält den operativen Rahmen für das Unternehmen und muß teilweise erhalten werden, um den fortgesetzten Betrieb sicherzustellen. Neue Anwendungen werden um den traditionellen Code herumgebaut und alte Anwendungen werden unter Beachtung des traditionellen Codes auf kleinere Rechner portiert (Downsizing). Der meiste traditionelle Code wurde auf eine unkoordinierte Weise mit älteren Computersprachen erzeugt, die vor den Fortschritten modernen computerunterstützten Software Engineerings entstanden („computer-aided software engineering", CASE*).

Ein erster Schritt in der Entwicklung von offenen Systemanwendungen ist die Entwicklung und die Einführung von Standards, die im Unternehmen für mehrere Herstellerlösungen angewandt werden können. Dies reduziert den

Anteil exklusiver Lösungen, während eine Softwarebasis geschaffen wird, die auf mehrere Prozessoren portierbar ist. Die Standards sollten die Hardwarearchitekturen als Erweiterung der Operationsprinzipien der Software betrachten und Schichten bilden, die es erlauben, Systeme einfach zusammenzubauen. Die Software sollte die Daten, Anwendungen, Systemverwaltung und den Systemmanagementcode enthalten. Softwarewerkzeuge müssen festgelegt werden, um eine Entwicklung zu erleichtern, die auf mehreren Systemplattformen ablauffähig ist.

Netzwerktechnologie wird für neue Anwendungsentwicklungen für offene Systeme als Basis vorausgesetzt. Ältere Anwendungen werden schließlich so geändert werden, daß sie den Netzwerkrahmen benutzen und mit anderen Anwendungen kommunizieren. Obwohl es immer noch erst einige wenige Netzwerk-CASE-Werkzeuge gibt, können kompetente Programmierer in relativ kurzer Zeit zur Verwendung vorhandener Entwicklungstechniken für offene Systeme übergehen. Offene Systeme können mit modernen Entwurfstechniken entworfen und entwickelt werden.

Letztlich wird der Erfolg jeder neuen Technologie an der Fähigkeit gemessen, Entwicklungen schnell zu verändern und neuen Code zu produzieren. Netzwerkanwendungen können gekauft oder selbst geschrieben werden. Allgemeine Anwendungen werden erhältlich sein, wenn der Markt die Profitabilitätsschwelle erreicht hat. Spezialisierte Anwendungen werden meistenteils intern oder über Kontrakte entwickelt werden müssen.

Eine Bremse beim schnellen Wechsel auf offene Systeme ist die Anzahl der Programmierer, die moderne Entwicklungstools benützen können. Dabei dienen die Werkzeuge als Anreiz für Entwickler, große Mengen von Code auf einfache Weise entwickeln zu können. Softwarentwicklungsgruppen in einem Unternehmen erscheinen wie externe Entwickler, wenn sie Code für das gesamte Unternehmen liefern.

Anwendungen für offene Systeme waren einst auf die Peripherie der Hauptsysteme beschränkt. Diese Anwendungen werden immer mehr zu Lösungen für unternehmenskritische Probleme, die das Herz des Geschäftes bilden. Spezialisierte Programme verlangen die Verwendung von Entwurfs- und Anwendungswerkzeugen innerhalb des Unternehmens, um die für das Unternehmen einzigartige Anwendung zu schaffen. Diese Anwendungen stellen einen beträchtlichen Vorsprung für das Unternehmen dar und sie müssen geschützt werden. Interne und externe Programmierergruppen suchen nach modernen Werkzeugen, um die Qualität und die Produktivität der Programmierer zu erhöhen. Lösungen für offene Systeme können Sprachen der 4. Generation aufgreifen, die es Endbenutzern erlauben, ihre eigenen Anwendungen zu generieren. Von diesen Werkzeugen wird ein Wandel bei der allgemeinen Stagnation der Softwareproduktivität in den vergangenen 30 Jahren (Aron, 1974) erwartet, indem der Anteil selbstgemachter Lösungen wächst.

Die richtige Ebene für die Ausführung der Software zu finden, ist mit der Einführung von Workstations komplexer geworden. Right-Sizing* ist der Versuch, Anwendungen auf der richtigen Computerplattform zu plazieren, die die Lösung für die Endanwender und das Unternehmen optimiert. Durch Right-Sizing werden einige Anwendungen auf großen Servern oder Mainframes verbleiben; andere Anwendungen werden auf Clients übertragen werden; und einige Anwendungen werden auf gemeinsam benutzte Prozessoren wechseln. Rechenintensive Anwendungen müssen vielleicht auf hochleistungsfähige Server übertragen werden.

Die Einführung von Standardimplementierungen hat eine Umgebung geschaffen, die portierbare Anwendungen unterstützt. Portierbare Anwendungen sind Programme, die leicht auf verschiedene Plattformen übertragen werden können. Populäre PC-Programme waren für verschiedene Hersteller erhältlich, die zum MS/DOS-Standard konform waren. Viele Hersteller erweiterten den Abdeckungsgrad ihrer Anwendungen um die Lauffähigkeit auf Betriebssystemen wie Unix. Portierbarkeit ist ein notwendiges Merkmal von Software, die in offenen Systemen benutzt wird, da sie den Programmieraufwand reduzieren kann und den Wert der ursprünglichen Softwareinvestitionen erhöht. Umgekehrt kann der Wert offener Systeme an der Fähigkeit gemesssen werden, portable Anwendungen schaffen und benutzen zu können. Anwender und Softwarehersteller profitieren direkt von Portabilität, während Hardwarehersteller von Exklusivität profitieren. Portierbarkeit reduziert den Programmieraufwand, während sie die Übertragung auf verschiedene und fortgeschrittenere Architekturen beschleunigt. Die Auswahl kann innerhalb einer größeren Bandbreite von Anwendungen erfolgen, wenn es eine gemeinsame Schnittstelle gibt.

Anwendungen können übertragen werden, um die beste Implementierung zu erzielen. Einige Anwendungen werden weiterhin auf Servern verbleiben und als zentrales Hilfsmittel für viele Clients dienen. Andere können direkt auf Workstations übertragen werden, wo man von den Vorteilen des lokalen Zugriffs profitiert. Expertensysteme z. B. können sich auf dem Desktop des einzelnen befinden. Der sofortige Zugriff zu Expertenfähigkeiten kann den Wert des Desktops für den Einzelnen erhöhen. Portierbarkeit hat den Vorteil, daß sie Langfristigkeit und Skalierbarkeit sichert. Langlebige Anwendungen reduzieren die Notwendigkeit, andauernd Geld für die gleichen Softwareprobleme auszugeben.

Mit offenen Systemen ist es möglich, daß viele Clients sich eine einzelne Anwendung auf einem Server teilen. Dieses Teilen hat viele Vorteile für die benutzende Abteilung. Ein gemeinsamer Server reduziert die Anzahl der Anwendungsupgrades, die übertragen werden müssen, um die Clients auf dem neuesten Stand zu halten. Das Lizensierungsproblem ist in offenen Systemen komplex. Anwendungshersteller haben begonnen, ihre Lizensierungsregeln zu ändern. Es können jetzt Lizenzvereinbarungen erworben werden, die es der Installation erlauben, die Zahl der Anwender zu verwalten. Es ist dafür notwendig, Werkzeuge zu installieren, die die Workstations abfragen und feststellen, wer das Lizenztoken für eine bestimmte Anwendung hat.

Andere Fähigkeiten, die von Netzwerkanwendungen erwartet werden, umfassen die Verwendbarkeit auf heterogenen Prozessoren, die Skalierbarkeit auf mehrere Plattformen und die leichte Änderbarkeit bei der Einbindung ins Netzwerk. Skalierbarkeit ist die Eigenschaft eines Anwendungspakets, die seine Verwendung auf kleinen oder großen Prozessoren erlaubt. Sie wird normalerweise durch die Konformität zu Standards erreicht und durch ein offenes Design, das die Vorteile der lokalen Computerleistungsfähigkeit ausnutzen kann.

Bei der Anwendungsentwicklung für offene Umgebungen gibt es eine Reihe von Unbestimmtheiten. Die wichtigste ist die Arbeit der „Cracks", womit eine kleine Gruppe sehr erfahrener Programmierer beschrieben wird, die neue Anwendungen in sehr kurzer Zeit schaffen können. Dabei wird ein abgekürzter Herstellungsprozeß durchlaufen und ein Prototyp oder sogar eine volle Anwendung kann in einem Bruchteil der Zeit geschaffen werden, die für eine Standardentwicklung benötigt wird.

Eine zweite ist der Bedarf für die sofortige Anwenderunterstützung. Oft spiegeln die Entwicklungspläne einen sorgfältig abgestimmten Projektplan wider. Das Anwendermanagement will die Anwendung in wesentlich kürzerer Zeit haben. Oft werden dann viele Schritte im Entwicklungsprozeß ausgelassen, um den Plan zu erreichen, was sich auf die endgültige Qualität auswirkt.

Anwendungen sind die treibende Kraft hinter erfolgreichen Computerangeboten. Eine gut geschriebene Anwendung in einem offenen System verbindet mit Servern und bietet Fähigkeiten für die Endbenutzer auf den Clients. Traditionelle Ansätze zur Anwendungsentwicklung waren zeitaufwendig und haben die Produktivitätsgewinne durch die Computertechnologie verlangsamt. Die jüngsten Einführungen von Codegeneratoren versprechen Durchbrüche in der Codeproduktion, da die Generatoren sich als fähig erwiesen, auf der Basis von Definitionen auf hoher Ebene annehmbare ablauffähige Anwendungen zu produzieren.

10.1 „RIGHT-SIZING"

Können die Anwendungen vom Hostcomputer Ihrer Abteilung oder Ihres Unternehmens auf preiswertere Plattformen übertragen werden? Welcher Anteil der Anwendungen kann auf Clients oder Server übertragen werden, während die Kontrolle über das Gesamtunternehmen erhalten bleibt, die ihre Firma verlangt? Verlieren Sie Sicherheit, wenn sie mehr Anwendungen auf Server auslagern und von den zentralen Prozessoren entfernen? All diese und andere Fragen werden von Managern verfolgt, die nach der richtigen Ebene für die Entwicklung und das Management neuer Anwendungen suchen.

Viele Unternehmen haben das Konzept des Downsizing aufgegriffen, Anwendungen auf kleinere Computer zu übertragen. Dies meint die Übertragung von Anwendungen von Mainframes oder Minicomputern auf Workstations und Server. Dies wird normalerweise durch die Wahrnehmung der Kostenvorteile vorangetrieben. Anwendungen für die individuelle Produktivität waren die frühesten Kandidaten für diese Wanderung. Vorteile wurden erzielt, indem den einzelnen Angestellten das Material bereitgestellt wurde, das sie für die Erledigung ihrer Aufgaben benötigten. Als größere Anwendungen betrachtet wurden, wurde festgestellt, daß nicht alle Mainframeanwendungen und Daten auf einzelne Prozessoren übertragen werden sollten.

Der Terminus Right-Sizing meint, die angemessene Ebene der Prozessorleistungsfähigkeit für die Anwendung zu finden. Dies mag bedeuten, Anwendungen vom Mainframe oder Minicomputer auf einen kleineren Prozessor zu bringen, wo dies ein klarer Vorteil für das Unternehmen in Form der individuellen Produktivität oder geringerer Datenverarbeitungskosten ist. Es kann aber auch bedeuten, eine gemeinsam benutzte Anwendung auf einen größeren Prozessor wie einen Netzwerkserver zu bringen, oder auf einen mehrfach parallelen Prozessor, wenn es einen Vorteil durch die hohe Geschwindigkeit gibt. Den Prozessor auf der richtigen Ebene zu finden, schließt ein, die Bedürfnisse des Anwenders und des Anwendungscodes zu bewerten und das korrekte Niveau für den Code zu bestimmen. Kann die Leistungsebene genügend Unterstützung bieten, um die Antwortzeit auf die Anforderungen des Unternehmens gleichzuhalten oder zu verbessern? Erhält oder verbessert der Ort der Anwendung den Grad der Flexibilität, der vom Unternehmen gewünscht wird?

Eine wachsende Anzahl von Unternehmen wendet sich von größeren Prozessoren ab und Clients oder Servern zu. Anfangs wurde festgestellt, daß Anwendungen, die eine enge Beziehung zu Endanwendern haben, von einer relativ großen Nähe zu den Anwendern profitieren. Anwendungen wurden auf die PCs gebracht, die gesteigerte Autonomie für die einzelnen Angestellten brachten und ihnen erlaubten, mehr Arbeit ohne Abhängigkeit von der

Mainframesoftware auszuführen. Einiges an Kontrolle wurde bei diesem
Wandel verloren, aber die Ergebnisse wurden für wertvoll genug erachtet,
diesen Weg fortzusetzen.

Wenn zentrale Prozessoren der Rolle von Datenhaltungssystemen gewidmet werden, werden mehr Funktionen dieser Prozessoren auf kleinere Computer übertragen werden. Zunächst werden die Anwendungen zwischen den
verschiedenenen Prozessoren aufgeteilt. Die aufgeteilte Anwendung fordert
vom Designteam, klare Schnittstellen zu definieren, die die Übertragung erleichtern. Größere Geschwindigkeit auf portablen Computern wird zu mehr
aufgeteilten Anwendungen auf mobilen Einheiten führen.

Viele Anwendungen werden für die Anforderungen spezialisierter Nutzer
entwickelt. Diese Anwendungen sollten mit Werkzeugen entwickelt werden,
die deren Verwendung im komplexen Netzwerk erleichtern. Wir werden als
nächstes verschiedene Entwicklungstools untersuchen.

10.2 ANWENDUNGSENTWICKLUNGSWERKZEUGE

Die Frage nach einfachen Wegen zur Programmerzeugung tauchte auf, sobald
Programmierer komplexeren Problemen auf Computern für mathematische
Aufgaben gegenüberstanden. Der Wunsch nach einfacherer Codeerzeugung
und der Anwendung angemessener Ressourcen auf die Problemlösung führte
zur Einführung von Sprachcompilern und Bibliothekswerkzeugen. Ursprünglich benutzten die Schnittstellen zur Hardware direkte Binärcodierung, die
Maschinensprache genannt wurde, und sich als umständlich und zeitaufwendig für alle Programmierer und als Flaschenhals für die Fertigstellung von
Anwendungen erwies. Die ersten Bibliotheksroutinen waren Kartenstapel, die
entweder in den einzelnen Schreibtischen oder in Schränken in der Abteilung
aufbewahrt wurden.

Assemblerprogramme wurden in den 50er Jahren eingeführt. Sie bildeten
die Maschineninstruktionen in einer Eins-zu-Eins-Beziehung ab, aber benutzten binär codierten Zugang zur Hardware. Makros wurden zu den Sprachen
hinzugefügt, um die Produktivität zu erhöhen, und schließlich vereinfachten
Bibliotheken von Makroroutinen die Programmierung. Es scheint, daß die
ersten Versuche auf PCs dem gleichen Zyklus folgten, der schon bei Mainframecomputern aufgetreten war.

Mit der Einführung von Makroassemblern dehnte sich die Suche nach einfacheren Sprachen aus und eine Reihe von Hochsprachen wurde eingeführt.
Ein erster Schritt in diese Richtung war die Definition einer Sprache für
kommerzielle Anwendungsentwickler. COBOL (COmmon Business Oriented
Language) wurde Mitte der 50er Jahre eingeführt. Die Sprache wurde früh

standardisiert und wurde fortwährend erneuert, um Änderungen in den Hardware- und Softwarefähigkeiten widerzuspiegeln wie die Einführung von Netzwerken oder objektorientierte Programmierung. Die Compiler wurden perfektioniert, um optimierten Code zu produzieren, der auf den meisten Prozessoren eine relativ hohe Geschwindigkeit erreichte. COBOL bleibt eine wichtige Sprache für die Wartung der großen Mengen traditionellen Codes.

FORTRAN (FORmula TRANslation) wurde zuerst 1957 auf einem IBM 704 Computer eingeführt, und von Ingenieuren und Wissenschaftlern breit akzeptiert (Pugh et al., 1991). Eine Umfrage der IBM Anwendervereinigung SHARE im folgenden Jahr zeigt, daß die Mehrheit der Antwortenden die Sprache für viele ihrer Programme nutzten. Nach jahrelangem schnellen Wachstum nahm FORTRANs Popularität in den späten 70er Jahren ab. Ein wiederauflebendes Interesse führte in den letzten Jahren wieder zu einer wachsenden Akzeptanz. FORTRAN-90 wird für die Unterstützung moderner Anwendungen in offenen Systemen und der Parallelverarbeitung verwendet.

Viele Sprachen wurden eingeführt, um COBOL und FORTRAN zu ersetzen, wie Programming Language/I (PL/I) und Pascal, aber keine hat die weitverbreitete Akzeptanz der frühen Sprachen erfahren. Unix brachte die frühe Unterstützung für die Programmiersprache C (Kernighan und Ritchie, 1978). C wurde für mehrere Betriebssysteme angepaßt, die für Workstations und Mainframes erhältlich sind. C bietet sowohl hochsprachliche wie maschinensprachliche Fähigkeiten für Systemprogrammier. Viele Unixanwendungen wurden in C geschrieben, und Erweiterungen zu proprietären Systemen haben zu einer Fülle von Anwendungen auf unterschiedlichen Prozessoren geführt. Viele Netzwerkprogramme benutzen C ebenfalls als primäre Implementierungssprache, so daß es für Systementwickler und Implementierer wichtig ist, die Sprache zu verstehen.

Objekte wurden in die Programmierung eingeführt und haben sich als zunehmend wichtig für Implementierer offener Systeme erwiesen. Variationen von C sind entstanden, die Unterstützung für objektorientierte Programmierung auf der Hardware offener Systeme bieten. Objective C und C++ sind zwei der populären Modifikationen für die Implementation von Anwendungen auf offenen Systemen. Eine Reihe von Sprachen benutzt C als Zwischenschritt bei der Codeerzeugung. MCC z. B. entwickelt eine Sprache mit dem Namen ESP, die für parallele Computer verwendet werden kann und ebenso auf jedem Prozessor im Netzwerk läuft.

Computercompiler konvertieren die einfache Sprache der Entwickler in etwas, das vom Computer verwendet werden kann. Ursprünglich war das eine einfache Abbildung auf Maschineninstruktionen, aber es wurde früh erkannt, daß bestimmte Algorithmen benutzt werden konnten, um den Laufzeitcode auf spezifischen Maschinen zu beschleunigen. Compiler wurden zu Optimierern, die zur Gesamtleistungsfähigkeit des Prozessors beitrugen. Die Einführung der RISC-Architekturen verstärkte die Rolle der Sprachoptimierer. Diese Architekturen reduzierten die Vielfalt der Hardwareinstruktionen, die dem Programmierer zur Verfügung stehen und übertrug die Optimierung auf den Programmierer oder Compiler. Optimierende Compiler haben es den Chipdesignern erlaubt, Leistungen nahe der Leistungsgrenze mit ihren Prozessoren zu erreichen.

Sprachen der 4. Generation („4th Generation Languages", 4GLs) wurden in den 80er Jahren als einfachere Zugangswege zur Computerleistung eingeführt. Sprachen der 4. Generation verbinden Software Engineering mit relationalen Datenbanken um die Programmierung zu minimieren. Viele dieser Sprachen werden in Verbindung mit einer Datenbank ausgeliefert. 4GLs heben die Schnittstelle auf eine Ebene, wo Nichtprogrammierer Code erzeugen können, ohne auf die traditionelle Compilertechnologie zurückzugreifen.

„Nichtsprachliche" Sprachen sind aus den PC-Implementierungen entstanden. Es ist möglich, einfache Funktionen der PCs zu verwenden und sinnvolle Programme zu erzeugen. Lotus Tabellenkalkulationsblätter können sich dem Endanwender als Programm darstellen. Dies ermöglicht vielen Endanwendern, ihre eigene Aufgabenstrukturierung zu entwickeln und die Komplexitäten der typischen Softwareentwicklung zu vermeiden.

Sprachen erzeugten ihre Anhänger, die über die Angemessenheit der einen im Vergleich zur anderen streiten. Nur ein paar Sprachen erhielten eine breite Akzeptanz in einer der Modewellen der Datenverarbeitung. Bemühungen, eine universelle Sprache sowohl für die wissenschaftliche wie die kaufmännische Anwendergemeinde zu definieren, sind generell fehlgeschlagen. Einige Sprachen, wie C, können von beiden Gruppen benutzt werden. Sprachen der 4. Generation versprechen, den Endbenutzern die Schaffung ihrer eigenen Anwendungen zu ermöglichen.

Ein wichtiges Merkmal, das mit Unix eingeführt wurde, war die Programmers Workbench, die eine Entwicklungsumgebung mit grundlegender Unterstützung durch Werkzeuge für die Erzeugung von Unixanwendungen ist. Die Kombination dieser Werkzeuge erwies sich als inadäquat, um wohlstrukturierte Programmierung zu fördern, so daß sich die Programmiergruppen CASE als Vehikel für bessere Produktivität und Qualität zuwandten. Wir werden als nächstes CASE untersuchen.

10.3 CASE-WERKZEUGE

Ingenieure waren die ersten, die die Leistungsfähigkeit des Computers benutzten, um Entwurf, Entwicklung und Test von Komponenten durch compu-

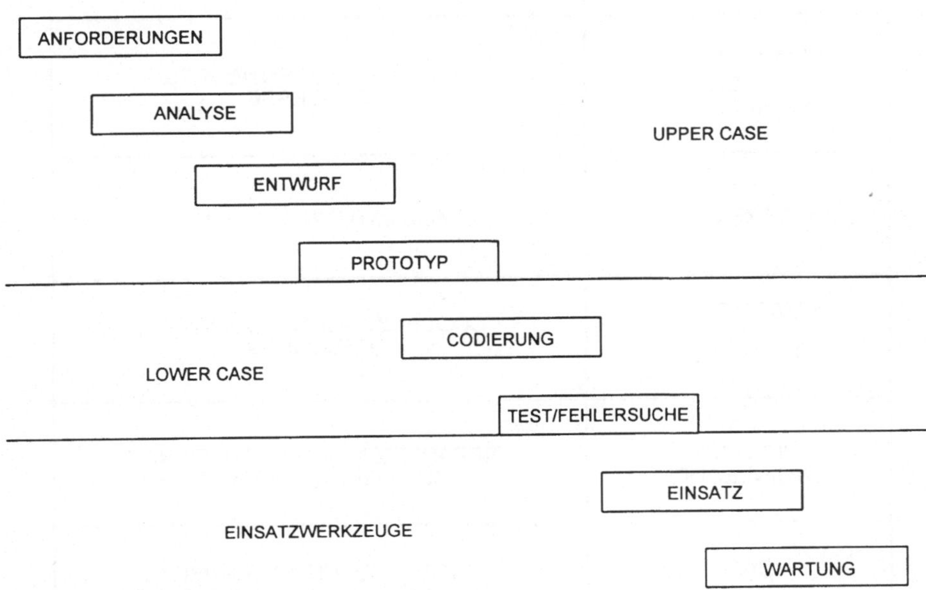

Abbildung 10.1   CASE-Werkzeuge und der Lebenszyklus

terunterstützte Werkzeuge („computer-aided design and engineering", CAD/CAE) zu vereinfachen. Diese Werkzeuge versorgten die Ingenieure mit einem beachtlichen Hilfsmittel in Produktlebenszyklen, die sorgfältigen Entwurf und Test benötigen. Automatisierte Werkzeuge bieten Funktionen, die den Ingenieur durch die verschiedenen Schritte des Lebenszyklus führen und die Leistungsfähigkeit des Computers benutzen, um sicherzustellen, daß jeder Schritt korrekt ausgeführt wird. Diese Werkzeuge haben das Hardwaredesign beschleunigt und die Qualität der Endprodukte perfektioniert.

CASE („Computer Aided Software Engineering") ist eine Gruppe von Werkzeugen, die einen integrierten Ansatz für die Konstruktion von Software verfolgen. In Kombination mit verbesserten Methodologien ersetzen diese Werkzeuge die planlosen Techniken für die Programmentwicklung. CASE-Werkzeuge können auf den Lebenszyklus offener Systeme abgebildet werden, wie in Abbildung 10.1 zu sehen ist. Der traditionelle Wasserfallzyklus kann in die Segmente Upper- und Lower-CASE unterteilt werden. Wie aus dem Diagramm zu ersehen ist, liegt der Prozeß der Integration und der Betriebsunterstützung typischerweise außerhalb der traditionellen CASE-Definition.

Upper-CASE Werkzeuge bieten einen Zugang zu Geschäftsproblemen auf hoher Ebene, der von Planern oder Endanwendern benutzt werden kann. Lower-CASE widmet sich dem Problem, die Anwendung auf spezifischen Pro-

UPPER CASE ODER FRONT END	ANALYSE UND ENTWURFS- PROZESSE
MITTLERE EBENE	4GL UND PROTOTYPING
LOWER CASE ODER BACK END	CODEERZEUGUNG, COMPILER, DEBUGGER
REVERSE ENGINEERING	REPARIEREN UND MODIFIZIEREN VON VORHANDENEM CODE
CASE RAHMEN	SOFTWARE, DIE INTEGRIERTE CASE-WERKZEUGE UNTERSTÜTZT
CASE MANAGEMENT	MANAGEMENT-WERKZEUGE, DIE DEN ENTWICKLUNGSPROZESS VERFOLGEN

Abbildung 10.2   Elemente von CASE-Werkzeugen

zessoren lauffähig zu machen. Upper-CASE basiert auf Objektwerkzeugen, die es dem Eingeweihten erlauben, mehr über das System zu erfahren und Resultate zu erzielen. Lower-CASE verlangt einen tieferen Einblick in das System. Upper-CASE Werkzeuge erlauben Endbenutzern, durch Anforderungstools, die sich direkt auf den endgültigen produktiven Code auswirken, Entwickler komplexen Codes zu werden. Diese Werkzeuge erlauben dem Anwender Daten- und Anwendungsstrukturen zu definieren, die für Computer zugänglich sind. Lower-CASE Werkzeuge bieten die Exaktheit, die für hohe Geschwindigkeit und funktionale Implementierungen erforderlich ist. Diese Werkzeuge erlauben eine genaue Feineinstellung in einem System, das eng mit dem Anwendungssystem gekoppelt ist.

Abbildung 10.2 beschreibt kurz die wesentlichen Elemente von CASE und Erweiterungen der Basiswerkzeuge. Wir beginnen oben auf der Karte mit der Beschreibung von Upper-CASE oder dem Front-End, das sind die Entwurfswerkzeuge. Die mittlere Ebene bezieht sich auf Sprachen, die für die Erzeugung der Ausgabe verwendet werden. Zu dieser Kategorie gehören 4GLs und andere Produkte, die benutzt werden können, um die Software zu konstruieren. Lower-CASE oder das Back-End* bezeichnet die Werkzeuge für Codierung und Fehlersuche als Hauptkomponenten. Eine Erweiterung ist Reverse Engineering, das die Rekonstruktion fehlender Teile erlaubt. Der CASE-Rahmen liefert den Unterbau der Gruppe von CASE-Werkezugen und stellt die Gemeinsamkeit des integrierten Pakets her. Schließlich erlaubt das CASE-Management der Abteilung, die verschiedenen Teile des fertiggestellten Codes zu überwachen.

Die wachsende Verwendung von relationalen Datenbanken ist ein Mittel, um Designelemente von einer Stufe des Entwicklungsprozesses auf die nächste zu bewegen. Anders als beim mechanischen Design, das eine Synchronisation zwischen zwei- und dreidimensionalen Darstellungen des Entwurfs verlangt, kann Softwaredesign in zweidimensionaler Form dargestellt werden, die dynamisch angepaßt werden kann, wenn sich der Prozeß fortsetzt. Jedes Programm kommuniziert mit dem offenen System durch die relationale Datenbank. So kann eine einfache Anwendung auf einer relationalen Datenbank entworfen werden und auf einem Berichtsgenerator basieren, der mit Zugriff zu den gleichen Daten definiert wird.

Eine Reihe von CASE-Werkzeugen, die von Herstellern offener Systeme geliefert werden, erweitern die Unterstützung auf offene Umgebungen. Ein gutes Beispiel ist CASEdge von Hewlett Packard. Dieses Produkt bietet CASE-Funktionalität mit einer Motif-Oberfläche für verschiedene Programmierpakete. Das Programm beginnt mit einem Programmeditor, einem Codeerzeugungs- und einem Fehlersuchwerkzeug und einem Entwicklungsmanager.

Programmierung erscheint oft als Stiefkind im Vergleich zur Arbeit des Elektroingenieurs. Die Fülle an Automationsmöglichkeiten, die für den Ingenieur möglich ist, wurde in der Programmierung bis jetzt nicht erreicht. Obwohl vorhandene CASE-Werkzeuge größere Produktivität ermöglichen, haben sie nicht die Möglichkeit, Verbindungen zwischen verschiedenen Prozessoren herzustellen. Die Erweiterung um neue Fähigkeiten wird diese Werkzeuge nützlicher für die Entwicklung offener Systemlösungen machen. Schließlich, so hofft man, werden CASE-Werkzeuge Funktionen bieten, die den Werkzeugen des Ingenieurs gleichkommen, mit automatischen Tests, die Qualität und Produktivität verbessern.

Viele CASE-Werkzeuge wurden für zentrale Computer geschaffen, aber es gibt bis jetzt wenige, die die Bedürfnisse offener verteilter Systeme adäquat widerspiegeln. Die Analogie zu Ingenieuren trifft auch hier zu. Der Entwurf von Zentralrechnern verlangte eine andere Gruppe von Werkzeugen für die Ingenieure als die Produktion von hochgradig integrierten Schaltkreisen. De-

sign für offene Systeme verlangt Designwerkzeuge, die Connectivity und
verteilte Funktionen im Design berücksichtigen. Testwerkzeuge müssen mehrere Prozessoren in unterschiedlichen Knoten simulieren. Die Herausforderung besteht, diese Werkzeuge im nächsten Jahrzehnt zu produzieren. Die nächsten Abschnitte betrachten einige wichtige Anwendungen, die zur Akzeptanz offener Systeme in verschiedenen Unternehmen beitragen.

10.4 ENTWICKELN VON GROUPWARE-ANWENDUNGEN

Die zentrale Verarbeitung unterstützte Gruppen von Angestellten traditionellerweise durch eine Hierarchie, die auf dem Mainframe basierte. Mit der gewachsenen Leistungsfähigkeit der Desktops und den zusätzlichen Funktionen auf Servern hat sich das traditionelle Vertrauen auf Informationshierarchien verändert. Die Automation des Arbeitsflußes und Managementprodukte vergrößern die virtuellen Arbeitsgruppen. Individuen interagieren mit vielen Gruppen und werden logische Mitglieder verschiedener Gruppen. Abbildung 10.3 zeigt eine Anzahl von Arbeitsgruppen, an denen Einzelne an der Sun Workstation teilnehmen.

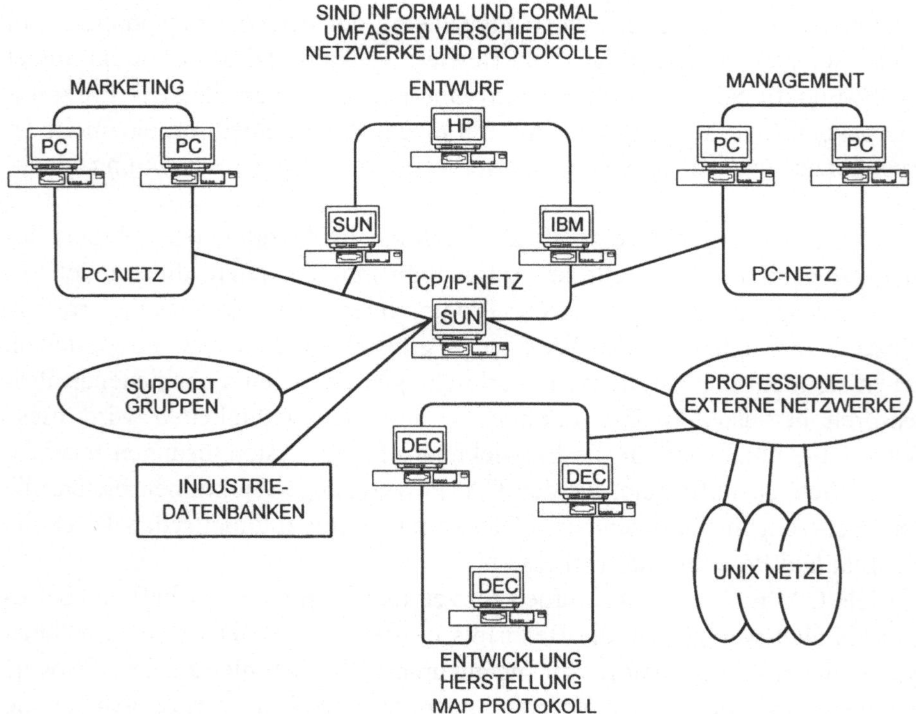

Abbildung 10.3   Persönliche Netzwerke

Wenn wir die Abbildung untersuchen, entdecken wir, daß der Einzelne mit professionellen Gruppen im Unternehmen und anderen Gruppen außerhalb des Unternehmens verbunden ist. Einzelne sind Mitglieder vieler wirklicher und virtueller Gruppen. das persönliche Netzwerk enthält Kombinationen von verschiedenen Protokollen und Betriebssystemen. Um innerhalb der Gruppen arbeiten zu können, ist es notwendig, die verschiedenen Protokollverbindungen aufeinander abzubilden. Gruppen interagieren jetzt, indem sie Software benutzen, die auf dem einzelnen Desktop vorhanden ist, und zwischen vielen Standorten geteilt wird.

Die Forschung hat sich auf das Verständnis der Interaktion zwischen Angestellten konzentriert, die an Gruppen teilnehmen. Interessante von Unternehmen finanzierte Untersuchungen gab es am Institute for the Future (IFTF) in Menlo Park, Kalifornien (Johansen, 1988). Eine Darstellung der Arbeit des Instituts wird helfen, die Interaktion zwischen weitverstreuten Profis zu verstehen, die gemeinsam an Projekten für verschiedene Prozessoren arbeiten. Die Arbeitsumgebungen der Gruppen unterscheiden sich je nach Unternehmen und die Gruppenmitglieder arbeiten oft an unterschiedlichen Orten und unterschiedlichen Stunden des Tages.

Software wird entwickelt, die Verarbeitung im Netzwerk überall ermöglicht. Wichtiger noch, es sind jetzt Werkzeuge erhältlich, die eine gemeinsame Basis mit identischen Benutzerschnittstellen bieten. Die Gruppenmitglieder kommunizieren über den Desktop und portable Clients und ihre Arbeit wird in Gruppenservern koordiniert.

Besprechungszimmer mit Hochtechnologie, mit Client/Server-Modellen konstruiert, werden von Universitäten und privaten Forschungsgruppen getestet. Die Universität von Arizona, EDS, IBM und ICL haben mit Technologieräumen experimentiert, die Besprechungen erleichtern. Elektronische Tafeln ersetzen die traditionellen weißen Tafeln und bieten fortgeschrittene Protokolle der Besprechungsergebnisse. Von den Gruppen wurde unterschiedliche Hardware benutzt, aber alle Hardware war darauf ausgerichtet, die dynamische Interaktion zwischen den an der Gedankenarbeit beteiligten Gruppen festzuhalten. Wenn die Teilnehmer den Besprechungsraum verlassen, können sie dies mit fertiggestellten Dokumenten der Besprechung tun. Es ist klar, daß Netzwerkverarbeitung Fernkonferenzen von jedem Ort durch das offene Systemdesign erleichtern kann.

Obwohl nur eine Handvoll Produkte erhältlich sind, hat die wachsende Aufmerksamkeit für den Gegenstand einen Anreiz für weitere Produktaktivitäten geliefert. Fünf Kategorien von Groupware-Anwendungen sind entstanden. Die erste sind elektronische und Kommunikationsprogramme, die das Rückgrat für Konferenzen über lokale oder remote-Verbindungen mit anderen Mitgliedern der Gruppe bilden. Das zweite sind Planungsprogramme, die

die Synchronisation von wichtigen Planungsterminen für Mitglieder der Arbeitsgruppen erleichtern. Das dritte ist das Arbeitsflußmanagement, das die gemeinsame Verwendung von Daten zwischen Gruppenmitgliedern erleichtert. Das vierte ist die gemeinsame Benutzung von Daten, die es den Mitgliedern erlaubt, zu interagieren, und die Echtzeitdaten auf dem Netzwerk zu benutzen. Am populärsten ist die gemeinsame Datenverwendung, die die gemeinsame Erstellung von Dokumenten oder Designs erlaubt, indem die Netzwerkverbindungen als Werkzeug für die Vereinfachung der Anwendung benutzt werden. Die fünfte Kategorie von Groupware ist die elektronische Zusammenarbeit. Die Beispiele hierfür sind zahlreich. Zusammenarbeit geschieht lokal oder über ein größeres Netzwerk, was einen Datenbankzugang für alle Mitglieder der Gruppe voraussetzt. Lokale Brainstormings können durch elektronische Brainstormings ergänzt werden, die die Entwicklung neuer Ideen mit Hilfe des Netzwerks ermutigen. Elektronische Brainstormings erleichtern das Teilen von Ideen durch das Netzwerk. Ein dynamischer Prozeß von Hypothesen und Widerlegungen kann durch die Werkzeuge für die elektronische Zusammenarbeit geschaffen werden.

Die Erzeugung von Dokumenten wurde durch die Einführung der Schreibmaschine erleichtert. Doch die Änderung der Textausgabe der Schreibmaschine blieb schwierig, bis Textverarbeitungen eingeführt wurden. Textverarbeitungen versahen den Endbenutzer mit der Möglichkeit, Dokumente schnell zu verändern und umzuwandeln. Gruppentextverarbeitung erweitert die Fähigkeiten, indem die Erzeugung eines Dokuments durch eine ganze Gruppe von Entwicklern vereinfacht wird.

Die großen Computerhersteller führen Produkte für Groupware ein, die sowohl die Kategorie der Arbeitsflußverwaltung (work flow), wie der gemeinsam benutzten Information enthalten. NCR hat Cooperation, HP NewWave Office, AT&T Rhapsody, IBM Office Vision/2 und Lotus Notes. Das meistbenutzte ist Notes auf PCs.

Notes ist ein umfassendes Paket, das einfachen grafischen Zugang zu reichen Funktionen bietet. Die Werkzeuge für die Erzeugung und Überwachung von Korrespondenz oder Berichten sind enthalten. Namens- und Adressverwaltung, zusammen mit einer Kalenderfunktion, sind ebenfalls in dem Produkt vorhanden.

Ein anderes Beispiel ist Rhapsody, das von AT&T als eine Lösung für die „Orchestrierung des Unternehmens" eingeführt wurde. Das wachsende Interesse an Groupware wird zur Entwicklung wichtiger neuer Pakete mit erweiterten Fähigkeiten führen.

10.5 VISUALISIERUNGSANWENDUNGEN

Bilder sind für das Verständnis komplexer Probleme wertvoll. Die Netzwerkverarbeitung bietet eine natürliche Plattform für die Unterstützung von Visualisierung für eine breite Palette von Problemen. *Visualisierung* ist die Möglichkeit, Dateninformationen in Bilder umzuwandeln, die beim Verständnis komplexer numerischer Informationen helfen. Sie wurde zuerst als wissenschaftliche Visualisierung eingeführt, um Ingenieure und Wissenschaftler mit einer dreidimensionalen Sicht auf komplexe Informationen zu unterstützen. Die Arbeit wurde über das ursprüngliche Konzept hinaus ausgedehnt, und für komplexe Gleichungen von Ingenieuren erweitert. Wissenschaftliche Visualisierung wurde bei der National Science Foundation 1987 begonnen, erfuhr jedoch ein rasches Wachstum, als umfangreiche Gruppen von Programmen eingeführt wurden, um die zahlreichen Implementierungen zu unterstützen.

Diese Arbeit wurden über den technischen und wissenschaftlichen Bereich auf kommerzielle Anwendungen ausgedehnt. Komplexe Finanzprobleme konnten in einer visualisierten Welt ebenso modelliert werden wie seismische Information für die Ölsuche. Die Finanzvisualisierung profitiert von der Untersuchung unterschiedlicher Parameter in drei Dimensionen und Farbe. Fortgeschrittene Visualisierungsprojekte benutzen Animation, um spezifische Funktionen hervorzuheben.

Da Visualisierungsanwendungen komplexe Rechenleistungen verlangen, werden sie oft mit mächtigen Rechenservern wie Supercomputern oder mehrfach parallelen Prozessoren verbunden. Der Supercomputer behandelt die rechenintensiven Anwendungen, während die leistungsfähige Workstation die dreidimensionalen Bilder darstellt, die aus dem Modell resultieren. In größeren kommerziellen Anwendungen wird Datensuche angewandt, um nützliche Daten aus Terabyte von Zustandsinformationen abzuleiten. Kleinere Computer mit weniger Leistungsfähigkeit wurden für einige Visualisierungsanwendungen benutzt, aber preiswerte Parallelcomputer werden für viele Visualisierungsanwendungen wichtig.

Ein Visualisierungszentrum kann eine natürliche Ergänzung zu einem Supercomputerzentrum sein. Ein gutes Beispiel ist das Visualisierungszentrum, das als Ergänzung des Supercomputerzentrums an der Universität von Kalifornien in San Diego gegründet wurde. Der Zugang zum Supercomputer erfolgt durch Standardprotokolle, aber große Datenleitungen erlauben die schnelle Übertragung von Informationen zwischen dem Supercomputer und dem Visualisierungszentrum. Ein paralleler Prozessor wird benutzt, um die einfache Verteilung der Daten zu den Workstations sicherzustellen.

Die technische Herausforderung für Visualisierung besteht in der Konvertierung der Daten von einem nichtgrafischen Format in eine Form, die für grafische Systeme benutzbar ist. Oft besteht der erste Schritt in einer Visualisierungsanwendung darin, große Datenbestände zu durchsuchen, und die richtigen Daten festzulegen, die für das Endprodukt benutzt werden. Einige Unternehmen haben neurale Algorithmen als Grundlage für diese Suche benutzt.

Wenn die korrekten Daten einmal feststehen, werden sie in eine Form gebracht, die auf leistungsfähigen 3-D-Workstations dargestellt werden kann. Obwohl leistungsfähigere PCs mit Grafikbeschleunigerkarten ebenfalls für Visualisierung eingesetzt wurden, sind Workstations mit ausreichender Unterstützung für Bildverarbeitung vorzuziehen. Große Bildschirme (1024 x 1024 Pixels) mit der Kapazität für 30 Neuzeichnungen pro Sekunde werden vorausgesetzt. Visualisierungsstations verarbeiten große Mengen von Daten, was den schnellen Zugriff auf einen großen residenten Speicher und Plattenspeicher verlangt. Es ist nicht unüblich, daß Workstations mehrere Megabyte Speicher enthalten. Sie müssen in der Lage sein, Pixel in sehr hoher Geschwindigkeit auf den Bildschirm zu übertragen. Die ersten CAD-Entwickler lernten die Notwendigkeit ausreichender Fließpunktrechenleistung für die Ausführung korrekter Zeichnungen auf dem Bildschirm kennen. Die grafische Darstellung ist ein ebenso wichtiger Bestandteil einer gut entworfenen Visualisierungs-Workstation.

Große Visualisierungszentren wie jene, die zusammen mit großen Supercomputerzentren zu finden sind, sind nur eine Einführung in die Potentiale der modernen Datenverarbeitung für den Leser. Eine Reihe von Gruppen haben Visualisierungsanwendungen einer direkten Verwendung zugeführt. Ein gutes Beispiel ist die Harvard School of Medicine, die Stardents Advanced Visualization System (AVS) benutzt, um Gehirntumore zu untersuchen. AVS ermöglicht die Bestimmung und Kontrolle der Strahlung, die für die Behandlung von Tumoren verwendet wird und reduziert so etwas die potentielle Belastung.

10.6 MULTIMEDIA-ANWENDUNGEN

Multimedia ist ein Anwendungsgebiet, das von der wachsenden Leistungsfähigkeit offener Systeme profitiert. Es definiert ein Anwendungsgebiet für die visuellen Systeme des Menschen und erweiterte Medien. Anwendungen unterstützen Präsentationen durch mehrere Medien wie Ton, Video, Text, Grafik und Animation. Jedes der Medien wird kombiniert, um die Verbindungen zwischen Menschen und den Computern zu verbessern. Ideen werden durch die Verwendung verbundener Medien ausgedrückt und bieten dem anderen einen zusätzlichen Zugang. Obwohl Multimedia ein Werkzeug für Grafikkünstler darstellt, erweitert es auch die Medienfähigkeiten des gelegentlichen Benutzers.

Multimedia beginnt mit einem "Fangprogramm" (capture), das elektronische Medien in Formen übersetzt, die von digitalen Anwendungsprogrammen verwendet werden können. Eingabegeräte wie Scanner, Fernsehkameras und Mikrofone liefern die Informationen an den digitalen Computer. Wenn die Daten einmal in den Computer eingelesen sind, konvertiert ein Digitalisierungsprogramm die Informationen, so daß ein Autorenprogramm die Daten verarbeiten kann. Ein Drehbuch legt die Grenzen der Multimediaanwendung fest. Autorenprogramme erlauben das Editieren komplexer Mediendaten und den Entwurf einer wohlstrukturierten Präsentation. Töne und Bilder können nachbearbeitet werden. Zeichnungen werden durch die Veränderung der verschiedenen Formen verfeinert.

Fortschrittliche Audio- und Videogeräte verlangen oft Spezialisten für die Unterstützung der Qualitätsgeräte. Audio übersetzt typische analoge Eingaben in eine digitale Form, die vom Computer verwendet werden kann. Z. B. hat die elektronische Musikindustrie die MIDI-Schnittstelle (Musical Instrument Digital Interface) definiert, die die Kompression von Musikdaten erleichtert (Moore, 1990). Das Ausgabegerät übersetzt die digitale Information in die Audioform für die Wiedergabe auf traditionellen Audiogeräten.

Die letzte Stufe der Multimediaanwendung ist die Präsentation. Präsentationsroutinen kombinieren verschiedene Ausgabemedien für eine umfassende Wiedergabe. Video und komplexe Grafiken werden gemischt, um Animation zu erzeugen. Audio-Anmerkungen erlauben es, dem fertiggestellten Produkt spezielle Anweisungen hinzuzufügen.

10.7 ELECTRONIC MAIL

Auf meinen vielen Reisen durch die Sonorawüste wurde ich an die Versuche der Menschen erinnert, Informationen zwischen verschiedenen Orten zu übertragen. Der Hufschlag der Pferde des Ponyexpress scheint von den Canyons als Echo zurückzukommen, wo sie vor vielen Jahren vorbeizogen. Der Traum der Menschheit, andere zu jeder Zeit von jedem Ort sofort zu den niedrigsten Kosten erreichen zu können, scheint der Realität näher gekommen zu sein. Viele Werkzeuge bleiben für die meisten zu komplex, aber die Einfachheit kommt mit der Rechnerleistung. Viele haben das Verschwinden von Papierdokumenten in den letzten 10 Jahren vorausgesagt, aber die Übersendung von Papier ist in Wirklichkeit gewachsen. Die Hoffnung ist geblieben, und viele haben mit Electronic Mail die Möglichkeit erreicht, Informationen durch papierlose Medien zu teilen.

Elektronische Nachrichtenübermittlungssysteme wurden zuerst in den 60er Jahren eingeführt, wobei mainframebasierte Terminalsysteme benutzt wurden. In den 70ern hat die DARPA ein primitives System für Electronic Mail (E-Mail, elektronische Post) eingeführt, um Forschungslaboratorien zu verbinden. Einfache Nachrichten wurden definiert, und jeder Anwender hatte einen elektronischen Briefkasten, der die Information aufnahm, bis der Anwender bereit war, sie zu empfangen.

1978 boten Unix Systeme ein heterogenes E-Mail-System, das seine eigenen Protokolle zwischen den verschiedenen Systemen hatte. Das Unix-to-Unix-CoPy (UUCP) wurde eingeführt, um die Verbindungen zu vereinfachen und unterschiedlichen Systeme Techniken für die Verbindungen von mehreren Prozessoren definieren zu lassen. Einfache Netzwerkadressen wurden entwickelt, die gut mit mehreren Prozessoren funktionierten.

Electronic Mail verarbeitete ursprünglich kurze Nachrichten und wurde für die Behandlung größerer Dokumente erweitert. Mit E-Mail konnten Wissenschaftler Papiere zirkulieren lassen und professionelle Kommentare erhalten. Die jüngsten Erweiterungen unterstützen zusammengesetzte Dokumente mit Audio, Video und Bildinformationen. Unternehmen benutzen E-Mail, um Ingenieure mit den Produktionsstätten zu verbinden, aber sie haben die Benutzung auch auf Anwender aus Marketing oder Verkauf oder jeden Angestellten ausgedehnt. Eine neue Generation von Unternehmen hat begonnen, auf E-Mail als primäres Kommunikationsmedium zwischen Angestellten aller Ebenen zu setzen. Die Mailsysteme wurden einfacher, als sich die Benutzeroberflächen verbesserten und eine breitere Gruppe von Endbenutzern hat Zugang zum Mailsystem.

Die frühen PC-Benutzer erreichten einfache Verbindungen, die durch LANs erweitert wurden. Dies war die erste Stufe in weltweiten Kommunikationsverbindungen, die Desktopcomputer mit anderen auf der ganzen Welt verknüpfen können. Einige Unternehmen haben die Möglichkeit, ihre Computer miteinander zu verbinden und erhalten die gewünschten Resultate durch E-Mail. Andere kämpfen immer noch mit einfachen gleichberechtigten Verbindungen (Peer-To-Peer). Mail Systeme müssen schnell und sicher sein, mit der Garantie, daß die Nachricht am Ziel ankommt. Netzwerkbenutzer leben in einer Welt, die unzufrieden mit den langsamen Übermittlungsverfahren der traditionellen Postsysteme war. Konkurrierende Varianten bieten fast sofortige Antworten. Mit E-Mail kann der Anwender für einfache Anfragen Antworten innerhalb einer Stunde erhalten und komplexere können in nur wenig längerer Zeit beantwortet werden.

Die ideale E-Mail ist ein einzelnes System im Unternehmen, aber mit vielen Mailsystemen ist es nützlich, einen einzelnen residenten Client auf dem Desktop des Anwenders zu haben, der mit jedem gewünschten System kommuniziert. Der Anwender sollte in der Lage sein, Informationen an jede logische Organisation eines Unternehmens zu übertragen, oder mit Externen zu kommunizieren und dabei die gleiche Workstation zu benutzen. E-Mail sollte die Einfachheit der Schnittstellen haben, die auf modernen Desktop Clients zu finden sind (Huffmann, 1987). Mit der gewohnten Einfachheit des Macintosh bietet AppleTalk einen geradlinigen Ansatz für Mail. Jedoch wenn Macintoshs an andere Mailsysteme angeschlossen werden, übernehmen sie die Komplexität des Mailsystems.

Moderne E-Mail verlangt die Fähigkeit, zusammengesetzte Daten zu senden, die Kombinationen aus Text, Bildern, Video und Sprachinformationen enthalten. Die jüngsten Standardisierungsaktivitäten haben Schnittstellen für zusammengesetzte Dokumente definiert, die das Senden, Übermitteln und den Empfang solcher Daten vereinfachen. E-Mail wird in einem Moment an verschiedene Adressen des globalen Netzwerks übertragen, teilweise ermöglicht durch die Technologie, teilweise durch die Akzeptanz universeller Protokolle für die Konversation. Ketten von Prozessoren und Kommunikationsverbindungen bringen die Anwender diverser lokaler Netze zusammen. Unter Verwendung von Protokollen und logischen Umschlägen bewegt sich die Kette der Informationen über unterschiedliche Prozessoren, die die lokale Information entnehmen und sie in eine Form übersetzen, die auf der lokalen Ebene lesbar ist. Die Leistungsfähigkeit des Prozessors erspart dem Anwender überflüssige Arbeit, der auf entfernte Verbindungen oder lokale elektronische Mailboxen zugreifen kann, um die neuesten Informationen zu erhalten.

Auf jeder Ebene des Kommunikationsnetzwerks bietet spezifische Hardware entweder spezialisierte Funktionen wie die Vermittlung oder allgemeine Programmaktivitäten, wie sie auf Servern zu finden sind. Schnelle Prozessoren werden für die Vermittlungsroutinen in dem komplexen System verwendet, das wir Netzwerk nennen. Die einst einfachen Mailsysteme, die nur Daten transportierten, werden nun erweitert, um die Übertragung zusammengesetzter Datentypen zu ermöglichen. Die gestellten Anforderungen für die Konsolidierung der Arbeit von Gruppen gab auch einen Anstoß für die Interaktion zwischen Angestellten an entfernten Standorten. Viele Unternehmen haben Partnerschaften mit anderen Unternehmen entwickelt, die Lieferanten sind oder beim Verkauf spezifischer Produkte helfen. Diese Unternehmen sind auch elektronisch verbunden. Das Netzwerk stellt einen mächtigen Verknüpfungspunkt dar, der im Design offener Systeme ausgenutzt wird.

Unternehmen finden eine Fülle von Alternativen für E-Mail. Sowohl private wie öffentliche Angebote sind verfügbar, die ausreichende Interaktionsmöglichkeiten bieten, um sie für eine offene Systemumgebung interessant zu machen. Private Mailsysteme wurden im Zusammenhang mit Bürosystemen der Computerhersteller entwickelt. Sowohl DEC (All in One) wie IBM (OfficeVision) haben Angebote, die von Endbenutzern aufgegriffen wurden.

Öffentliche E-Mail ist bei den Telefongesellschaften erhältlich. Ein früher Führer auf diesem Gebiet war die Deutsche Bundespost, die das Textkommunikationssystem Teletex auf der Hannovermesse 1980 vorstellte. Ein ambitiöses Programm plante die Unterstützung für Privathaushalte und Unternehmen in Deutschland. Mailsystem in den USA bieten preiswerte schnelle Kommunikation zwischen unterschiedlichen Computern und Workstations. Das populärste offene System ist Unix E-Mail (Carl-Mitchell und Quarterman, 1992), das Geräte mehrerer Hersteller benutzt und vielfältige Verbindungen zu technischen und Forschungsgruppen bietet.

E-Mail Standards entsprangen der Arbeit der CCITT. Die Nachrichtenübermittlung über verschiedene Netzwerke wurde im X.400-Standard definiert, der 1984 verabschiedet wurde (Schuett et al., 1987). Viel Grundlagenarbeit für die Benutzung von E-Mail ist in X.400 enthalten, wo Protokolle für viele eingebettete Umschläge für die Weitergabe von Informationen über das Netzwerk enthalten sind. Die tatsächliche Erzeugung der unterschiedlichen Bestandteile geschieht durch Software, die mit der Definition eines logischen Umschlags um die übertragene Nachricht beginnt.

Die meisten E-Mailsystem definieren einfache Protokolle, die Umschlägen ähnlich sind, die die Leitinformationen zwischen Sender und Empfänger enthalten. Datenübertragungsagenten („Message Transfer Agents", MTA) erzeugen die logischen Umschläge, um die Aufgabe des Versendens der Nachricht durch mehrere mit dem Netzwerk verbundene Protokolle zu erleichtern. Die Nachricht wird von einer Mailbox (Briefkasten) empfangen, die ein elektronisches Äquivalent ihres physikalischen Gegenstücks ist. Die Übertragung geschieht durch das Netzwerksystem, das den elektronischen Brief schneller auf den Schreibtisch des Empfängers befördern kann, als dieser zum Postamt gehen könnte.

Gateways verbinden unterschiedliche Mailsysteme und bieten die notwendigen Konvertierungsroutinen, um die Verbindungen zu vereinfachen. Eines der gebräuchlichen E-Mail-Netzwerke ist das von IBM, das auf PROFS und SNADS basiert. Dieses Netzwerk wird in Mainframeumgebungen von einem nichttechnischen Publikum weithin genutzt. Das grundlegende Namensprotokoll benutzt acht Buchstaben für den Namen des Anwenders und weitere acht für die Knotenadresse. X.400 verwendet eine komplexe und uneingeschränkte Namenskonvention. Typischerweise besteht der Menschen betreffende Teil des Namens aus vier bis sechs Elemente, wobei es kein theoretisches Maximum gibt. Eine Reihe von algorithmischen und verzeichnisbasierten Umschlüsselungsprogrammen sind auf das Problem der Abbildung von SNA-Adressen auf X.400 angewandt worden. Obwohl Unix E-Mail auf X.400 Systemen implementiert wurde, setzt es dessen Verwendung nicht voraus.

Eine Reihe der verfügbaren Mailsysteme sind umständlich zu benutzen. Mail beruht auf ihrer Fähigkeit, zu verlocken, und die Anwender von der Verwendung anderer Techniken abzuhalten. Schwer zu benutzende Mailsysteme sollten ersetzt werden, bevor sie ihrem intendierten Zweck entgegenarbeiten. E-Mail ist eine wichtige Anwendung, die Computer und Kommunikation kombiniert. Es ist der erste Schritt zum Erreichen enger Gruppeninteraktionen. Unternehmen, die ein Mailsystem erst einmal verwenden, werden seine Benutzung nicht wieder aufgeben. Da E-Mail viele unterschiedliche Hardware- und Softwareunterstützung benötigt, ist sie ein Mikrokosmos des gesamten Netzwerks. E-Mail ist ein erster Schritt zur Netzwerkverarbeitung und hat sich als wertvoll erwiesen, enge Kooperation zwischen Unternehmen zu erreichen.

10.8 FOLGERUNGEN

Anwendungen kommen aus zwei Quellen. Die erste sind externe Pakete, die gekauft und in der ganzen Organisation installiert werden können. Die zweite Quelle ist die Entwicklung innerhalb des Unternehmens. Anwendungen für offene verteilte Systeme zu schaffen, verlangt andere Talente von jenen, die gewöhnlich eingestellt werden, um Mainframe-Anwendungen zu entwickeln.

Unternehmen, die Downsizing von Programmen auf Workstations oder Server erreichen wollen, profitieren von Werkzeugen, die die Übertragung erleichtern. In wachsendem Maße werden die Verdienste des Right-Sizing für die unterschiedlichen Anwendungen erkannt. Einer der Vorteile ist sicher die Aufteilung der Anwendungsfunktionen, um die beste Verteilung von Antwortzeiten zu erreichen.

Downsizing wird oft mit Reduzierung des Personals gleichgesetzt. Obwohl diese Möglichkeit aus Downsizing entstehen kann, ist das übliche Resultat jedoch die Freisetzung von Ressourcen, um zusätzliche Anwendungen zu entwickeln. Schnellere Entwicklungszeiten halfen den Entwicklern, die großen Programmrückstände zu reduzieren, die seit einiger Zeit bestanden. Die Debatte darüber, welche spezifischen Anwendungen auf dem Client oder auf dem Server liegen sollten, wird weitergehen. Eine gute Faustregel besteht darin, festzustellen, ob die Anwendung von sehr vielen oder nur von kleinen Gruppen von Anwendern benötigt wird.

Entwicklungswerkzeuge haben sich von der schlichten Notwendigkeit von Programmiersprachen zu Werkzeugen entwickelt, die den Entwurfsprozess

unterstützen und bei der Plazierung von Anwendungen auf dem verteilten
Netzwerk assistieren. Die Komplexität verteilter Systeme hat zu einem Bedarf an verfeinerten Werkzeugen geführt, die beim gesamten Management-
prozeß assistieren können.

LITERATUR

J. D. Aron, *The Program Development Process: The Individual Programmer*, *The Systems
Programming Series*, Addison-Wesley, Reading, MA, 1974, p. 11.

Smoot Carl-Mitchell and John S. Quartermann, *Electronic Mail De-Mistified*, UniForum
Technical Committee, Santa Clara, CA, 1992. (Dies ist ein exzellenter und kurzer
Führer zu Unix Mail-Systemen.)

A. J. Huffman, „E-Mail - The Glue to Office Automation", *IEEE Network*, October 1987, p.
4 ff.

Robert Johansen with contributions by Jeff Charles, Robert Mittman, and Paul Saffo, *Groupware: Computer Support for Business Teams*, The Free Press, New York, 1988.

B. W. Kernighan and D. M. Ritchie, *The C Programming Language*, Prentice Hall, Englewood Cliffs, NJ, 1978; deutsche Ausgabe der **zweiten** Ausgabe (2nd ed. 1988 zu
ANSI C): *Programmieren in C, Mit dem C-Reference Manual in deutscher Sprache*,
deutsch von Axel-Tobias Schreiner und Ernst Janich, Hanser, München, 1990².

Daniel J. Moore, „Multimedia Presentation Development Using Audio Visual Connection",
IBM Systems Journal, Vol. 29, No. 4, 1990, pp. 494-508.

Emerson W. Pugh, Lyle R. Johnson, and John H. Palmer, *IBM's 360 and Early 370 Systems*,
MIT Press, Cambridge, MA, 1991.

Thomas E. Schuett, James B. Stanton III, and William F. Racke, „Message-Handling Based
on the CCITT X.400 Recommendations", *IBM Systems Journal*, Vol. 28, No. 3, 1987,
p. 235 ff.

11

Interoperabilität

Systemmanager in führenden Abteilungen, die lokale Automatisierungslösungen eingeführt haben, sehen sich einer Herausforderung gegenüber. Diese Vorzeigeabteilungen haben üblicherweise die Erwartungen für die Produktivität der Abteilung übertroffen, aber oft können die Lösungen nicht leicht mit Nachbargruppen kommunizieren. Die Verbesserungen in diesen sogenannten „Inseln der Automation" stellen eine großartige lokale Errungenschaft und ein Problem für das Unternehmen dar. Das Problem besteht darin, diese führenden Systeme mit der vorhandenen Unternehmensstruktur und anderen führenden Systemen im Unternehmen zu verbinden. Der erste Schritt ist, zwei Teile zu verbinden, so daß die Informationen zwischen den verschiedenen Abteilungen fließen.

Zwei unterschiedliche Begriffe werden verwendet, um die Verbindungen zwischen verschiedenen Systemen zu bezeichnen. Integration ist der Prozeß, der Computerlösungen aus mehreren Architekturen zusammenschmelzen läßt und eine scheinbare Einzelsystemschnittstelle schafft. Integration bezieht sich normalerweise auf die physikalische und Programmverbindung zwischen Systemen und stellt normalerweise eine enge Bindung zwischen den integrierten Systemen her. Physikalische Integration wird detaillierter in Kapitel 15 diskutiert. Sie beeinflußt die Implementierung von Anwendungen im Unternehmen und die Akzeptanz von neuen Technologien in einem Unternehmen. Integration wird sowohl von der Organisationskultur wie von der Technologie vorangetrieben. Jedes Unternehmen paßt einen Prozeß an, der die Leistungsfähigkeit der Technologie mit den Bedürfnissen der Organisation innerhalb der Führungsstruktur des Unternehmens kombiniert.

Der Begriff „nahtlose Integration" beschreibt den Prozeß des Hinzufügens technisch fortgeschrittener Lösungen zu vorhandenen Betriebsumgebungen, ohne daß die laufenden Operationen gestört werden. Diese transparente Integration bedeutet, daß neue Prozesse einem Unternehmen hinzugefügt werden

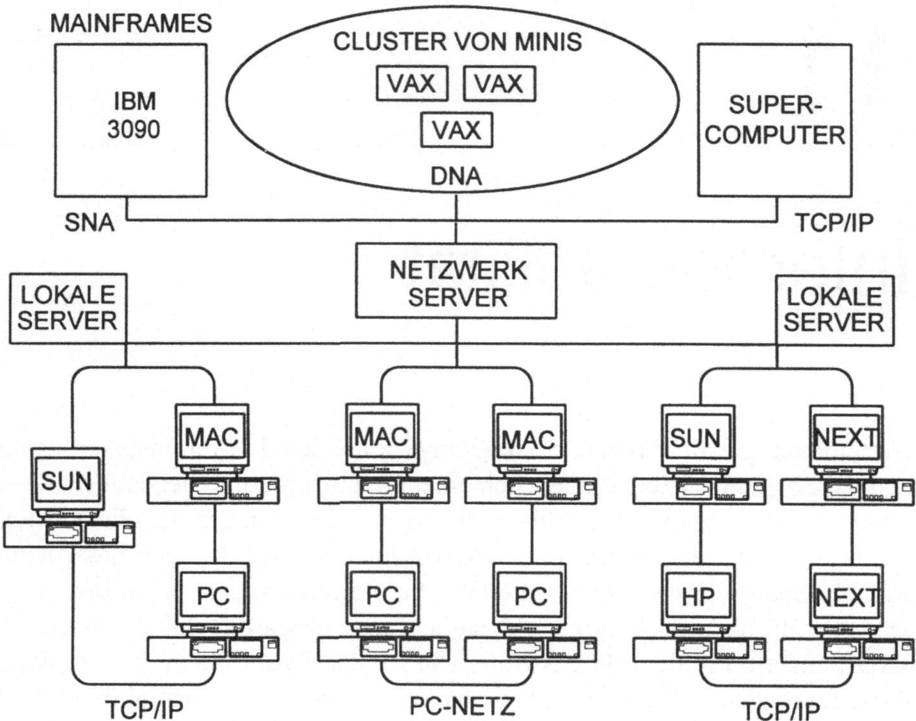

Abbildung 11.1   Interoperable Netzwerke

können, während der normale Betrieb weiterläuft. Dies setzt ein entsprechendes Design des neuen Prozesses voraus und eine klare Definition der Affinität zwischen dem Alten und dem Neuen, um die Ersetzung alter Routinen durch fortgeschrittene Technologie zu erlauben. Unglücklicherweise ist es leichter, über nahtlose Integration zu schreiben, als sie tatsächlich zu erreichen.

Interoperabilität ist ein Austausch nützlicher Informationen, der durch die Verbindungen zwischen verschiedenen Systemen ermöglicht wird. Normalerweise erfolgt der Informationsaustausch zwischen offenen Systemlösungen und vorhandenen Netzwerken. Interoperabilität ist normalerweise eine lockerere Verbindung als Integration und kann mit weniger Detailarbeit als Integration erreicht werden. Abbildung 11.1 illustriert hauptsächliche interoperable Technologien, die von Funktionen bestimmt werden, die komplexer sind, als einfach Computer miteinander zu verbinden. Das interoperable Netzwerk enthält viele unterschiedliche Elemente der Datenverarbeitung des Unternehmens. Mainframes, Cluster von Minicomputern und sogar Supercomputer mögen im Netzwerk enthalten sein. Interoperable Netzwerke enthalten normalerweise ein heterogenes Netzwerk von unterschiedlichen

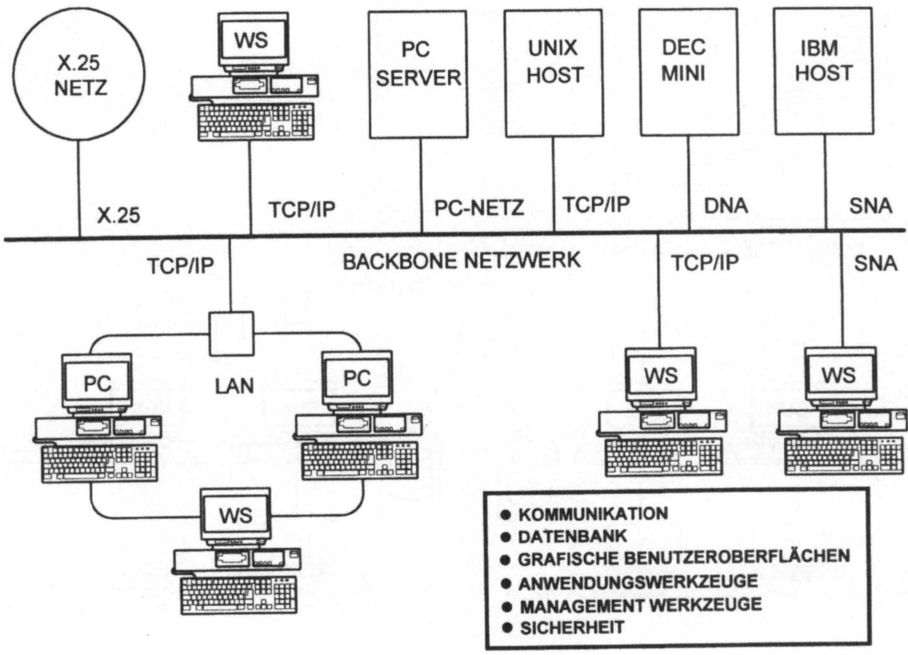

Abbildung 11.2   Interoperable Technologien

Workstations, die durch die Verwendung unterschiedlicher Protokolle miteinander verbunden sind.

Abbildung 11.2 zeigt die wesentlichen Technologien, die im interoperablen Netzwerk beherrscht werden müssen. Kommunikation wird vorausgesetzt, aber Datenbanken und grafische Benutzeroberflächen für die Verbindungen sind ebenfalls zwingend. Die Anwendung von Entwicklungswerkzeugen und Managementwerkzeugen gehört ebenso zum kompletten interoperablen Netzwerk. Anwender können einen einzelnen Hersteller wählen, der alle notwendige Technologie zu vertretbaren Preisen liefert. Aber Konkurrenzpreise und verbesserte Funktionen haben viele Unternehmen bewogen, auf viele konkurrierende und heterogene Hersteller zu setzen. Kein einzelner Hersteller kann die komplette Palette der Alternativen bieten oder die technologische Führerschaft über die Zeit aufrechterhalten. Interoperabilität erlaubt die Verbindung mehrerer Hersteller.

Eine gute Analogie ist das Telefonsystem, das einen weltweiten Verbindungsmechanismus zur Verfügung stellt. Jede Person mit einem Telefon kann andere anrufen und mit Funktelefonen ist die Verbindung zu einem Verkabelungssystem nicht länger erforderlich. Doch wenn die Verbindung einmal hergestellt ist, gibt es einen weiteren Schritt, um die Verständigung mit der

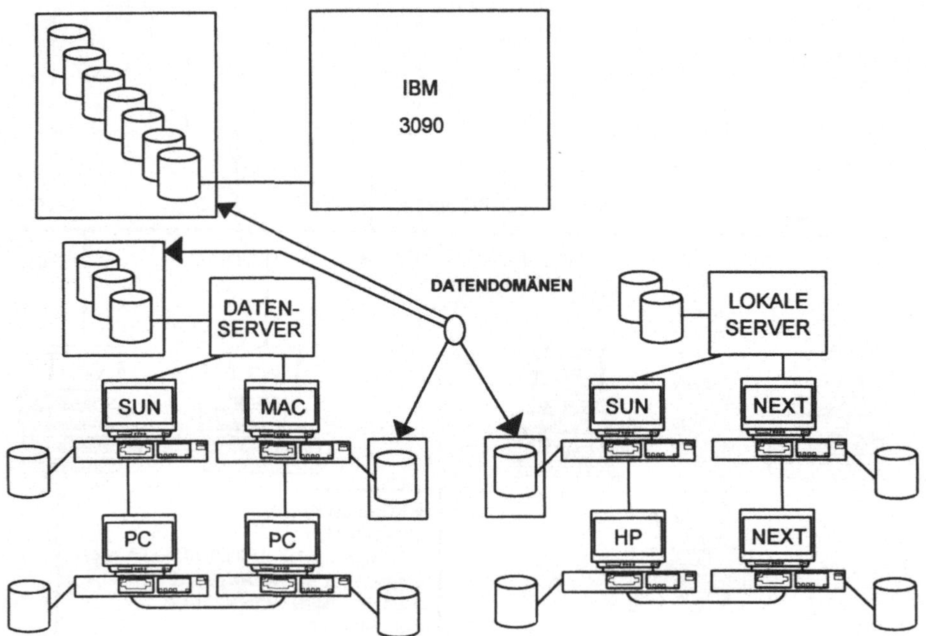

Abbildung 11.3   Datendomänen

angerufenen Person zu erreichen. Dies ist komplexer, da es beinhaltet, die gleiche Sprache zu sprechen und dann ein Verständnis der Ideen des Anderen zu erreichen. Interoperabilität ist der Telefonanalogie ähnlich. Verbindung kann durch Computersysteme hergestellt werden, die die gleichen Protokolle kennen. Wenn die Verbindung einmal hergestellt ist, ist es wünschenswert, auf die Information im verbundenen Computer transparent zuzugreifen. Wenn die Information einmal erworben ist, besteht der Wunsch, sie korrekt zu interpretieren.

Offene Systemstandards versprechen eine langfristige Lösung des Problems, aber sie haben kurzfristige Komplexität durch die Einführung zusätzlicher Abbildungsalternativen induziert. Interoperable System müssen nun nicht nur auf existierende System wie IBMs *Systems Application Architecture* (SAA) oder DECs NAS abgebildet werden, sie müssen ebenso auf die entstehenden Standardprotokolle abgebildet werden. Mehrere Hersteller bieten konkurrierende Lösungen für das gleiche Problem und diese installierte Technologie muß modifiziert werden, um sich an entstehende Technologie anzupassen, die Konkurrenzvorteile verspricht. Die Stücke zusammenzubringen heißt, eine Architektur zu definieren.

Die Komplexität der Daten und Ort und Ausdehnung der Datendomänen (Abbildung 11.3) beeinflussen ebenso die Ebene der Interaktion zwischen interoperablen Systemen. Das heißt: es ist leichter, Interoperabilität mit einem Textsystem zu erreichen als mit zusammengesetzten Datentypen. Es ist leichter, Daten mit einem System auszutauschen, das zu einer begrenzten Anzahl von Protokollen konform ist und eine begrenzte Datendomäne hat, als mit einem offenen Ansatz, der mehrere Protokolle akzeptiert.

Die Definition von Interoperabilität beginnt mit der Architektur, die den Rahmen für die Systemimplementierung festlegt. Die Architektur muß definiert werden, um die frühe Installation von Teilen zu erlauben und ein geordnetes Wachstum mit der Einführung neuer technischer Lösungen zu garantieren. Das interoperable System muß durch seine Architektur erfolgreich werden. Schließlich muß das System änderungsfähig sein, weil der tägliche Betrieb Änderungen notwendig macht. Lassen Sie uns Interoperabilität zunächst vom Architekturgesichtspunkt aus betrachten.

11.1 DIE HERAUSFORDERUNG

Es ist relativ einfach, Software für verteilte Prozessoren zu schaffen, und sie ein offenes System zu nennen. Es ist weit schwieriger, eine interoperable Systemarchitektur zu schaffen, die die Bedürfnisse der Anwender trifft und eine Wachstumsplattform für die Zukunft darstellt. Um diesen Typ von System zu schaffen, müssen eine Reihe von Voraussetzungen erfüllt sein. Es ist nützlich, die unmittelbaren Bedürfnisse und die Visionen der Anwender zu verstehen. In Gesprächen mit Endbenutzern hat der Autor eine Liste von Anforderungen zusammengestellt, die die Wünsche der meisten Anwendermanager wiederzugeben scheint.

Die erste Anforderung ist *leichte Installierbarkeit*. Verbindungen zu vorhandenen Systemen sollten in einer Weise erfolgen, die ihren kontinuierlichen Betrieb sicherstellt, aber auch in einer Weise, die es für Nicht-Profis relativ einfach macht, das System zu installieren. Das Konzept „Auspacken und in 15 Minuten betriebsbereit" ist eine gute Richtlinie für Fragen an die Hersteller.

Die zweite Anforderung verlangt vom System, daß es *leicht zu betreiben* ist, wenn es einmal installiert ist. Viele zentrale Computerräume wurden in eine Umgebung ohne Licht („lights-out environment": es wird kein Licht mehr benötigt, weil keine Menschen mehr dort arbeiten) verwandelt und der Betrieb wurde so organisiert, daß die Operatoreingriffe reduziert werden. Die Verbindung von Managementinformationssystemen zu zentralen Prozessoren wurden einfacher, aber viele Anwender haben ihre Verbindung zu zentralen Prozessoren als kompliziert erfahren. Viele Benutzer haben PC- oder Workstation-Alternativen gewählt, um ihre tägliche Arbeit zu vereinfachen und die wahrgenommene Bürokratie der MIS-Gruppe zu vermeiden. Desktopcomputer wurden verwandt, um die Probleme der Interaktion mit dem Mainframe zu maskieren, indem viele der Prozeduren direkt eingebettet wurden.

Als Server die Workstations und Mainframes ergänzten, wurde der Betrieb wieder komplex. Zusätzliche Software und große Datenbanken haben mehr Komplexität für die Anwender verursacht, da die Daten- und Software-Updates Verwaltungsaufwand benötigten. Aktive Anwender in Unternehmen müssen mit zentralen Systemen und Servern arbeiten und den Code auf ihrem individuellen Desktop pflegen. Obwohl es Unterschiede gibt, beginnen viele dieser Operationen eine Komplexität anzunehmen, von der der Desktop gerade befreien sollte. In den Prozessoren steckt genug Leistungsfähigkeit, um diese Komplexität zu maskieren.

Selbst einfache Aufgaben verlangen ein wachsendes Wissen über Systemoperationen und Verbindungsprozeduren. Die Anwender müssen sich an verschiedene Schnittstellen erinnern, um einfach nur ihre tägliche Arbeit zu machen. Obwohl gemeinsame Schnittstellen es den Anwendern ermöglichen, innerhalb der Organisation beweglich zu sein, stellen die Schwierigkeiten der Handhabung für den durchschnittlichen Anwender immer noch ein Problem dar. Weitere Vereinfachungen dieser Schnittstellen können erreicht werden, wenn die Informationen in Expertensystemen im Netzwerk abgelegt werden. Die Bedienung des Betriebssystems kann durch maßgeschneiderte Bildschirme und Menus sehr vereinfacht werden.

Viele Unternehmen haben Zweigbetriebe im Ausland, die von einem wohlentworfenen interoperablen Netzwerk profitieren können. Das System sollte die Fähigkeit zur Umsetzung von Sprachfonts im Netzwerk haben. Die Komplexitäten von Sprachen wie Japanisch und Chinesisch machen die Supportprobleme von offenen Systemen noch komplexer, aber offene Systeme bieten auch einzigartige Lösungsalternativen.

Workstations können die individuelle Geschwindigkeit weit über die traditioneller Mainframes hinaus verbessern. Die wachsende Geschwindigkeit führt zu Komplexitätsproblemen, wenn nicht die zusätzliche Leistung der Verbesserung der Benutzerschnittstellen gewidmet wird. Probleme der Interaktion mit mehreren vertikalen Anwendungen und komplexen Datenstrukturen haben den Anwender an der Workstation dem frühen Prozessorbenutzer ähnlich gemacht. Werkzeuge, die für diesen Zweck entworfen wurden, bleiben primitiv, da sie normalerweise für Mainframeprozessoren angewandt wurden, aber es ist Hoffnung in Sicht.

Die Vereinfachung der Nutzerinteraktion mit Programmen und Daten schließt die Schaffung von Werkzeugen ein, die die Leistungsfähigkeit des Servers verwenden, um Sicherungen oder Dateiversand auf einer automatisierten Basis zu bieten. Genauso wichtig ist das Problem der riesigen Mengen von Daten, die zwischen Server und Desktop ausgetauscht werden. Der Desktop muß in der Lage sein, diese großen Bewegungen von Daten zu verarbeiten.

Die dritte Anforderung ist *leichte Benutzbarkeit* für unerfahrene Endanwender. Viele Anwender offener Systeme haben nie eine Bildung jenseits der High School abgeschlossen und müssen komplexe Aufgaben auf dem System erledigen. Mit der Wandlung des Arbeitsmarktes werden sich Unternehmen zunehmend einer Situation gegenübersehen, in der in wachsendem Maße unausgebildete Personen den Komplexitäten offener Systeme ausgesetzt sind. Vereinfachungen der Architektur werden ihnen helfen, ihre Aufgaben zu verstehen und sie gut zu erledigen. Handlungen, die der Endanwender vornimmt, müssen einfach und rücknehmbar sein. Rückfragemechanismen erlauben dem System, in zunehmender Weise intelligent zu handeln, aber die meisten Rückfragen sollten direkt durch den Computer behandelt werden. Nichts kann frustrierender sein, als eine Aktion auf einem Bildschirm zu beginnen und nicht eine Bestätigung zu erhalten, daß das Programm gestartet wurde.

Designer in das Designteam für offene Anwendungen aufzunehmen, die ein Gespür für Endanwender haben, trägt dazu bei, die endgültigen Produkte sensitiv für die Bedürfnisse der Anwender zu machen. Benutzbarkeit beginnt mit dem Entwurfsprozeß und setzt sich durch den Entwicklungs- und Testprozeß fort. In Produktionsumgebungen können sich ein paar Extradollar, die für den Entwurf für unerfahrene Benutzer ausgegeben wurden, schnell bezahlt machen. Die Begrenzung des Zugangs zur kompletten Leistungsfähigkeit reduziert auch die Wahrscheinlichkeit, daß der Anwender irgendwelchen systembedrohenden Code produziert. Viele interaktive Systeme haben X-Terminals gewählt, um solche Vorkommnisse auszuschließen.

Obwohl es eine breite Nutzung von Standardanwendungen gibt, existiert auch ein Bedarf für speziell entworfene Programme, die die Bedürfnisse des Unternehmens widerspiegeln. Intern oder auf Kontraktbasis entwickelte Anwendungen müssen die gleiche oder eine bessere Qualität haben als jene, die auf dem freien Markt zu finden sind. Schnittstellenkonsistenz ist ein erster Schritt, um leichte Benutzbarkeit zu erreichen. In einer offenen Umgebung müssen Korrekturen auf eine laufende Umgebung angewandt werden. In dieser Umgebung wird erwartet, daß Korrekturen mit einem Minimum an Störung für den laufenden Betrieb durchgeführt werden. Angenommen, Sie haben ein offenes Systemnetzwerk mit Tausenden von Clients, deren Änderungen synchronisiert werden müssen. Eine einfache Rechnung zeigt, daß ein serieller Update eine exzessive Menge an Zeit benötigen kann und tatsächlich den Produktionsbetrieb stören könnte.

Der vierte Gesichtspunkt für die Interoperabilität ist die *leichte Änderbarkeit* des Systems. Eine wichtige Frage betrifft die Wahrscheinlichkeit des

Ausfalls von Hard- und Softwareelementen im System. Die Hardware - besonders die Prozessorchips - ist sehr zuverlässig, aber es kann erhebliche Ausfälle in den Softwarekomponenten geben. Automatisierte Systeme müssen eine Verteilungstechnik festlegen, die die Ebenen der verschiedenen Systeme festlegen, Fehlerkorrekturen bestimmen und den Zugang zu den geänderten Systemmöglichkeiten gewähren. Leichte Korrigierbarkeit wird zu einem wesentlichen Faktor, wenn die Größe des Systems weiter zunimmt.

Eine ideale Bedingung für eine offene Systemkonfiguration ist, wenn die Endbenutzer die Veränderungen und Modifikationen gar nicht wahrnehmen. Modifikationen sollten gegenüber dem Endbenutzer transparent sein. Die Fehlersuche erfolgt remote und das System führt die notwendigen Änderungen aus. Einige redundante System geben direkt Aufträge für den Expressboten aus, in denen Teile für eine Reparatur bestellt werden. Sie können sich die Überraschung der beteiligten Menschen vorstellen, wenn ein Bote mit einem Teil eintrifft, das einfach in den Einschub mit dem blinkenden roten Licht gesteckt werden kann. Reparatur ist in diesem System einfach genug, daß die meisten Anwender die Änderung durchführen und das System am Laufen halten können.

Ein offenes System muß die Leistungsfähigkeit des Systems für die Reduzierung des Lernzyklus nutzen. Viele Aufgaben erfordern lange Lernzyklen bis die Anwender sich mit den unterschiedlichen Datenbanken und Anwendungsprogrammen auskennen, die notwendig sind, um eine Aufgabe zu erledigen. Der Lernaufwand kann reduziert werden, indem mehr Information ins System eingebaut wird oder die Notwendigkeit der Beteiligung des Endbenutzers an bestimmten Entscheidungen eliminiert wird. Erfolgsmaßstab sind verkürzte Trainingszeiten und erhöhte Produktivität für Qualitätsergebnisse.

Das moderne offene System kann als Trainingsgerät für die mit ihm verbundenen Benutzer dienen. Desktopcomputer können Videoinformationen direkt vom Server erhalten. Der Endbenutzer hat Zugang zu einem großen Bestand an Systeminformation, der kontinuierlich erneuert wird. Der Anwender kann sich in einer Produktionsstraße befinden und von der direkten Interaktion mit den Ingenieuren profitieren, die präzise Videoinstruktionen an den Monteur senden über das Wesen eines bestimmten Teils und die Techniken, die zu seiner Produktion verwendet werden. Außerhalb der Produktionsstätten kann interaktives Video auf Clients von Anwendern im Finanzbereich benutzt werden, um in den Zeiten, wo das Telefon ruhig ist, Zugang zu Trainingsinformationen zu erhalten.

Lernen mit offenen Systemen kann passiv oder aktiv sein. Ein System zu benutzen, bis eine gewisse Vertrautheit erwächst, ist ein Weg passiven Lernens. Der Endbenutzer lernt schließlich die Nuancen der Kommandos und der Menustruktur und wird schließlich bewandert mit dem System. Ausreichende

Benutzerrückfragen (prompting), die in den Anwendungscode eingebaut sind, unterstützen den Anwender beim passiven Lernen (Caroll und Mack, 1984). Der Apple Macintosh ist ein ideales Beispiel für ein System mit passivem Lernen, das ein Minimum an Interaktion mit Trainingssystemen verlangt. Anwendungen auf dem Macintosh profitieren vom Zugriff auf gemeinsame Menus, Icons und sogar Datenstrukturen. Es ist einfach, auf Anwendungen auf dem System zuzugreifen, ohne je die Handbücher zu benutzen. Andere Fenstersysteme kommen dem Macintosh langsam näher und werden schließlich viel Systemtraining überflüssig machen.

Viele Programme für die aktive Ausbildung profitieren von den Merkmalen der Benutzbarkeit auf modernen Desktopcomputern. Typische Programme für die aktive Ausbildung auf offenen Systemen enthalten vier Phasen der Aktivität. Obwohl unterstellt wird, daß die gesamte Organisation Ausbildung benötigen wird, beginnt die erste Phase mit Designern, die ein gut laufendes System entwerfen müssen. Eine Untersuchung der vier Phasen (im nächsten Abschnitt) zeigt die Wege, die Firmen gegangen sind, die den Wechsel vollzogen haben.

Die fünfte Anforderung der Manager von Endanwendern ist *ausreichende Funktionalität* um den gesamten Arbeitsfluß des Betriebes zu unterstützen. Die Anwender suchen nach Wachstumsmöglichkeiten, die den anderen vier Anforderungen entsprechen. Funktionale Erweiterbarkeit stellt einen sanften Übergang zu zusätzlichen Funktionen sicher und die Fähigkeit, konkurrenzfähig zu bleiben und reaktionsfähig auf die Anforderungen des Geschäfts.

11.2 AUFBAU DER WISSENSBASIS

Viele Unternehmen beginnen mit wenig Wissen über offene Systeme, Design oder selbst die Basisbausteine des Systems. Ein Vierphasenprogramm hilft, die Schlüsselpersonen im Unternehmen in offene Systeme einzuführen.

Phase eins ist eine Reihe einführender Kurse, die eine Grundlage bieten, die Bausteine offener Systeme zu erklären. Es wird unterstellt, daß viele Menschen im Unternehmen bereits mit PCs vertraut sind. Im Verlauf der Einführung werden Fragen der Verbindungen, des Datenflußes, des Betriebssystems und der einzigartigen Merkmale von offenen Systemen behandelt. Standards sind wichtig, da sie das Bindemittel für viele Konfigurationen offener Systeme sind. Das Ziel von Phase eins ist es, das Unternehmen in die Begriffe und die Einrichtungen einzuführen, die beim Bau offener Systeme benutzt werden. Da es viele Zweifler gibt, wird die Ausbildung die relativen Vorteile der verschiedenen Wahlmöglichkeiten definieren und einige Einstellungen ändern.

Phase zwei führt das Konzept neuer Werkzeuge für Entwurf und Entwicklung des Systems ein. Diese Phase beginnt mit den möglichen Sprachen und weitet sich aus auf neue Paradigmen für die Erstellung von Anwendungen in verteilten Systemen. Ein Verständnis der Werkzeuge dient als erster Schritt bei der Einführung von Techniken für die Optimierung und Verbesserung von vorhandenem Code. Da das Netzwerk das System ist, existieren neue Anforderungen an das Design, ein System über mehrere Systeme mit unterschiedlichen Schnittstellen zu definieren. In dieser Stufe des Ausbildungsprozesses werden auch unterschiedliche Datenstrukturen behandelt.

Phase drei führt neue Anwendungen für die Endbenutzer vor. Diese Phase beginnt im Unternehmen und profitiert von den Erfahrungen mit den beiden vorausgegangenen Phasen. Der Endbenutzer lernt den Umgang mit den neuen Computerparadigmen und - noch wichtiger - wie sich die Geschäftsvorgänge durch die Entwicklung neuer Techniken des Systemdesigns ändern. Diese Phase wird auch Fragen der Installation, des Betriebs und der Wartung berühren, da damit begonnen wird, die Systeme in aktiven Netzwerken zu installieren. Diese Stufe der Ausbildung ist in mehr als einem Sinn ein Endprodukt des Entwicklungszyklus. Während der Codeentwicklung entwerfen die Kursplaner die notwendigen Bestandteile eines wohlstrukturierten Kurses im produktiven Betrieb. Phase drei betrachtet offene Systeme als Produktivitätswerkzeug. Die Art der Abkürzungen, etwas schneller zu tun, ändert sich, aber sie existieren auch in einer offenen Systemumgebung. Der Rückmeldemechanismus wird diese Änderungen der Vorgehensweise ermöglichen, wenn das offene Design ein komfortables Werkzeug für das Unternehmen geworden ist.

Wie oben erwähnt, wird unterstellt, daß offene Systeme sich weiter ändern und wachsen. Dies spiegelt die Anforderungen des Geschäfts und die sich ständig ändernde Technologie wider. *Phase vier* stattet Entwickler und Manager mit den notwendigen Werkzeugen aus, um sich der Veränderung anzupassen. Obwohl diese Phase bereits einige Merkmale untersucht, ist es wichtig, die Informationen über Veränderungsmöglichkeiten im System weiterzugeben. Die Rückmeldung soll das System verbessern und den Prozeß zu einer lebenden und sich verändernden Umgebung machen.

Der Ausbildungsprozeß ist ein notwendiger Schritt, um volle Interoperabilität zu erreichen. Die Komplexität kann durch sorgfältige Entwürfe reduziert werden, aber es ist wenig wahrscheinlich, daß diese Reduktion komplett ist. Ausbildung hilft, die verbleibenden Ebenen der Komplexität im System zu verstehen und ermöglicht sowohl den Entwicklern wie den Endbenutzern, mit der Veränderung Schritt zu halten.

11.3 DIE ARCHITEKTUR

Frank Lloyd Wright führte eine Schule der Architektur ein, die offene Systeme betont, während sie dauerhafte Gebäude schafft. Ein Besuch in Wrights Zentrum bei Taliesin West in Scottsdale Arizona, ist eine Inspiration für den Architekten offener Systeme. Wright glaubte, daß Architektur aus dem Boden entspringt und schuf eine perfekte Integration in die natürliche Umgebung. Er glaubte an das Bauen mit Grundbaustoffen und schuf eine offene Struktur, die die Umgebung ergänzte und sich mit ihr verband, und die Bedürfnisse der Benutzer erfüllte (Pfeiffer und Nordland, 1988).

Der Architekt offener Computer kann von Wrights Entwurfsprinzipien lernen. Der Entwurf eines offenen Systems sollte das Unternehmen ergänzen, aber eine dauerhafte offene Struktur schaffen, die als Inspiration dient. Die Architektur beginnt mit den Grundbaustoffen: der Hardware, Software und den Standards, die zu einer offenen Struktur zusammenschmelzen, die sich mit den umgebenden Systemen verbindet und die Bedürfnisse der Anwender erfüllt.

In der Computergeschichte waren die frühen Systemarchitekten solcher Systeme wie der IBM System/360 und Digitals VAX-System mit der Frage beschäftigt, wo die Stelle für den Systemkontrollpunkt liegen sollte und zu welcher Zeit Ressourcen an die Programmausführung gebunden werden sollten. In offenen Systemen, die auf verteilten Fähigkeiten beruhen, existieren verschiedene Kontrollpunkte auf den Netzknoten, von denen jeder mit einer Autonomie ausgestattet ist, die Kontrolle über die persönliche Produktivität ermöglicht. Der verteilte Systemkontrollpunkt (Abbildung 11.4) ist ein virtueller Punkt, der in der Systemarchitektur enthalten ist; aber er ist der Bezugspunkt für Kontrolle und Bindung. Die Konformität zu Unternehmensstandards stellt den tatsächlichen Kontrollpunkt für die verteilte Verarbeitung dar. Innerhalb des Rahmens der Standards behalten die einzelnen Knoten ihre lokale Autonomie, während das Unternehmen die gesamte Netzwerkkontrolle ausübt.

Das Wachstum von Verarbeitung und Speicherkapazität erzeugt eine Unbestimmtheit, die dem Systemarchitekt zusätzliche Bürden auferlegt. Es ist nicht länger möglich anzunehmen, daß es eine einfache Verbindung gibt, die die Kommunikation zwischen verschiedenen Knoten des Systems zur Verfügung stellt. Offene Systeme verlangen wohlstrukturierte Entwürfe, die auf den Fertigkeiten ausgebildeter Profis für Systemarchitektur beruhen. Eine Untersuchung verteilter Systeme zeigt, daß diese sich ständig ändern und vielleicht sogar ein System für den Austausch von Komponenten geschaffen haben. Das Studium selektiver Systeme kann uns einen Weg zum Verständnis verteilter Systeme zeigen (Pagels, 1989).

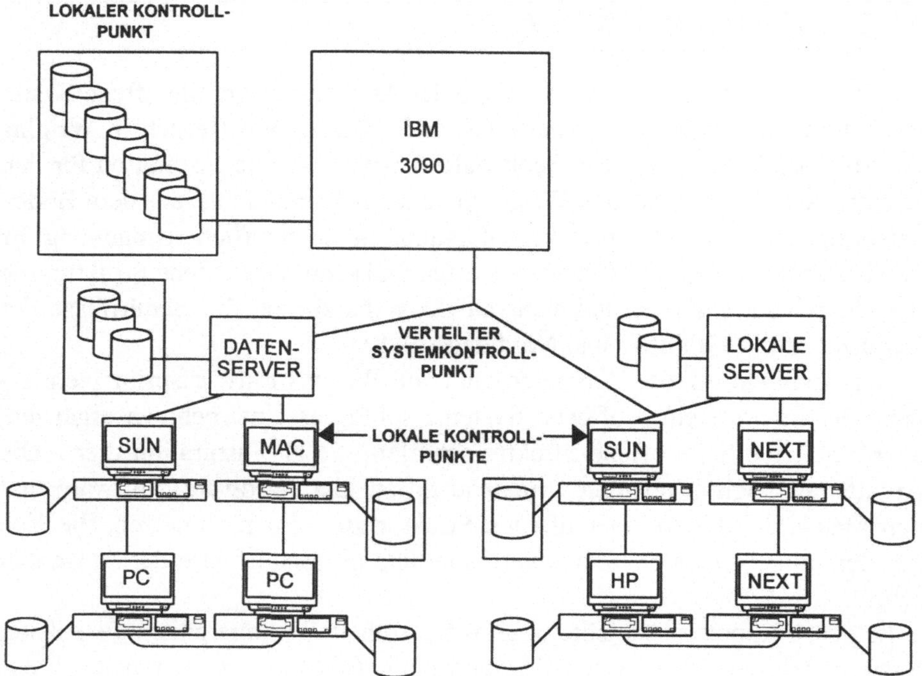

Abbildung 11.4   Verteilte Kontrollpunkte

Einige Entwurfsprobleme können durch das Akzeptieren von Standards gelöst werden, die einen Rahmen für die Installation offener Lösungen von unterschiedlichen Herstellern bieten. Viele Standards sind fertiggestellt und bilden die Basis für Verarbeitungsparadigmen, die sich von dem unterscheiden, woran die meisten Informationsmanager gewöhnt sind. Das Unix Betriebssystem ist die Basis für offene Lösungen geworden, als die Unternehmen es als Basis für die Softwareentwicklung akzeptierten. Unix ist in der Wall Street so populär geworden wie es in technischen Laboratorien war. Selbst IBM hat Unix für seine großen Workstations und Server adaptiert und so die Legitimität des Systems bestätigt. Obwohl es richtig ist, daß Unix kein notwendiges Element für offene Systemlösungen ist, stellt es doch die am breitesten akzeptierte Basis dar.

Die Übernahme einer Standardarchitektur erleichtert den systemweiten Zugriff auf verteilte Dienste. Fortschritte im Design haben den Zugriff auf unterschiedliche Leistungsniveaus im Netzwerk ermöglicht. Wenn die Architektur sich entwickelt, ist es wichtig zu verstehen, daß die Anwender auf Informationen in unterschiedlichen Knoten auf eine transparente Weise zugreifen wollen. Es muß ein System geschaffen werden, das die Fähigkeiten der unterschiedlichen Knoten widerspiegelt.

Eine Reihe von Überlegungen sind wichtig für den Entwurf einer interoperablen Systemarchitektur. Einfache Richtlinien, die Selektionskriterien angeben, helfen dem Unternehmen bei der Auswahl der unterschiedlichen Netzwerkalternativen und unterstützen die Hersteller bei der Implementierung. Kombinationen aus Hardware, Software und Dokumentation beeinflußen die aktuelle Implementierung von Interoperabilität.

Sechs Hauptkomponenten sind erforderlich, um eine interoperable offene Architektur zu komplettieren. Anwendungen stehen im Zentrum eines gutfunktionierenden Systems. Viele Systemfunktionen werden benötigt, um eine lebensfähige verteilte Anwendungsumgebung zu unterstützen. Robuste Kommunikation und sichere Datenbanken bilden die Basis für die Schaffung eines Systems, das fähig ist, den laufenden Betrieb aufrechtzuerhalten. Da verteilte Verarbeitung eine einzigartige Anwendungsumgebung darstellt, müssen Werkzeuge erworben werden, die die effektive Verwendung grafischer Darstellungsdienste ermöglichen. Verteilte Verarbeitung erhöht die Komplexität der Verwaltung mehrerer aktiver Knoten und schafft einen Bedarf für moderne Verwaltungswerkzeuge. Benutzerschnittstellen in verteilten Systemen erfordern, daß Funktionen auf verschiedenen Systemen auf die gleiche Weise gemeinsam benutzt werden können. Der letzte Schritt ist die Schaffung eines Systems, das wie eine Einheit erscheint. Die Architektur muß diese Einheitlichkeit im Entwurf wiedergeben.

Die erste Komponente in einem interoperablen System ist Kommunikation, die die Basis für andere Dienste ist. Kommunikation verbindet die verschiedenen Teile des offene Systems auf eine Weise, die Transparenz zwischen Anwendern auf weit entfernten und lokalen Knoten sicherstellt. Die Verwendung von Kommunikationsstandards erleichtert den Weg zur Interoperabilität. Die Annahme eines Standards ist sehr wichtig. Der beste Standard ist ein Industriestandard, der die Möglichkeit sicherstellt, mehrere Hersteller verbinden zu können. Die Alternative ist, einen weithin benutzten Herstellerstandard zu übernehmen.

Fragen zur korrekten Position von Protokollkonvertern sollten auf dieser Stufe des Entwurfsprozesses erörtert werden. Soll die Konversion auf jedem PC oder jeder Workstation geschehen oder soll die Konversion auf die Server konzentriert werden? Wir haben die verschiedenen Bereiche der Kommunikationsfrage bereits im Detail erörtert, aber wir sollten einen Prozeß ermitteln, der über die Kombination der unterschiedlichen Kommunikationsprotokolle entscheidet.

Interoperabilität ist eine Ebene über der einfachen Verbindung oder Integration von Systemen. Die zweite Komponente für die Systeminteroperabilität ist der Datenzugriff über mehrere unterschiedliche Netzwerkknoten. Heterogene Datenbankverbindungen verlangen eine Methode, die verschiedenen Datentypen mit den notwendigen Daten- und Protokollkonversionen zu verknüpfen. Unterschiedliche Datenbankprotokolle werden benutzt, um auf Daten von unterschiedlichen Speichersystemen zuzugreifen und sie zu verändern. Diese müssen in interoperablen Systemen transparent verbunden werden. Viele Hersteller von Serverdatenbanken haben Produkte eingeführt, die eine automatische Verbindung zu anderen Datenbanken im Netzwerk bieten. Interoperabilität setzt voraus, daß diese Verbindungen gut funktionieren, um eine Verknüpfung auf hoher Ebene sicherzustellen.

Die Komplexität verteilter offener Systeme wirft wichtige Fragen über die Techniken auf, Interoperabilität der Anwendungen zu entwickeln. Einfache Werkzeuge, die für Mainframes benutzt wurden, müssen durch Entwicklungswerkzeuge ersetzt werden, die für die unterschiedlichen Computer im System benutzt werden können. Viele Entwicklungswerkzeuge wurden für individuelle Umgebungen konstruiert, aber nur wenige wurden gebaut, die die Erzeugung von wirklichen Netzwerkanwendungen erlauben. Solche Tools werden funktionierende aufgeteilte Anwendungen über unterschiedliche Systemkomponenten ermöglichen. Separate Werkzeuge werden zunächst Möglichkeiten für die Produktion von Anwendungen für einzelne Knoten bieten. Das dritte Element sind daher Netzwerkwerkzeuge, die Transparenz über mehrere Anwendungen bieten.

Das vierte architektonische Element sind jene Managementtools, die Informationen über die Netzwerkkomponenten zur Verfügung stellen. Die einzelnen Knoten in einem interoperablen Netzwerk sind reich an Fähigkeiten und anfällig für Störungen. Das Management eines interoperablen offenen Netzwerks erfordert eine Abstimmung zwischen den an einzelnen Knoten erhobenen Statusinformationen und den systemweiten Analysewerkzeugen. In den zentralen Systemen, die alle Elemente im Netz kontrollierten, wurden viele Informationen gesammelt und zusammengefaßt. Wenn das System mehrere Prozessoren umfaßt, können sich die Probleme auf entfernte Knoten ausdehnen. Managementwerkzeuge müssen die Fähigkeiten der einzelnen Knoten beachten, während sie eine zentrale Zusammenfassung der Daten der offenen Knoten ermöglichen.

Das fünfte Element der Architektur ist eine gemeinsame Benutzerschnittstelle, die den leichten Zugang zu den Möglichkeiten des interoperablen Netzwerks ermöglicht. Da einige Clients eventuell nur Zeichenbildschirme unterstützen, während andere volle Grafikfähigkeiten haben, können die gemeinsamen Definitionen schwieriger sein. Schließlich werden alle Schnittstellen grafische Oberflächen übernehmen, was die Möglichkeiten für den Endbenutzer enorm erweitern wird. Sowohl Anwendungsentwicklungspakete wie Industriestandards haben einen Punkt erreicht, wo sie von Systemarchitekten übernommen werden können. Obwohl es mehrere Benutzerschnittstellen zur Auswahl gibt (wie Motif und OpenLook) gibt es eine ganze Menge Gemeinsamkeiten zwischen den verschiedenen Alternativen.

Das sechste Element der Interoperabilität sind die traditionellen Systemfunktionen, die wie eine große Einheit erscheinen. Zu diesen Merkmalen des Gesamtsystems gehören Elemente wie Zuverlässigkeit, Wartbarkeit, Verfügbarkeit und Sicherheit. Diese Systemelemente stellen die größte Herausforderung für den Systemarchitekten dar. Jedes Systemelement hängt von der Kooperation der Rechnerknoten ab, die mit dem System verbunden sind. Da die mächtigen Prozessoren, die sich in jedem Knoten befinden, selbst im Hinblick auf diese Systemelemente entworfen wurden, ist die Zusammenstellung dieser Elemente oft inadäquat für komplett zuverlässige interoperable offene Systeme. Jedes Systemelement muß so entworfen werden, daß es die Anforderungen an Zuverlässigkeit, Verfügbarkeit und Wartbarkeit erfüllt. Schließlich muß die Netzwerksicherheit als Summe der Fähigkeiten der einzelnen Knoten betrachtet werden. Alle diese Elemente müssen in der endgültigen Architektur definiert werden.

Diese sechs Elemente werden in einer umfassenden Architektur kombiniert, die für die verschiedenen Benutzer im System gut funktioniert. Der Wunsch nach nahtloser Integration läßt die Benutzer ständige und ausgewogene Änderungen auf der Basis eines robusten Designs erwarten. Im Zeitalter der zentralen Verarbeitung war der Architekt des Systems ein Architekt des Herstellers, der eine Lösung liefern konnte, die Hardware und Software von einer Marke benutzte. Da offene Lösungen heterogen sind, verlagert sich die architektonische Aufgabe auf die Anwenderunternehmen oder ihre Beauftragten.

Wenn sie eins der großen Gebäude besuchen, die Frank Lloyd Wrigth oder seine Studenten entworfen haben, werden sie von der offenen Architektur beeindruckt sein, die sich in die natürliche Umgebung einfügt. Diese Gebäude erfüllen die Wünsche ihrer Bewohner mit liebenswerten Räumen und verblüffenden Aussichten, die auf die Stärken der Umgebung bauen. Eine offene Computerarchitektur fügt sich in die natürliche Umgebung des Unternehmens ein und bietet mächtige Geschäftswerkzeuge für die Zukunft.

11.4 INSTALLATION

Wenn die Architektur einmal fertiggestellt ist und die erste Entwicklung begonnen hat, muß das Team den Installationsprozeß betrachten. Neue offene Systeme werden zu vorhandenen Netzwerken hinzugefügt und verlangen

Gemeinsamkeit zwischen den verschiedenen Teilen im technologischen Bereich. Das Verständnis des Installationsprozesses hilft bei späteren Modifikationen, aber er muß zunächst für die Funktionsfähigkeit des kompletten Systems gelöst werden.

Stufe eins, oder die Pilotphase, ist die erste Installation von offenen Systemlösungen. Da die Einpassung ins Netzwerk ein wesentliches Element des Erfolgs ist, genügt es nicht, wenn Computer und Kommunikationsausrüstungen mit einer Anzahl Anleitungen auf der Laderampe ankommen. Die ersten Installationen erfordern einen Plan und ein schrittweises Vorgehen. Wählen Sie eine Pilotanwendung aus und beginnen Sie mit den begrenzten Zielen für eine Pilotinstallation. Wenn die Systemelemente laufen, ist der nächste Schritt die Entwicklung von Anwendungen für das Downsizing.

Das Verständnis der Umgebung ist zentral für die Vollendung der Aufgabe. Wenn man auf alten Systemen aufbaut, ist es wichtig, spezielle Anforderungen an die Verkabelung oder die Kühlung zu verstehen. Spezielle Hardwareausstattungen wie Performance-Monitore können hilfreich sein und schnellen Zugang zum Netzwerk gewähren. Der Installationsprozeß sollte die Fähigkeiten des lokalen Teams berücksichtigen. Vielleicht ist es notwendig, Spezialisten zu engagieren, die die Komponenten offener Systeme verstehen.

Stufe zwei erweitert die Installation vom Piloten auf eine begrenzte Produktionsumgebung. Weitere produktive Systeme werden hinzugefügt und in Gang gesetzt. Komplexe Systeme verlangen oft die Erzeugung von zentralem Code, der mit den verbundenen Elementen des Systems korrespondiert. Eventuell ist bei jeder neuen Installationsstufe eine neue Generierung notwendig, um die Verbindung sicherzustellen. Die meisten modernen Entwürfe sind auf eine Weise konstruiert, die die Hinzufügung von Netzwerkknoten erlaubt, ohne daß das System komplett heruntergefahren werden muß.

Stufe drei erweitert das eingeschränkte Produktionssystem zur vollen Produktionsumgebung. Weitere Benutzer werden hinzugefügt, oft in entfernten Standorten. Wenn die zusätzlichen Systeme hinzugefügt werden, werden ausreichende Kontroll- und Verwaltungsroutinen vorgesehen, die den Zugang zur Wartung und zu Verwaltungsinformationen an entfernten Standorten erlauben.

Stufe vier erweitert das produktive System mit einem breiteren Spektrum von Benutzern. Die laufende Wartung wird ermöglicht, ohne daß der kontinuierliche Betrieb des Systems unterbrochen werden muß. Das Systemdesign wurde auf eine Weise konstruiert, die die kontinuierliche Erweiterung um neue Funktionen und Merkmale ermöglicht. Das interoperable System wird zur Basis für zukünftiges Wachstum. Von dieser Basis aus werden die künftigen Entwürfe konstruiert.

11.5 SCHRITTE ZUR INTEROPERABILITÄT

Der Umwandlungsprozeß beginnt mit einer Blaupause, die die Kontroll- und Datenflüsse in der vorhandenen Umgebung skizziert. Wenn der Kontrollfluß der vorhandenen Systeme erstellt ist, bildet der Systemintegrator das vorgeschlagene Design des offenen Systems auf das vorhandene System ab. Der Übergang zu offenen Systemen folgt einem schrittweisen Prozeß, der in dieser Diskussion in 12 verschiedenen Schritten dargestellt wird. Der Übergang unterstellt, daß wir nichts wegwerfen, aber schließlich die verschiedenen Teile auf wohlstrukturierte Weise zusammenfügen. Die Wirklichkeit funktioniert oft nicht wie die Beschreibung im Kochbuch.

Der Übergang wird normalerweise durch einen Prozeß in mehreren Schritten erreicht, der die besten Talente der Organisation zusammenführt. Die Festlegung und Zusammenstellung des Teams, das die Änderungen durchführt, ist der erste Schritt. Dieses Team kennt sowohl die technischen wie die organisatorischen Änderungen, die notwendig sind, um offene Systeme in vorhandene Umgebungen zu integrieren. Das Team wird zum Agenten des Wandels.

1. Schaffe eine Karte der heutigen Kontroll- und Datenflüsse, die die kritischen Ergebnisse definiert, die von den Benutzern erwartet werden. Mit der Kenntnis des vorhandenen Systems erzeuge Blaupausen für die offenen Systeme. Diese Vision zeigt den Weg, dem bei der Entwicklung von Anwendungen im Integrationsprozeß gefolgt werden kann. Die entscheidenden Kontrollpunkte für Kommunikation und Datenbanken müssen klar bestimmt werden. Sicherheits- und Sicherungsanforderungen müssen in der Blaupause angesprochen werden. Die Blaupause identifiziert die Typen offener Systeme, die benutzt werden sollen und die erwarteten Verbindungspunkte mit den vorhandenen Systemen.

2. Finde die Kostenelemente in der Blaupause heraus. Stelle die erwarteten Einsparungen eines integrierten Ansatzes heraus und präsentiere den Plan den entscheidenden Managern in der Organisation. Verschaffe dir genügend Zustimmung in der Organisation und ein Mandat vom Topmanagement. Entwickle eine Methodologie, die verwendet werden kann, um Erfolg oder Mißerfolg des Entwicklungsplans zu messen.

3. Isoliere wichtige vorhandene Programme und halte sie aus der Entwicklung im Prototypstadium heraus. Dies wird erreicht, indem vorhandene Schnittstellen benutzt werden und Änderungen in Program-

men vermieden werden, die im täglichen Betrieb kritische Funktionen haben.

4. Erzeuge und teste Prototypen, die benutzt werden können, um die offene Systemlösung einzuführen. Stelle sicher, daß die Prototypen gut konstruiert sind, um ihren Gesamterfolg zu sichern, wenn sie voll produktiv eingesetzt werden.

5. Wähle ein erstes Projekt aus, daß bearbeitet und integriert werden kann, ohne die normalen Operationen des Unternehmens zu unterbrechen. Dieses Projekt sollte wichtig genug sein, um das Interesse des Managements auf sich zu ziehen, aber es sollte kritische Geschäftsbereiche meiden, wo es zur Störung des Betriebs kommen könnte.

6. Selbst wenn man eine unkritische Anwendung ausgewählt hat, ist man gut beraten, die vorhandenen Anwendungen zu schützen, um kontinuierlichen Systembetrieb sicherzustellen, falls der neuen Implementierung irgend etwas geschehen sollte.

7. Schaffe ein Notfallteam, das Probleme schnell beheben kann und das System am Laufen hält. Verwende die besten Talente im Unternehmen und hole, wenn nötig, scharfsinnige Berater. Sorge für vergleichbare Unterstützung der beteiligten Hersteller, da sie vom Erfolg des Systems auch genug profitieren werden. Das erste System ist ein Ausstellungsstück, das die langfristige Verpflichtung auf offene Lösungen bestimmen wird und den Zuwachs an Hardware für offene Systeme im Unternehmen.

8. Wenn das System läuft, entferne die Sicherheitsverpackungen: Lege fortgeschrittene Verbindungstechniken fest, die die ursprünglichen Protokolle ersetzen können. Schreite zu einer vollständigeren Implementation der offenen Systemarchitektur voran. Vereinfache die Verbindungstechniken und Benutzerschnittstellen, um sie zum Standard konform zu machen.

9. Wechsle zu fortgeschrittenen Techniken der Datensammlung und Verbindungsprotokollen, die Objektunterstützung und vereinfachte Benutzerschnittstellen bieten.

10. Bis jetzt haben wir jede große Änderung der Mainframes vermieden. Wenn die Anwendungen gut laufen, benutze die zusätzliche Leistungsfähigkeit der Workstations und Server, beginne die Mainframeanwendungen zu modifizieren, damit sie vom erweiterten Datenaustausch mit gleichberechtigten Anwendungen profitieren.

11. Wechsle mit den Anwendungen für offene Systeme und den Mainframe zur objektorientierten Programmierung, um den höchsten Nutzen aus den Verarbeitungsparadigmen zu ziehen.

12. Verändere das Managementinformationssystem, so daß es die neu definierten Protokolle des Unternehmens benutzt. Überprüfe die Personalzusammensetzung in der MIS-Gruppe, damit sie deren Interaktion mit den verteilten Systemen gerecht wird.

Im Prozeß der Schaffung eines Integrationssystems ist es wichtig, den Plan zu überwachen und zu ändern, wenn Probleme festgestellt werden. Es ist normalerweise so, daß die Blaupause nicht alle lebenswichtigen Kontrollpunkte enthält. Schaffe ein System, das an notwendige Änderungen angepaßt werden kann, wenn bei der Integration des Systems Fortschritte gemacht werden. Es ist entscheidend, daß diese Prozesse als gutfunktionierend wahrgenommen werden. Es gibt ständig eine Gruppe von Neinsagern, die fragen, wie das System je zum Laufen gebracht werden soll und eine Rückkehr zu alten Lösungen verlangen.

11.6 NETZWERKMANAGEMENT

Wie bereits diskutiert, verursacht das Wachstum des Netzwerks neue Belastungsproben für die Fähigkeit der Managementwerkzeuge, mit den Entwicklungen bei den Workstations Schritt zu halten. Viele Unternehmen, die zu offenen Systemen wechseln, stellen fest, daß sie stark von zentralen Managementwerkzeugen abhängig sind, die die Operationen des Netzwerks überwachen. In interoperablen Netzwerken müssen diese Werkzeuge verändert werden, um die Bedürfnisse offener Systeme zu erfüllen.

Dies kann ebenfalls in einem schrittweisen Prozeß erreicht werden. Da Workstations und Server über erheblich höhere Intelligenz verfügen als Terminals, muß das System so konstruiert werden, daß es diese Intelligenz nutzt. Miteinander verbundene LANs können viele der Aufgaben erfüllen, die zentralen Netzwerkmanagementroutinen zugeordnet waren. Einst konnten Netzwerke mit der Annahme verwaltet werden, daß jedes Terminal nur über geringe Intelligenz verfügte. Ein paare Experten an zentraler Stelle konnten feststellen, welche Probleme in bestimmten Knoten auftraten und von den entfernten Kontrollräumen aus Abhilfe schaffen.

In der Generation der Client/Server-Systeme besitzen sowohl die Workstations wie die Server hohe Intelligenz und hohe lokale Leistungsfähigkeit. Diese Intelligenz kann auf die Probleme des intelligenten Netzwerks angewandt werden. Die ersten Netzwerkmanagementwerkzeuge spezialisierten sich auf die Entdeckung und Diagnose von Fehlern im Netzwerk. Komplexe Netzwerke machen die Entdeckung dieser Fehler sogar noch schwieriger, aber der Netzwerkmanager muß diese Dienste anbieten. Präventives

Netzwerkmanagement verlangt ein Wissen darüber, wann das Netzwerk sich in den Antwortzeiten oder im Gesamtzustand zu verschlechtern beginnt.

Genauso wichtig ist die Verteilung von Code an die unterschiedlichen Prozessoren im Netzwerk. Es ist wichtig, die Information über die Versionsnummer des Codes und der Daten zu besitzen, die an das System übertragen werden. Die besten Netzwerkmanagementtools sind an die spezifischen Bedürfnisse des Unternehmens angepaßt. Es ist oft möglich, allgemeine Netzwerkmanagementwerkzeuge zu verwenden, die in der Industrie verfügbar sind, aber diese Werkzeuge müssen angepaßt werden, um die spezifischen Bedürfnisse der einzelnen Unternehmen zu erfüllen.

11.7 FOLGERUNGEN

Interoperabilität bezieht sich auf die Fähigkeit, unterschiedliche Computer in einem offenen Systemnetzwerk zu verbinden und deren Informationen zu verstehen. Sie geht über die einfache Verbindung hinaus und bietet Informationen, die im Lichte spezifischer Probleme interpretiert werden können.

Der Architekt interoperabler Netzwerke beginnt den Prozeß mit einer vorhandenen Unternehmens- und Computerumgebung, die die Kultur des Unternehmens repräsentiert. Wie Frank Lloyd Wright paßt der Architekt ein offenes Design in eine vorhandene Umgebung auf eine Weise ein, die die Bedürfnisse der Anwender trifft und zukünftiges Wachstum ermöglicht.

Architektur für offene Systeme stellt neue Herausforderungen dar, die über jene in einer festen Systemumgebung hinausgehen. Kommunikation ist der erste Schritt zur Interoperabilität. Robuste Managementwerkzeuge, die die Verbindungsprotokolle für offene Systeme bieten, existieren nicht.

Sorgfältige Überlegungen müssen angestellt werden, um nicht die vorhandenen Anwendungen zu ruinieren, während neue Protokolle eingeführt werden. Landkarten sowohl der alten wie der neuen Systeme sind nötig, um den Prozeß gut funktionieren zu lassen. Der nächste Schritt beim Verständnis dieses Prozesses ist die Untersuchung des Lebenszyklus, der beim Bau offener Systeme benutzt wird.

LITERATUR

James M. Caroll and Robert L. Mack, „Learning to Use a Word Processor: By Doing, By Thinking, and By Knowing", from *Human Factors in Computer Systems*, edited by John C. Thomas and Michael L. Schneider, Ablex Publishing Co., Norwood, NJ, 1984, pp. 13-51.

Heinz R. Pagels, *The Dreams of Reason: The Computer and the Rise of the Sciences of Complexity*, Bantam Books, New York, 1989, 45-46. (Pagels diskutiert, wie die Vernunft uns helfen kann die Veränderungen in Computersystemen zu verstehen. In diesem Abschnitt diskutiert er die Verbindung zwischen komplexen Computersystemen und der Evolution.)

Bruce Brooks Pfeiffer and Gerald Nordland, *Frank Lloyd Wright: In the Realm of Ideas*, Southern Illinois University Press, Carbondale and Edwardsville, IL, 1988.

12

Der Lebenszyklus offener Systeme

Stellen Sie sich vor, Sie beginnen ganz von vorne und stellen all die Dinge zusammen, die ein arbeitsfähiges offenes System ausmachen. Dieses Kapitel entwickelt eine Perspektive für ein offenes Systemprojekt, das mit den ersten Einkäufen und Verpflichtungen beginnt. Der Lebenszyklus offener Systeme umschließt die Schritte und Prozesse, die notwendig sind für die erfolgreiche Verpflichtung auf eine offene Systemlösung, für den Entwurf, die Implementierung und den Betrieb. Das Kapitel diskutiert die Probleme, denen man bei der Implementierung neuer Ideen begegnet. Einige dieser Probleme erfordern Änderungen bei existierenden Systemen, wozu Management, Kultur, Philosophie und vorhandene technische Lösungen gehören.

Das Management der Informationstechnologie war immer eine herausfordernde Aufgabe, aber der Übergang zu offenen verteilten Systemen hat das Verständnis und das Engagement komplizierter gemacht. Die Rechnerleistungsfähigkeit, die einst auf die zentralen Computerzentren beschränkt war, ist auf die einzelnen Desktops und sogar auf tragbare Computer übergegangen. Es gibt klare Hinweise auf weiteres Wachstum bei Geschwindigkeit und Fähigkeiten der Rechner für die einzelnen Angestellten und Abteilungen. Offene Systeme verlangen vom Management, die ihrer Organisation unterliegende Kultur und Philosophie zu verstehen und Prozesse zu schaffen, die Informationstechnologie als Mittel benutzen, um Konkurrenzvorteile zu erzielen.

Ein Blick auf den Lebenszyklus erlaubt es uns, die Techniken darzustellen, die Unternehmen halfen, zu offenen Systemen überzugehen, ohne den normalen Betrieb in nennenswertem Umgang zu stören. Bei der Betrachtung des Lebenszyklus untersuchen wir Grundlagen und Merkmale offener Systeme, die richtungsweisend sind. Es werden Techniken untersucht, die den Entwurf offener Systeme erleichtern und die neuen Lösungen in Verbindung mit den vorhandenen verwenden. Wir werden Ansätze für die Entwicklung untersuchen und wie diese Verfahren sich von jenen unterscheiden, die für die standardmäßige zentrale Verarbeitung verwendet werden. Wenn die Entwicklung einmal abgeschlossen ist, ist es notwendig, das System in den Betrieb zu integrieren.

Lösungen für verteilte offene Systeme zu entwickeln, verlangt Werkzeuge, die neue Ansätze für die traditionelle Anwendungsentwicklung ermöglichen. Von gleicher Bedeutung ist, daß die Verteilung von Ressourcen auf mehrere Knoten den Bedarf für Managementwerkzeuge erhöht, die ein Verständnis der Problemgebiete erlauben. Das Verständnis des Lebenszyklus hilft auch, Techniken für die Schaffung einer Umgebung herauszuarbeiten, die Veränderungen einfach machen und es erlauben, Lösungen hinzuzufügen, die problemlosen täglichen Betrieb ermöglichen und das Wachstum erleichtern.

Der Prozeß des Übergangs von vorhandener Technologie auf offene Lösungen verlangt Verpflichtungen von verschiedenen Organisationen innerhalb eines Unternehmens. Interne politische Überlegungen wiegen oft schwer und beeinflußen die Akzeptanz neuer Informationstechnologie. Dominierende Hersteller haben einen Einfluß erlangt, der ihnen ihr Einkommen garantiert und diese Hersteller arbeiten hart, um den Status quo angesichts starker logischer Argumente für den Übergang zu einem offenem Systemdesign zu erhalten.

Innerhalb des Unternehmens gibt es einen natürlichen Widerstand gegen Veränderungen, der Angestellte auf allen Ebenen betrifft. Einige opponieren gegen Veränderungen, die ihre Verantwortung verkleinern oder ihre Aufgabe komplizierter machen. Diese Gruppe wird den Wert des vorgeschlagenen Systemwechsels leugnen und daran arbeiten, ihn zu verzögern oder zu vermeiden. Andere widerstehen Veränderungen, die bequeme Arbeitsumgebungen verändern oder ihre gewohnten Verfahrensweisen in Frage stellen. Diese Gruppe ist mit dem Status quo zufrieden und widersteht Veränderungen, um Störungen des Betriebs zu vermeiden. Viele widerstehen Veränderungen, weil sie wirklich unsicher über den richtigen Ansatz sind und sich dafür entscheiden, keine Entscheidung zu treffen. Die Aufgabe für das Management besteht darin, all diesen Gruppen ein klares Verständnis offener Systeme zu vermitteln und die Vorteile zu verdeutlichen, die aus ihrer Verwendung resultieren können.

Ausbildung kann bei allen Ebenen des Widerstands hilfreich sein und ehrliche Befürchtungen vielleicht zerstreuen. Die wirklichen Vorteile zu verstehen, kann den Widerstand Vieler in einem Unternehmen verändern und ihnen helfen, den entscheidenden Aspekt der Verwendung konkurrierender Ansätze zu verstehen. Dies ist besonders schwierig, wenn die Gegner offene Systemlösungen als Bedrohung ihres Arbeitsplatzes sehen, deshalb sollte eine erneute Ausbildung mit jedem Wechsel zu offenen Systemen verbunden sein. Am wichtigsten ist es, zu erkennen, daß der Wechsel zu neuen Ansätzen eine Verpflichtung des Unternehmens oder des Unternehmenszweiges bedeutet. Diese Verpflichtung beginnt auf der Ebene des Topmanagements, das mit dem Rest der Organisation kommunizieren muß, um den Wandel herbeizuführen.

Ein erster Schritt des Verpflichtungsprozesses ist das Verständnis der tatsächlichen Vorteile offener Technologie und ihrer Auswirkungen auf das Unternehmen. Die Erwartungen übersteigen oft die Fähigkeiten der Organisation, die Lösung zeitgerecht zu implementieren. Es ist deshalb wichtig, das wahre Ausmaß der Veränderung zu verstehen. Erwartungen müssen realistisch und auf eine handhabbare Weise festgelegt werden.

Personalcomputer erlaubten den Angestellten in vielen Bereichen, ihre Kenntnisse vom Betrieb von Computern zu erweitern. Dies hat das Verständnis erweitert und bei vielen zuvor computerunerfahrenen Führungskräften zu einer gewissen Vertrautheit mit der Technologie geführt. Dieses Verständnis hat dazu geführt, daß der PC in vielen Unternehmen eingeführt wurde. Der PC hat auch den Wechsel zu offenen Systemen erleichtert. Diese Erfahrung hat fast das ganze Potential individueller Produktivität eröffnet und sie hat gerade begonnen, die Idee der auf verteilten offenen Systemen basierenden Gruppenproduktivität zu verbreiten.

Die Darstellung des Lebenszyklus offener Systeme ermöglicht uns, sowohl die technologischen Richtungen zu verstehen wie die Techniken, die für ihr Management verwendet werden. Dies hilft, eine Ebene des Verständnisses zu schaffen, die Veränderungen durch realistische Techniken erleichtern kann. Durch die Darstellung eines Lebenszyklus eines offenen Systems können wir zeigen, wie eine Managementvision den höchsten Gewinn aus den veränderten Unternehmensansätzen erzielt. Veränderungen der Herangehensweise des Managements sind vielleicht der beste Weg, um die höchsten Erträge aus offenen Systemen zu erzielen. Während der Einführung offener Systeme müssen die normalen Geschäfte des Unternehmens weitergehen, während die neuere Technologie die Prozesse kontinuierlich verbessert. Erfolgreiche Unternehmen haben viel Zeit damit verbracht, Managementsysteme zu verstehen und anzupassen, die die Phasen der Entscheidung, des Entwurfs, der Entwicklung, der Integration, der Produktion, des Betriebs und des Wachstums unterstützen. Diese sind in Abbildung 12.1 als kontinuierlicher Zyklus dargestellt.

Es wird erwartet, daß die Veränderungen des Betriebs evolutionär geschehen, aber das Management muß fähig sein, einige revolutionäre Veränderungen auf evolutionäre Weise zu vollenden. Die Entwicklung erfordert oft

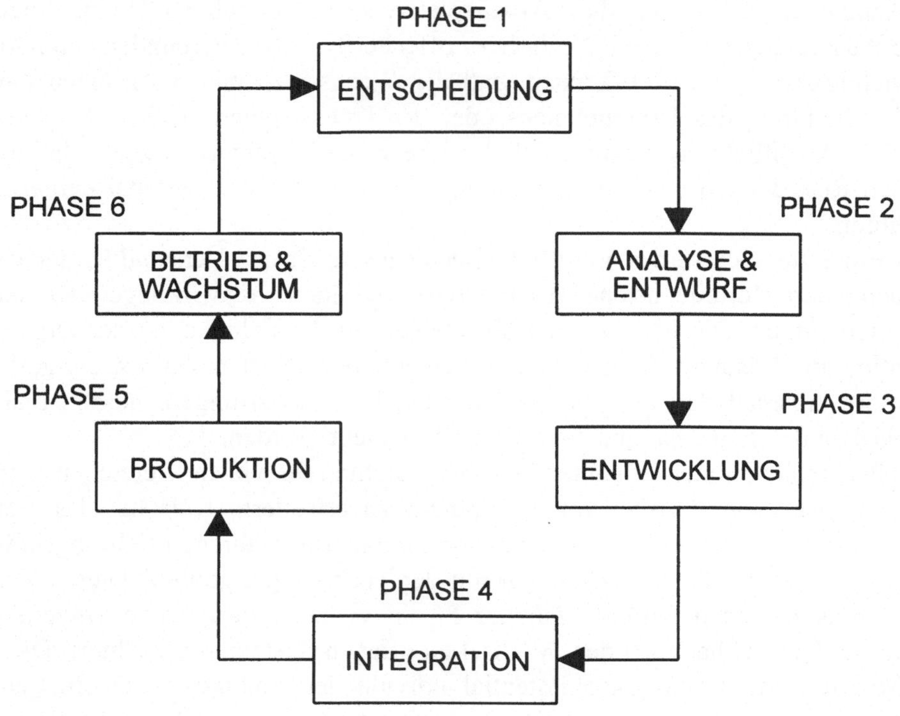

Abbildung 12.1   Der Lebenszyklus offener Systeme

Übereinstimmung zwischen unterschiedlichen Ebenen des Managements, aber sie kann oft ohne totale Übereinstimmung zu Ende gebracht werden. Neue Umgebungen können so entworfen werden, daß sie evolutionäre Prozesse in Gang setzen, während das Managementteam selbst einer Wandlung unterliegt.

Kultur und Persönlichkeit beeinflußen den Übergang zu offenen Systemen. Die Kultur mag tief in einer einzelnen Lösung verwurzelt sein, die sich nicht leicht auf offene Systeme konvertieren läßt. Personen werden die vorgeschlagenen Veränderungen unterstützen oder sich ihnen widersetzen in direkter Abhängigkeit von den Auswirkungen auf ihre Arbeitsweise. Opposition ist jeder Veränderung inhärent und in einer Umgebung deutlicher Opposition wird sie übersteigert.

12.1 BESCHREIBUNG DES LEBENSZYKLUS

Die sechs Schritte oder Phasen des Lebenszyklus beginnen mit der Verpflichtung und führen auf weiteren Stufen über die Entwicklung zum Betrieb. Wir untersuchen jeden Schritt, wenn wir wichtige Elemente offener Systeme vorstellen. Der Übergang zu offenen Systemen weitet sich von technologischen Paradigmen zu einer Überprüfung des Arbeitsprozesses im Unternehmen aus. Re-Engineering oder eine Umorganisation der Arbeitsprozesse wirkt mit der Technologie zusammen, um die optimale Lösung für das benutzende Unternehmen zu schaffen. Effiziente Veränderungen erhöhen den Wert der Technologie und ineffiziente Veränderungen reduzieren diesen Wert. Diese Veränderungsprozesse werden ausführlicher im nächsten Kapitel untersucht.

Der Zyklus beginnt mit der Entscheidungsphase, die die Richtung für die Entwicklung spezifischer Lösungen festlegt. Während der Entscheidungsphase ist es notwendig, Fähigkeiten zu bewerten, den Gesamtüberblick zu behalten und die notwendigen Verpflichtungen einzugehen, die zur Vollendung der Aufgabe führen. Viele Alternativen sind möglich, die die Anforderungen erfüllen können. Den Nutzen jeder Alternative mit ihren finanziellen Auswirkungen zu gewichten, bestimmt die Richtung und legt die Ressourcen fest. Das Verständnis der Elemente offener Systeme hilft im Entscheidungsprozeß und schafft einen Anstoß für das Engagement. Der Entscheidungsprozeß bestimmt den Grad des Engagements und kann den erfolgreichen Abschluß nachfolgender Phasen beeinflußen. Eine starke und überzeugende Verpflichtung des Unternehmens ruft starke Beteiligung hervor; eine schwache Verpflichtung kann zu einem schleppenden Projektverlauf führen.

Der zweite Schritt im Prozeß ist die Design- und Analysephase. Die Designphase verfeinert Informationen, die bereits vor der Entscheidung bekannt waren. Unternehmen, die offene Systeme eingeführt haben, standen vor einzigartigen Entscheidungen bei der Definition offener verteilter Lösungen für viele unterschiedliche Arbeitsumgebungen. Die Einzelteile für den Entwurf der grundlegenden Bausteine für offene Systeme sind Clients, Server und das Netzwerk. Das System wird zum Netzwerk und wird an spezifische Anforderungen angepaßt. Viele Unternehmen waren mit ihren Entwürfen offener Systeme erfolgreich, aber sie wählten oft organisatorische und architektonische Ansätze, die sich vom Design einzelner Systeme unterscheiden.

Der dritte Schritt ist die Entwicklungsphase. Eine Reihe von Schlüsselentscheidungen muß in dieser Phase getroffen werden, wozu die Organisation und die Zuordnung von Ressourcen gehören. Es gibt eine Debatte darüber, ob die Implementation offener Systeme in bestehenden Entwicklungsgruppen oder in einer separaten Gruppe organisiert werden sollte. Die Bevorzugung einer separaten Gruppe betont die Möglichkeit, Ressourcen zuzuweisen, die mit offenen Systemen und den Werkzeugen für die Anwendungsentwicklung vertraut sind. Welche Richtung auch immer gewählt wird, es muß ein Entwicklungsteam geschaffen werden, daß sich der Anforderungen an offene Systeme bewußt ist. Das Team muß in der Lage sein, Entwicklungsmethodologie für die Produktion von Anwendungen anzuwenden.

Ein anderer wichtiger Aspekt der Entwicklungsphase ist die Entwicklung von Programmen für offene Systeme. Werkzeuge für eine Umgebung mit mehreren Prozessoren werden benötigt, die entweder gekauft oder gebaut werden können. Es müssen Testtechniken definiert werden, die die einzigartige offene Umgebung widerspiegeln. Fortschritte bei den Programmiersprachen unterstützen den Entwicklungsprozeß, aber es bleibt die Notwendigkeit, die Entwicklungsteams in modernen Werkzeugen und Entwicklungsprozessen erneut auszubilden.

Der vierte Schritt ist die Integrationsphase, die bestimmt, wie und wo die neuen Lösungen mit dem vorhandenen System verbunden werden. Dieser Prozeß verknüpft die neuen Lösungen mit vorhandenen Prozessen. Die Integration stellt Kohärenz zwischen den verschiedenen Teilen des Systems her. Eine der größten Herausforderungen für offene Systeme ist die glatte Verbindung mit vorhandenen Prozessen auf eine störungsfreie und nahtlose Weise.

Auf die Integration folgt eine eingeschränkte Produktionsphase, die den fünften Schritt darstellt. Die integrierte offene Lösung wird mit der vorhandenen Umgebung verschmolzen und lebensfähige Prototypen werden eingesetzt. Prototypen werden in der Produktionsumgebung eingesetzt, nachdem sie erfolgreich gegen zuvor festgelegte Erfolgskriterien getestet wurden. Die eingeschränkte Produktionsphase testet das System in der echten Umgebung und entdeckt verbleibende Probleme.

Der letzte Schritt im Prozeß ist die Betriebsphase. Neue Entwicklungen müssen in den sich fortsetzenden Prozeß eingepaßt werden, der das Unternehmen vorantreibt. Wenn offene Systeme verwendet werden, muß der Plan die Betriebsbedürfnisse des täglichen Geschäfts berücksichtigen. Prototypen werden aus der einfachen Einzellösung auf die Unterstützung vieler Angestellter ausgeweitet. Die fertiggestellten Anwendungen und andere Softwarepakete schaffen einen Betriebsablauf, der das Unternehmen bereichert und die normalen Abwicklungstechniken verändert. Realistische Meßpläne erlauben dem Management, den relativen Erfolg oder Mißerfolg der neuen Lösungen zu bewerten.

Es sollte angemerkt werden, daß eine Gruppe von „Cracks" oder eine beschleunigte Prototypentwicklung eine Starthilfe für den Lebenszyklus sein kann und die Zeit bis zur Fertigstellung verkürzen kann. Versuchen Sie ein gemeinsames Entwicklungsprojekt mit einem Hersteller offener Systeme.

12.2 ENTSCHEIDUNGSPHASE

Abbildung 12.2 führt die verschiedenen Parameter der Entscheidungsphase auf. Vorhandene Systeme haben mit der Zeit einen hohen Grad des Gleichgewichts erreicht. Die Entscheidung zur Veränderung beginnt mit der Auflösung des Gleichgewichts des gegenwärtigen Systems und mit Vorschlägen für notwendige Änderungen, die ein System schaffen sollen, das sich an die stetig wandelnde technologische Umgebung anpassen kann. Professor Schein von der MIT Sloan School hat sich mit den verschiedenen Aspekten dieser Veränderungen beschäftigt.

Der Auflösungsprozeß schafft Motivation für Veränderungen und ändert oft die Einstellung von Personen, die den notwendigen Änderungen ablehnend gegenüberstanden. Schein stellt in seiner Arbeit am MIT die Notwendigkeit heraus, das Kräftefeld zu bestimmen, das die Personen identifiziert, die Veränderungen vorantreiben und ihnen widerstehen. Einige Personen mit durchaus positiver Motivation widerstehen Veränderungen, um Stabilität im Unternehmen zu erreichen. Andere finden, daß das Unternehmen innerhalb der Beschränkungen der gegenwärtigen Technologie gut läuft und zögern vor einem Wechsel in eine andere Umgebung. Die Auflösung beginnt damit, Schlüsselpersonen davon zu überzeugen, daß Fortschritt und Veränderung im besten Interesse des Unternehmens liegen und sogar im Interesse der Einzelnen innerhalb der Organisation selbst, die den Wandel unterstützen. Eine Reihe von Techniken wird verwandt, um den Auflösungsprozeß zu beschleunigen. Ein Beispiel wäre, zu zeigen, daß die gegenwärtigen Prozesse zu teuer und ineffektiv geworden sind, um schnell auf die Bedürfnisse von Kun-

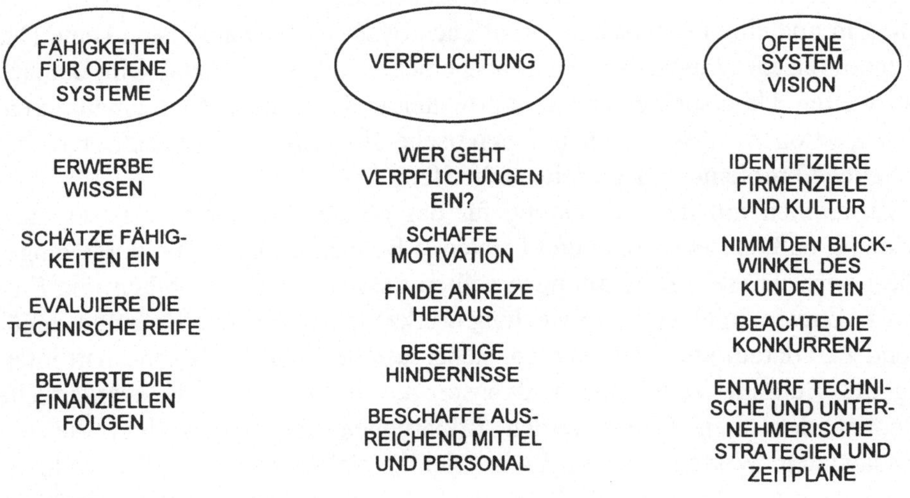

Abbildung 12.2 Entscheidung

den reagieren zu können. Zu zeigen, daß Veränderungen Kosten- oder Konkurrenzvorteile bieten, kann viele Zweifler überzeugen.

Untersuchen Sie, wie die Organisation vom Übergang von gegenwärtigen Systemen auf die dynamischeren offenen Systeme profitiert. Wenn die Veränderung ohne größere Störungen des Betriebs durchgeführt wird, wird ein Vorteil für die Menschen erwachsen, die zur Veränderung bereit sind. Oft haben Führungskräfte vom Erfolg anderer Organisationen gelesen, die in der Technologie von vorhandenen Paradigmen zu offenen Paradigmen gewechselt haben. Diese Wissensbasis hilft, die Führungskräfte zu überzeugen, daß diese Richtung für ihr Unternehmen von Vorteil sein könnte. Mit anderen Worten: spiegeln die Standards der Organisation eine Verpflichtung wider, mit mehreren Herstellern zusammenzuarbeiten oder sind die Standards immer noch auf einen bestimmten Hersteller ausgerichtet?

Stellen sie fest, auf welcher Ebene das Management auf offene Systeme ausgerichtet ist. Wenn der Vorsitzende des Unternehmens ein Geschäft mit einem bestimmten Hersteller abgeschlossen hat, dann werden alle Verpflichtungen auf tieferen Ebenen bedeutungslos. Steht das kaufmännische Management hinter der Wahl offener Systeme? Opponieren die technischen Gruppen gegen die Einführung offener Systeme? Das Abteilungsmanagement und die Anwender anderer Betriebszweige müssen dem Support ebenso offen gegenüberstehen.

Unabhängiges Wissen ist wichtig für die Entscheidung über einen technologischen Wandel. Suchen Sie sich Experten von außerhalb, die die Fortschritte bei offenen Systemen erklären und Methoden beschreiben können, die benutzt wurden, um Probleme in anderen Unternehmen zu lösen. Verlassen Sie sich nicht auf Hersteller bei wichtigen Entscheidungen für offene Systeme. Es ist wichtig, eine interne Wissensbasis zu schaffen, die einen Einblick in und eine Führerschaft bei offenen Systemen gewährleisten kann. Das technologische Verständnis des Managements muß ausreichend sein, um sich auf weitere Untersuchungen zu verpflichten und Veränderungen einzuführen. Präsentationen müssen sich auf praktische Erwartungen konzentrieren, die mögliche Probleme und Vorteile aufgreifen.

Zusammen mit der Ausbildung für das höhere Management ist es auch wichtig, daß der technische und beratende Bereich in die Technologie eingeführt wird. Diese Veranstaltungen sollten mehr in die Tiefe gehen und Entwurf, Entwicklung und Entwicklungswerkzeuge abdecken. Es sollte genügend Zeit darauf verwandt werden, sicherzustellen, daß die Mannschaft intelligente Beiträge zum Entscheidungsprozeß leisten kann. Festverwurzelte Denker der alten Linie werden Erklärungen abgeben wollen, die auf inadäquatem Wissen beruhen. Es ist wichtig, sicherzustellen, daß sowohl sie wie jene, die in der neuen Richtung denken, über genügend Wissen verfügen, um das Für und Wider jeder Entscheidung für offene Systeme zu verstehen. Ein Unternehmen, das die Technologie und alternative Implementierungen versteht, ist eher in der Lage, klare Entscheidungen zu treffen, wann und wie offene Systeme implementiert werden soll.

Technische Fertigkeiten innerhalb des Unternehmens müssen vielleicht aufgefrischt werden oder es werden neue Mitarbeiter benötigt, um den Wandel zu offenen Systemen zu erleichtern. Mainframe-Programmierer müssen ausgebildet und auf die neue Umgebung ausgerichtet werden. Ein Team von fähigen Einzelpersonen muß eingerichtet werden, um die Implementierung des offenen Systems durchzuführen. Moderne Ausrüstung verlangt erfahrene Mitarbeiter, die diese neuen Lösungen entwerfen, entwickeln und benutzen können. Offene Systeme erhöhen die Schwelle der Fähigkeiten, die innerhalb der Entwicklungsgruppe benötigt werden, weil Entwicklung erforderlich ist statt einfacher Codierungsfähigkeiten. Menschen, die in den älteren Paradigmen der Datenverarbeitung geschult sind, müssen in die modernen Werkzeuge eingeführt werden, um effektiv konkurrieren zu können.

Die weitverbreitete Verwendung offener Verarbeitung wird viele unausgebildete Endnutzer zum erstenmal mit Computern in Berührung bringen. Die Leistungsfähigkeit des Computersystems muß angepaßt werden, um den neuen Mitarbeiter vor zu vielen Lernanforderungen zu schützen. Viele ältere Werkzeuge begrenzen die Fähigkeit der Unternehmen, den Wechsel zu neuen Computerparadigmen zu bewältigen. Um dies zu bewältigen, muß ein Unternehmen die Fähigkeiten der heutigen Arbeitskräfte bewerten und den Bedarf für morgen feststellen. Für diejenigen, die den Übergang schaffen können, müssen die notwendigen Ausbildungskurse eingerichtet werden. Vielleicht muß man sich von jenen Mitarbeitern im Computerbereich trennen, die unwillig oder unfähig sind, den Weg zur neuen Technologie mitzugehen.

Die Vision beginnt mit einem realistischen Verständnis der Unternehmensziele und davon, wie diese Ziele zur Unternehmenskultur passen. Die Kultur ist schwer zu verändern, aber es ist oft notwendig, die Kultur zu modifizieren, um sie an die veränderte Umgebung anzupassen. Unterliegt das Unternehmen einem Wandel in den Geschäftszielen oder benutzt es die Technologie einfach, um die vorhandenen Techniken für den Betrieb des Unternehmens zu ergänzen? Eine Vision kann sich in technischen oder kaufmännischen Strategien ausdrücken, die Techniken und Pläne für die Erreichung neuer Ziele detailliert beschreiben. Beim Entwurf der Strategie ist ein Blick notwendig auf die Bedürfnisse der Kunden und ihre Fähigkeit, sich neuen Systemen anzupassen und sie zu benutzen.

Die Anforderungen der Kunden ändern sich fast so schnell wie die Technologie. Eine neue Vision für die Datenverarbeitung spiegelt die Bedürfnisse der Kunden wider und die Unternehmensziele der Verbesserung und der Akzeptanz. Jeder Punkt kann den Prozeß beeinflußen, der eingeführt wird. Um eine intelligente Entscheidung zu erreichen, muß die Organisation reif genug sein, um die neue Technologie zu verstehen und fähig zu sein, sie zu übernehmen. Das wahre Engagement entsteht in einer Organisation, die eine gemeinsame Vision hat und die Kultur genügend anpassen kann, um die notwendigen Veränderungen durchzuführen.

Eine Reihe von Faktoren führt zur Akzeptanz offener Systeme. Einige der treibenden Kräfte sind:

- Die Akzeptanz der neuen Technologie durch das reife Management innerhalb der Organisation.
- Ein Wissensstand, der die Beziehungen offener Systeme zur vorhandenen Umgebung begreift, und ein Weg, um von gegenwärtigen Prozessen zu offenen Lösungen zu gelangen.
- Ein Kader von Profis, die mit Workstations vertraut sind, und die Techniken für die Implementierung von Veränderungen verstehen.
- Die Identifizierung sinnvoller Werkzeuge, die verwandt werden können, um die neuen Anwendungen zu erzeugen und sie mit der vorhandenen Verarbeitungsumgebung zu verschmelzen.

Wenn Unternehmen Techniken zur Rechtfertigung offener Systeme untersuchen, finden sie preiswerte Alternativen zur Mainframe-Verarbeitung, die ein mächtiges Argument für die Verpflichtung zur Implementierung darstellen. Offene Systeme erleichtern sowohl die Entscheidung für sowie die Implementierung neuer Lösungen, da die Kosten niedriger sind und unter Kontrolle des lokalen Managements stehen. Anwender werden offene Systeme begrüssen, um einen Grad der Leistungsfähigkeit zu erreichen, der direkt mit den Kontrollmöglichkeiten einzelner Desktopcomputer verbunden ist.

Zu den Gegenkräften zum Wandel zählen Argumente, daß die gegenwärtigen Systeme gut arbeiten und Kontrollmöglichkeiten bieten, die notwendig sind, um die fortgesetzte Produktivität des Unternehmens zu erhalten. Die Kosten des Wechsels sind ein wichtiges Argument, da sie üblicherweise als niedrig eingeschätzt werden und steigen, wenn die Implementierung voranschreitet. Persönliche Barrieren sind ebenfalls sehr real, wie ein Vergleich vorhandener mit benötigten Fähigkeiten schnell aufzeigen wird. Viele Manager sind über die Anfangskosten für neu ausgebildetes Personal für die verteilte Verarbeitung verärgert, aber sie sind notwendig, um die neue Technologie zu integrieren.

Opposition wird es auch von den zentralen Gruppen geben, die die neue Technologie als großes Problem für die Aufrechterhaltung ihrer Kontrollpunkte wahrnehmen. Stellen werden sich verändern und viele ältere Angestellte und Manager werden sich der Veränderung widersetzen. Es gibt eine Angst vor jeder Veränderung, und der radikale Wandel von der Mainframe-verarbeitung zur verteilten Verarbeitung wird in vielen Organisationen ein Problem schaffen.

Die Kontrolle eines verteilten Netzwerks stellt eine bedeutsame Herausforderung dar. Viele Unternehmensnetzwerke sind mit der Komplexität der Systemkontrolle zurechtgekommen. Auf ähnliche Weise wird der Mangel an klaren Managementkontrollwerkzeugen entweder ein Hindernis oder eine Herausforderung für die Netzmanagementteams darstellen. Die Entlohnungssysteme innerhalb eines Unternehmens scheinen oft die Akzeptanz einer neuen Technologie zu behindern. Dies gilt besonders für offene Systeme, wo ein größerer Teil der Arbeit in die lokale Umgebung verlagert wird. Der Bau des ganzen Gebäudes wird zum Problem, wenn die einzelnen Abteilungen einen höheren Grad der Kontrolle über die lokale Verarbeitung erhalten. Wenn der Wechsel einmal akzeptiert ist, ist es eine gute Idee, einen Prozeß zu schaffen, der weiter auf technologisches Wissen setzt. Offene Technologie ändert sich sehr schnell, so daß periodische Wissensauffrischung notwendig ist, um alle Beteiligten mit den Veränderungen Schritt halten zu lassen.

Der Begriff „Klick"-Zeit bezeichnet den Punkt, am dem die Verpflichtung tatsächlich stattfindet. Die Richtung ist durch die zuständige Ebene des Managements vorgegeben und die notwendigen Ressourcen sind bewilligt. Wenn die Verpflichtung einmal eingegangen ist, müssen Anreize festgelegt werden, um sicherzustellen, daß alle wichtigen Bereiche im Unternehmen genügend Unterstützung gewähren, um den Erfolg zu gewährleisten. Positive Motivationen müssen gefunden werden, um den inhärenten Widerstand zu überwinden. Interne Meuterei kann ein großes Projekt schließlich untergehen lassen, wenn die Firmenkultur keinen Weg bietet, mit dem Aufstand umzugehen. An diesem Punkt muß ein starker Manager ernannt werden, der für offene Systeme verantwortlich ist. Der Manager muß genügend Durchsetzungsvermögen haben, um ein starkes Team zu bilden und Widerstände zu beseitigen.

12.3 ANALYSE- UND DESIGNPHASE

Die nächste kritische Stufe bei der Entwicklung offener Systeme besteht darin, ein Design zu schaffen, das Flexibilität bietet und einen Wachstumspfad für unterschiedliche Lösungsparadigmas, während die hauptsächlichen Standards eingehalten werden. Das Ziel dieses Schrittes ist es, ein Design zu schaffen, das bei den Schnittstellen zu offenen Systemen beginnt und korrekt mit dem vorhandenen System zusammenarbeitet. Es wurden eine Reihe von

Designansätzen unternommen, die sich als vorteilhaft für die Betrachtung des Systemansatzes erweisen können.

Die Entwicklung des neuen Systemdesigns beginnt mit dem Verständnis der Kontroll- und Datenflüsse vorhandener Systeme. Diese bilden eine Landkarte vorhandener Systeme, die dazu dient, wichtige Elemente des Netzwerkes zu verstehen. Die Landkarte beschreibt, wie Prozesse und Daten miteinander verbunden sind. Der Schwerpunkt liegt auf drei Hauptthemen: der Kommunikation, den Datenflüssen und dem Fluß der Benutzerkontrolle durch das System. Insbesondere die Benutzerkontrolle und der Datenfluß des vorhandenen Netzwerks kann die Verbindungspunkte für das neue Netzwerk identifizieren. Der Datenfluß erlaubt den Designern, die verschiedenen Ansätze für das System zu verstehen und Techniken für deren Veränderungen für offene System zu schaffen. Der Kontrollfluß erlaubt den Designern, notwendige Kontrollpunkte und potentielle Veränderungen zu identifizieren.

Eine zweite Landkarte definiert das neue Design für ein offenes Systemnetzwerk. Diese Karte profitiert vom Verständnis der im Unternehmen definierten Standards und kann vorhandene Standards benutzen, um die erste Ebene des Supports zu gewährleisten. Sie repräsentiert eine Richtlinie für die Integration von Entwürfen in die vorhandene Basis und bietet eine Grundlage für zukünftiges Wachstum. Ältere Systeme verlangten eine Neugenerierung für jeden zusätzlichen Knoten des Systems. Jede Systemebene spiegelt die korrekten Verbindungsprotokolle wieder, die vielleicht durch die neue Technologie verändert werden müssen.

Abbildung 12.3 zeigt den Inhalt der traditionellen Systeme, die die historische und operationale Basis des Systemdesigns eines Unternehmens bilden. Die Erbschaft dieser Systeme enthält Komponenten des Betriebs des Unternehmens, wozu Dinge gehören wie die grundlegende Hardware und die Betriebssystemumgebungen, Datenbanken, Kommunikationsprotokolle, Netzwerke und die Prozeduren, die im System verwandt werden. Diese Systeme enthalten die Anwendungsentwicklungsumgebung und die Fähigkeiten der verschiedenen Programmierer und Entwickler. Traditionelle Systeme werden auch von der Firmenkultur und dem Management getragen.

Für den Entwurf offener Systemlösungen wurden eine Reihe von Modellen benutzt. Einige hatten ihren Ursprung in der akademischen Arbeit im Projekt Athena am MIT oder an Mach an der Carnegie Mellon Universität. Eine fortgeschrittenere Version eines großen offenen Systems wird gegenwärtig durch UC System in Kalifornien definiert. Sequoia 2000 erweitert die Umgebung einer einzelnen Universität auf mehrere Universitäten. Weitere wertvolle Arbeit findet bei der Microelectronics and Computer Technology Corporation (MCC) in Austin, Texas statt. Carnot stellt ein umfassendes verteiltes offenes

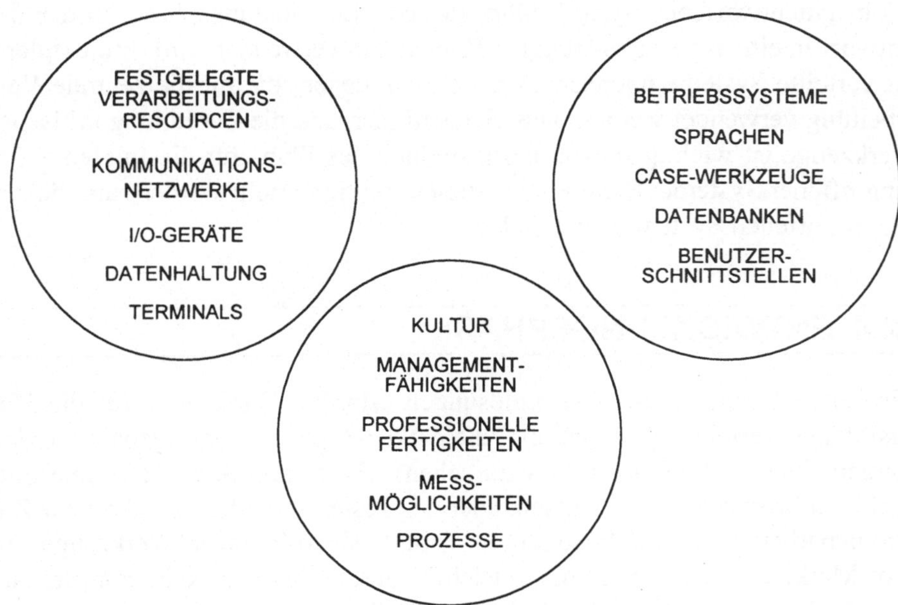

Abbildung 12.3   Altsysteme

System dar, daß separat entwickelte Informationsquellen nutzt (Collet et al., 1991).

Ein dritter Schritt im Design besteht darin, ein starkes Team zu schaffen, das bei der Entwicklung neuer Entwürfe zusammenarbeiten kann. Ein oft erlebtes Dilemma bei der Zusammenstellung des Teams für offene Systeme ist die Frage, wie es organisiert sein sollte, um einen erfolgreichen Entwurfs- und Entwicklungsprozeß sicherzustellen. Erfolgreiche Unternehmen haben verschiedene Herangehensweisen an die Organisationsfrage erprobt. Einige haben das Team für offene Systeme direkt in die vorhandene Entwicklungsgruppe integriert, während andere ein spezielles Team für die Behandlung der offenen Systemtechnologie schufen. Ein erfolgreiches Beispiel ist American Airlines, die American Airlines Decision Support Technologies schufen, um ihre offenen Systeme zu bauen und zu installieren. Baxter-Travenol baute eine neue Mannschaft in Albuquerque auf, während eine andere Mannschaft die vorhandenen Systeme in Puerto Rico wartete. Die erfolgreichsten Unternehmen schufen ein separates Team für offene Systeme und ein weiteres für die Pflege der Altsysteme. Jedes Team kämpft um lebenswichtige Ressourcen, aber das Team für offene Systeme profitiert am meisten von Neueinstellungen, die sich in modernen Programmiertechniken auskennen.

Ein gutentworfenes System führt zu einer Entwicklungsphase, in der der Entwurf in einem vervollständigten Projektplan verwendet wird. Projektpläne für verteilte Systeme unterscheiden sich von denen, die für die zentrale Verarbeitung verwendet werden. Das Herausfinden und die Zuordnung kritischer Werkzeuge ist wichtig für die Fertigstellung des Plans für die Implementierung offener Systeme. Ressourcen müssen richtig verteilt werden, um die Arbeit am offenen System zu vollenden.

12.4 ENTWICKLUNGSPHASE

Die Entwicklung offener Systemlösungen erfordert Werkzeuge für die Unterstützung verteilter Entwicklung, die entweder gekauft oder gebaut werden können (wie in Abbildung 12.4 zu sehen). Es ist möglich Mainframe-Entwicklungswerkzeuge zu benutzen, aber das Testen setzt die Fähigkeit zur Zusammenarbeit mehrerer Prozessoren voraus. Obwohl mehr Werkzeuge auf dem Markt für offene Systeme entstehen, gibt es bis jetzt kein robustes Set von Werkzeugen, die den Bedürfnissen der Entwickler offener Systeme entsprechen. Es gibt Werkzeuge, die zur Erzeugung von Prototypen und vorläufigen Implementationen ausreichen. Werkzeuge für den kompletten Lebenszyklus werden von Softwareherstellern entwickelt. Zusätzliche Werkzeuge aus dem eigenen Haus können die auf dem Markt zu findenden ergänzen.

Neue Entwicklungsprozesse sollten Entwicklungsrichtungen beschreiben und Zugangspunkte zum System definieren. In einer verteilten Umgebung kann die Entwicklung sehr schnell an unterschiedlichen Orten rund um die Welt geschehen. Viele Technikergruppen verwenden globale Entwicklungs-

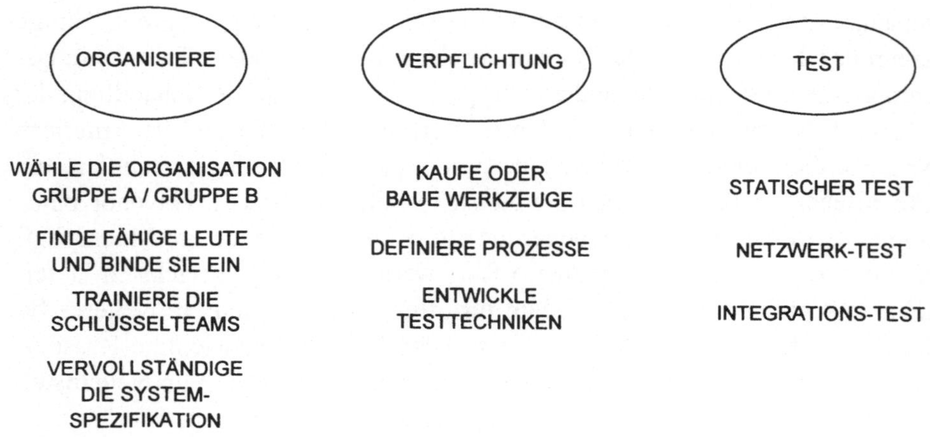

Abbildung 12.4 Entwicklungsphase

werkzeuge. Wenn die Werkzeuge einmal vorhanden sind, sollte ein Verfahren definiert werden, das die Komplexität des Baus einer offenen Systemimplementation berücksichtigt. Das Verfahren legt fest, wie der Code für das erste Release der neuen Anwendung erstellt wird, aber es sollte sich auch damit beschäftigen, wie Updates und Fehlerbehebungen an die Systeme im Betrieb übertragen werden können.

Implementierungen offener Systeme schließen große Zahlen von Workstations und Servern ein. Programmverteilung und -test müssen die größeren Zahlen realistisch widerspiegeln. Wenn der Code erzeugt ist, muß er in Bibliotheken auf den neuesten Stand gebracht werden und auf große Zahlen von Workstations und Servern verteilt werden. In vielen Unternehmen ist die Synchronisation zwingend, um reibungslosen Betrieb sicherzustellen. Das Netzwerk wird zum Verteilungswerkzeug und die Synchronisation wird auf Managementprozesse übertragen, die den Status der verschiedenen verteilten Module überwachen und aufzeichnen müssen. Da Unternehmen das Bedürfnis haben, daß alle ihre Mitarbeiter zur gleichen Zeit arbeiten können, ist die Verteilung durch Disketten inadäquat. Eine einfache Berechnung der minimalen Übernahmezeit wird zeigen, daß Ansätze notwendig sind, die die Leistungsfähigkeit von Netzwerk und Servern benutzen.

Das Testen von Netzwerken mit mehreren Knoten war immer ein Problem. Als der Autor Manager der Telekommunikationstests für IBM war, wurde es notwendig, Hardware zu schaffen, um die Interaktion mehrerer Terminals auf dem Netzwerk zu simulieren. Das Problem wird durch die Einführung mehrerer Clients auf einem einzelnen System noch komplexer. Es ist notwendig, automatische Scripts auf dem Netzwerk ablaufen zu lassen, um das System gründlich zu testen. Wenn die Testtechnik einmal festgelegt ist, muß auch eine Methode festgelegt werden, um die Testergebnisse aufzuzeichnen und zu überwachen.

Wenn offene Systeme implementiert werden, stehen die MIS-Gruppen des Unternehmens vor neuen Problemen für den Support. Oft erhöht die erste Welle offener Lösungen die Aktivitäten auf zentralen Datenbanken, da mehr erfolgreiche Anwendungen jetzt auf die Daten angewandt werden können. Das MIS muß mit der vergrößerten Last infolge der vermehrten Zugriffe zurechtkommen. Die zusätzliche Verwendung kooperativer Verarbeitung wird vorhandene Ressourcen neuen Belastungen aussetzen und die Suche nach neuen Fähigkeiten beschleunigen. Diese Fähigkeiten werden sich für die Definition von Gruppenlösungen wertvoll erweisen, die dem MIS weitere Verantwortung auferlegen. Während der Entwurfsphase ist eine enge Verbindung zwischen den MIS- und den Entwurfsgruppen für offene Systeme zwingend. Kreative Manager haben wesentlich zu erfolgreichen Implementationen offener Systeme beigetragen.

In Organisationen entwickeln sich viele Zwänge, die erfolgreiche Implementierungen offener Systeme verhindern. MIS-Gruppen können eine solche Behinderung darstellen, wenn sie für jede Entwicklung unterschreiben müssen. Es muß ein Gleichgewicht gefunden werden, damit die Gruppe an der Entwicklung beteiligt bleibt aber nicht die Entwicklung verhindern kann. Zwänge, die den Erfolg in Frage stellen, müssen beseitigt werden. Diese Einschränkungen bilden Barrieren für eine erfolgreiche Implementation. Einfache Barrieren können zum Beispiel darin bestehen, daß kein Zugang zu ausreichenden Test- oder Entwicklungseinrichtungen besteht, um die Aufgabe zu vollenden.

Erfolgreiche Entwicklung führt zum ersten betriebsfähigen System oder Prototyp. Dieser Prototyp testet nicht nur den lokalen Code in der Client/Server-Umgebung, er muß auch die Verbindungspunkte zum vorhandenen Netzwerk überprüfen. Der Prototyp benutzt tatsächliche operationale Daten, wenn auch nur für Testzwecke. Er testet auch die Verbindungstechniken.

Wenn ein Prototyp einmal erzeugt ist, ist es notwendig, die Lösung auf mehrere Orte zu verteilen. Die Verteilung über das operative System stellt eine Herausforderung dar.

12.5 INTEGRATIONSPHASE

Die Verteilung erfordert eine Integration der Lösung in das System, das vom Unternehmen benutzt wird. Während der Integration erfolgen Installation und Test auf einer begrenzten Basis. Mit dem Ende des Tests kann das fertiggestellte Projekt in den Betrieb des Unternehmens integriert werden. Von den Prototypen, die im vorigen Abschnitt definiert wurden, wird die definierte Konfiguration auf weitere Orte dupliziert und folgende Installationen werden erleichtert. Aus der Lösung ein Paket zu bilden, das leicht an weitere Orte gebracht werden kann, ist ein kritischer Faktor für die Verteilung eines vorhandenen Prototyps in einem großen System. Während des Prozesses erfolgt eine Überwachung, um den Erfolg jeder Stufe feststellen zu können. Wenn jeder Schritt der Verteilung beendet ist und die Systeme arbeiten, arbeitet das neue System mit dem Netzwerk zusammen, um die Betriebsergebnisse zu produzieren.

Die Integration ist ein Angelpunkt der Verteilungsphase. Die erste Stufe der Integration beginnt in den LANs. Jedes Netzwerk muß zuverlässig arbeiten, wenn die Clients mit den Servern und größeren Datenquellen interagieren. Die nächste Integrationsstufe ist die Zusammenführung mehrerer LANs und die abschließende Integration der offenen Lösungen in ein Unternehmensnetzwerk. Die Verbindungsprotokolle sind für jeden Punkt dieses Prozesses wichtig. Ein neues System mit der Komplexität arbeitender Systeme zu verschmelzen kann eine genaue Identifikation der festgelegten Verbindungspunkte erfordern. Das Ziel dieser Stufe ist die Erreichung der vollen Interoperabilität.

Die Integration kann einen der anspruchsvolleren Schritte in der Verteilungsphase darstellen. Komplexe Verbindungspunkte wirken sich auf die glatte Integration aus. Wenn z. B. das LAN TCP/IP-Protokolle benutzt und das Unternehmensnetzwerk ein Backbonenetz ist, müssen Konvergenzpunkte identifiziert und benutzt werden, um störungsfreien Betrieb sicherzustellen. Ein sorgfältiger Stufenplan trägt dazu bei, die erfolgreiche Implementierung offener Systeme im Unternehmen sicherzustellen.

Es gibt eine zunehmende Verwendung eines Konzepts, das „Umrandung" (surround) genannt wird, was dabei hilft, die Integration in komplexe Systeme in Stufen aufzuteilen. Der Code der traditionellen System wird vor Veränderungen bewahrt, indem die offenen Systemlösungen vorhandene Paradigmen benutzen. Zunächst wird eine einfache Verbindung zum Mainframe benutzt, um Terminalschnittstellen wie IBM 3270 abzudecken. Wenn diese Schnittstelle in Betrieb ist, besteht die nächste Stufe darin, zu einem Peer-To-Peer-Protokoll (Verbindung zwischen gleichberechtigten Partnern) überzugehen. Schließlich verbessern klare Objektverbindungen den Gesamtdurchsatz des Systems. Diese Schritte verhindern eine Störung vorhandener Systeme und reduzieren die Implementierungskosten.

Der Schritt von der einfachen Integration eines einzelnen Prototyps zur Einführung der offenen Lösung für mehrere Angestellte führt zur Produktionsphase. Wenn der Prototyp einmal in Betrieb ist und an mehrere Orte übertragen werden kann, verändert sich die Größe und die Reichweite des Problems. Zusätzliche Probleme tauchen in der Betriebsphase auf, wenn der einfache Prototyp von einem einzelnen System zu mehreren Anwendern gebracht wird. Wie sich die Anzahl erhöht, so erhöhen sich auch die potentiellen Probleme.

Der produktive Einsatz ist der erste Schritt beim Übergang zur Betriebsphase.

12.6 BETRIEBS- UND WACHSTUMSPHASE

Wenn der Integrationsprozeß abgeschlossen ist, geht die Kontrolle des Systems auf die Produktion über. Die Produktionsgruppe muß sicher sein, daß das neue System die vorhandenen Bedürfnisse des Unternehmens befriedigt, während es einen Rahmen für die Hinzufügung von Änderungen zu der offenen Lösung bietet. Wenn neue Anwender dazu kommen, muß das System in der Lage sein, dieses Wachstum ohne Unterbrechung sicherzustellen. Wichtig ist auch, daß ausreichende Kontrollverfahren existieren, um einen fortlaufenden Überblick über den Status des Systems zu erhalten.

Der Übergang von einer zentralen zu einer offenen Systemumgebung stellt einzigartige Anforderungen an die Supportgruppen. Die zentrale Verarbeitung erlegte den Operationen im Unternehmen ihre Form der Kontrolle auf. Bei einer zentralen Verarbeitung fließen die Systemereignisse durch einen einzelnen Kontrollpunkt, der es möglich macht, Probleme im Betrieb frühzeitig zu erkennen. Der einzelne Kontrollpunkt erleichtert die Erkennung und die Korrektur von Problemen und schafft einen gemeinsamen Punkt für effiziente Updates des Systems.

Während der America Cup gesegelt wird, vergleicht die Rennleitung fortwährend den Ablauf mit den erwarteten Resultaten. Das Rennen zeigt Schwächen im Entwurf der Spezifikationen für die Schiffe oder der Grundregeln des Rennens auf. Das Management eines offenen Systems ist dem ähnlich. Jede Installation ist eine Lernerfahrung, die zeigt, wie der Prozeß verbessert werden kann. Datenpfade und Kommunikationsverbindungen können immer verbessert werden. Der Prozeß muß auf eine offene Weise gestaltet werden, um auf diese unterschiedlichen Pfade zugreifen zu können.

Bei verteilter offener Verarbeitung entstehen neue Betriebsanforderungen, die die Entdeckung von Problemen und die Anwendungen von Systemkorrekturen verändern. Netzwerkverarbeitung treibt die Offenheit des Personalcomputers einen Schritt weiter. Vertikale Anwendungen wurden angepaßt, um die Bedürfnisse des Unternehmens zu erfüllen. Diese Anwendungen machen oft das Kernstück der Datenverarbeitung des Unternehmens aus und verlangen besondere Beachtung, wenn das Systemdesign fertiggestellt ist.

Die Betriebsphase beginnt mit der Installation der fertiggestellten Produkte in großem Maßstab. Sie wird in Stufen durchgeführt, um den ununterbrochenen Betrieb proprietärer Anwendungen sicherzustellen. Neue Softwarepakete neigen dazu, instabil zu sein, und verlangen zusätzliche Aufmerksamkeit, wenn sie in einer produktiven Umgebung installiert werden. Ältere Anwendungen und Hardware werden oft parallel benutzt, um sicherzustellen, daß die fertiggestellte neue Anwendung funktionsfähig ist, wenn der volle Betrieb beginnt. Das stufenweise Verfahren hilft, einen ununterbrochenen Betrieb zu gewährleisten.

Viele Installationen bestehen aus Hunderten, wenn nicht Tausenden, dieser intelligenten Prozessoren. Die große Anzahl von Clients und Servern stellt eine Herausforderung für die Synchronisation dar. Änderungen der Workstationsoftware müssen für mehrere Prozessoren koordiniert werden, da Veränderungen bei einem oft andere beeinflußen. Kontrollsysteme für die Änderungen müssen das Netzwerk und den Zwang zur Synchronisation der unterschiedlichen Subsystem widerspiegeln. Die wachsenden Fähigkeiten der Serversoftware erlauben es, einen Teil dieser Synchronisationsaufgabe auf die Server zu übertragen. Die Koordination von benachbarten gleichberechtigten Komponenten verlangt ausreichende Kontrolle, um Funktionen sicherzustellen, die den Verwaltungsroutinen von Mainframes nahekommen. Eine Reihe von Techniken wurde entwickelt, um ordnungsgemäße Synchronisation zu erlauben.

Eine andere Anforderung besteht in der Definition eines Verifikationsprozesses für neue Releases. Das Testen offener verteilter Systeme wird komplexer, wenn zusätzliche Prozessoren hinzugefügt werden. Mehrere Prozessoren müssen mit dem gesamten Netzwerk auf eine Weise verbunden werden, die effizienten Betrieb sicherstellt. Testfälle müssen den Betrieb großer Netzwerke von Systemen simulieren, die einer hohen Änderungsrate unterliegen.

Die nächste Herausforderung ist die Festlegung eines Wartungssystems, das die Systeme im Betrieb koordiniert und keine zusätzlichen Störungen verursacht. Da die verteilten offenen Knoten oft genauso leistungsfähig sind wie die zentralen Prozessoren, kann die Verifizierung von Korrekturen auf individuellen Prozessoren geschehen und zu den zentralen Managementroutinen übertragen werden. Eben diese erhöhte Leistungsfähigkeit verursacht aber auch eine erhöhte Komplexität spezifischer Softwarekomponenten. Jede Komponente hat Fähigkeiten, die ursprünglich große Mainframes hatten. Die Fehlersuchmechanismen müssen berücksichtigen, daß die Interaktion zwischen mehreren Softwarepaketen und dem Netzwerk die Isolation von Fehlern schwierig macht.

Ausbildung ist eine andere schwierige Anforderung für eine verteilte Umgebung. Kurse, die auf der Technologie aufbauen, bieten eine einzigartige Lernumgebung. Die Workstation kann als unabhängiges Trainingszentrum benutzt werden, wobei sie mit interaktivem Video verbunden ist. Zentrale Schulungsräume dienen als Angelpunkt für die Unterrichtung vieler Angestellter. Die Verwendung von Videobändern führt in einer verteilten Umgebung in Themen ein, wobei unterschiedliche Angestellte von unterschiedlichen Workstations auf die Informationen zugreifen. Das Konzept der Verteilung gilt auch für den Ausbildungsprozeß der Angestellten von morgen.

Eine wichtige Anforderung in verteilten Systemen ist die Fähigkeit, Systemaktivitäten durch Kontrollprozesse zu überwachen. Die gestiegene Leistungsfähigkeit im offenen Systemmodell hat zusätzliche Möglichkeiten für die lokale Überwachung geschaffen. Die Autonomie muß mit dem Bedarf ausbalanciert werden, die Systemleistung im operativen Bereich zentral voraussagen zu können. Produktivitätsmaße werden dem Management zur Verfügung gestellt, um den Zustand des Unternehmens beurteilen zu können.

Momentane Probleme in On-Line-Programmen können die Beurteilung des Erfolgs erheblich beeinträchtigen.

In vielen Installationen werden offene Systeme für kritische Anwendungen verwendet, die Genauigkeit und Korrektheit verlangen. Barnes Hospital in St. Louis setzt offene Systemtechnologie für die Intensivstationen ein. Das Wohlbefinden der Patienten hängt davon ab, daß das System in Betrieb und korrekt ist, daher müssen hohe Standards der Performance und der Verfügbarkeit aufrechterhalten werden. Vergleichbare Beispiele existieren in der Produktion, wo offene Systemlösungen in Prozessen eingesetzt werden, die einfach nicht versagen dürfen. Die Ergebnisse wären bei vielen dieser Prozesse katastrophal für Leben und Eigentum der beteiligten Menschen.

Die Überwachung offener System verlangt einzigartige Werkzeuge, die den Status des Netzwerkes an jedem Punkt zu jeder Zeit messen und bestimmen können. Elemente dieser Unterstützung sind Fehleranalyse, Leistungsüberwachung, Verfolgung der diversen Korrekturen und Durchführung von Korrekturen am System. Werkzeuge, die einst in Mainframeumgebungen vorherrschend waren, arbeiten normalerweise nicht gut in verteilten Umgebungen.

Der Prozeß bestimmt die Fähigkeit des Systems, die Hinzufügung neuer und fortgeschrittener Lösungen dynamisch zu erlauben. Diese Dynamik beeinflußt die Reaktion auf sich veränderte Technologie und Managementumgebungen. Ein wohlstrukturierter Prozeß kann schnelle Reaktionen erlauben und zu einem Konkurrenzvorteil führen. Wir können dann mit der Beschleunigung der Technologie auch eine Reaktion auf die Veränderungen erleben, die konsistente und ordnungsgemäße Resultate garantiert.

Exklusive Verträge, die an eine einzelne proprietäre Beziehung binden, bedrohen die Vorteile offener Systeme. Auf lange Sicht sind solche Vereinbarungen ein Nachteil für die Aktienbesitzer des Unternehmens. Es ist sehr schwierig, wenn nicht unmöglich, den erforderlichen Gewinn aus einem solchen Engagement zu ziehen.

In den ersten Tagen der zentralen Prozessoren wurde die korrekte Fehlerentdeckung und die Einbringung von Korrekturen ein beträchtliches Problem. Es war oftmals notwendig, den Betrieb zu stoppen, während neue Korrekturen in das System eingebaut wurden. Große Änderungen konnten die Produktion für lange Zeiträume beeinträchtigen. Schließlich wurden Werkzeuge eingeführt, die die Hinzufügung neuer Korrekturen zum System vereinfachten. Die Systeme konnten jetzt im laufenden Betrieb repariert werden.

Der produktive Betrieb ist ein ununterbrochener Prozeß, der für das Unternehmen lebenswichtig ist. Der schließliche Erfolg oder Fehlschlag einer offenen Lösung wird daran gemessen, ob er die Bedürfnisse des Kunden im 24-Stunden-Betrieb erfüllen kann. Viele Verarbeitungen können nicht für längere Zeit unterbrochen werden, ohne daß das Unternehmen Geld verliert. Veränderungen und Modifikationen des Systems müssen dynamisch erfolgen. Immer mehr Unternehmen gehen auf Nonstop-Systeme über, die Reaktionsfähigkeit sicherstellen. Die Betriebsphase eines offenen Systems muß Prozesse enthalten, die einen kontinuierlichen Systembetrieb garantieren.

Viele Unternehmen haben den operativen Betrieb direkt mit Informationssystemen für das Netzwerkmanagement verbunden. Empfindliche Operationen lösen automatisch Warnungen aus, wenn ein Systemabsturz droht oder sogar wenn sich bloß die Antwortzeiten verschlechtern. Verwaltungsroutinen für offene Systeme müssen ihren Test bestehen, wenn On-Line-Betrieb unterstützt werden muß, bei dem das Netzwerkmanagement über Veränderungen im Systemstatus informiert wird. Direkte Verbindungen zu Managementinformationssystemen (MIS) wurden durch Anwendungen auf Mainframebasis erreicht. Die gleiche Unterstützung muß in offenen Systemlösungen vorhanden sein, und es muß möglich sein, sie mit den Wünschen der einzelnen Abteilungen zu verbinden.

Kritische Daten müssen automatisch gesammelt werden, damit die einzelnen Angestellten nicht spezielle Eingaben machen müssen. Glücklicherweise macht das Triggersystem* der Serversoftware diesen Prozeß sehr viel einfacher. Es läßt sich ein natürlicher Fluß finden, der es dem Management erlaubt, den Datenfluß durch das System zu verstehen. Wie andere Aspekte offener Systeme sollte auch dieser Prozeß mit der vorhandenen Kultur verschmelzen und die vorhandene Basis von Informationen erweitern.

Die Übernahme einer neuen Technologie wie die offener Systeme ist nur ein erster Schritt. Die Technologie verändert sich sehr schnell. Man kann von einer hundertprozentigen Verbesserung bei Desktops innerhalb von zwei Jahren ausgehen. Ebenso sind unterstützende Technologien in der Planung, die eine Periode ständiger Veränderungen garantieren. Jeder neue Prozeß in den 90er Jahren muß so gebaut werden, daß er dynamischen Wandel verträgt. Abbildung 12.5 enthält einige Hauptgesichtspunkt für die Betriebsphase offener Systeme.

Nicht nur die Technologie ändert sich, die Verbesserungen führen auch zu Veränderungen in den Verfahren. Diese Verfahrensänderungen müssen für den fortlaufenden Betrieb des Unternehmens mitbedacht werden. Die Betriebsphase muß Techniken bereitstellen, um neue Technologie einzuführen, ohne den laufenden Betrieb durcheinanderzubringen.

Offene Systeme bieten extreme Leistungsfähigkeit auf den individuellen Knoten. Diese Leistungsfähigkeit kann in Verbindung mit dem Berichtssystem eines MIS vom Management benutzt werden, um den Rechenfluß durch ein System dynamisch anzupassen und die Knoten mit mehr Leistungsfähigkeit auszustatten, die sie benötigen. In vielen Unternehmen kann diese Mög-

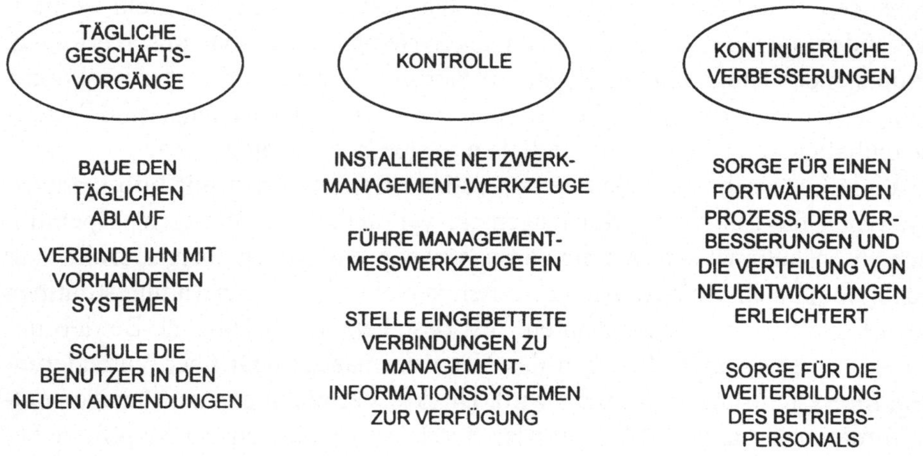

TÄGLICHE GESCHÄFTS-VORGÄNGE

KONTROLLE

KONTINUIERLICHE VERBESSERUNGEN

BAUE DEN TÄGLICHEN ABLAUF

VERBINDE IHN MIT VORHANDENEN SYSTEMEN

SCHULE DIE BENUTZER IN DEN NEUEN ANWENDUNGEN

INSTALLIERE NETZWERK-MANAGEMENT-WERKZEUGE

FÜHRE MANAGEMENT-MESSWERKZEUGE EIN

STELLE EINGEBETTETE VERBINDUNGEN ZU MANAGEMENT-INFORMATIONSSYSTEMEN ZUR VERFÜGUNG

SORGE FÜR EINEN FORTWÄHRENDEN PROZESS, DER VER-BESSERUNGEN UND DIE VERTEILUNG VON NEUENTWICKLUNGEN ERLEICHTERT

SORGE FÜR DIE WEITERBILDUNG DES BETRIEBS-PERSONALS

Abbildung 12.5   Betriebsphase

lichkeit als präventive Wiederanlauftechnik genutzt werden, indem System-ausfälle vorausgesagt werden und es so dem Management möglich ist, das System entsprechend anzupassen.

Operative Systeme bilden die Basis für die Führung eines Unternehmens. Verfahren zur regelmäßigen Fehlersuche und zur Durchführung von Updates werden entworfen, um die volle Verfügbarkeit des Systems zu erhalten und für eine kontinuierliche Verbesserung zu sorgen. Die Wartung in verteilten Systemen wird schwieriger, da große Zahlen verstreuter Systeme simultan auf den neuesten Stand gebracht werden müssen.

Es gibt viele Beispiele von Systemen mit Tausenden von Workstations, bei denen die gleiche Änderung zu einem bestimmten Zeitpunkt durchgeführt werden muß. Diese Veränderungen bestehen in kritischen Betriebsinforma-tionen oder neuen technologischen Entwicklungen. Das System muß diese interaktive Modifikation in Echtzeit erlauben.

Wir haben untersucht, wie offene Systeme den Lebenszyklus beeinflußen. Sechs einzelne Schritte wurden angesprochen, die die Anforderungen an of-fene Systeme beschreiben. Im ersten Schritt begannen wir damit, die alten Prozesse „aufzulösen", um neue Ansätze zu definieren, die zu einer Entschei-dung führen. In Schritt zwei untersuchten wir die Techniken, die für den De-sign- und Analyseprozeß benutzt werden. Schritt drei erkundete die neue Entwicklungsumgebung, die offene Systemwerkzeuge benutzt, um neue Lö-sungen zu schaffen. Schritt vier untersuchte den Integrationsprozeß. Schritt fünf diskutierte, wie wir von der Integration zur Verteilung und schließlich zu Schritt sechs, dem Betrieb, übergehen. Die Vollendung des Plans, der offene

Systeme in diesen sechs Schritten behandelt, besteht darin, daß das neue Verfahren wieder „eingefroren" wird, das die Fähigkeit zum Wachstum einschließt, wenn neue Technologie verfügbar wird. Dies stabilisiert die Veränderungen und integriert sie in die Organisation, um zukünftiges Wachstum zu erleichtern.

12.7 FOLGERUNGEN

So wie sich die Technologie verändert, verändern sich auch die Managementtechniken für die effektive Arbeit innerhalb des Rahmens offener Systeme wie für die Verteilung und Einführung offener Systeme. Diese Veränderungen betreffen die Managementphilosophie ebenso wie den Umgang der Menschen miteinander.

Eine starke Verpflichtung des Managements ist notwendig, um den Erfolg des Umstiegs auf offene Systeme sicherzustellen. Diese Verpflichtung für komplexe Systeme muß beim Topmanagement des Unternehmens beginnen und mit dem Management bis zur richtigen Hierarchiestufe besprochen werden. Die Mitarbeiter aus dem Support müssen die Richtung kennen und ihre volle Unterstützung muß sichergestellt sein, um interne Opposition und Verzögerungstaktiken zu vermeiden. Es ist wichtig, daß Manager, die offene Systeme begrüßen, an der Spitze stehen, um ausreichende Unterstützung zu erreichen.

Eine Unternehmensvision wird aus einer Sicht der Gegenwart und einem Gefühl für die Zukunft geboren. Die Vision baut auf der Unternehmenskultur auf, aber sie muß bereit zur Anpassung sein, um Veränderungen der konkurrierenden Umgebung und der Technologie aufzunehmen. Die Vision muß weithin geteilt werden, um sicherzustellen, daß sie ein Schlüsselbestandteil des begonnen Prozesses ist, sie in Realität umzusetzen.

Fünf Schritte sind für die Vollendung eines wohlausgewogenen Lebenszyklus für offene Systeme wichtig. Die Entscheidungsphase gibt den Anstoß und bringt das Management zusammen, um eine gemeinsame Richtung festzulegen. Die Entwurfsphase legt den notwendigen ersten Schritt fest, um die neue Lösung zu installieren. Die Designphase kann eine schrittweise Migration zu einer vollen Implementierung offener Systeme festlegen, die mit vorhandenen Entwurfstechniken beginnt. Die Entwicklungsphase vollendet das Design, entwickelt die Lösung und testet das Produkt. Das Endprodukt der Entwicklungsphase ist ein Prototyp des Systems, der dem Entwurf entspricht. Die Verteilungsphase verbreitet die Lösung über das gesamte Netzwerk. Die Betriebsphase schafft den Rahmen für den täglichen Betrieb des Systems.

Die Verteilung des Systems setzt die Lösungen an mehreren Orten in Betrieb. Das System wird normalerweise in einem mehrstufigen Prozeß verbreitet, um die Möglichkeit eines totalen Systemausfalls zur reduzieren. Der Schritt der „Verpackung" oder „Umrandung" des vorhandenen Codes reduziert die zu große Abhängigkeit von Änderungen des vorhandenen Codes.

Operative Systeme sind kritisch für den Erfolg des Unternehmens. In viele operative Systeme sind Berichtsmechanismen eingebaut, die automatisch Warnungen in Managementinformationssystemen auslösen.

LITERATUR

Christine Collet, Michael N. Huhns, and Wei-Min Shen, „Resource Integration Using a Large Knowledge Base in Carnot", *IEEE Computer*, Los Alamitos, CA, December 1991, pp. 55-62.

13

Die Organisation ändert sich: Transformation

Computertechnologie war für Manager, die ihr volles Potential voraussehen konnten, in vieler Hinsicht enttäuschend. Hohe Erwartungen an die Produktivitätsgewinne ermutigten das Management, große Computereinrichtungen zu installieren, aber viele erfüllten die Erwartungen an die Erträge oder die erhöhte Produktivität nicht. Viele der Erwartungen wurden dadurch enttäuscht, daß versäumt wurde, die notwendigen Schritte zu unternehmen, um die Organisationen so zu verändern, daß sie die Vorteile aus den Fortschritten der Technik nutzen konnten.

Lassen Sie uns die Rolle eines Managers einnehmen, der versucht, den höchsten Ertrag aus der Einführung einer offenen Systemlösung zu bestimmen. Entscheidungen über Veränderungen können die kurzfristigen Erträge beeinflußen und die langfristigen, die mit den Kosten für die Lebensdauer zu vergleichen sind. Bestimmte Abteilungen können unmittelbare Erträge durch die schnelle Einführung offener Technologie erzielen. Abteilungen wie die Konstruktion erzielen Erträge durch die Einführung einer neuen Technologie für den Entwurfsprozeß, die die Zeit bis zur Marktreife reduziert. Die kurzfristigsten Erfolge entstehen aus der einfachen Ersetzung alter Verfahren durch moderne Technologie auf der lokalen Ebene.

Die höchsten Erträge resultieren aus einer Transformation oder einem Re-Engineering der Geschäftsprozesse, die sich die Vorteile der neuen Technologie zunutze machen. Toffler beobachtete, daß radikale Veränderungen im Unternehmen notwendig sind, um Konkurrenzvorteile zu erhalten (Toffler, 1980). Die gleichen radikalen Veränderungen sind notwendig, um die Implementation offener Systeme effektiv zu nutzen. Vorteile werden erzielt, indem die Interaktionen zwischen Gruppen wesentlich geändert werden und so die grundlegenden Geschäftsvorgänge an die neuen lokal vorhandenen Lei-

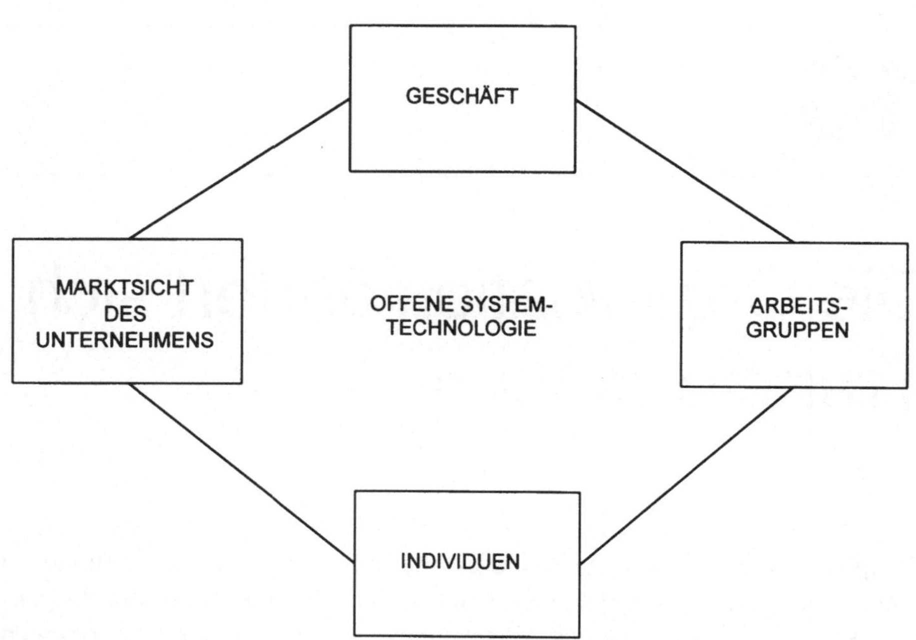

Abbildung 13.1   Transformation

stungsmöglichkeiten angepaßt werden. Arbeitstechniken spiegeln die sich
verändernden Fähigkeiten wider. Es gibt einen Wandel von traditionellen
großen Arbeitsumgebungen zu verteilter Verarbeitung mit einer wachsenden
Anzahl von Angestellten, die eine flexible Arbeitsumgebung erhalten.

Transformation wird definiert als der Prozeß der Veränderung der Geschäftsprozesse für die effektivere Nutzung der Technologie. Abbildung 13.1
weist auf vier unterschiedliche Bereiche hin, die von Transformationen betroffen sind. Die individuelle Arbeit wird verändert, wenn eine Wendung zu
offenen Systemen vollzogen wird, da eine erhöhte Leistungsfähigkeit für den
einzelnen Angestellten entsteht. Arbeitsgruppen sind betroffen, da mehr Autonomie von den zentralen Verarbeitungskapazitäten auf den Einzelnen übertragen wird. Das Erscheinungsbild dem Kunden gegenüber kann durch ein
effektiveres Unternehmen beeinflußt werden. Schließlich wird das Unternehmen selbst verändert, wenn es die neue Technologie benutzt. (Davis und
Davidson, 1991).

Zwölf Unternehmen schlossen sich 1985 mit der Sloan School am MIT im
Center of Information System Research (CISR) zusammen, um die Effekte
von Informationstechnologie (IT) auf Unternehmensprozesse zu untersuchen.
Die erste Studie dauerte fünf Jahre und wurde als MIT90 bekannt (Morton et
al., 1991). Weitere Arbeiten haben die ursprüngliche Studie ergänzt, aber die

relevanten Faktoren wurden von späteren Forschungen bestätigt. Zwei wesentliche Ergebnisse lassen sich nach der Rede von Professor James Short auf der InterOP 1991 so umschreiben: (1) Der Wert der Informationstechnologie hat nur begrenzte Auswirkungen, wenn die Arbeit nicht neu definiert wird; (2) Die erfolgreiche Benutzung und Anwendung von Informationstechnologie verlangt ein Management der Organisation und die Durchführung der notwendigen organisatorischen Änderungen (Short, 1991).

Die offene Systemtechnologie bringt erhebliche Fähigkeiten für den einzelnen Angestellten und wachsende Leistungsfähigkeit für die Abteilungen, aber die volle Nutzung der Technologie hängt von einer Reorganisation ab, die den höchsten Grad des Ertrags aus der Technologie erzielt. Die Berücksichtigung der gesamten Auswirkungen der Technologie geht darüber hinaus, einfach vorhandene Terminals durch Workstations zu ersetzen. Die einfache Ersetzung hat den niedrigsten Ertrag für das Unternehmen und nur geringe positive Effekte auf die Gesamtproduktivität. Teile der Produktivität resultieren aus der lokalen Automation, aber die vollen Vorteile leiten sich aus den Schritten ab, die über die erste Einführung einer neuen Technologie hinausgehen. Diese Untersuchungen zeigten, daß die größten Ertragschancen für ein Unternehmen in der Neudefinition der Arbeit liegen. Die Transformation des Unternehmens schafft Gewinnmöglichkeiten und verändert den traditionellen Arbeitsfluß, um das Unternehmen konkurrenzfähiger zu machen. Es gibt zahlreiche Beispiele, wo eine effektiv genutzte Informationstechnologie es Unternehmen ermöglichte, ihre Ziele neu zu bestimmen und beachtliche Konkurrenzvorteile zu erzielen.

Die Computertechnologie verbessert die Koordination des Arbeitsflußes zwischen den Menschen und ersetzt schließlich die menschliche Koordination durch elektronische Verbindungen. Dies reduziert die Kosten der Koordination und beschleunigt die Kommunikation zwischen verschiedenen Teilen des Unternehmens. Ebenso wichtig ist die Veränderung der Rolle des mittleren Managements, das früher koordinierte und Statusdaten von vielen Angestellten berichtete. Das Mittelmanagement hat jetzt zusätzliche Zeit für strategische Überlegungen über neue Richtungen des Unternehmens oder es kann mehr Zeit für das Management der Menschen aufwenden. Der größte Nutzen für das Management besteht im Management der Menschen.

Die Kräfte von Technologie und Konkurrenz interagieren mit den Benutzern, die nach zusätzlichen Unterstützungsleistungen suchen. Die vollständige Nutzung offener Systeme stellt eine Verfahrensinnovation für Unternehmen dar, da sie für die einzelnen Angestellten und Gruppen von Angestellten mehr Leistungsfähigkeit bringt. Jede Stufe der Technologie bringt zusätzliche Leistungsfähigkeit für Endbenutzer und Manager und erlaubt es, Aufgaben entsprechend der sich verändernden Arbeitsparadigmen anders zu verteilen.

Wichtiger noch: die Interaktion mit Gruppen außerhalb des Unternehmens kann durch die Kommunikation zwischen Systemen verbessert werden.

Dieses Kapitel untersucht die Transformationen, die aus der erfolgreichen Implementierung offener Systeme resultierten. Transformationen sind der schwierigste Weg, neue Technologie einzuführen, aber sie stehen auch für den höchsten Ertrag der verschiedenen Alternativen. Dieses Kapitel zeigt, wie Unternehmen Information und Technologie nutzen, um zusätzliche Chancen zu gewinnen.

13.1 TYPEN DER TRANSFORMATION

Die Verwertung der Technologie variiert mit der Anpassung des Unternehmens an die Veränderungen der Informationstechnologie und mit der Transformation, die vollzogen wird, um Nutzen aus offenen Systemen zu ziehen. Die fünf Ebenen, die in Abbildung 13.2 dargestellt sind, werden ausführlicher in der ursprünglichen MIT90-Studie (Morton et al., 1991) und nachfolgenden Untersuchungen der Professoren Short und Venkatraman an der Sloan School of Management untersucht. Diese Studien unterscheiden fünf Ebenen der Transformation, die die Geschäftsvorgänge beeinflußen.

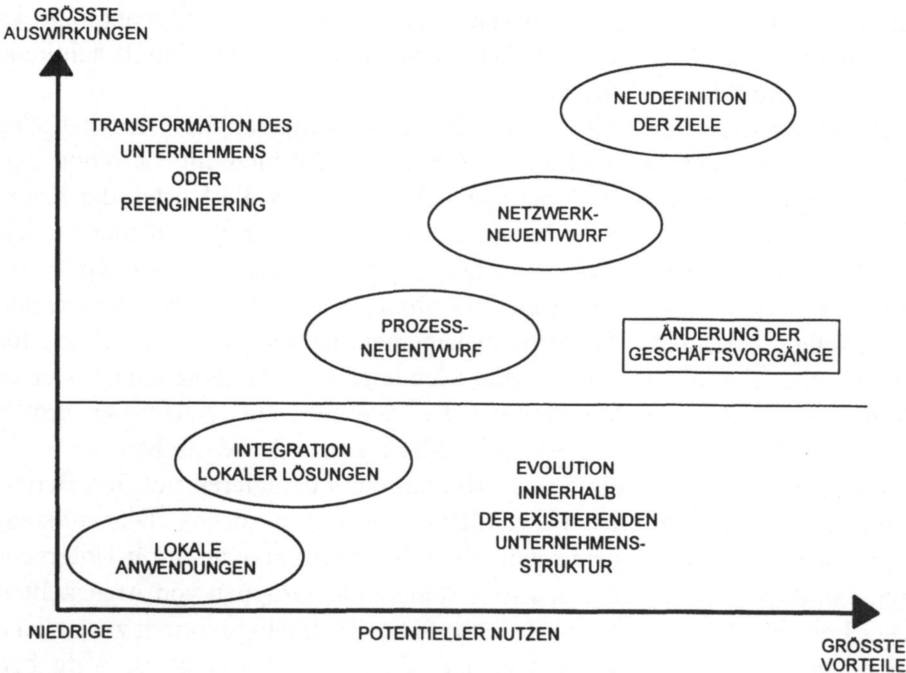

Abbildung 13.2   Transformation durch offene Systeme

Die ersten beiden Ebenen sind evolutionär und können ohne größere Änderungen der unterliegenden Organisations- oder Managementstrukturen erreicht werden. Die nächsten drei Ebenen verlangen einen revolutionären Ansatz, da sie eine Redefinition von Auftrag und Ziel des Unternehmens einschließen. Die höchsten Ebenen der Transformation können den höchsten Ertrag bringen, sie verlangen aber die meisten Veränderungen und sind mit den höchsten Risiken behaftet.

Auf der niedrigsten Ebene des Ertrags verbessert der lokale Einsatz die Produktivität von Einzelnen und Gruppen innerhalb des Unternehmens, ohne die Arbeitsflüsse zu beeinflußen. Die automatisierte Organisation profitiert von der Einführung von Technologie, die ihre besonderen Aufgaben beschleunigt. So kann eine Buchhaltungsgruppe ein lokales offenes System installieren, das Clients und Server verbindet, um den Arbeitsfluß innerhalb der Abteilung zu verbessern. Es gibt wenig Ertrag für andere Abteilungen, aber die Arbeit der Buchhaltung läuft flüssiger ab und das Unternehmen erzielt eine gewisse Verbesserung. Diese Erfahrung wird aber nicht in einen Gesamtvorteil für das Unternehmen umgesetzt.

Auf der nächsten Stufe werden offene Systeme enger in einen Teil des Unternehmens integriert. Die Automation wird über die initiale Gruppe hinaus auf andere Abteilungen ausgedehnt und es gibt vielleicht sogar eine Veränderung beim Arbeitsfluß in die Abteilung. Das offene System wird in das Unternehmensnetz ausgedehnt. Es findet eine Integration mit anderen Systemen statt, selbst mit den traditionellen Systemen, die im Unternehmen vorgefunden werden. Es gibt eine breitere Beteiligung an automatisierten Funktionen. Wenn wir unser Buchhaltungsbeispiel betrachten, entdecken wir eine zusätzliche Verwendung des neuen Systems durch die Interaktion mit anderen Abteilungen. Abteilungen, die mit der Buchhaltung zusammenarbeiten, senden Informationen nun in elektronischer Form.

Ein anderes Integrationsbeispiel mit verteilter Technologie kann man bei den Automobilfirmen sehen, die spezielle Computer in jedem Auto haben. Diese eingebauten Computer sammeln diagnostische Informationen und stellen sie zur Verfügung, wenn das Auto zur Wartung gebracht wird. Einige Unternehmen haben festgestellt, daß die Einführung zusätzlicher Merkmale in diesen Informationsfluß einen erhöhten Nutzen für das Unternehmen bietet. Lexus benutzte die Informationen z. B. um eine vorsorgliche Rückrufaktion für ihre gesamte Produktlinie durchzuführen. Die Zusammenarbeit mit offenen Computern sagte Probleme voraus, die durch den großen Rückruf vermieden wurden.

Auf der nächsten Ebene der Transformation werden die Unternehmensprozesse redefiniert, um die Fähigkeiten offener Systeme widerzuspiegeln. Diese Stufe ist revolutionär, weil offene Systeme angewandt werden, um dem Unternehmen zu nutzen und die Einnahmen zu erhöhen oder die Kosten zu reduzieren. Diese revolutionäre Stufe führt zu zusätzlichen Einnahmen durch eine Verkürzung von Produktionszyklen oder durch eine engere Interaktion zwischen unterschiedlichen Gruppen, die offene Systeme benutzen. Ein gutes Beispiel ist die Veränderung der Geschäftsprozesse als Ergebnis der Anwendung offener Technologie auf den Entwurf und die Herstellung von Chips.

Auf der vierten Ebene findet das Netzwerkredesign statt, das den Fluß zwischen den verschiedenen Geschäftseinheiten innerhalb und außerhalb eines Unternehmens verändert. Es findet eine verbesserte Nutzung der technologischen Verbindungsmöglichkeiten statt, um die Partizipation unterschiedlicher Bereiche des Geschäfts zu erweitern. Automobilhersteller profitieren davon, Teilelieferanten direkt in den Entwurfsprozeß einzubeziehen und ihre offenen Implementationen miteinander zu verbinden, um das Verfahren zu automatisieren.

Auf der höchsten Ebene erhält das Unternehmen neue Ziele oder verändert auf gravierende Weise die gesamten Arbeitsverfahren. Die Einführung des elektronischen Lehrbuchs durch McGraw-Hill verband die Technologie mit einer Neudefinition des Lehrbuchgeschäfts. Elektronische Wiedergaben von Büchern, die Kapitel von unterschiedlichen Autoren enthalten, können an bestimmte Universitäten übertragen werden. Dies ist eine wesentliche Änderung des Arbeitsflusses. Wie wir später sehen werden, haben einige Anwendungen fortgeschrittenen Chipdesigns es bestimmten Unternehmen ermöglicht, ihre Arbeitsflüsse neu zu definieren.

13.2 LOKALE ANFÄNGE

Die lokale Verwendung ist der erste Schritt bei der Einführung offener Systeme in einem Unternehmen. Dieser einfache Schritt kann durch einen Einzelnen oder einen Abteilungsmanager ausgelöst werden, die feststellen, daß sie ihre Aufgaben durch die Einführung von Workstations und Servern effizienter erledigen können. Preiswerte PCs waren ein frühes Beispiel lokaler Anwendung. Viele professionelle Nutzer führten billige Computer zu Hause oder über das Abteilungsbudget ein. Die unmittelbaren Vorteile für den Einzelnen waren erhöhte Produktivität oder einfachere Verfahren für Problemlösungen. Die Verbindungen zu anderen Abteilungen oder selbst anderen Angestellten waren zunächst minimal.

Die Desktoptechnologie paßt leicht in den Budgetrahmen des Managers. Einzelne Manager haben die Kompetenz, die Technologie auszuwählen und zu verwenden, die die Aufgaben einer Abteilung oder eines Standorts optimiert. Da die Koordination nur die aktuelle Abteilung betrifft, ist die Durchführung einfacher. Die lokale Verwendung ist leichter durchzuführen, da die einzelne Abteilung die Entscheidung trifft und die Lösung implementiert. Individuelle Kenntnisse können für die Installation von Workstations und Servern benutzt werden, ohne die gesamte Organisation zu berücksichtigen.

Wenn die Abteilung erst einmal über mehrere Desktopcomputer verfügt, wird der Bedarf für Verbindungen offensichtlich. Ingenieure begannen damit, die Computer zu verkabeln, um Kommunikation zwischen den Einzelnen und erhöhte Produktivität innerhalb der Abteilung zu erreichen. Die Probleme der Verbindung auf lokaler Basis wurden durch die Einführung von LANs gelöst. Schließlich wurden die Probleme der Lösung von Konflikten durch unterschiedliche Computer im Netzwerk wahrgenommen und ausgeklügeltere Software wurde eingeführt, um den Prozeß zu verwalten.

Die Einführung neuer Technologie schuf neue Konflikte für ad hoc-Systeme, die auf Handshaking*-Verfahren beruhten. Der Prozeß innerhalb der Abteilung wurde für Einzelne und das Management sehr wichtig, aber die Konzentration lag immer noch auf der einzelnen Abteilung. Veränderungen des Arbeitsflußes fanden innerhalb der Abteilung statt, sie gingen jedoch nicht darüber hinaus. Ein gutes Beispiel ist die Einführung von PCs und Workstations, die die Verbindungsmerkmale von Terminals beibehalten, aber auch beginnen, die Benutzerschnittstellen zu verändern.

Die Schritte, die bei der Stufe der lokalen Verwendung unternommen wurden, können schließlich der globalen Einführung von Veränderungen der Organisation nutzen. Der erste Schritt besteht darin, ein Verfahren für die spezifischen Implementierungen festzulegen, das einem Plan des Unternehmens folgt, der seine Vision darstellt. Der lokale Verwender sollte sein System mit dem Blick auf die globalere Lösung installieren.

Isolierte Bereiche der Automation wurden Inseln der Automation genannt. Jede Insel schafft beträchtliche Vorteile für die einzelne Abteilung, aber sie trägt wenig zur Verbesserung der Produktivität der Betriebseinheit bei. Das Management sieht sich der Herausforderung gegenüber, die verschiedenen Inseln auf eine Weise zu verbinden, die bedeutsame Fähigkeiten für das gesamte Unternehmen schafft. Der nächste Schritt der Transformation ist die interne Integration.

13.3 INTERNE INTEGRATION

Wenn die Desktopcomputer in einer Abteilung erfolgreich waren, duplizierten Nachbargruppen die Lösungen und führten identische Möglichkeiten ein. Diese Gruppen erlebten ähnliche lokale Ergebnisse. Die Implementierungen in den Nachbarabteilungen waren ähnlich, aber glücklicherweise konnten sie von den Erfahrungen der Nachbargruppen profitieren. Die Verbindungen der Desktops in den lokalen Abteilungen brachten das lokale Management dazu, über die Vorteile der Verbindung mehrerer Abteilungen untereinander nachzudenken.

Die interne Integration setzte sich fort, als verschiedene Abteilungen verbunden wurden. Zusätzliche Anwendungen konnten geschaffen werden, die nicht nur die individuelle Geschwindigkeit steigerten, sondern auch zur Zusammenarbeit der professionellen Anwender und Manager beitrugen. Die Zusammenarbeit verbesserte das Produkt und half, neue Produktentwürfe einfacher zu machen. Die Integration wurde durch Verfahren formalisiert, die Arbeitsflüsse definierten, die auf dem Netzwerk beruhten, das den Fluß und die Prozesse im System kontrollierte. Administratoren und Integratoren wurden ausgewählt, um die Interaktion zwischen den verschiedenen Abteilungen und Gruppen innerhalb des Unternehmens zu erleichtern. Einige erste Stufen von Re-Engineering wurden festgelegt und zu einem erfolgreichen Abschluß gebracht.

General Electric wurde unter Leitung seines Vorsitzenden Jack Welch der Vorteile der Informationstechnologie gewahr und unternahm große Schritte für die Integration offener Technologie für eine ganze Reihe von Entwicklungs- und Produktionsstandorten. Wesentliche Veränderungen wurden an den Unternehmensstandorten dadurch bewältigt, daß ein integriertes Verfahren für die unterschiedlichen Geschäftseinheiten eingeführt wurde. Die Verbesserungen durch die gemeinsamen Anstrengungen führten zu Gewinnen bei der Qualität der Endprodukte und trugen auch zur Verkürzung der Markeinführungszeiten bei. Die Geschäftseinheiten erreichten beachtliche Vorteile durch die integrierende Technologie.

Ein gutes Beispiel ist die General Electric Major Appliances in Louisville, Kentucky. Major Appliances produziert Waschmaschinen, Kühlschränke und dazugehörige Ausrüstungen. Ein offener Ansatz erlaubte es General Electric, unterschiedliche Hardware- und Softwareprodukte in Entwurfs- und Produktionsbereichen zu integrieren und eine enge Verbindung zwischen Entwicklung und Produktion herzustellen. Obwohl diese Arbeiten in der Frühphase der Entwicklung offener Systeme stattfanden, konnte das Unternehmen von der Mitarbeit in Standardisierungsgruppen in führender Position profitieren. Die Verwendung neutraler Datenformate ermöglichte es Major Appliances, Daten zwischen Geräten unterschiedlicher Hersteller in einem Netzwerk auszutauschen, das Entwicklung und Produktion verband.

Durch die Verwendung von Kombinationen von Workstations können die Ingenieure räumliche Entwürfe von Kühlschrankteilen erzeugen. Diese räumlichen Modelle werden auf Rechenservern getestet, die es den Ingenieuren erlauben, Merkmale des Entwurfs zu testen, bevor ein reales Modell gebaut wird. Z. B. ermöglichen Flaschen und ihre Anordnung im Kühlschrank es den Entwicklern, mit vielen unterschiedlich großen Behältern zu experimentieren, bevor die wirklichen Türen gebaut werden. Schließlich geht der Entwurf von den Entwicklungscomputern zu automatischen Formmaschinen für Plastik. Das endgültige Produkt wird direkt nach den exakten Dimensionen geformt, die von den Ingenieuren vorgegeben wurden.

General Electrics Einführung von Schalen für Kühlschrank und Mikrowelle war ein Beispiel für den Erfolg integrierter Technologie. Die Schalen wurden auf fortschrittlichen Workstations mit Programmen für die räumliche Modellierung entworfen, die es den Entwicklern ermöglichten, das Design schnell zu ändern. Das Produkt wurde noch in seiner computerisierten Form auf Akzeptanz getestet. Das endgültige Produkt wurde dann über elektronische Datenverbindung in die Produktion übertragen. Die Computermodelle ersetzten Attrappen und reduzierten so die Kosten und die Zeit bis zur Marktreife. Der Ertrag war groß, sowohl bei der verkürzten Markteinführungszeit wie bei der erhöhten Qualität des fertigen Produkts.

Ein integrierter Prozeß, der dieses einfache mechanische Design erweiterte, trug dazu bei, einen Konkurrenzvorteil durch die Verbindung von Technologien zu erzielen. General Electric hat den ständigen Vorteil der Technologie immer wieder erkannt, als in vielen automatisierten Fabriken Konkurrenzvorteile erreicht wurden. Daß man in der Lage war, aus einer automatisierten Fabrik in Erie, Pennsylvanien, Lokomotiven nach China zu verkaufen, weist ebenfalls auf den Wert auf dem konkurrierenden Weltmarkt hin.

Viele Unternehmen folgen dem Beispiel von General Electric, wenn sie Prozesse integrieren, um konkurrenzfähige Produkte herzustellen. Die Entwickler können eng mit der Produktion zusammenarbeiten, wenn die Verbindungen zwischen den Gruppen elektronisch hergestellt werden. Die Produkte können schneller mit höherer Qualität hergestellt werden, da der Computer viele Modellierungsläufe durchführen kann, die das Gesamtergebnis verbessern. Da es eine höhere Qualität der Endprodukte gibt, liegt der Ertrag auch im Bereich des Kundendienstes, wo als Folge der verbesserten Qualität der ausgelieferten Produkte das Personal reduziert werden kann.

Der elektronische Entwurf hat den Weg für die Definition von integrierten Prozessen in einer ganzen Industrie bestimmt. Obwohl die Integration noch immer nicht völlig reibungslos ist, gibt es viele Unternehmen, die Werkzeuge bereitstellen, um ihre Ingenieure bei der engen Zusammenarbeit mit Anwendern und Lieferanten zu unterstützen. Der Prozeß wurde durch Allianzen mit Hardware- und Softwareherstellern unterstützt. Viele Verfahren nutzen integriertes Design, das auf offenen Systemen basiert. Diese Verfahren kombinieren vorhandene Entwurfsrechner wie Minicomputer, aber es wurden auch neue offene Systemlösungen integriert.

Integrierte Pakete werden um Datenbanken herum gebaut, die Anwendungen unterstützen, die vom einfachen Design bis zur komplexen Bahnenentflechtung (Routing*) und Verhaltensanalyse (beim Entwurf von Chips) reichen. In einigen Netzen wurde künstliche Intelligenz eingeführt, um Regelüberprüfung beim Entwurf einzusetzen oder automatische Routingverfahren bei komplexen Verkabelungs- oder Schaltkreisentwürfen. Simulatoren analysieren integrierte Schaltkreise und gedruckte Schaltungen mit Fragen, die vom einfachen Gatter zu Simulationen der kompletten Architektur reichen. Ein großer Anteil des elektronischen Designs kann vom Desktop aus mit Unterstützung spezieller Server erfolgen.

Die Integration spielt in Produkten für die Automatisierung des Entwurfs weiterhin eine wichtige Rolle, da die Entwickler eine Umgebung ins Auge fassen, in der sowohl elektronische wie mechanische Produkte effektiver durch die Verwendung voll integrierter offener Systeme hergestellt werden können. Die meisten Produkte entstehen auf Unix als gemeinsam benutztem Betriebssystem. Sowohl Unternehmen aus dem elektronischen wie dem mechanischen Bereich haben gemeinsame Standards für den Datenzugriff definiert. Gemeinsame Schnittstellen erlauben es dem System, viele Funktionen zu übernehmen, die einst manuell durchgeführt wurden, und die Verwaltung des Designprozesses zu automatisieren.

Obwohl diese Schritte innerhalb des evolutionären Bereichs bleiben, bieten sie wesentliche Möglichkeiten für Unternehmen, die die Veränderung durchführen. Integrierte Prozesse produzieren erheblich verbesserte Produkte, was die Konkurrenzposition des Unternehmens beeinflußen kann. Integration schafft auch die Plattform, um revolutionärere Entwicklungsstufen zu erwägen.

13.4 REDESIGN DER GESCHÄFTSPROZESSE

Die elektronische Industrie ist ein gutes Beispiel für eine Gruppe, die Geschäftsprozesse neu definiert hat, um die Veränderungen abzubilden, die sich aus offenen Systemen ableiten. Obwohl Elektronikdesigner immer eine enge Verbindung mit Chipherstellern hatten, hat die Veränderung der Technologie eine wesentliche Integration der Fähigkeiten erlaubt und die Gesamtindustrie verändert. Sowohl Chipdesigner wie Hersteller haben von der Veränderung der Arbeitsbeziehungen profitiert. Jeder hat ein Wachstum der normalen Geschäftsvorgänge erlebt und jeder ist bei der Übernahme offener Technologie als eines Werkzeugs für die Vereinfachung künftiger Fortschritte vorangekommen.

Die Leistungsfähigkeit der Informationstechnologie hat ein natürliches Betätigungsfeld bei der Veränderung von Geschäftsprozessen gefunden, die mit der Produktion von anwendungspezifischen integrierten Schaltkreisen („Application Specific Integrated Circuits", ASIC) zusammenhängen. Durch die Verwendung von Fortschritten in der elektronischen Designtechnologie profitieren ASICs von integrierten und automatisierten Funktionen, die sowohl das Design beschleunigen wie die Gesamtzuverlässigkeit verbessern können. Ein Prozeß, der einst detaillierte Neuentwürfe für einzelne Teile verlangte, kann jetzt von der Einführung von „Silikoncompilern" profitieren, die Definitionen als gemeinsame Teile behandeln, die allen Ingenieuren zur Verfügung stehen, die das System benutzen.

Persönliche Workstations wurden von Elektronikdesignern früh angenommen, die dann von den erweiterten Fähigkeiten offener Systemnetzwerke profitierten. ASIC-Entwurf verlangt eine enge Verbindung zwischen den Entwurfsgruppen und den Herstellern, aber diese Verbindung profitiert von der Fähigkeit, gemeinsame Datenschnittstellen zu identifizieren. Erhöhte Anforderungen an die Chips haben bei Designern zur Anwendung von Computern aller Leistungsklassen geführt. Workstations wurden als der logische Ort für das erste Layout definiert, aber oft werden Supercomputer benutzt, um die Interaktion zwischen verschiedenen Chips zu testen. Die Optimierung der Verbindungen wurde eine logische Funktion, die Servern zugeordnet wurde, die das Routing und die Plazierung im Chipdesign ausführten. Designer profitieren seit langem von der Verwendung von Printservern, die die knifflige Darstellung bestimmter Entwürfe übernehmen.

Endbenutzergerechte Anwendungen finden sich auf Desktopcomputern, beginnend mit Personal Workstations. Verhaltenstests und Layout werden oft auf Servern durchgeführt, die innerhalb eines Netzwerks angeschlossen sind. Vollständige Simulationen verlangen oft die Verwendung von Superservern. Die Entwurfskontrolle und das Management verwendet Mainframes, um ein Verfahren zu schaffen, das unterschiedliche Teile des Designprozesses zu einem kompletten Paket integriert, das vom Beginn der Arbeit bis zum Test reicht.

ASIC-Entwurf verwendet ein wohldefiniertes schrittweises Vorgehen, das mit schematischen Entwürfen beginnt und mit dem integrierten Design endet. Der Vorteil aus der Zusammenziehung der verschiedenen Schritte wird dadurch betont, daß 30 Prozent der Produktionskosten allein auf den Test entfallen. Fortgesetzte Tests während des gesamten Prozesses konnten benutzt werden, um diesen Betrag zu reduzieren. Verfahrensentwicklungen für ASICs führten zu Veränderungen der elektronischen Testverfahren. Automatisierte Tests beginnen, sobald der Prototyp fertiggestellt ist. Diese Tests überprüfen funktionale Operationen mit variierenden Zeitparametern und Grenzwerten.

Die Integration der verschiedenen Schritte hat dazu beigetragen, den Prozeß zu automatisieren. Testgenerierung und Test wird durch die Einführung dieser Integration vereinfacht.

Die Veränderungen, die durch die Fähigkeit bezeichnet sind, bei ASICs Zeit- und Qualitätsbeschränkungen einzuhalten, haben zu einer enormen Nachfragesteigerung bei den Anwendern dieser Chips geführt. Entwürfe, die einst mehrere Monate dauerten, werden jetzt innerhalb von Tagen fertiggestellt. Die Unternehmen können jetzt die Chips schnell in neuen Produkten verwenden. Ein elektronisches Netz verbindet Entwickler, Hersteller und die verwendenden Unternehmen, was deren Art, das Geschäft zu betreiben, verändert hat. Die Bereitstellung von Funktionen durch Chiptechnologie ist eine Industrie, die von offenen Systemen profitiert hat und die Technologie benötigt, um weiter existieren zu können.

Als das ASIC-Verfahren seine Reife erreichte, wurde verstärkt Gewicht darauf gelegt, das Verfahren für programmierbare logische Geräte und hochintegrierte Gatearrays* zu verwenden. Diese Entwicklungen erzeugten zusätzliche Anforderungen für wohlstrukturierte Anwendungen, die das Layout, das Routing, die Simulation und die Verifizierung von Entwürfen in einem integrierten Ansatz unterstützen. Partnerschaften zwischen Chipherstellern und Unternehmen für die Entwurfsautomation waren die Antwort auf die wachsenden Anforderungen.

Die ständigen Fortschritte im Entwicklungsprozeß führen zu einer direkten Implementierung neuer Automatisierungswerkzeuge. Als z. B. Cray die Arbeit an der neuen Cray 3 begann, wurde eine kundenspezifische Gallium-Arsenid-CAD-Software bei den Entwicklern eingeführt mit dem Ziel, die Entwürfe schnell herzustellen. Fähigkeiten zum Auto-Routing konnten die Entwicklung des Logikentwurfs von Wochen auf fünf Minuten beschleunigen.

Die Integration auf der Ebene einer ganzen Siliziumplatte („Wafer Scale Integration") oder der Entwurf und die Modellierung einer ganzen Platte voll elektronischer Technologie ist noch in der Entwicklung. Entwurf und Technik auf dieser Ebene eröffnet die Gelegenheit für neue Fortschritte. Wafer Scale Integration kann die Komponenten des Boards und der Schaltkreise in einen einzigen Systemdesign zusammenfassen.

Mit der Einführung von „Silikoncompilern" und anderen Werkzeugen auf hoher Ebene wurde deutlich, daß es möglich ist, Hochsprachen für das elektronische Design zu definieren. Sowohl aus Regierungs- wie aus Industriekreisen wird der Bedarf an neuen effizienten Lösungen betont, die Hochsprachen benutzen, um höhere Grade der Integration zu erreichen. Entwurfssprachen können viele Hardwarebeschreibungen bereitstellen, die einst nur durch Zeichentablett und Zeichengeräte zur Verfügung standen. Anforderungen an die Ein-/Ausgabe können ebenso wie Beschreibungen von Verhalten, Zeitbedingungen und Strukturen in die Sprache eingebaut werden. Darüber hinaus kann die Umgebung des Entwurfs in der gleichen Beschreibung enthalten sein. Ein gutes Beispiel für eine Standardsprache ist VHSIC/VHDL („Very High Speed Integrated Circuit Hardware Definition Language). VHSIC ist ein umfangreiches Programm des Verteidigungsministeriums und wurde von der IEEE als Standard für den Entwurf von Silikonchips übernommen. VHDL ist für elektronische Entwürfe zwingend vorgeschrieben, die dem Verteidigungsministerium nach dem vierten Quartal 1988 vorgelegt werden. Eine gemeinsame Arbeitsgruppe von Industrie und Regierung hat den Standard für diese Sprache definiert.

VHDL stellt eine Standardsemantik und -syntax für Designinformationen zur Verfügung. Die Sprache ist unabhängig vom Entwurfsstil. Als Sprache reproduziert sie viele Funktionen, die interaktiv durch konventionelle Designeingaben ausgeführt werden können. Die Sprache erlaubt die Compilierung des Designs und die Übertragung in eine Umgebung, die für Tests benutzt wird. Da VHDL für Rüstungsprojekte zwingend ist, erhält ihr Unterstützung eine hohe Aufmerksamkeit. VHDL stellt jedoch nur einen ersten Schritt in der Definition einer Standardsprache für Entwurfszwecke dar. Eine Standardsprache muß die Fähigkeit haben, elektronisches Design auf einer Ebene zu definieren, die die möglichen Funktionen auf Workstations dupliziert.

Obwohl es aktive Pilotanwender und Daten für die Fertigstellung der Sprache gibt, deutet der gegenwärtige Status darauf hin, daß die praktische Verwendung von VDL erst in der Zukunft liegen wird. Pilotimplementierungen wiesen Schwierigkeiten auf, die in den ursprünglichen Definitionen und Plänen nicht vorausgesehen wurden. Der Bedarf für die Sprache ist klar, aber es steht noch ein gutes Stück Arbeit bevor, bevor ein kompletter Produktplan möglich wird.

Der erste Schritt des revolutionären Prozesses führt offene Systeme ein und benutzt sie als Plattform, um die Arbeitsflüsse des Unternehmens zu verändern. Es ist der erste Schritt in dem Bemühen, die Technologie auf veränderte Geschäftsprozesse auszurichten. Mit der Verwendung der Fortschritte im elektronischen Design ist es für Chipdesigner möglich, die Arbeitsflüsse der Geschäftsprozesse neu zu entwerfen und beträchtliche Vorteile vor der Konkurrenz zu erzielen.

13.5 REDESIGN DES FIRMENNETZWERKS

Diese Ebene der Transformation setzt voraus, daß der Prozeß neu entworfen ist, der zusätzliche Produkte und Dienstleistungen für die Integration in die

Firma festgelegt hat. Die Unternehmensanalyse zeigt, daß eine wachsenden Anzahl von Unternehmen direkt von einer Redefinition ihrer Unternehmensnetzwerke profitiert. Herkömmliche Produkte werden um elektronische Technologie erweitert. Der Anteil der Informationstechnologie übersteigt oft das Geschäftsvolumen der früheren Produkte.

American Airlines stellte fest, daß die Erträge aus ihrem Saber-System die Erwartungen überstiegen. Saber veränderte das Netzwerk und erweiterte die Fähigkeiten des grundlegenden Geschäfts, indem andere Fluggesellschaften erreicht wurden, die vom elektronischen Reservierungssystem profitieren konnten. Als American Airlines sich der offenen Systemimplementierung von Saber und dem zugrundeliegenden Code zuwandte, ergaben sich neue Netzwerkgeschäftsmöglichkeiten von selbst. Zusätzliche Fähigkeiten werden den Geschäftspartnern, den Reisebüros, zur Verfügung gestellt, wenn mehr Systeme offene Technologie benutzen. Die Ausstattung jedes Buchungsbüros mit erweiterten Computerfähigkeiten durch die Verwendung offener Systeme hat das Geschäft verändert.

American Airlines war auf diesem Gebiet so erfolgreich, daß man in der Lage war, Integrationsdienste anderer Unternehmen anzubieten, die nach Techniken für die Einführung offener Systeme suchten. American Airlines unterstützte die französische Eisenbahn und bot seine Dienste anderen Unternehmen an, die einen Übergang zu offenen Systemen versuchten. Dies ist ein neues Geschäft für American Airlines, das eine Erweiterung der erfolgreichen Konversion zu offenen Systemen darstellt.

Darüber hinaus finden moderne Unternehmen oft Beziehungen zu anderen entwickelnden Firmen als Resultat der Vermischung der Geschäftsumgebungen. Konkurrenten arbeiten vielleicht in neuen Aspekten des Geschäfts zusammen. Ein gutes Beispiel sind die vielen Gremien, die Konkurrenten zusammenführen, um neue Grundlagen für verschiedene Technologien zu legen. Die Konsortien profitieren von der Kooperation bei der Entwicklung neuer Ideen, die schließlich zu wichtigen Produkten werden mögen.

13.6 REDESIGN DES GESCHÄFTSBEREICHS

Der höchste Ertrag aus der Verwendung offener Systeme besteht in der Neudefinition des Geschäftsbereichs. Zusätzliche Geschäftszweige können aus dieser Redefinition entspringen, die reiche Möglichkeiten bieten. Die Redefinition verwendet die Informationstechnologie, um die Merkmale des Unternehmens zu erweitern. Neue Produkte und Marketingtechniken entstehen aus offenen Systemen. Produkte die einst auf nur einen Weise vermarktet oder geliefert wurden, werden vielleicht als Produkte offener Systeme verändert .

Die Einführung der elektronischen Archivierung der Steuererklärungen durch den Internal Revenue Service (IRS) war ursprünglich dazu gedacht, die Ablageverfahren für Steuerzahler zu redefinieren und zu vereinfachen. Das Ergebnis veränderte das Ablageverfahren und eröffnete neue Geschäftsmöglichkeiten. Die neuen Möglichkeiten erlaubten es alten Unternehmen, ihre Dienstleistungen neu zu definieren und Gewinn aus den neuen Verfahren zu ziehen. Die Summe der Steuerrückzahlungen pro Jahr ist ein außerordentlich großer Geldbetrag, der sich normalerweise auf über 60 Milliarden Dollar beläuft. Die Größe dieser Marktchance stellt ein wichtiges Ziel für Unternehmen dar. Wenn die IRS in ihrem Redesign der Verarbeitung fortfährt, um offene Systemimplementierungen widerzuspiegeln, können wir weitere Veränderungen in der Steuerverarbeitung und mögliche neue Geschäftszweige erwarten.

Eine Reihe von Unternehmen haben ihr Geschäftsziel geändert, um sich auf die Möglichkeiten zu konzentrieren, die sich aus der Redefinition durch die IRS ergeben. Einzelhändler bieten einen Dienst an, die elektronischen Steuererklärungen abzugeben, und gewähren dem Steuerzahler Sofortkredite im Einzelhandel. Finanzplanungsunternehmen übernehmen die Einreichung, wenn der Steuerzahler ihre Finanzdienstleistungen in Anspruch nimmt. Eine Reihe unterschiedlicher Unternehmen hat durch die Bemühungen der IRS neue Geschäftsziele ausfindig gemacht.

Eine andere Redefinition von Geschäftszweigen durch offene Systemverbindungen ist McGraw-Hills Verwendung elektronischer Lehrbücher. In diesem Beispiel kann ein Universitätsprofessor ein Buch bestellen, das sich aus Kapiteln aus unterschiedlichen Büchern zusammensetzt. Die Auswahl geschieht über das Telefon und McGraw-Hill übermittelt das elektronische Buch zu einem lokalen Reproduktionsservice. Dies erlaubt den sofortigen Zugang zu einem Buch, das Beiträge von vielen Autoren enthält. Publizieren wurde von einem Papierverfahren in ein elektronisches Verfahren verwandelt. Mit den Autoren wird nach einem veränderten Verfahren in Kapiteln statt in Büchern abgerechnet. Die aktuelle Reproduktion wechselt von einem feststehenden Drucker zu einem lokalen Kopierservice und das Lehrbuch wandelt sich von einem Einzelprodukt zu einem elektronischen Produkt, das verändert werden kann, um spezifische Bedürfnisse zu erfüllen.

Die Redefinition des Geschäftsbereichs schließt einen Wandel in der Zukunftsvision ein. Er beeinflußt die Praxis und das externe Image des Unternehmens. Er wird von der Technologie vorangetrieben, aber muß die Richtung widerspiegeln, über die das Seniormanagement des Unternehmens übereingekommen ist. Das Unternehmensziel konzentriert sich auf Entwicklungen in der Technologie, aber es spiegelt auch den Willen des Managements wider, sich der Technologie auf eine revolutionäre Weise anzupassen.

Jede Redefinition der Unternehmensziele schließt Risiken ein, aber sie umfaßt auch beachtliche Potentiale für neue Erfolge.

13.7 FOLGERUNGEN

Die wachsende Akzeptanz weltweiter Netze offener Systeme bietet einzigartige Geschäftsmöglichkeiten, die über die lokale Verwendung der Technologie hinausgehen. Um sich auf diese Möglichkeiten zu konzentrieren, muß das Management die Technologie auf die Unternehmenskultur abbilden und eine Unternehmensdefinition schaffen, die mit den Fähigkeiten offener Systeme übereinstimmt. Unternehmen, die erfolgreich auf offene Systeme antworten, gewinnen einzigartige Konkurrenzvorteile.

Die fünf Ebenen der Transformation können dem Unternehmen Erträge bieten, die zu den Risiken und Chancen im Geschäftsprozeß in Beziehung stehen. Jede Transformationsebene hat einen meßbaren Ertrag für das Unternehmen, aber je größer das Risiko ist, desto höher ist auch der potentielle Ertrag. Jede Stufe der Transformation schafft einen Rahmen für den Übergang zur nächsten, revolutionäreren Stufe. Jede Stufe hat Auswirkungen auf die endgültige Implementation.

Obwohl die Technologie wichtig ist, sind Menschen der kritischste Faktor bei der Bewältigung der Transformation. Ihre Fähigkeit zur Anpassung an Veränderungen des Systems bestimmt den langfristigen Erfolg der Transformation. Wenn die Veränderungen auf die Bedürfnisse der Endbenutzer abgestimmt sind, kann mit der Technologie ein großer Fortschritt erreicht werden.

In offenen Systemen stellt sich die Frage nach den Fähigkeiten der Menschen bereits bei den Entwicklungsteams, die in neuen Umgebungen arbeiten, um die gewünschten Resultate zu produzieren. Änderungen in der Zusammensetzung der Fähigkeiten werden notwendig, wenn vom konventionellen Ansatz zu total verschiedenen Problemstellungen gewechselt wird.

LITERATUR

Stan Davis and Bill Davidson, *2020 Vision: Transform Your Business Today to Succeed in Tomorrow's Economy*, Simon and Schuster, New York, 1991.

Michael S. Scott Morton (editor), *The Corporation of the 1990's: Information Technology and Organizational Transformation*, Oxford University Press, New York, 1991, pp. 126-154.

James E. Short, nach der Präsentation „Managing Information Technology in the 1990s: Issues for Research", InterOP Conference Reference Material, San Jose Convention Center, October 9, 1991.

Alvin Toffler, *The Third Wave*, William Morrow and Company, New York, 1980, pp. 247-260; deutsche Ausgabe zuletzt als Taschenbuch (vergriffen): *Die dritte Welle*, Goldmann 14030, München, 1987.

14

Übergangsszenarios

Die Migration zu offenen Systemen beginnt mit der Firmenkultur und wendet sich dann den technologischen Lösungen und Implementierungsrichtlinien zu, die die Firmenkultur vorgibt. Wenn Gruppen mit der Verantwortung für Entwurf und Implementierung ausgestattet sind, können Lösungen definiert werden, die existierende proprietäre Systeme auf offene Systeme abbilden. Jede Firma hat eine Computerkultur, die Teil der Erbschaft des Systems ist. Migration beginnt damit, jene Teile der Altsysteme zu identifizieren, die neue Lösungen mit minimalen Störungen akzeptieren können. Obwohl Kulturen und Organisationen den Ansatz der Migrationsplanung beeinflussen, ist es möglich, eine Migration jeder Computerkultur zu erreichen.

Jede Organisation muß die Bereiche identifizieren, wo offene Systeme Nutzen bieten. Die Migration sollte dort beginnen, wo der größte Nutzen mit den geringsten Auswirkungen auf bestehende Abläufe erreicht werden kann. Übergangsszenarios identifizieren jene Schlüsselstellen, die den Anschluß an eine neue Technologie vereinfachen. Diese Stellen repräsentieren die logischen Orte, wo die neue Technologie mit minimalen Störungen mit den alten Systemen verbunden werden kann. Sobald diese Migrationspunkte identifiziert sind, ist es möglich, Software zu definieren, die jene Schlüsselstellen abbildet und den Übergang zu neuen Ebenen der Unterstützung ermöglicht, in die existierende Anwendungen eingebettet werden.

Vier spezifische Kulturen (dargestellt in Abbildung 14.1) werden in diesem Kapitel untersucht. Diese Kulturen geben grob die Einstellungen in vielen Firmen wieder, die versuchen, sich zu offenen Systemen hinzubewegen. Man wird diese Kulturen wiedererkennen, aber es ist auch offensichtlich, daß es wenig reine Kulturen gibt und die meisten Firmen in Wirklichkeit Mischungen dieser vier Beschreibungen sind. Nach der Untersuchung der Kulturen werden wir unterschiedliche Ansätze für den Wechsel zu offenen Systemen erkunden. Es ist eine gute Idee, sich eine Checkliste mit den nötigen Korrek-

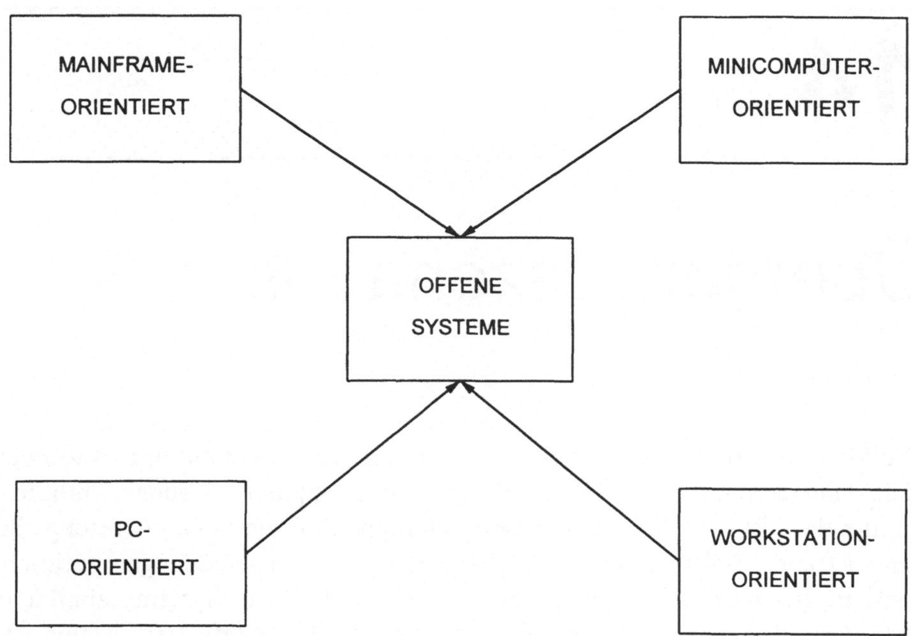

Abbildung 14.1: Migration zu offenen Systemen aus verschiedenen Kulturen

turen anzulegen und sie mit einer unabhängigen Einschätzung Ihrer Kultur zu vergleichen.

14.1 MIGRATION ZU OFFENEN SYSTEMEN

Die Migration zu offenen Systemen erfolgt in unterschiedlichen Schritten von existierenden Organisationen aus, die alternative Ansätze der Datenverarbeitung verfolgen. Das Diagramm in Abbildung 14.1 weist auf die unterschiedlichen Quellen für die Implementierung offener System hin. Jede Stufe des Prozesses muß wohldefiniert sein und wie ein biologisches System im Fließgleichgewicht arbeiten, das Rückkopplungsschleifen benötigt, um das System weiter zu verbessern. Die Rückkopplungsmechanismen werden den Managern Feineinstellungen des Migrationsprozesses erlauben.

Erfolgreiche Firmen, die den Übergang vollzogen haben, erkannten die Notwendigkeit einer Spezialistengruppe für die Durchführung der anstehenden Aufgaben. Als ein wohldokumentiertes Beispiel hat American Airlines erfolgreich den Weg zu offenen Systemen beschritten (Gill, 1991; Steinmetz, 1991). Um diese Aufgabe zu bewältigen, schufen sie eine eigene Organisation mit dem Namen *American Airlines Decision Technologies*. Das Team wurde damit beauftragt, einige existierende Anwendungen von IBM Mainframes auf verteilte offene System auf der Basis von Unix Workstations zu übertragen.

Im Auswahlprozeß für eine Anwendung, die auf das Client/Server-Modell übertragen werden sollte, entschied man sich für Flug- und Mannschaftsplanungs-Routinen. Das Team entwickelte ein Anwendungspaket *Decision Resource Control* (DRC), das Übersichtslisten im Netzwerk erzeugt. Später übernahm die Firma das Paket *Xipc* von einer Firma in New Jersey (Momentum Software of Englewood), das für die Entwicklung von Client/Server-Anwendungen eingesetzt wird.

Es existieren eine Anzahl Barrieren dafür, sich mit einer großen Firma in eine Unix-Umgebung zu bewegen. Die erste ist die Barriere der Integration mit existierenden Systemen. Verteilte Unix-Systeme müssen mit existierenden Anwendungen kommunizieren, aber sie müssen auch wesentliche Vorteile bieten, um die Akzeptanz des Managements zu gewinnen. American Airlines erweiterte die Aufgaben der Gruppe, um interne Probleme zu lösen, die mit offenen Systemen verbunden sind. Zusätzlich bieten sie ihre Dienste nun externen Firmen an und haben sie erfolgreich angewendet.

Andere Firmen haben ebenfalls den Wert der Schaffung separater Teams für die Migration zu offenen Systemen erkannt. Dies erlaubt es den Firmen, die neuen Änderungen von den bestehenden Systemen zu isolieren und erzeugt effektivere Vorgehensweisen bei offenen Systemen. Existierende Systeme funktionieren weiterhin mit Teams, die mit ihrer Bedienung vertraut sind. Neuere Systeme mit Menschen, die in modernen Entwicklungstechnologien qualifiziert sind, werden perfektioniert.

14.2 MAINFRAME-ORIENTIERT

Die Mainframe-Ära begann in den 60er Jahren. Das große Ereignis des Jahrzehnts war die Ankündigung der IBM System/360. Andere Firmen boten konkurrierende Mainframes an, aber die höchste Akzeptanz gab es für IBM-Produkte und Duplikate dieser Architektur. Seit den 60ern haben viele Firmen eine beträchtliche Anwendungsbasis und Supportstruktur auf Mainframe-Rechnern erstellt.

Eine lange Linie erfolgreicher Implementierungen hat die Architektur fest in vielen Firmen verankert. Erfolgreiche Implementierungen trugen direkt zum Erfolg der Firmen bei. Wenn zusätzliche Rechnerleistung nötig war, war es relativ einfach, zusätzliche Mainframe-Prozessoren und Speicher zu installieren. Konzernnetzwerke und ihre Managementsoftware basierten auf dem Mainframe, der ein zentraler Kontrollpunkt für alle Datenverarbeitungsaktivi-

täten wurde. Der Mainframe hat in vielen Firmen über die Jahre gut funktioniert und viele würden behaupten, er solle nicht ersetzt werden, da er weiterhin gut funktioniert.

Die Teams in den Mainframes benutzenden Firmen wurden gut geschult,
um die Prozessoren am Laufen zu halten. In der Tat haben viele Firmen begonnen, die Belegschaft zu reduzieren, indem Hardware und Software zur
Automatisierung eingeführt wurde. Neue für Mainframes geschriebene Programme benutzen weiter alte Sprachen. Die Mainframe-Netzwerke bilden
weiterhin das Rückgrat der Unternehmensnetzwerke.

14.2.1 Umgebung

Eine Mainframe-orientierte Umgebung basiert auf Anwendungen und Daten,
die sich über einen langen Zeitraum entwickelt haben. In Unternehmen, die
zentrale Verarbeitung seit ihren frühen Anfängen verwenden, ist eine große
Bibliothek traditionellen Codes vorhanden. Viele Anwendungen wurden vor
der jetzigen Generation von Datenverarbeitungsprofis geschrieben und viele
werden mit geringen Kenntnissen über die ursprünglichen Absichten oder das
Design gewartet. Die Software wurde mit traditionellen Programmiersprachen wie FORTRAN oder COBOL entwickelt. Viele Unternehmen unterhalten eine große Mannschaft von Programmierern, um diese Softwarerbschaft
zu verändern und auf dem neuesten Stand zu halten.

Die Anwendungen sind normalerweise terminalorientiert. Ein großer Teil
der Programmiermannschaft ist mit der Wartung der vorhandenen Systeme
beschäftigt, wodurch die Neuentwicklung beschränkt wird. Obwohl Biblio-
theksfunktionen und Werkzeuge eingeführt wurden, die die Entwicklung
vereinfachen, haben die Engpässe die Endanwender enttäuscht, die die
schnellen Entwicklungszeiten auf Desktopcomputern sehen. Oft gibt es nur
wenig Dokumentation der Programme und die Aufgabe der Redefinition für
eine andere Umgebung erscheint enorm. Oft gibt es niemand im Unternehmen, der das System einfach neuentwerfen könnte, oder wenn es eine solche
Person gibt, wird sie zur Lösung anderer Probleme benötigt.

Der Zustand der Daten ist ebenso komplex wie der der Anwendungsbasis.
Über die Jahre sind die Daten gewachsen und eine Vielzahl von Dateien und
Datenbankzugriffsprogrammen wird benutzt. Die Daten sind eng mit den
Strukturen der Anwendungsprogramme verbunden und sie werden streng ge-
schützt, da sie als wertvoll für das Unternehmen eingeschätzt werden. Die
Sicherheit ist hoch und kann durch die zentralisierte Datenkontrolle leicht
durchgesetzt werden.

Die Benutzerinteraktion mit dem System fließt durch den Zentralprozessor. Kommandos, Menus und Bildschirme werden im Anwendungscode generiert, der auf dem Mainframe liegt. Die Interaktion geschieht direkt mit dem Anwendungsprogramm. Wenn Änderungen gemacht werden, geschehen sie an einem einzigen Ort, so daß sie leicht koordiniert werden können. Die Anwender sind an die Kommandostruktur des Mainframes gewöhnt.

Mainframesysteme, die über mehrere Standorte reichen, bilden ein Netzwerkkontrollsystem, das auf einem einzelnen Mainframe zentriert ist. Der Kontrollpunkt für das gesamte System liegt an einem Ort. Unternehmensnetzwerke gehen oft über Ländergrenzen hinweg und umfassen häufig Tochtergesellschaften oder Partner auf der ganzen Welt. Internationale Systeme benutzen oft das Design, das für die Vereinigten Staaten entwickelt wurde. Die Kommunikationsflüsse folgen der Architektur, die für das heimische Unternehmen benutzt wird.

Das Netzwerkmanagement der Systeme beruht auf dem Kontrollpunkt im Mainframe. Kontrollprozesse innerhalb des Unternehmens unterstellen diese mächtigen Kontrollpunkte und wurden entwickelt, um diese Punkte zu erweitern. Das Netzwerkmanagement beruht darauf, daß alle externen Computer Informationen sammeln und sie an den zentralen Ort liefern, der das Netzwerk überwacht. Die Kontrolle des Unternehmensnetzwerks liefert schnelle Antworten auf Leitungsprobleme und bietet auch Informationen über das weltweite Netzwerk für das Management. Es haben sich Verfahren entwickelt, die dem Unternehmen die Sicherheit geben, daß das System in den meisten kritischen Betriebszuständen weiter funktionieren wird.

14.2.2 Migrationsbedingungen

Unternehmen, die den Übergang von Mainframes zu offenen Systemen vollzogen haben, haben spezifische Anforderungen identifiziert, die den Übergang glatter machten. Einige allgemeine Gebiete mußten von allen Unternehmen behandelt werden, aber für jedes Unternehmen variieren die Besonderheiten mit dem Grad der Bindung an individuelle Verarbeitungsstile.

Der Übergang für die Anwendungsentwicklung wurde durch einige einfache Schritte vollzogen. Viele Unternehmen haben ein Reverse-Engineering*-Programm eingesetzt, das es ihnen erlaubt, alte Programme zu analysieren und neu zu schreiben. Das Reverse-Engineering-Programm durchsucht den alten Code und definiert seine Kontroll- und Datenflüsse auf eine Weise, die eine Neucodierung erlaubt. Andere Unternehmen isolierten neue Anwendungen und bauten zunächst diese entsprechend den offenen Systemdefinitionen. Dies erlaubt es den Implementierern offener Systeme, die vorhandenen Anwendungen virtuell einzupacken („surround") und jede Veränderung des älteren Codes zu vermeiden. Die neue Umgebung basiert auf C und Unix oder anderen Sprachen der vierten Generation. Der neue Anwendungsstil sollte sich in den neuen Definitionen widerspiegeln. Neue Werkzeuge, die sich von den traditionellen Mainframewerkzeugen unterscheiden, müssen verwendet werden.

Die Behandlung der Daten war ähnlich dem Konzept des Verpackens der vorhandenen Umgebung und dem Voranschreiten mit neuen Anwendungen. In diesem Szenario werden die Daten im Mainframe als Zustandsdaten behandelt, die von keiner neueren Anwendung verändert werden. Neue Anwendungen führen ihre eigene Datenhaltung ein, die mit den älteren Daten nur über Lesezugriffe interagiert. Obwohl die Daten verteilt sind, gibt es eine logische und mächtige Informationsverbindung zwischen den alten Daten und den neuen Daten, die auf Datenbankservern erzeugt werden.

Der einfachste Übergang ist der für die Endanwender. Zunächst haben viele Unternehmen einfach die Schnittstellen zu vorhandenen Systemen erweitert und sie mit zusätzlicher Rechenleistung ausgestattet. Der beste Ansatz besteht darin, das Desktopsystem die Komplexität der älteren Systeme verdecken zu lassen. Die Leistungsfähigkeit des Computers wird benutzt, um die Aufgaben der Endbenutzer zu vereinfachen.

Eine wichtige Anforderung besteht darin, die Fähigkeiten der vorhandenen Programmierermannschaft zu verstehen und einzuschätzen, wie diese von einer Mainframe-orientierten Umgebung auf ein offenes System übertragen werden können. Wahrscheinlich werden neue Fertigkeiten nötig, um die Erweiterungen und Unterschiede in den Anforderungen an Design und Entwicklung abzudecken. Die Anforderungen an die Fähigkeiten schließen das Verständnis für die Komponenten und Funktionen ein, die für die Unterstützung offener Systeme erforderlich sind. Die Systemdesigner müssen die Interaktion zwischen Clients und dem Rest des offenen Systems verstehen. Die Entwickler müssen die Werkzeuge, Sprachen und Techniken verstehen, um effizienten Code innerhalb dieser Umgebung entwickeln zu können. Programmierer müssen mit der verteilten Verarbeitung und den in offenen Systemen verwendeten Datenbanken vertraut werden. Es müssen Menschen ausgebildet oder eingestellt werden, die LANs verstehen und die Softwaresysteme, die benötigt werden, um diese Systeme zu warten und zu benutzen.

Wenn die Kontrollpunkte von rein zentralen Orten in eine verteilte Umgebung wandern, verändert sich auch der Prozeß des Netzwerkmanagements. Viel Arbeit kann durch die LANs erledigt werden, was den Bedarf für komplett zentrale Kontrollpunkte reduziert. Die Verarbeitung im Netzwerk basiert darauf, daß der LAN-Manager viele diagnostische und Reparaturfunktionen unabhängig von zentraler Beteiligung ausführt. Das Management des Unternehmensnetzes wird redefiniert, um die zusätzliche Intelligenz zu berücksichtigen, die in verteilten Systemen vorhanden ist. Autonome Anwendungen werden spezifische LANs überwachen und mit dem Unternehmensnetzwerk verbunden werden.

Es gibt eine Reihe weiterer Probleme beim Übergang eines rein Mainframe-orientierten Unternehmens zu offenen Systemen. Eine wachsende Zahl von Unternehmen hat diesen Übergang erfolgreich vollzogen und andere werden von den vielfältigen Wahlmöglichkeiten profitieren.

14.3 MINICOMPUTER-ORIENTIERT

Die Einführung des Minicomputers in den 70er Jahren bot beträchtliche Leistungsfähigkeit und Autonomie für die einzelnen Abteilungen. Sie boten die Basis für verteilte Verarbeitung für viele Endbenutzer und waren eine Alternative zur strikt zentralisierten Verarbeitung. Unternehmen, die ihre Verarbeitung auf die Verwendung von Abteilungsrechnern umstellten, unternahmen bedeutsame Schritte auf dem Weg zu Sprachen und Betriebssystemen, die in offenen Systemen verwendet werden. Obwohl der Übergang von Minicomputern zu offenen Systemen einfacher ist als die Migration von Mainframes, gibt es eine Reihe von Überlegungen, die abgewägt werden müssen.

14.3.1 Umgebung

Die Minicomputerumgebung ist verteilt, wobei viele Funktionen auf spezialisierten Prozessoren liegen. Der Minicomputer könnte als der erste Server betrachtet werden, und er wird immer noch als Server verwendet. Der Minicomputer steht auch schon unter der Kontrolle der einzelnen Abteilungsmanager. Er wurde benutzt, um Mainframes zu ersetzen, und viele der Kontrollstrukturen für Mainframes wurden für das Minicomputerdesign verwandt. Das Betriebssystem unterstützte generell angeschlossene Terminals, wobei der Mini die Unterstützung für die gemeinsam benutzte Logik bot. Daten waren eng mit spezifischen Minicomputern verbunden, obwohl sie auch auf sicherere Datenarchive auf Mainframecomputern übertragen werden konnten.

Einige Programmierer wurden in C und Unix als hauptsächliche Betriebsumgebungen eingeführt. Viele Unternehmen benutzten traditionelle Sprachen wie FORTRAN oder COBOL auf proprietären Betriebssystemen. Auf kleineren Minicomputern wurde die Sprache RPG („Report Program Generator") breit für Finanz- und kaufmännische Anwendungen benutzt. Eine Reihe von

Datenbankpaketen, wie die Produkte von Oracle, wurde für Minicomputer entwickelt und auf Datenbankserver umgesetzt.

Bei Minicomputern kann das Netzwerk sich auf eine Abteilung beschränken oder sich auf das Unternehmen ausdehnen. Es wurden Werkzeuge eingeführt, die es einzelnen Abteilungen erlauben, ihre Systeme von der lokalen Abteilung aus zu verwalten. Diese Werkzeuge waren aber nie so umfang- oder variantenreich wie die für Mainframes erhältlichen.

14.3.2 Migrationsbedingungen

Obwohl die Minicomputerdesigner mit Programmen vertraut sind, die für autonome Abteilungen entwickelt wurden, haben sich ihre Bausteine mit den Jahren fortentwickelt. Die Bausteine sind keine einzelnen Abteilungsrechner mehr, sondern sie sind Server im LAN. Die Kontrollpunkte für die Minicomputer liegen in den einzelnen Prozessoren. Die Einführung der Client-/Server-Architektur hat zu einer Neubewertung der Rolle von Minicomputern im Netzwerk geführt.

Programmierer von Minicomputern, die Fähigkeiten in C und Unix entwickelten, haben einen Vorteil gegenüber ihren Mainframe-Kollegen. Zusätzliche Sprachen wie 4GLs erweitern die Fähigkeiten des einzelnen Programmierers. Entwickler müssen lernen, wie das LAN ein Designbaustein wird, der das Betriebssystem des Minis ersetzt. LAN-Verwalter kommen neu zu den einzelnen Abteilungen hinzu, die versuchen, sich in die neuen Systeme zu integrieren.

An vielen Orten werden die Fertigkeiten im Umgang mit proprietären Systemen durch das Verständnis der Fertigkeiten für Standardsysteme ersetzt, die nötig sind, um Unterstützung für Unixumgebungen leisten zu können. Die Fähigkeiten müssen sich verändern, um neue Benutzerschnittstellen bedienen zu können, die auf Fensterstrukturen beruhen, wie Motif und OpenLook. Viele Systemprogrammierer müssen in eine Umgebung wechseln, in der das Netzwerk der logische Kontrollpunkt für das Systemdesign wird.

Viele Netzwerkmanagementprogramme, die für Minicomputer entwickelt wurden, müssen verbessert werden, um die wachsenden Bedürfnisse offener Systeme erfüllen zu können. Insbesondere müssen die Programme Statistiken bilden, die benutzt werden können, um Korrekturen und Verwaltungsmöglichkeiten für das Netzwerk zu definieren. Standardisierungsgremien haben neue Rahmen definiert, die für die Verwaltung offener Systeme benutzt werden müssen. An viele dieser Funktionen wird man sich in der neuen Systemumgebung halten müssen.

14.4 PC-ORIENTIERT

Vor über 10 Jahren wurde der PC eingeführt. Viele kleine Unternehmen installierten PCs als Hauptmittel ihrer Datenverarbeitung. Die wachsenden Arbeitsanforderungen führten dazu, daß sie ihre PCs miteinander verbanden, um zusätzliche Computerleistungsfähigkeit zu gewinnen. Aus dem PC-Markt entstanden die Server, aber das Konzept der offenen Systeme hat die Organisation von Netzwerken bis zu einem Punkt vorangetrieben, wo die ursprünglichen Anwender zusätzliche Bedürfnisse entwickeln. Viele PC-Anwender haben sich auf die individuelle Produktivität konzentriert und die Gruppenproduktivität außer Acht gelassen. Offene Systeme beruhen stärker auf der Leistungsfähigkeit des Netzwerks und der Zusammenarbeit mit anderen Prozessoren im Netzwerk.

14.4.1 Umgebung

In vielen Fällen wurde der PC von einzelnen Angestellten installiert, die versuchten, individuelle Produktivität zu gewinnen. Lose definierte Organisationen für den Support der spezifischen Prozessoren entstanden. Wenn es mit dem Rechner oder dem Betriebssystem ein Problem gab, war es möglich, jemanden in den nächsten Abteilung anzurufen, der die Reparatur durchführen oder das Problem beheben konnte. PCs wurden als Rechner für die individuelle Produktivität installiert, mit wenig Gedanken über ihre Verwendung innerhalb der Abteilung oder im gesamten Unternehmen. Obwohl größere Unternehmen einige Richtlinien erließen, trug vor allem der kulturelle Wert eines freien Kontrollpunktes dazu bei, den PC populär zu machen.

Netzwerke für PCs entwickelten sich auf sehr ähnliche Weise wie die Rechner. Zusätzliche Leistungsmöglichkeiten wurden hinzugefügt, wenn sie benötigt wurden. Oft waren die Netzwerke selbst informell, wobei einzelne Abteilungen individuelle Vereinbarungen trafen. Ein Netzwerkmanagement war in der lokalen Umgebung so gut wie nicht vorhanden. Die Kommunikation mit dem Mainframe oder dem Backbone-Netzwerk nahm üblicherweise die Gestalt eines Terminalprotokolls an. Es wurden Techniken entwickelt, um viele Terminalverbindungen zu verschiedenen Mainframe-basierten Systemen zu erlauben. Die Verbindungen zu Minicomputern folgten dem gleichen Muster.

Die Entwickler benutzten jede Sprache, die gerade verfügbar war. Viele Mainframesprachen wurden auf PCs portiert, aber auch andere Sprachen wie BASIC wurden populär. Im oberen Leistungsbereich der Prozessoren wurden Sprachen wie C eingeführt und von den Programmierern verwendet. Schließlich wurden Entwicklungstools auf höherer Ebene eingeführt, die viele der sprachspezifischen Anforderungen eliminierten.

Da für den PC so reichhaltige Programmpakete zur Verfügung standen, übernahmen viele Unternehmen diese Pakete als Grundlage für ihre Büroverarbeitung. Programmierer bereiteten Makros für Tabellenkalkulationen oder andere Programmpakete vor, die die grundlegenden Funktionen erweiterten. Dies schuf eine eigene Sprache, die die Codierung auf eine Ebene brachte, die sich sehr von traditionellen Programmiersprachen unterschied.

14.4.2 Migrationsbedingungen

Eine erste Migrationsbedingung für PC-basierte Systeme besteht darin, das System als Produktivitätswerkzeug für Gruppeninteraktionen zu definieren. Es muß davon ausgegangen werden, daß Gruppen von Menschen in der neuen Umgebung interaktiv zusammenarbeiten werden. Viele Werkzeuge für die persönliche Produktivität lassen sich für Gruppenanwendungen erweitern, aber es müssen auch zusätzlichen Anwendungen entworfen und codiert werden.

PC-Anwender müssen in die Fähigkeiten der leistungsstärkeren Workstations und ihre Verwendung in LANs eingeführt werden. Obwohl viele PC-Anwender mit Servern vertraut sind, müssen andere in diese Möglichkeiten eingeführt werden. Informelle Unterstützungsmechanismen für primitive LANs müssen durch formelle Netzwerkprotokolle ersetzt werden. Die Aufmerksamkeit für Sicherheitserfordernisse und Fehlerkorrekturen muß das Repertoire der benötigten Fähigkeiten der PC-Verwalter ergänzen. Ältere Sprachen müssen ausrangiert und durch C auf Unixbasis oder 4GLs ersetzt werden.

Die Netzwerkverarbeitung und das Konfigurationsmanagement sind wichtige Eigenschaften offener Systeme. Die weitverbreitete Verwendung gemeinsam benutzter Software führt zusätzlich die Notwendigkeit einer Lizenzverwaltung ein. Von jeder dieser Funktionen wird angenommen, daß sie einzigartig und charakteristisch für PC-Anwender ist. Obwohl es klare Unterschiede zwischen Workstation-orientierten und PC-orientierten Anwendern gibt, lassen sich viele Lektionen, die von PC-orientierten Anwendern gelernt wurden, jedoch auch auf Workstation-orientierte Teams anwenden.

14.5 WORKSTATION-ORIENTIERT

Mit der Einführung immer schnellerer Desktopcomputer wurde offensichtlich, daß sich eine Kultur professioneller Anwender entwickelte, die auf diese Prozessoren bauten, um PCs und Zugänge zum Mainframe zu ersetzen. Obwohl vielleicht viele glauben, daß diese Gruppe den Übergang zu offenen Systemen bereits vollzogen hat, setzten viele Abteilungen Workstations ein, als handele es sich um größere PCs. Einige wurden benutzt, um die individuelle Produktivität zu erhöhen und viele wurden ursprünglich unter Verwendung proprietärer Architekturen eingeführt.

14.5.1 Umgebung

Wie der PC wurden Workstations ursprünglich von Unternehmen eingeführt, um die individuelle Produktivität zu erhöhen. Ursprünglich wurden Ingenieure und erfahrene professionelle Nutzer mit diesen Rechnern ausgestattet, ohne daß Gruppenaktivitäten in Betracht gezogen wurden. Als die Preise weiter fielen, wurden die Workstations mit PCs konkurrenzfähig.

Der Workstationanwender muß die Techniken für die gemeinsame Verwendung allgemeiner Funktionen durch Server verstehen. Durch die Arbeit mit gemeinsam verwendeten Ressourcen muß das Gleichgewicht zwischen individueller Autonomie und Gruppenproduktivität einiges an der Workstationphilosophie ändern. Es gab wenig Netzwerkverarbeitung bei Workstationprofis. Obwohl die lokalen Abteilungen miteinander kommunizieren können, gibt es einen wachsenden Bedarf für interaktive Netzwerkverarbeitung. Wachsende Fähigkeiten zur Kommunikation sind sowohl in den anwendenden Abteilungen wie bei den Herstellern nötig, die offene Systeme auf Workstations vermarkten. Die Verbindung zu Hostcomputern war schon immer eine Schwäche in diesem Bereich. Typischerweise verwendeten Workstations vorhandene Terminalprotokolle, um die Mainframeanbindung herzustellen.

Da die Prozessoren so leistungsfähig sind, sind beachtliche Geschwindigkeiten möglich, aber künftige Systeme sollten zu gemeinsamen Schnittstellen übergehen. Dies muß korrigiert werden, bevor die Workstations als gleichberechtigte Partner an interoperablen Netzwerken teilnehmen können.

14.5.2 Migrationsbedingungen

Wie in anderen Bereichen der Datenverarbeitung wird auch hier die Gruppe, die den Übergang von einer reinen Workstationumgebung zu offenen Systemen durchführt, einige Veränderungen vornehmen. Die erste besteht darin, sich zu vergegenwärtigen, daß die Workstation in offenen Systemen in Verbindung mit anderen Rechnerknoten benutzt wird. Durch die Übernahme offener Schnittstellen kann das System Unterstützung für eine Fülle von Alternativen bieten.

Die wachsende Leistungsfähigkeit der Workstations verlangt vom Anwendungsdesigner, Anwendungen mit Wachstumsfähigkeiten zu entwickeln. Planen Sie für wachsende Geschwindigkeit und passen Sie das System entsprechend an. Die Leistungsfähigkeit wird auf jeder Ebene des Systems weiter wachsen und so die kontinuierlichen Geschwindigkeitssteigerungen widerspiegeln.

Einige Workstationanwender lernten das System unter proprietären Architekturen kennen. Diese Anwender sollten auf Unix umsteigen, um eine Gemeinsamkeit mit den Richtungen zu erreichen, die für andere Unternehmen erwartet wird. C und Unix können als Basis für diese neuen Entwicklungen vorausgesetzt werden. Darüberhinaus wurden leistungsfähige 4GLs eingeführt, die die Verbindung zu Servern und anderen Workstations erleichtern.

Anwendungsentwickler für Workstations sollten mit den erweiterten Netzwerkdesigns und neueren, effizienteren Kommunikationsverbindungen zu Mainframes vertraut sein. Diese Designveränderungen sollten in die vorhandenen Systeme eingebaut werden.

Viele Übergangsprobleme sind den unterschiedlichen Umgebungen gemeinsam. Um den einfachen Übergang zwischen den Umgebungen zu erleichtern, können gemeinsame Ansätze für alle vier Richtungen gewählt werden.

14.6 GEMEINSAME KENNZEICHEN DES ÜBERGANGS

Obwohl es Unterschiede in der kulturellen Basis der Gruppen gibt, die zu offenen Systemen migrieren, gibt es viele Funktionen, die für alle Umgebungen übergreifend definiert werden können. Diese Anforderungen bieten eine Grundlage, um den Übergang zu offenen Systemen zu verstehen. Das Ziel ist gemeinsam und die Grundlagen sind für alle verschiedenen Systeme ähnlich.

Für alle Organisationen, die versuchen, den Übergang zu offenen Systemen zu vollziehen, gibt es eine gemeinsame Zielumgebung. Es wird unterstellt, daß die Umgebungen vorhandene Anwendungen beibehalten, während neuere

Entwicklungen als offene Systemlösungen entwickelt werden. In einer offenen Umgebung werden alle Schnittstellen gemeinsam benutzt und sind für mehrere Prozessoren gleich.

Wenn wir die unterschiedlichen Anforderungen betrachten, sehen wir, daß viele gemeinsame Merkmale durch die Organisation definiert werden müssen, die versucht, von einer spezifischen Basis aus zu offenen Systemen überzugehen. Jede Umgebung muß berücksichtigen, daß offene Systeme durch eine strenge Beachtung von gemeinsamen Schnittstellen gekennzeichnet sind. Es wird unterstellt, daß eine Vertrautheit mit offenen Systemen Teil der Anforderungen für die Installation ist, und daß es allgemeine Unix- und C-Schnittstellen gibt.

Die Netzwerkverarbeitung war eine Schwachstelle bei den meisten Systemen, die eine Migration zu offenen Umgebungen versuchten. Eine sorgfältige und komplette Definition der Netzwerkprotokolle und ihrer Interaktion zwischen der alten Kultur und der offenen Systemumgebung kann den Übergangsprozeß unterstützen.

14.7 FÖRDERNDES UND HINDERNDES

Offene Systeme bieten vielversprechende Aussichten für das verwendende Unternehmen, aber es gibt Hürden, die ihre Übernahme behindern. Die zu berücksichtigenden Dinge reichen von der Kultur des Anwenderunternehmens bis zu den spezifischen Einschränkungen der verschiedenen Werkzeuge, die heute verfügbar sind. Es ist eine gute Idee, eine Liste der fördernden und hindernden Umstände in Ihrem Unternehmen aufzustellen, bevor Sie nach Unterstützung für offene Systeme suchen. Viele dieser fördernden und hindernden Umstände sind allgemeingültig und wir werden einige hier untersuchen.

Hindernisse sind wirkliche oder vorgestellte Barrieren, die das Verfolgen eines vorgeschlagenen Weges schwierig oder unmöglich machen. Sie variieren mit der Kultur des Unternehmen, aber es gibt viele Hindernisse, die die Empfehlung offener Systeme ganz allgemein beeinträchtigen können. Diese Hindernisse können die Akzeptanz offener Systeme oder der Clients und Server innerhalb des Unternehmens einschränken oder auch ein Projekt komplett zu Fall bringen.

Das erste Hindernis ist die Festgefahrenheit der Organisation. Forrester weist in seinem Bericht über Client/Server (Forrester, 1989) auf die Schwierigkeit hin, Mainframe-zentrierte Unternehmen zu einer Technologie der 4. Generation zu bewegen. Mainframe-orientierte Unternehmen planen ihre Verarbeitung rund um den Mainframe und waren mit dieser Umgebung über

Jahre erfolgreich. Oft halten diese Unternehmen sichere Zustandsdaten in der Mainframeumgebung und zögern vor einem Übergang zu verteilter Verarbeitung. Es gibt große Investitionen in die zentralen Rechner und diese Investitionen wachsen ständig, um die Bedürfnisse der Anwender zu erfüllen. Die Finanzierungsgruppen in diesen Unternehmen finden es schwierig, die Einführung von Workstations und LANs in großen Stückzahlen zu rechtfertigen.

Ein Mangel an Engagement des Managements ist wahrscheinlich entscheidend für eine Veränderung der Verarbeitungsparadigmen. Traditionelle Ängste, Unsicherheiten und Zweifel lassen viele Manager zögern, ihre Verarbeitung umzustellen. Viele Führungskräfte fühlen sich zufrieden mit ihren traditionellen Lieferanten und deren Herangehensweisen an Probleme. Viele wollen ihre Karriere oder Pension nicht durch die Verwendung neuer Technologie aufs Spiel setzen.

Große Netze von Workstations offener Systeme verlangen neue Ebenen der Netzwerkverwaltung. In vielen Fällen existieren jetzt noch keine Werkzeuge für die ausreichende Unterstützung dieser großen Netzwerke. Fragen der Softwareverteilung und des Managements treten in den Vordergrund, wenn man zu Netzwerken mit mehr als einer Handvoll Workstations gelangt. Die Kontrolle der Datenflüsse im Netzwerk wirft Probleme auf. Die Wartung großer Workstations verlangt innovative Ansätze, für deren Verfolgung viele Unternehmen schlecht ausgerüstet sind.

Ein anderes Hindernis ist die Komplexität der Integration. Offene Systemlösungen entwickeln sich aus der vorhandenen Computerstruktur eines Unternehmens und müssen mit ihr integriert werden. In diesem Entwicklungsprozeß ist es notwendig, den neuen Ansatz mit den älteren Verarbeitungslösungen zu verknüpfen. Die notwendigen Fähigkeiten für die Durchführung dieses Integrationsprozesses sind sehr gefragt.

Fähigkeiten sind das nächste Hindernis. Das Mainframe-orientierte Unternehmen ist üblicherweise auch gut mit COBOL-Fertigkeiten ausgestattet und gutausgebildet für eine hierarchische Umgebung. Die Menschen sind zufrieden mit der vorhandenen Wissensbasis und zögern, neue Fertigkeiten zu erwerben. Ein Mangel an Fertigkeiten behindert aber das offene Design, da die erfolgreichen Paradigmen einen anderen Weg genommen haben. Fähigkeiten entwickeln sich für viele Unternehmen zum Problem, da es einen Bedarf für die Verbesserung von Fähigkeiten auf allen Ebenen gibt, um den wichtigen Schritt zu einer neuen Umgebung vollziehen zu können.

Der fortwährende Gewinnzwang macht es schwierig, den Wandel zu offenen Systemen zu rechtfertigen. Selbst in den besten Zeiten werden die technologischen Kosten eines neuen Ansatzes in vielen Organisationen mit Mißtrauen betrachtet. Es gibt ein Zögern, zu einer neuen Technologie überzugehen, und es gibt noch mehr Opposition dagegen, die Organisationen zu verändern, um den höchsten Ertrag für das Unternehmen zu erzielen.

Fördernde Umstände erhöhen die Wahrscheinlichkeit, daß ein eingeschlagener Weg erfolgreich sein wird. Dem Vorkämpfer offener Systeme stehen eine Anzahl zur Verfügung. Wenn sie richtig benutzt werden, können sie ihm helfen, die Debatte über den Wechsel auf offene Systeme zu gewinnen.

Konkurrenzvorteile sind in den meisten Unternehmen ein wichtiger Umstand. Durch den Wechsel zu offenen Systemen kann die lang- und kurzfristige Konkurrenzposition verbessert werden. Zwei Hauptfaktoren tragen zu dieser Verbesserung der Position gegenüber der Konkurrenz bei. Der erste ist die schnellere Antwortmöglichkeit auf die Bedürfnisse der Kunden und der zweite sind die reduzierten Preise für die Endprodukte. Die Konkurrenz trägt dazu bei, den Wechsel der Umgebung anzuspornen, da verteilte offene Systeme gezeigt haben, daß sie schnellere Anpassungsmöglichkeiten bieten.

Ein sehr wichtiger fördernder Umstand ist eine feste Verpflichtung der Unternehmensführung. Diese Ebene der Verpflichtung ist zwingend, um die Verarbeitung in Mainframe-orientierten Unternehmen zu verändern. Es werden visionäre Manager benötigt, die die Vorteile der neuen Umgebung und die Techniken, mit denen sie implementiert wird, verstehen können. Die Verpflichtung des Managements bezeichnet den Willen, das Unternehmen in einer großen Anstrengung auf die neuen Verarbeitungsparadigmen auszurichten.

Der sich verändernde Personalbedarf der 90er Jahre wird für viele Unternehmen zu einem fördernden Umstand. Die traditionellen Angestellten im operativen Geschäft benötigen zusätzliche Leistung, um die fortgesetzten Schwächen des Erziehungssystems auszugleichen. Offene Systeme können erweiterte Leistungsfähigkeit für den einzelnen Angestellten bereitstellen und benutzt werden, um die Ausbildung abzukürzen. Workstations bieten die notwendige Leistungserhöhung.

Die Technologiekurve selbst wird zum fördernden Moment, da die Kosten der leistungsfähigen Workstations das Risiko reduzieren, dem sich ein Unternehmen ausgesetzt fühlen mag, wenn es den Wandel wagt. Die fortgesetzten Preissenkungen erleichtern fortgeschrittene Anwendungen.

Es gibt einen starken Bedarf für interne Vorkämpfer, die die Technologie verstehen und sie bis zur kompletten Lösung vorantreiben können. Starke Unterstützung durch den Hersteller, verbunden mit dem internen Vorkämpfer, kann dem Unternehmen helfen, den Schritt zur neuen Technologie zu gehen.

14.8 FOLGERUNGEN

Wir haben einige Übergangsbarrieren untersucht, die bei der Bewegung von vorhandenen Umgebungen zu offenen Systemen anzutreffen sind. Viele spezifische Probleme werden durch die einzelnen Anwender entdeckt werden. Es ist eine gute Idee, eine Liste für Ihr Unternehmen aufzustellen und eine spezifische Liste der Dinge anzulegen, die getan werden können, um den Wandlungsprozeß zu unterstützen.

Für die Entwicklungsabteilungen in Mainframe- und Minicomputer-orientierten Umgebungen bestehen gemeinsame Probleme. Die Minicomputer-Manager profitieren davon, daß sie die Konzepte der verteilten Verarbeitung bereits gelöst haben. Aber es gibt andere Probleme, die den Übergang von Minicomputern zu offenen Systemen verlangsamen können.

Die Einführung einer neuen Technologie wie der offener Systeme schließt eine Bewegung ein, die das gegenwärtige System stabilisieren muß, während der Übergang zu fortschrittlicheren Lösungen vollzogen wird. Behalten sie die vorhandenen Anwendungen und die Hardware, während der Übergang durchgeführt wird. Stellen Sie sicher, daß es einen „Notausgang" für sensible Anwendungen gibt, die das Unternehmen am Laufen halten.

Unternehmen, die von PCs und Workstations ausgehen, teilen einige gemeinsame Probleme. Jeder Anwender ist an einen hohen Grad der Autonomie gewöhnt, der beim Wandel zu offenen Systemen durch Gruppenverarbeitung ersetzt wird. Verteilte Arbeit wird in den 90er Jahren wichtig sein und dieser Übergang muß erkannt werden.

Ein Übergangsplan beginnt mit einer Blaupause der Daten- und Kontrollflüsse. Diese Kontrollflüsse enthalten Informationen für das gesamte Unternehmen. Offene Systeme sind ein wichtiger Teil der neuen Technologie in den 90er Jahren und ihre Übernahme stellt das Management vor die Herausforderung, die Lösungen zu verstehen und erfolgreich zu implementieren. Der Druck für die Entwicklung offener Systeme kam von Anwenderunternehmen, die vor der Notwendigkeit stehen, die Lösungen vieler Hersteller miteinander zu verbinden, um eine konkurrenzfähige Ebene von Geschwindigkeit und Funktionalität zu erreichen. Ein einzelnes Unternehmen kann die notwendigen Alternativen für alle Ebenen der Technologie nicht bieten.

Offene Systemlösungen setzen die Möglichkeit voraus, mehrere Hersteller zu verwenden. Unix wurde zu einem dominierenden Teil der Definition offener Systeme, doch es gibt immer noch eine Suche nach besserer Systemsoftware, um sich auf die volle Leistungsfähigkeit offener Systeme konzentrieren zu können. Entwicklungen der Systemsoftware bieten zusätzliche Leistungsfähigkeit, um die wachsenden Anwendungsbedürfnisse zu unterstützen. Die Anwender müssen herausfinden, welches System bestimmte Aufgaben besser erfüllt, aber die Hersteller müssen offene Systemdefinitionen unterstützen, um den Erfolg künftiger Produkte sicherzustellen.

Die Programmiersprachen haben sich verbessert und bieten substantielle Erweiterungen gegenüber ihren Vorgängern. Sie bieten leichten Zugang zu unternehmenskritischen und allgemeinen Anwendungen, die auf Workstations eingesetzt werden. Ebenso wichtig ist, daß wir leichteren Zugang zum System mit den Sprachen der neuen Generation finden. Jedes Softwareelement macht den Systemzugang einfacher, aber der wahre Eingang zum Computer ist die Tastatur und der Bildschirm der Workstation. Die Standardisierung dieser Schnittstellen ermöglicht es den Anwendern, unterschiedliche Workstations zu benutzen.

Die gewachsene Computerleistungsfähigkeit bietet Plattformen für innovative Anwendungen, die von der Portabilität profitieren. Vereinfachte Werkzeuge bieten Zugang zu vielen dieser Anwendungen. Wenn das Netzwerk an Computerleistung und Anwenderzahlen zunimmt, gibt es eine wachsende Notwendigkeit, Werkzeuge zu finden, die Update, Management und Kontrolle des gesamten Netzwerks vereinfachen.

Der Vorkämpfer offener Systeme muß die fördernden Umstände benutzen, um die Argumente für die Implementierung zu stützen. Den Hindernissen muß mit Plänen begegnet werden, die es dem Unternehmen ermöglichen, in die neue Umgebung zu wechseln. Schließlich werden die meisten Unternehmen zu einer offenen Architektur wechseln, wenn sie die große Zahl von Vorteilen wahrnehmen.

LITERATUR

Forrester Research Inc., „Client/Server Migration", *The Professional Systems Report*, Cambridge, MA, 1989.

Philip J. Gill, „Double Duty for Distributed Systems", *Unix Today*, Manhasset, NY, September 30, 1991, pp. 48-53.

Chip Steinmetz, nach Bemerkungen zu einem Panel über das Management offener Systeme in den 90er Jahren, COMDEX, Las Vegas, October 22, 1991.

15

Integration

Die Integration neuer Anwendungen stellte bei zentralisierten Mainframes eine Herausforderung dar. Es wurden schließlich Techniken entwickelt, um verschiedene Programme in komplexen Netzwerken miteinander zu verbinden, die sich oft weltweit erstreckten. Die Integrationsaufgabe ist noch komplexer geworden mit der Einführung leistungsfähiger Rechner, die in offenen Systemen miteinander verbunden sind. Der Mangel an klar definierten Kontrollpunkten trägt dazu bei, diesen Prozeß komplex zu machen. Obwohl es eine große Aufgabe ist, ist sie für die Unternehmen wichtig, um die vollen Vorteile offener Systeme wahrzunehmen. Integration ist auch eine der am schnellsten wachsenden Marktchancen im Computerbereich.

In einem weiteren Sinne beeinflußt die Einführung und Integration neuer Technologie die umfassendere Kultur der Gesellschaft und die Akzeptanz neuer Verfahren. In diesem Sinne bringen Integratoren unterschiedliche Dinge zusammen, die zu einem einzigen System verschmelzen sollen (Toffler, 1980), und sie begegnen sowohl Widerstand wie Akzeptanz. Integration basiert auf der Vision des Unternehmens, die auf die verschiedenen technischen Lösungen angewandt wird.

Jenseits der lokalen Integration gibt es ein wachsendes Interesse an der Frage der Unternehmensintegration. Abbildung 15.1 zeigt das Konzept des Unternehmens im Brennpunkt, daß an zentraler Stelle in einem Verfahren oder einem Wirtschaftszweig steht. Z. B. ist General Motors ein fokales Unternehmen für viele Lieferanten und Werkstätten. Fokale Unternehmen dehnen ihre internen Verbindungen auf Lieferanten und Vermarktungsunternehmen aus, die für ihr Geschäft lebenswichtig sind. Offensichtlich muß eine saubere Unternehmensintegration zuerst mit dem fokalen Unternehmen beginnen. Die Systeme von General Motors müssen einwandfrei arbeiten, bevor sie auf andere Unternehmen ausgedehnt werden.

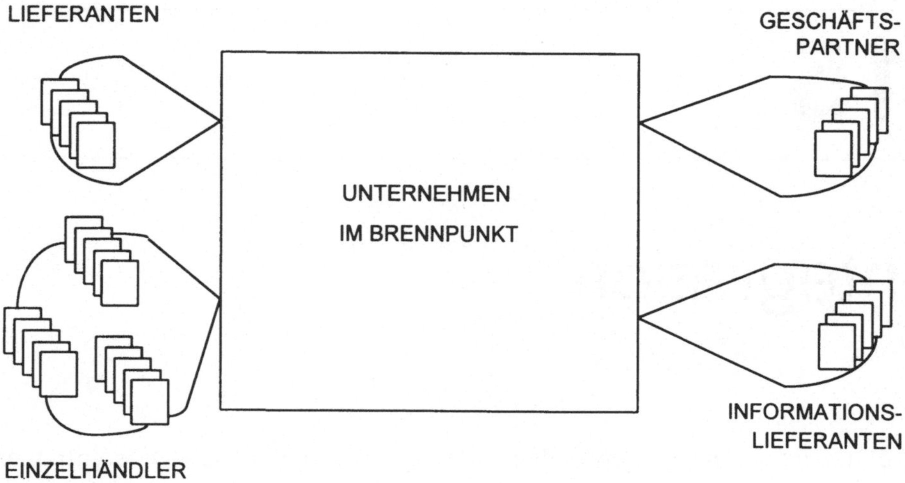

Abbildung 15.1   Unternehmen im Brennpunkt

Während ich dieses Buch schrieb, entdeckte ich einen Laden, der sich auf Kaleidoskope spezialisiert hatte, die mich an die Komplexität der Integration und die Variabilität zwischen verschiedenen Unternehmen erinnerte. Der Integrationsprozeß spiegelt die Komplexität der einzelnen Komponenten wider, und er spiegelt auch die Komplexität der Unternehmensstrukturen wider, die den Prozeß im Lichte ihrer unmittelbaren Anforderungen sehen. Es ist eine Flexibilität der Lösungen nötig, die einen ausgewogenen Ansatz benutzt, der verändert werden kann, um wechselnden Anforderungen und unvorhersehbaren Ergebnissen gerecht zu werden.

Eine effiziente Integration beruht auf einer Vision der Zukunft mit einem ausgewogenen Verständnis davon, welche Produkte der Vergangenheit die schließliche Vollendung der Vision beeinflussen können. Eine Integrationslandkarte bestimmt, wie neue Produkte eingeführt und zusammen mit alten Produkten benutzt werden können. Unternehmensstandards helfen, ein konsistentes Vorgehen sicherzustellen. Die Integration muß das Erbe an Code und Hardware berücksichtigen. Ein großer Teil der vorhandenen Ausrüstung kann bei einem gut durchgeführten Integrationsprozeß erhalten werden.

Die Ziele der Integration variieren von Organisation zu Organisation. Einige Gruppen möchten nur einfach neue Systeme hinzufügen, während sie ihre Mainframesysteme als primäres Mittel der Unternehmensdatenverarbeitung beibehalten. Andere möchten eine Kombination beider Systeme behalten. Wieder andere möchten die alten Systeme komplett abschalten und ihren Betrieb mit offenen Systemen revolutionieren. Das gemeinsame Ziel besteht darin, die Verbindungen zu vorhandenen Systemen herauszufinden, die den Übergang erleichtern können.

Die Aufgabe ist gewaltig. Schätzungen belaufen sich auf über eine Billion Dollar für Anwendungen, die auf proprietären Systemen geschrieben wurden. Von den 30 - 40 Milliarden Dollar, die für neue Technologie ausgegeben werden, werden nur 500 Millionen Dollar für Standards ausgegeben. Das General Accounting Office, das den Überblick über 53.000 Computersysteme der Regierung hat, berichtet über wenige Erfolge und viele kostspielige Fehlschläge bei Modernisierungsversuchen. Wenn eine Organisation, die jährlich 20 Milliarden Dollar für Veränderungen ausgeben kann, Probleme hat, welche Hoffnung besteht dann für den Rest von uns (GAO, 1990)?

Es gibt Erfolge bei Unternehmen, die einem einfachen Stufenplan für die Integration gefolgt sind. Diese Unternehmen haben erkannt, daß Software das Bindemittel des Integrationsprozesses ist. Das Unternehmen ist im Vorteil, das verschiedene Einzelteile durch gut entwickelte Software zusammenfügen kann. Wie vieles bei offenen Systemen hängt die Integration davon ab, die notwendigen menschlichen Fähigkeiten in der Organisation zu finden und zu entwickeln. Formelle und informelle Gruppen tragen zum Erfolg des Integrationsprozesses bei. Von den Systemintegratoren wird eine einzigartige Vision verlangt, die sich von anderen Arbeitsgebieten unterscheidet. Wirkliche Integrationsfähigkeiten beginnen gerade erst sich zu entwickeln und sind deshalb schwer zu finden.

In einem System mit einem einzelnen Kontrollpunkt erschien die Integration relativ einfach. Als die geballte Leistungsfähigkeit auf Abteilungen und Workstations überging, wuchs die Komplexität der Probleme. Desktopcomputer kommunizieren gleichberechtigt miteinander und schaffen ihre eigenen gleichberechtigten Kontrollpunkte. Der logische Kontrollpunkt des Systems wird der Integrationspunkt des Netzwerks. Unternehmen, die erfolgreich eine sanfte Integration erreichten, haben mehrere Integrationsansätze verfolgt.

Der Integrationsprozeß muß das Bedürfnis nach gemeinsam benutzten Ressourcen befriedigen, die unterschiedliche Computer einschließen. Neue Werkzeuge können die Integration erleichtern, aber viele dieser Werkzeuge sind noch im Entwicklungs- oder Planungsstadium. Ein Integrationsprozeß muß die spezifischen Bedürfnisse jedes Unternehmens erfüllen. Systemintegration beinhaltet in mehr als einem Sinn die Identifikation komplexer Anwendungen, die über mehrere Ebenen von Hardware und Software gemeinsam benutzt werden.

15.1 MODELLE DER INTEGRATION

Zwei verschiedene Modelle der Integration wurden in Unternehmen angewandt. Das erste ist ein Top-Down[*]-Modell, das von den Bedürfnissen des Unternehmens gesteuert wird, und von der Spitze des Unternehmens her angewandt wird. Der Top-Down-Ansatz wird von den MIS-Gruppen des Unternehmens definiert und beginnt oft mit einer Definition der Anforderungen der zentralen Datenverarbeitungskomponenten. Die zentrale Definition von Integrationsprotokollen wird im gesamten Unternehmen angewandt und es wird von lokalen Implementationen erwartet, daß sie zu dem zentralen Ansatz konform sind. Dieses Integrationsmodell ist am effektivsten, wenn die Autorität der zentralen Gruppe in der ganzen Organisation akzeptiert ist. Die zentrale Gruppe muß genügend aufnahmebereit sein, um die Leistungsfähigkeit der neuen Computerparadigmen zu erkennen und sie in die definierten Protokolle einzubinden. Der Top-Down-Ansatz verlangt eine strenge zentrale Kontrolle, die Standards für den Kauf und die Installation von Computerhardware und -software definieren und durchsetzen kann.

Der Top-Down-Ansatz vereinfacht die Aufgabe von Integrator und Hersteller. Es gibt eine klare Definition akzeptierter Schnittstellen und eine Kenntnis des Anwenders, die nicht von diesem Muster abweichen wird. Die Hersteller können Produkte anbieten, die sich an die veröffentlichten Schnittstellen halten und die anwendenden Abteilungen wissen, welche Hersteller mit den Grundregeln für das Unternehmen übereinstimmen. Top-Down-Ansätze erlauben es dem Unternehmen, Vorteile aus dem Kauf mehrerer Kopien der gleichen Lösung zu ziehen.

Als der Autor bei General Electrics, Calma beschäftigt war, schufen wir ein Integrationsdokument, das detaillierte Designrichtlinien und Standards enthielt. Das Dokument enthielt die relevanten Standards für Datenbanken, Kommunikation und Benutzerschnittstellen. Das Dokument machte auch klare Angaben über allgemeine Probleme wie Sicherheit, Zuverlässigkeit und andere Gegenstände, die das ganze Netzwerk betrafen. Das Dokument spezifizierte Standards für die hauptsächlichen technischen Protokolle zur Anleitung der Entwickler. Das gleiche Dokument erlaubte es den großen Herstellern, ihre Angebote für Ausschreibungen des Unternehmens anzupassen. Die Integration wurde einfacher, da es einen akzeptierten Rahmen gab, der den Integrationspunkt und die Verbindungstechniken definierte.

Das zweite Modell ist Bottoms-Up[*] und beginnt mit einer bestimmten Abteilung, die eine offene Lösung implementiert. Die Abteilungslösung wird mit dem vorhandenen Netzwerk verbunden. Schließlich wird ein Repertoire akzeptierter Anwendungen in das Netzwerk integriert. Es gibt viele Beispiele von Unternehmen, die eine erfolgreiche Integration erreichten, indem eine

Organisation offene Lösungen übernahm, die auf andere Gruppen im Unternehmen ausgedehnt wurden.

Es gibt dramatische Geschichten über technische Abteilungen, die ihre Umgebung durch die Einführung von PCs änderten. Ursprünglich als Einzelrechner eingeführt, wurden diese einfachen Workstations dann über lokale Netze miteinander verbunden. Die Netzwerke wurden schließlich unter Verwendung vorhandener Protokolle mit vorhandenen Computersystemen des Unternehmens verbunden. Viele dieser Verbindungen wurden durch lokale Vereinbarungen zwischen Abteilungen erreicht, die Daten gemeinsam verwenden wollten. Einfache Programme für die Verbindung mit vorhandenen Datenbanken wurden geschrieben und die Lösung wurde über viele Abteilungen verbreitet. Die MIS-Gruppe wurde erst beteiligt, als die Fakten bereits geschaffen waren.

Organisationen erreichen Bottoms-Up-Lösungen, wenn einzelne genug Freiheit bei der Auswahl von Hardware und Software haben, die ihre unmittelbaren Bedürfnisse zufriedenstellt. Einführung und Integration wird einzelnen Managern überlassen, die an ihren Produktionskosten und Zeitplänen gemessen werden. Da die Kosten für einfache offene Lösungen im Zuständigkeitsbereich der Manager liegen, können sie Systeme schaffen, die ihren bekannten Anforderungen genügen. Die Kosten der langfristigen Unterstützung fehlen üblicherweise bei diesen Bottoms-Up-Ansätzen.

Hersteller können autonome Bottoms-Up-Organisationen schwieriger verstehen, da es viele unterschiedliche Definitionen geben kann, die innerhalb des Unternehmens verwendet werden. Es gibt jedoch eine offene Konkurrenz, da die lokalen Entscheidungen zum Laufen gebracht werden können und innerhalb des Unternehmens akzeptiert werden. Oft können Teams der Hersteller eingesetzt werden, um der einzelnen Abteilung dabei zu helfen, eine Referenzimplementation zu schaffen, die dann auf breiterer Basis eingesetzt werden kann.

Die Bedürfnisse der größeren Organisation werden dem Bottoms-Up-Ansatz schließlich Standards auferlegen. Dies wird zunächst Unruhe im Unternehmen auslösen, da ein Teil der Freiheit geopfert werden muß, um die Ziele des Gesamtunternehmens zu erreichen. Die Definition von Standards sollte auf vorhandenen Implementationen basieren, die der gewünschten neuen Richtung entsprechen. Wenn die Strategie und die Standards einmal definiert sind, wird es möglich, einen aktiven Rahmen für die Integration zu schaffen. Der Integrationsplan benutzt den Rahmen, um zu bestimmen, wie einzelne Gruppen in Übereinstimmung mit der Strategie gebracht werden können.

15.2 KONTROLLPUNKTE

Viele der Integrationsprobleme lösen sich, wenn man die Kontroll- und Integrationspunkte des Systems versteht. Wie früher in diesem Buch erwähnt, repräsentieren Kontrollpunkte die Konvergenzpunkte für neue Software. Wenn das Netzwerk das System wird, lassen sich neue Kontrollpunktentwürfe ausmachen, die die Erfahrungen zusammenfassen, die beim Entwurf von Mainframes, Workstations und LANs gemacht wurden. Diese komplexe Mischung verlangt die Bestimmung eines logischen Systemkontrollpunktes, der benutzt werden kann, um die unterschiedlichen Elemente offener Systeme zu verwalten. Das Netzwerk als System zu behandeln, verlangt einen Kontrollpunkt, der die unterschiedlichen Einheiten innerhalb des Netzwerks umspannt.

Der Unternehmenskontrollpunkt stellt die Kombination mehrerer Kontrollpunkte innerhalb des Netzwerks dar. Diese Kontrollpunkte sind wirklich eine Architektur, an der jeder Computer im System teilhat. Die Architektur baut auf der Erbschaft der älteren Systeme auf, während sie die Unterstützung auf eine erweiterte Sicht des Systems ausdehnt. Jede Komponente hat ihren Kontrollpunkt in ihrem eigenen Bereich, der für dieses bestimmte System lokal ist. Z. B. behalten teilnehmende PCs ihre lokale Autonomie, aber sie müssen an dem größeren architektonischen Entwurf teilhaben, um Dienste des Netzwerks erhalten zu können. Neue lokale Netzwerke haben einen eigenen Bereich und Kontrollpunkt, der in eine breitere Definition für das Unternehmen eingeschlossen werden kann.

Der Unternehmenskontrollpunkt identifiziert die logischen Funktionen, die virtuell im Netzwerk vorhanden sind. Diese Funktionen stellen die minimale Definition der Einhaltung von Regeln dar, an das sich jedes mit dem Netzwerk verbundene Mitglied halten muß. Obwohl es einzelne Regler geben mag, die auf einem Server oder einer administrativen Workstation liegen, ist der wirkliche Kontrollpunkt und Integrationspunkt für das Netzwerk die Konformität zur Architektur. Physikalisch verschiebt sich der Kontrollpunkt zu den höchsten Netzwerkaktivitäten. Dieser Kontrollpunkt liegt im virtuellen Zentrum des Netzwerks. Obwohl er virtuell und architektonisch ist, bietet der Kontrollpunkt eine überwachende Kontrolle über die Systemressourcen. Ein Beispiel ist der virtuelle Kontrollpunkt der in IBMs Logical Unit 6.2 enthalten ist. Da offene Systeme eine Mischung aus heterogener Hardware und Software sein können, beruht der virtuelle Kontrollpunkt auf der Übernahme einer einzigen Architektur, die den Fluß zwischen den verschiedenen Prozessoren definiert.

Traditionell lokale Funktionen wandern zum Unternehmenskontrollpunkt. In zentralen Computern verteilt das Hauptsteuerprogramm („Scheduler") die

Ressourcen, um die Anforderungen mehrerer Anwender zufriedenzustellen. Zu diesen Ressourcen gehören primärer und sekundärer Speicher ebenso wie die Zeitscheiben der Rechenzeit. Der Unternehmenskontrollpunkt dient als Kontrollpunkt für mehrfach genutzte Ressourcen für das gesamte System. Er balanciert die Anforderungen für mehrere parallele Ressourcen aus, während er die Integrität und Sicherheit des gesamten Systems sicherstellt.

Offene Systeme beruhen auf der Zusammenfassung von Rechenleistung, die am Schreibtisch des Anwenders beginnt. Mit Servern und zentralen Rechnern verbundene Workstations, die durch eine zentrale komplexe Umgebung verwaltet und kontrolliert werden, werden in das Unternehmen eingefügt. Das System auszubalancieren, schließt viele verschiedene technische Komponenten ein, aber sicher umfaßt es die unterschiedlichen Rechen- und Datenressourcen, die über das Netzwerk erreichbar sind. Es gibt viele Beispiele, wo mehrere Ressourcen an ein offenes System angeschlossen wurden und von der Ausbalancierung unterschiedlicher Computerleistungsklassen abhängen.

Zentrale Computersysteme hingen von der Leistungsfähigkeit eines einzelnen Computers ab, um mehrere Anwender zu unterstützen. Bei offenen Systemen hat jeder Anwender eine gemeinsam genutzte Computerleistung. Obwohl die gemeinsam benutzten Ressourcen ein Teil der gesamten Systemgleichung sind, stellen sie nur einen kleinen Teil der gesamten Umgebung dar. Veränderungen im integrierten System müssen durch eine Netzwerk von Systemen ausgeglichen werden, zu denen die zentralen Rechner gehören. Die Synchronisation dieser Veränderungen ist Teil des Kontrollpunktkonzeptes.

Die praktische Herausforderung umfaßt die Schaffung von Software, die die Verteilung komplexer Software über mehrere Prozessoren verwaltet. Zu den Komponenten gehören Speicher- und Datenmanagement, Zeitsynchronisation und eher pragmatische Überlegungen zum Verständnis der Software, die auf jeder Workstation residiert.

Ein einfacher erster Schritt besteht darin, auf die unterschiedlichen Anwendungen durch eine Schnittstelle zuzugreifen, die überall gleich erscheint. Anwendungswerkzeuge bieten für spezifische Gruppen im Unternehmen Produktivitäts- und Qualitätsvorteile, aber es gibt im allgemeinen eine Softwarelizenz, die durch die Systemsoftware überwacht und aufgezeichnet werden muß. Der Integrationsprozeß bietet darüber hinaus eine klare Richtung für die Anwender in den Abteilungen.

15.3 DIE INTEGRIERTE HIERARCHIE

Der Entwurf eines integrierten Systems beginnt mit der Definition einer Vision, bei der neue und alte Systeme in einer gemeinsamen Erscheinungsweise zusammen laufen. Der Integrator muß die hauptsächlichen Stärken der Altsysteme herausfinden und die Punkte in diesem System, die als Anknüpfungspunkte für die Einführung neuer Technologie dienen können. Die breite Palette an Alternativen für offene Systeme entsteht aus der Mischung unterschiedlicher Computer und Software, die die Anwendungsanforderungen des Unternehmens erfüllen. Lösungen von unterschiedlichen Herstellern werden kombiniert und stellen den Integrator vor die Aufgabe, unterschiedliche Hardware- und Softwareansätze miteinander zu verbinden. Die Integration schafft ihre eigene Verwirrung für die Anwender, wenn inkompatible Hard- und Software zusammenarbeiten müssen. Die letztliche Akzeptanz von Standards hilft dem Implementierer, aber die momentane Realität ist eine Welt mit nur teilweiser Implementation von Standards und dem Bedarf, Verbindungen schnell herzustellen.

Ein systematischer Ansatz untersucht, wo wir heute stehen und wo das schließliche Ziel ist. Dies wird üblicherweise durch eine Landkarte erreicht, die die Kontroll- und Datenflüsse durch das alte System zeigt und die Stellen bestimmt, wo die neue Technologie Änderungen verlangt. Das Verständnis dieser Landkarte führt zur Festlegung einer Integrationshierarchie, die auf der obersten Ebene als integriertes System erscheint. Auf der Implentierungsebene bietet sie Verbindungsmöglichkeiten.

Integrationshierarchien stellen Orte der Synergie dar, die die Erscheinungsweise eines einzelnen Systems annehmen können. Obwohl es oft aktive Abbildungsfunktionen unterhalb der Oberfläche gibt, erlebt der Endbenutzer ein nahtloses System. Die Verbindungspunkte werden festgelegt, die den Fluß durch das System verbessern. Eine Reihe von zentralen Lösungen ist wichtig für die Definition der gemeinsamen Verbindungspunkte.

Die erste Ebene der Hierarchie schafft das Erscheinungsbild eines einheitlichen Systems. Die Unterschiedlichkeit wird durch Benutzerschnittstellen maskiert, die die tatsächliche Systemkomplexität verbergen. Diese Ebene schließt die Definition von Benutzerschnittstellen und Prozessen ein, die erscheinen, als seien sie ein einheitliches System. In diesem Modell wird die Realität durch eine Schicht abgebildet, die unterschiedliche Protokolle akzeptiert und sie auf eine einheitliche Sicht konvertiert. Kann eine Benutzerschnittstelle definiert werden, die von alten und neuen Anwendungen gemeinsam benutzt wird? Kann die Benutzerschnittstelle die Komplexität der Verbindungen unter der Oberfläche des Systems maskieren? Die Übernahme einer akzeptierten Benutzerschnittstelle stellt den ersten Schritt zu einem anscheinend nahtlosen System dar und erzeugt zumindest die Illusion des einzigen Systems.

Die Erscheinungsweise wird auch abgebildet durch Prozesse, die an der Spitze der verschiedenen Systeme laufen. Ein gutes Beispiel ist die Verwendung einer einheitlichen Datenschnittstelle für alle Anwender, wenn die aktuelle Implementierung auf einer Vielzahl von Subsystemen ausgeführt wird. Auch die Prozesse werden über das System auf identische Weise abgebildet mit identischem Erscheinungsbild der Resultate. Die Resultate müssen oft korrigiert werden, um die unterschiedlichen Systemgrundlagen auszugleichen. Egal ob das System das Managementinformationssystem ist oder die Prozesse, die von den Finanzexperten benutzt werden, die Ergebnisse sollten immer gleich aussehen, wenn die Programme auf dem System laufen.

Die zweite Ebene der Hierarchie definiert eine Subsystemschnittstelle, die verschiedene Systeme miteinander verbindet und die Unterschiede ineinander abbildet. Ein Systemschnittstellenmodul wird entwickelt, das es erlaubt, den Code über unterschiedliche Hardware- und Softwarearchitekturen zu migrieren. Diese Technik wurde weithin von Softwarefirmen benutzt, die über verschiedene Systeme migrieren müssen. Die Komplexität der Systemverbindung wird in einer Handvoll Module konzentriert, die den Integrationsprozeß unterstützen. Die Akzeptanz neuer Protokolle verlangt die Akzeptanz der Verbindung zu älteren Protokollen. Abbildungsverfahren erleichtern die tatsächliche Verbindung zwischen verschiedenen Prozessoren. Dies ist der Punkt, wo Gateways, Router und Bridges, die früher diskutiert wurden, einen Unterschied bei der Integration machen und wo es erforderlich wird, die notwendigen Personen einzusetzen, die die neue Technologie auf transparente Weise einführen können. Das integrierte System wird von den Fortschritten in der Technologie dieser Boards profitieren.

Die dritte Ebene der Hierarchie ist die Annahme allgemeiner Protokolle in allen Systemen im Unternehmen. Diese allgemeinen Technologien müssen von den verschiedenen Softwarepaketen im gesamten Unternehmen unterstützt werden. Der nächste Abschnitt diskutiert Beispiele dieser allgemeinen Technologien.

15.4 INTEGRATIONSTECHNOLOGIEN

Ein Integrationsplan sollte sich mit einer Reihe spezifischer technischer Gebiete befassen. Diese Technologien identifizieren Verbindungspunkte zu Altsystemen und sind für die Aufstellung jedes detaillierten Integrationsplans wichtig. Wenn jede Implementation in Übereinstimmung mit dem Altsystem gebracht wird, werden Verbindungen möglich und schließlich wird eine Integration erreicht.

Eine frühe Überlegung gilt der Bestimmung des Grades der Systemkonformität, der erforderlich für die erfolgreiche Integration in ein betriebsfähiges System ist. In früheren Integrationsprozessen war es notwendig, eine Gemeinsamkeit der Plattformumgebungen zu erreichen, die Hardware, Betriebssystem, Hilfsprogramme und Programmiersprachen einschloß. Mit der Einführung von Standards ist diese Ebene der Integration nicht mehr länger notwendig und die Kosten der Integration in komplexen Umgebungen werden reduziert. Die Standardisierung beruhte einst auf der Gemeinsamkeit der Plattformen, aber die heutigen Schnittstellen, die Betriebssystemstandards entsprechen, können auch ohne gemeinsame Hardware eingehalten werden. Die Standards haben sich tatsächlich weiterentwickelt, wobei die Konformität zu den Schnittstellen ausreicht, um die notwendige Ebene der Integration zu erreichen.

Die Betriebssystemalternativen zu reduzieren, trägt zum Integrationsprozeß bei. Es ist möglich, viele Betriebssysteme in einer integrierten Umgebung zu unterstützen, aber die Reduktion trägt dazu bei, die Codevarianten und die eventuellen Schwierigkeiten bei der vollen Erfüllung der Integrationsanforderungen zu kontrollieren. Das Unixbetriebssystem wurde von vielen Herstellern offener Systeme als Betriebssystem der Wahl auserkoren. Konformität zu den Standarddefinitionen der Unixschnittstellen wurde von anderen Herstellern zugesagt. Die Wahl einer gemeinsamen Betriebssystemschnittstelle erlaubt es den Anwendern, aus einem größeren Repertoire interner und externer Anwendungspakete auszuwählen.

Zusätzlich zu den grundlegenden Betriebssystemlösungen sind Lösungen für technische Kernprobleme nötig. Diese Kerntechnologien spiegeln die Systemphilosophie der Designer wider und sollten den Anforderungen der Installation entsprechen. Die Kernunterstützung wird üblicherweise als eine Unternehmensstrategie definiert, aber sie wird in den unterschiedlichen Bestandteilen des Netzwerks implementiert. Beispiele für Kerntechnologien, die den täglichen Betrieb beeinflussen, sind Zuverlässigkeit, Verfügbarkeit und Wartbarkeit („Reliability, Availability, Serviceability", RAS). RAS ermöglicht es der anwendenden Abteilung, Probleme bei den unterschiedlichen Systemkomponenten von Hardware und Software festzustellen und zu beheben. In ausgeklügelteren Systemen liefert RAS Informationen für den Netzwerkverwalter, die es ermöglichen, das gesamte Netzwerk auf Fehler zu untersuchen. Sicherheit ist eine andere Überlegung, die das gesamte System betrifft. Wenn der Integrationsprozeß voranschreitet, ist es eine gute Idee, Techniken festzulegen, die sicherstellen, daß die Sicherheitsanforderungen des Unternehmens auf das neue Design übertragen werden können.

Anwendungen sind der Angelpunkt des Erfolgs für den Integrationsprozeß. Es wurde eine Reihe von Techniken ausgemacht, die die Übertragung von Anwendungscode auf unterschiedliche Rechner erleichtern. Der Übergang von zentralen zu offenen Anwendungen ist ein wichtiger Schritt auf dem gesamten Weg zu einem integrierten System.

Ein anderer Softwaregesichtspunkt ist die Festlegung von gemeinsamen Sprachen oder Generierungswerkzeugen für die Erzeugung von Anwendungen. Traditioneller Code wurde ersetzt durch moderne Sprachen, die offene Systeme unterstützen, wie C und C++. Einige Unternehmen haben von Konvertierungsprogrammen profitiert, die alte Anwendungen in moderne Softwaresprachen übersetzen. Es sind auch fortgeschrittenere Sprachen erhältlich, die das Problem der Schaffung gemeinsamer Anwendungen für ein offenes System reduzieren können. Ein großer Teil der Bürde der Integration kann auf Entwicklungstools verlagert werden, die auf modernen Sprachen basieren. Diese ermöglichen es den Programmierern, alte Anwendungen ohne den enormen Aufwand der Berücksichtigung der Implementierungsdifferenzen auf dem offenen System neu zu implementieren (Re-Engineering).

Wenn die Anwendungen im Integrationsprozeß übertragen werden, ist es wichtig, sich daran zu erinnern, daß die langfristigen Ziele verbesserte Merkmale der Anwendungen wie Portierbarkeit und Skalierbarkeit verlangen. Portierbarkeit bietet die Flexibilität, Anwendungen auf Hardware und Betriebssysteme unterschiedlichen Leistungsgrades zu übertragen. Portierbarkeit ist ein Aktivposten bei der Implementierung der langfristigen Integrationsziele. Skalierbarkeit erlaubt die Verwendung identischer Anwendungen auf unterschiedlich großen Computern im Netzwerk.

Kommunikation, eine Kerntechnik für die erfolgreiche Integration, steht im Zentrum der offenen Netzwerkverbindungen. Es wurden Kommunikationsstandards mit sauberen Schichten definiert, die eine Abbildung zwischen vorhandenen Protokollen und Standardansätzen erlauben. Die niedrigsten Schichten definieren die Hardwareverbindungen zwischen den Workstations und anderen ans Netzwerk angeschlossenen Prozessoren. Es ist möglich, die gleiche Hardwareverbindung für viele verschiedene Softwareprotokolle zu benutzen. Es ist ebenso möglich, die gleichen Adapterkarten für die physikalische Verbindung zu behalten, während man zu integrierten Systemen wechselt.

Jede Schicht des Kommunikationssystems bringt eine höhere Ebene der Systemintegration und die Möglichkeit, eine komplette Interaktion zwischen den Programmen zu erreichen. Die mittleren Schichten stellen die Verbindung zwischen ähnlichen Ebenen des Netzwerks sicher. Auf der höchsten Schicht, der Anwendungsschicht, wird eine gleichberechtigte Kommunikation (peer-to-peer) erreicht, die es Programmen erlaubt, im Betrieb über das

Netzwerk zu kommunizieren. Große Mengen von Daten können über das Netzwerk übertragen werden.

Es gibt viele Beispiele von Unternehmen, die Netzwerkverbindungen benutzen, um bedeutungsvolle Arbeit zu leisten. DEC implementiert eine weltweite Entwurfsabteilung durch die Verbindung zwischen den verschiedenen Laboratorien über das Netzwerk. Wie andere Unternehmen verbindet Digital Laboratorien in den Vereinigten Staaten und Herstellungsbetriebe, die in der ganzen Welt verstreut sind.

Ein anderes wichtiges Element im vollständigen Integrationsprozeß ist die Datenbank. Lokale und entfernte Daten müssen in das vorhandene Netzwerk integriert werden. Da offene Datenbanken komplexe Kombinationen von zusammengesetzten Daten enthalten, beginnt dieser Integrationsprozeß mit der einfachen Verbindung von textuellen Systemen. Vorhandene Datenbanken unterstützen oft keine zusammengesetzten Informationen. Das Integrationsszenario definiert Verbindungen zwischen Datenbanken auf Computern unterschiedlicher Größe. Wie im Kapitel über Datenbankserver diskutiert, bieten viele Softwarepakete, die für moderne Server verfügbar sind, Code, der einfachere Verbindungen zwischen unterschiedlichen Elementen des Netzwerks erlaubt.

Die Datenbankkonversion beginnt oft mit der einfachen Abbildung von Daten zwischen verschiedenen Systemen. Dies kann die Umformung von Daten einschließen, wo es nicht übereinstimmende Datenformate gibt. Wichtiger ist, daß moderne relationale Datenbanken vielleicht mit älteren hierarchischen oder Netzwerkdatenbanksystemen kommunizieren müssen. Für die meisten offenen Systeme sind Konvertierungsprogramme erhältlich, die sowohl das Protokoll auf hoher Ebene wie die Datenumformungen ausführen. Der einfache Filetransfer kann auf den meisten offenen Systemen mit minimalem Aufwand erreicht werden. Dateiübertragungsprogramme transportieren die Daten von den Anwendungen auf den lokalen Servern zu Archivdateien auf den großen Mainframes. Wenn die Übertragungen beendet sind, ist ein vereinfachter Zugriff möglich.

Ein anderes Basiselement, das im Integrationsprozeß berücksichtigt werden muß, sind Programmpakete für die Benutzbarkeit. Es gibt genügend Fortschritte bei Programmen für die menschliche Interaktion mit dem System, um zu garantieren, daß ein offener Systemansatz sich von den herkömmlichen Ansätzen für den Endanwender unterscheidet. Merkmale wie die leichte Erlernbarkeit erleichtern den Übergang zu offenen Systemlösungen. Die Verwendung von Kommandos, Menus und Icons hat die Flexibilität erhöht, mit der Menschen zwischen mehreren Prozessoren im Netzwerk wechseln können. Fortschritte bei Benutzerschnittstellen, die dreidimensionale Grafik verwenden, werden den Unterstützungsaufwand für das Netzwerk verändern.

Die effektive Integration des neuen Systems in das Netzwerkmanagement für das System ist in vielen Unternehmen von Interesse. Da die funktionale Kapazität in den Definitionen offener Systeme erweitert wird, müssen die integrierten Subsysteme genügend Kontrollcode enthalten, um die Einbettung der einzelnen Teile in das System zu erleichtern. Netzwerkmanagementprotokolle unterstützen die Überwachung und die Aufzeichnung von Ereignissen, die die Geschwindigkeit und Zuverlässigkeit des Systems beeinflussen. Autonome Kollektoren ergänzen den Datensammelprozeß, wenn entfernte Knoten in ein vollständiges Systemmanagementverfahren eingebunden werden.

Die beschriebenen technischen Gebiete stellen die grundlegende Ebene der Unterstützung dar, die notwendig ist, um eine Integration mit dem vorhandenen System zu erreichen. Der traditionelle Code bildet einen wertvollen Aktivposten, der in die langfristigen Pläne für die Einführung offener Systeme einbezogen werden muß. Diese Codeerbschaft stellt auch eine Herausforderung für die Implementierer dar, da die neuen Systeme, die sich an Standards halten, mit diesem älteren Code verbunden werden müssen. Eine Reihe von Ansätzen hat sich für den Übergang zu offenen Systemen als erfolgreich erwiesen, indem die oben beschriebenen technischen Kontrollpunkte verändert wurden. Jeder dieser Punkte bietet eine neue Ebene der Integration.

Obwohl es eine wachsende Anzahl von Produkten gibt, die beim Weg zu offenen Systemen helfen, bleibt es weiterhin eine Aufgabe für den Anwender, die Werkzeuge herauszufinden, die für eine spezifische Installation die effektivsten sind. Es müssen Produkte gefunden werden, die mit spezifischen Softwaresystemen und Standardschnittstellen gut zusammenarbeiten. Die wachsende Stabilität der Standards ist ein Anreiz für andere Hersteller, bedeutsame Anwendungen zu entwickeln, die bei der Integration unterstützen.

Ein sorgfältiger Plan, der die oben diskutierten Technologien enthält, wird die Integration erleichtern. Diese Pläne beruhen auf einem Verständnis für und einer Definition der Verbindung von Systemfunktionen, Benutzerschnittstellen, Kommunikation und Datenzugriffsroutinen. Die Integration hängt vom effizienten Einsatz dieser Technologien ab.

Eine Bestimmung der technischen Richtungen künftiger Arbeit hilft den Integratoren bei der Voraussage potentieller Problemgebiete. Integrationsteams profitieren davon, wenn sie zukünftige Richtungen bei der Gesamtlandkarte für die Systementwicklung berücksichtigen. Die Funktionen und Schritte, die in diesem Abschnitt definiert wurden, helfen bei der tatsächlichen Implementierung des Gesamtsystems.

15.5 DIE INTEGRATION IN GANG SETZEN

Wenn die Integrationsstrategie und die Architektur fertiggestellt sind, sollte ein Arbeitsplan für die Integration vorbereitet werden. Dieser Plan stellt die technische Richtung dar und die Ressourcen an Menschen, die für den Prozeß eingesetzt werden können. Unternehmen betreiben die aktive Suche nach Menschen, die Erfahrungen in Integrationsfertigkeiten haben. Um den Integrationsprozeß zu vollenden, sind talentierte Programmierer nötig, die sowohl offene Systeme wie die vorhandenen Umgebungen beherrschen. Dem Autor gelang es, ein effizientes Integrationsteam aus hochqualifiziertem und motiviertem Servicepersonal zusammenzustellen. Diese Gruppe konnte sowohl auf Probleme reagieren wie Hilfssoftware erstellen, die fehlende Funktionen ersetzte.

Es ist möglich, externe Integrationsspezialisten zu finden, die offene Systeme gut genug verstehen, um sowohl bei der Planung wie bei der Ausführung einer integrierten Lösung zu helfen. Viele Unternehmen, die bei der Integration erfolgreich waren, dehnten das Ziel der internen Gruppen auf die Übernahme externer Aufträge aus. Traditionelle Beratungsunternehmen haben den Wert der Integration als Geschäft erkannt und ihre eigenen Spezialisten für die Unterstützung bei der Planung und Ausführung von Integrationsvorhaben beschäftigt. Computerhersteller haben ebenfalls ihre eigenen Spezialisten ausgebildet, die die detaillierten Übergänge zwischen ihrer spezialisierten Hard- und Software und vorhandenen Systemen definieren.

Ein taktischer Plan sollte vorbereitet werden, der die Integrationsschritte im einzelnen enthält. Der taktische Plan skizziert die Schritte, die notwendig sind, um die vorgeschlagene Integration zu vollenden. Der Plan behandelt detailliert die tatsächliche Anordnung der notwendigen Verkabelung und der anzuschließenden Geräte. Er skizziert die nötigen Funktionen für die Integration der Software und die Reihenfolge der Integration. Taktische Pläne enthalten Personalzuordnungen ebenso wie die Zeitpunkte für die Fertigstellung der einzelnen Arbeiten. Der taktische Plan definiert die Einzelheiten spezieller Software, die geschrieben werden muß, um das System zusammenzufassen. Ein Teil des Codes kann gekauft werden, aber ein Gutteil des Codes muß wahrscheinlich in der Organisation vorbereitet werden, die den Integrationsprozeß durchführt. Die Verbindungssoftware verlangt ein tiefergehendes Verständnis der zu verbindenden Teile, sowohl des Basissystems wie des neuen offenen Systems, das mit dem Basissystem verbunden wird.

Wenn die Integration voranschreitet, werden bestimmte Teile des Systems als Prototypen zum Laufen gebracht. Diese Systeme werden getestet und verifiziert und dann für die breitere Anwendung freigegeben. Die getesteten Produkte bilden die Basis, auf der der Rest des Systems aufgebaut wird.

Erfolgreiche Integration beginnt mit einer Verbindungsstrategie für die vorhandenen Systeme mit der offenen Systemumgebung. Die Verwendung von Bridges oder Routern für die Herstellung der Verbindung trägt zum Gesamterfolg der Integration bei. Es werden Verbindungen zwischen verschiedenen Teilen des Systems auf eine Weise hergestellt, die das System wie eine Einheit erscheinen läßt. Auf der höchsten Ebene werden die Systemdialoge verbunden, so daß sie der Anwendergemeinde die Erscheinungsform eines einzelnen Systems bieten. Zwischen den verschiedenen Prozessen arbeiten Schnittstellen.

Die Automation muß sorgfältig getestet werden, bevor sie endgültig produktiv eingesetzt werden kann. Der Test beginnt mit den einzelnen Einheiten und erstreckt sich schließlich auf das integrierte Ganze. Jedes neue Softwareprogramm, das eingebunden wird, muß gegen das schon vorhandene System geprüft werden. Der physische Integrationsprozeß beginnt normalerweise mit einem Kern von wichtigen Funktionen und dehnt sich mit der Zeit auf weniger wichtige Funktionen aus.

Der endgültige Integrationstest findet in einer vollständig automatisierten Umgebung statt. Bei diesem Modell werden Produktbestandteile für den Test auf einzelnen Personal Workstations entworfen. Der Integrationstest mißt die Interaktion zwischen unterschiedlichen Workstations während des Entwurfs. In der zweiten Stufe werden die Teile auf dem Abteilungscomputer zu einem kompletten Produkt integriert. In der dritten Stufe wird ein Prototyptest mit früheren Simulationsläufen auf dem Computer in Beziehung gesetzt. Der letzte Test überprüft den Informationsfluß zu den Computern des Unternehmens, der sowohl den Produktstatus wie die archivierten Datenbanken repräsentiert.

Während der Ausführungsphase ist es notwendig, den Fortschritt zu überwachen und in der Organisation klarzumachen, daß es keinen Bruch der traditionellen Sicherheitsregeln gibt. Es sollte eine konstante Überwachung der laufenden Systeme geben, um sicherzustellen, daß sie ohne große Unterbrechung weiterlaufen.

15.6 FOLGERUNGEN

Viele Unternehmen, die offene Systeme einführten, haben Enttäuschungen bei der Integration des Systems mit ihrer gegenwärtigen Umgebung erlebt. Den Wert des traditionellen Systems zu erhalten, während ein neues System eingeführt wird, stellt eine Herausforderung dar. Jeder versucht Integrationsansätze, die die besten Fälle aus der Literatur mit dem System kombinieren, das seine Anforderungen erfüllt. Viele Hersteller beanspruchen „integrierte"

Lösungen, aber nur wenige haben Verfahren geschaffen, die eine effektive Integration in mehreren Unternehmen garantieren können.

Ein Integrationsansatz sollte eine holistische Strategie verfolgen. Die Abbildung der gesamten Umgebung wird es dem Systemintegrator erlauben, die Hauptproblemgebiete zu identifizieren. Diese Abbildung gibt dem Management eine Perspektive über das Niveau der Fortschritte, die erreicht wurden.

Horizontale Organisationsstrukturen, die als Koordinationseinheiten dienen, werden an der Definition von unterschiedlichen Bestandteilen des Integrationspuzzles beteiligt. Informelle Organisation hilft, aber es wird notwendig sein, formale Verfahren einzuführen, die Zielvorgaben und Maße für den Abschluß spezifischer Aufgaben einschließen.

Die Integration offener Systeme hängt von der Verwendung erfahrener Menschen ab. Systemdenken ist eine notwendige Eigenschaft des Teams, das zusammengestellt wird, um die Integration durchzuführen. Dieses Systemdenken sollte sowohl kaufmännische wie technische Implikationen der neuen Systeme umfassen. Den vollen Ertrag wird man erst erkennen können, wenn offene Systeme eng in die Unternehmensumgebung integriert sind.

Die Organisation verändert sich selbst, wenn eine wesentliche neue Funktion wie ein offenes System eingeführt wird. Obwohl es hohe Erwartungen über Kosteneinsparungen gibt, sollte deutlich sein, daß es anfangs eine Welle neuer Kosten für die Behandlung der Umformungen und Verbindungen zu dem neuen System gibt. Da wir nach einer Modernisierung der Organisation suchen, wird es auch Managementkosten geben.

Viele traditionelle Hersteller, die sich auf die Hardwareentwicklung spezialisiert haben, werden es zunehmend schwerer haben, sich an eine Umgebung anzupassen, in der die Anwender nach Unterstützung für komplexe Systeme suchen. Viele Unternehmen werden den Übergang nicht schaffen und ihren Markt verlieren.

Andere Unternehmen werden Integrationspartner erwerben, um sie bei ihrem Weg in die neue Welt der Datenverarbeitung zu unterstützen. Die Übernahme von EDS durch General Motors ist eine gutes Beispiel für eine Zielanwendung. Lotus entwickelte seinen Integrationszweig, um in einem Markt konkurrenzfähig zu werden, der von der Dominanz dieses neuen Geschäftszweiges geprägt ist.

Ein voll integriertes System kann nur vom Endanwender bewertet werden. Das korrekt integrierte System verbindet das ältere System mit einer lauffähigen offenen Systemumgebung. Externe Berater haben bei einer Reihe von Integrationsvorhaben geholfen, aber der Berater muß über ein Verständnis der spezifischen Bedürfnisse des Unternehmens verfügen.

LITERATUR

General Accounting Office, *Meeting the Government's Technology Challenge*, GAO/IMTEC-9-23, February 1990, p. 4.

Alvin Toffler, *The Third Wave*, William Morrow and Company, New York, 1980, pp. 76-80; deutsche Ausgabe zuletzt als Taschenbuch (vergriffen): *Die dritte Welle*, Goldmann 14030, München, 1987.

16

Bauen für kontinuierliche Verbesserungen

Die vergangenen 40 Jahre der Datenverarbeitung erwiesen sich in ihren fortwährenden Veränderungen als dramatisch. Trotzdem waren viele Unternehmen in der Lage, ihre Verarbeitung zu stabilisieren, indem sie entweder Mainframes oder Minicomputertechnologie benutzten und Software, die auf diesen Computern basierte. Wir haben gesehen, wie die technologischen Fortschritte die Grundlagen dafür gelegt haben, neue offene Systemlösungen zu bauen, die die vorhandenen Systeme erweitern können. Viele traditionelle Systeme werden schließlich durch offene Systeme ersetzt werden, wenn die Anwender die Verarbeitungsalternativen verstehen, die dem Unternehmen den höchsten Ertrag bieten. Die Auswahl der neuen Alternativen schafft einzigartige Gelegenheiten und Herausforderungen für jene, die die neuen Lösungen implementieren.

Die Akzeptanz der offenen Verarbeitung stellt eine wachsende Leistungsfähigkeit von Desktopcomputern sicher, die durch den Zugang zu Servern noch weiter ergänzt wird. Server bieten erweiterte Funktionen, Daten und Ein-/Ausgabedienste auf der lokalen Ebene. All diese Rechnereinheiten werden zu Systemen zusammengeschmolzen, die entfernte Einheiten enthalten können, die durch Funk oder Telefonverbindungen mit dem System verknüpft sind. Fortschritte der Technologie versprechen eine Weiterentwicklung zur Datenverarbeitung an jedem Ort und zu jeder Zeit.

Basierend auf den Entwicklungen in den Laboratorien können wir beschleunigte Hardwareveränderungen im nächsten Jahrzehnt erwarten. Es wird eine Akzeptanz für modulare Systeme geben, die die gleichen Basisbausteine benutzen, um mehrere unterschiedliche Systemkonfigurationen zu schaffen. Diese Modularität wird sich über die Verwendung von elektronischen Chips und Platten hinaus auf andere Teile ausdehnen, die in lauffähigen Systemen benutzt werden. Pläne für offene Systeme sollten das fortgesetzte Wachstum der Größenklassen und die weitverbreitete Verwendung von Desktoplösungen widerspiegeln, die mit Servern von hoher Kapazität interagieren können. Wenn Unternehmen offene Systeme bauen, muß der Schaffung einer Umgebung, die für positiven Wandel offen ist, erhöhte Aufmerksamkeit gewidmet werden. Diese Umgebung wird eine Wachstumsplattform für kreative Angestellte bilden.

Die Akzeptanz offener Systeme erfordert die Entwicklung der Fähigkeiten der Menschen, um ein Team zu bilden, das sich an den Wandel anpassen kann. Viele Aufgaben, die üblicherweise von den Informationssystemgruppen ausgeführt wurden, werden auf die anwendenden Abteilungen oder automatisierte Programme übergehen. Die IS-Mitarbeiter werden neue Fertigkeiten lernen, wenn Schlüsselmitarbeiter die Notwendigkeit für den Erwerb vermarktungsfähiger Fertigkeiten erkennen. Die Kommunikation mit Menschen wird genauso wichtig werden, wenn das traditionelle technische Management an einer Groupware-Umgebung teilnehmen muß.

Die IS-Manager müssen engere Beziehungen mit den Anwenderabteilungen entwickeln, um der sich verschiebenden Rolle der Kontrolle über die Datenverarbeitung gerecht zu werden. Die alten Fertigkeiten werden durch neue ersetzt werden, die die Macht des einzelnen Angestellten berücksichtigen, Veränderungen in offenen Umgebungen zu bewirken. Kreativität muß gefördert werden oder die kreativen Menschen werden zu Arbeitsumgebungen wechseln, die ihren Geist herausfordern. Die Betonung der Groupware stellt Herausforderungen an die Designer, effektive Verbindungstechniken zu definieren, die die Interaktion der Menschen fördern. Die Kenntnis älterer Systeme kann sehr wertvoll für die Integration dieser neuen Technologien sein.

Wenn die Gruppen vorhanden sind, müssen sie mit Werkzeugen ausgestattet werden, die ihre aktive Teilnahme an den Systemen erleichtern, die ihre Arbeit unterstützen. Workstations und offene Systeme sind wichtige Entwicklungs- und Arbeitswerkzeuge für die Teammitglieder. Das Team sollte ergänzt werden durch eine Organisation, die offene Systeme akzeptiert und eine Anwendergemeinde, die die neuen Werkzeuge benutzen kann. Folgende Veränderungen für das Management und die Anwendergemeinde sollten transparent sein, da das System die Anwender vor zu enger Berührung mit den Systemfunktionen schützt.

Obwohl kleine Veränderungen sehr schnell geschehen können, werden komplexe Veränderungen wie die vollständige Implementierung offener Systeme wahrscheinlich langsamer geschehen, als dies von den Enthusiasten propagiert wird. Die Computergeschichte hat gezeigt, daß viele komplexe Lösungen Jahrzehnte benötigen, um die volle Akzeptanz zu erreichen. Objektorientierte Programmierung z. B. war den Systemdesignern 1970 wohlbekannt, aber sie beginnt gerade jetzt eine breitere Akzeptanz zu gewinnen, wo die Hardwaregeschwindigkeit den Punkt erreicht hat, um sie vollständig zu unterstützen. Relationale Datenbanken brauchten ungefähr 15 Jahre, um von der ersten Einführung zur Implementation auf einer breiten Palette von Rechnern zu gelangen. IBMs System Network Architecture wurde in den frühen 70er Jahren eingeführt und erreichte keine weite Akzeptanz vor den frühen 80ern. Wir können erwarten, daß bei vielen komplexen Lösungen ausreichende Werkzeuge abgewartet werden, bevor sie vollständig akzeptiert werden.

Der Bedarf an Industriestandards war sehr stark, aber letzten Endes werden Standards von den Produkten bestimmt, die für die vollständige Nutzung akzeptiert werden. Standardgruppen und Konsortien definieren die Standards, aber die Anwenderakzeptanz ist das entscheidende Kriterium für die Unterstützung. In den Standardisierungsgruppen ist eine Reihe von fortgeschrittenen Standardisierungsvorhaben in Arbeit, um auf die Fortschritte der Technologie zu reagieren. Dazu gehören die Definitionen für die verteilte Verarbeitung, die die Bedürfnisse von Client/Server Implementierern, Anwendern und Verwaltern treffen. Objekte werden als wesentlich für das Wachstum künftiger Systeme begrüßt. Die Ziele dieser Standards sind die Unterstützung der Verwendung und Entwicklung von Technologien, die die vereinfachte Kommunikation zwischen Programmen erleichtern.

Es gibt Verschiebungen in der Technologie und in der Geschäftsumwelt, die einen ständigen Wandel der Lösungen garantieren, die benutzt werden, um die Unternehmen zu betreiben. Die Marktkräfte treiben auch die großen Lieferanten von Computer- und Kommunikationstechnologie dazu, sich von traditionellen Herstellern zu beweglichen Unternehmen zu wandeln. Selbst das traditionelle Managementdenken ändert sich und spiegelt so die Veränderung im Geschäft und in den Konkurrenzpositionen in der ganzen Welt wider.

16.1 BAUEN FÜR ZUKÜNFTIGES WACHSTUM

Der tägliche Betrieb und die Verwaltung großer komplexer Netzwerke, die globale Unternehmen umspannen, verlangen einzigartige Fähigkeiten, die typischerweise nicht auf zentralen Prozessoren zu finden sind. Die Synchronisation von Updates und die Interaktion zwischen Updates und dem vorhandenen Code stellt eine Belastung für den Betrieb dar. Neue Werkzeuge sollten vorzugsweise die Koordination über alle Systeme hinweg zwischen den verschiedenen Teilen des offenen Systems bieten und den gesamten Betrieb vereinfachen.

Ungeplante Ereignisse beeinflussen oft den globalen Betrieb. Das robuste offene System ist so entworfen, daß es mögliche Fehler im System behandelt oder auf Störungen durch politische Strukturen im Zentrum des Geschäfts reagiert. Zusätzliche Prüfungen im Netzwerk verteilen die Last im System zwischen den Prozessoren. Geplante Ereignisse müssen in verteilten offenen Systemen synchronisiert werden. Es muß eine automatisierte Technik herausgefunden werden, die dem System erlaubt, mit unterschiedlichen Versionen von Hardware und Software zu arbeiten.

Die Technologie bietet die Möglichkeit, moderne Systeme mit Ansatzpunkten für das Wachstum zu bauen. Durch die Annahme und Verwendung offener Standards im gesamten Unternehmen kann eine Plattform entstehen, um Neuentwicklungen zu schaffen. Glücklicherweise waren die meisten Standardisierungsgruppen sensibel für den Bedarf an Innovationen und haben Definitionen verschoben, um entstehende technologische Durchbrüche zu berücksichtigen. Es ist möglich, ein offenes Systemdesign zu schaffen, das wesentliche Wachstumsmöglichkeiten offen hält.

16.2 TECHNOLOGIEENTWICKLUNGEN

Die Diskontinuität der Technologie wird die Fähigkeiten des Managements weiterhin auf die Probe stellen. Auf einer hohen Ebene werden bestimmte Technologien als vorteilhaft für das Unternehmen erscheinen, aber die nähere Untersuchung wird ihren Wert für das integrierte System in Frage stellen. Eine Untersuchung der Trends kann helfen, technologische Durchbrüche gegen anderes abzuwägen, was eher Trick als Realität ist. Neue Technologien verursachen oft eine Restrukturierung der vorhandenen Anwendungen, um mit den neuen Möglichkeiten arbeiten zu können, und der Integrationsaufwand muß in die Gesamtgleichung eingehen. Alte Technologien haben eine Schwelle, ab der ihre Aufrechterhaltung teurer ist, als einen neuen Ansatz zu übernehmen.

Unix ist populär und wichtig für offene Systeme. Es diente als Basis, auf der offene Systemanwendungen definiert und gebaut werden können, und es ist das einzige System mit dieser Spannweite an Hardwareplattformen. Unix hat aber auch Einschränkungen, die Viele veranlaßten, nach seinem Nachfolger zu suchen. Eine Reihe von Kandidaten wurde vorgeschlagen, die Konzepte und Schnittstellen des ursprünglichen Systems enthalten, während sie diese erweitern, um moderne Computerparadigmen widerzuspiegeln. Viele Merkmale des fortgeschrittenen Systemdesigns können in diesen alternativen Entwicklungen eingeführt werden.

Moderne Betriebssysteme müssen vorhandenen Code ablaufen lassen, der vorhandene Anwendungen unterstützt. Diese Systeme müssen einen klaren Wachstumspfad von existierenden Entwürfen zu zukünftiger Technologie aufweisen. Fortschritte bei verteilten Systemen, Parallelität, objektorientierte Programmierung und fortschrittliche Mikrokernel*-Architekturen werden künftige offene Systeme unterstützen. Entwickler haben nach alternativen Entwürfen gesucht, die fortgeschrittene Computeralgorithmen unterstützen, während sie die alten Schnittstellen beibehalten.

Eine Reihe von experimentellen nach-Unix Entwürfen wurde geschaffen, um eine Basis für die Fortschritte in Hard- und Software zu bieten (Cook, 1991). Fortgeschrittene Mikrokernel, das sind verkleinerte Kernel mit nur grundlegenden Diensten, wurden in vielen neuen Systemen eingeführt. Der Mikrokernel ist modular, was ihn vom ursprünglichen Kernel unterscheidet, der sehr groß geworden war. Zu diesen experimentellen Entwürfen gehört MACH, das von der DARPA („Defense Advanced Research Projects Agency") an der Carnegie Mellon Universität gefördert wurde. Chorus entstand aus einem französischen Forschungsprojekt. V wurde an der Universität Stanford als experimenteller Ersatz für Unix eingeführt. Die AT&T-Laboratorien arbeiten an der Entwicklung von Plan9, das Entwurfsideen von Unix mit der wachsenden Leistungsfähigkeit moderner Computer und Kommunikationseinrichtungen verbindet. Eine Übersicht dieser Systeme zeigt die Aussichten künftiger Entwicklungen.

MACH wurde an der Carnegie Mellon Universität im Auftrag von DARPA entwickelt. Es wurde für die Verwendung in NeXT-Computern übernommen und ist Teil der OSF/1-Definition. Der Mikrokernel wurde für die Verwendung in Microsofts NT ("NewTechnology") übernommen. Obwohl das System viele Unixparadigmen verwendet, ist es strenggenommen kein Unix. Es hat drei Vorteile gegenüber Unix: Multithreading*, Interprozeßkommunikation* und virtuellen Speicher*. Die Interprozeßkommunikation und das Fenstersystem wurden für Client/Server-Systeme entworfen.

Chorus verwendet einen verkleinerten Kernel, um eingebettete Echtzeitsysteme zu unterstützen. Der verkleinerte Kernel bearbeitet Echtzeitüberwachungsfunktionen, Speicherverwaltung und Prozeßkommunikation. Der virtuelle Speicher kann über das Netzwerk verteilt sein.

V wurde für Kommunikation entworfen, um Unterstützung für verteilte System zu bieten. In gewissem Sinne ähnlich zu früheren Entwürfen für verteilte Systeme erlaubt und erweitert es die Verarbeitung von Nachrichten. Die Optimierung reduziert die Größe des Codes, der für remote-Verarbeitung erforderlich ist.

An Plan9 arbeiteten einige Unixpioniere, darunter Dennis Ritchie, Ken Thompson und Peter Weinberger. Plan9 behandelt alles als Server, wobei drei unterschiedliche Typen von Servern unterschieden werden: plattenlose Workstations, CPU-Server (welche die eigentliche Verarbeitung ausführen) und Dateiserver (die permanente Dateien enthalten). CPU-Server sind austauschbar. Jeder Anwender hat seinen eigenen Dateinamensraum, der das einzige sichtbare Dateisystem ist, und jeder Anwender sieht einen anderen Verzeichnisbaum.

Weitere Fortschritte in der Softwaretechnologie ändern die Merkmale offener Systeme. In wachsendem Maße sind die Schichten oberhalb des Betriebssystems ebenso wichtig für die Definitionen der neuen Umgebungen wie das Betriebssystem selbst. Die wachsende Betonung des Zugangs zu unterschiedlichen Diensten durch einfache Benutzerschnittstellen hat die Tür für Fortschritte in der Benutzertechnologie geöffnet.

Einige würden geltend machen, daß die 90er Jahre das Jahrzehnt sind, das es ermöglichen wird, die gewachsene Leistungsfähigkeit des Netzwerks voll zu nutzen. Sicher haben die Fortschritte in der Netzwerktechnologie zur Einführung wachsender Computerleistungsfähigkeit beigetragen. Obwohl es eine Reihe von Problemen in der Netzwerkverarbeitung gibt, wird erwartet, daß wesentlicher Nutzen aus der gewachsenen Leistungsfähigkeit innerhalb des Netzwerks gezogen werden kann.

Die Fortschritte bei grafischen Benutzeroberflächen werden in der gesamten Anwendergemeinde offener Systeme gesehen. Es wird erwartet, daß die ursprüngliche Verwendung von Visualisierung für wissenschaftliche und technische Anwendungen ausgedehnt wird, um breite Nutzungsmöglichkeiten für erweiterte dreidimensionale Bilddarstellungen in kaufmännischen Anwendungen zu erschließen.

Bei der fortlaufenden Geschwindigkeitssteigerung der Hardware können wir erwarten, daß zusätzliche Benutzerschnittstellen Parallelverarbeitung und Hochleistungsverarbeitung unter Verwendung neuer Protokolle benutzen werden. Künstliche Realität wird alltäglicher werden, wenn die Geschwindigkeit der Workstations und der verbundenen Server die Aufnahmefähigkeit der Menschen so übersteigt, daß eine effektive Interaktion mit dem Computer nicht mehr möglich ist. Die Parallelverarbeitung hat eine neue Herausforderung für die Designer offener Systeme geschaffen. Nur wenige heute verfügbare Programmiersprachen bieten eine ausreichende Basis dafür, daß Endbenutzer sich mit dem System anfreunden könnten. Fortschritte an Stellen wie bei MCC in Austin, Texas, lassen hoffen, daß Sprachen entwickelt werden, die den Zugang zu diesen wichtigen Prozessoren erleichtern.

16.3 ARBEITSPLATZENTWICKLUNGEN

Viele versprochene Veränderungen des Arbeitsplatzes waren enttäuschend. Einige Berichte haben den produktiven Wert der Informationstechnologie in Frage gestellt, aber viele Unternehmen könnten ihr Geschäft ohne Computer nicht mehr weiter betreiben. Einige Unternehmen haben ihr Geschäft rund um die Informationstechnologie aufgebaut und haben in starkem Maße von der konstanten Verwendung dieser Technologie profitiert.

Den größten meßbaren Erfolg erzielen jene Unternehmen, die ihr Geschäft neu definiert haben, um die Veränderungen der Technologie widerzuspiegeln. Weitere Anforderungen werden darin bestehen, vorhandene Verfahren durch solche abzulösen, die den Wert des Unternehmens steigern. Transformation und Re-Engineering sind wichtige Schritte, die das Management unternehmen muß, um den vollen Vorteil aus der offenen Technologie zu ziehen.

In den frühen 80er Jahren gab es Erwartungen, daß die Arbeit sich auf elektronische Heimbüros und Telearbeit verlagern würde (Toffler, 1980). Viele der von Toffler interviewten Manager wurden mit Äußerungen zitiert, wonach sie glaubten, die 1980 existierende Technologie reiche aus, um Telearbeit zu verwirklichen. Man glaubte, daß große Unternehmen in wachsendem Maße die Arbeit von zentralen Rechenzentren in die Privathäuser verlagern würden, wo die Familien während des Arbeitstages zusammen sein könnten. Sicher existierte 1980 und in den folgenden Jahren ausreichende Technologie, um von den zentralisierten Arbeitsstätten abzukommen, aber die erwarteten Veränderungen traten nicht in großer Zahl ein. Die Idee des elektronischen Heimbüros wurde von einigen Selbständigen und kleinen Firmen aufgegriffen. Die Mehrheit der großen Unternehmen vertraut immer noch auf Systeme in zentralen Arbeitsumgebungen, wo andere Menschen bei der Installation helfen können und die Verfahren unterstützen können. Selbst Angestellte, die für ihre Arbeit wenig direkte Kommunikation benötigen, sind immer noch in großen Büros zusammengefaßt.

Seit 1980 haben weitere Fortschritte der Technologie die Bewegung zum elektronischen Heimbüro unterstützt. Die Einführung offener Systeme bietet eine neue Grundlage für Optimismus. Viele Probleme, die in den 80er Jahren nicht komplett gelöst waren, wurden durch offene Systeme behoben. Moderne Benutzerschnittstellen laufen direkt auf den Workstations und die Systeme können die Dienste von Servern remote über vorhandene Netzwerke in Anspruch nehmen. Die Installation von Systemen ist einfacher in verteilten Umgebungen mit größeren Softwarefähigkeiten. Die zusätzlichen Fähigkeiten von Datenbanken und Kommunikation schaffen eine breitere Akzeptanz für die Arbeit außerhalb der Geschäftsräume. Am wichtigsten ist, daß ausreichende Fortschritte bei der Sicherheit erzielt wurden, um remote-Verarbeitung zu erlauben.

Viele Unternehmen haben von steckerkompatiblen Lösungen profitiert, die in unterschiedlichen geographischen Gebieten verwandt werden können. Flexibilität wird erreicht, wenn die Hardware unterschiedlicher Hersteller für eine Anwendung verwendet werden und innerhalb kurzer Zeit zum Laufen gebracht werden kann. Das Right-Sizing der Anwendungen wird verschiedene Unternehmen dabei unterstützen, Lösungen zu definieren, die in unterschiedlich großen Büros und an unterschiedlichen geographischen Orten eingesetzt werden können.

Zerfallende Städte, der enorme Verkehr und der Wunsch nach Lebensqualität werden die Angestellten weiter dazu bringen, nach Alternativen zum Pendeln zu suchen. Der Rückgang qualifizierter Angestellter wird als Anreiz für die Unternehmen dienen, die Besten zu behalten, und wenn es nur für ein paar Stunden remote-Arbeit wäre. Die Heimindustrie, die heute in anderen Berufen funktioniert, wird sich verbreiten, wenn Unternehmens- und Regierungsführer einen Konsens über ihren Wert für die Einzelnen und die Unternehmen erzielen.

16.4 VERSCHIEBUNGEN DER MARKTKRÄFTE

Die sich rapide verschiebenden Marktkräfte haben die Weise verändert, auf die Computer verkauft, installiert und benutzt werden. Offene Systeme bieten ein mächtiges Werkzeug, um Märkte neu zu formen, bei denen die Führung von technischer Kompetenz abhängt. Das Design kann auf einfachen offenen Systemkonfigurationen erfolgen, zu denen Workstations und Server gehören. Diese Einfachheit der Angebote bietet die Möglichkeit zu schneller Antwort auf die Marktkräfte und eine Technik, Produkte schneller und mit höherer Qualität einzuführen. Die verkürzte Markteinführungszeit für neue Produkte ist ein Vorteil. Integrierte Bestell-, Entwurfs- und Herstellungssysteme bieten eine Möglichkeit zur schnellen Antwort auf die sich wandelnden Bedürfnisse der Kunden.

Die Einführungsraten der Technologie beeinflussen auch die Akzeptanzraten offener Systeme. Da die Kosten relativ zu anderen Arten der Datenverarbeitung rapide gefallen sind, sind offene Systeme eine attraktivere Alternative zu zentralen Verarbeitungslösungen. Die Einführung von Funkverbindungen, die es Menschen ermöglicht, sich von jedem Ort mit dem Netzwerk zu verbinden, hat ein neues Werkzeug für den Außendienst geschaffen. Verkaufs- oder Wartungspersonal kann sich mit zentralen Entwurfs- oder Marketingdatenbanken verbinden, um die neuesten Produktinformationen zu erhalten.

Pen-basierte Computer erlauben es dem Verkaufspersonal, die Bestellung direkt über die Funkverbindung zu übertragen und rechtzeitige Lieferung sicherzustellen.

Die sicheren Mainframe-Märkte erodieren, da die Unternehmen den Wert alternativer Ansätze für die Datenverarbeitung erkennen. Die wachsende Verwendung von Servern hat eine Basis für Anwendungen geschaffen, die unabhängig von den traditionellen Mainframeansätzen sind. Die technologischen Fortschritte verlangen bei jeder Größenordnung von Computern, sich anzupassen oder aus dem Markt zu gehen. Die heutigen Workstations und Server werden von neuen Gerätegenerationen herausgefordert werden, die Parallelverarbeitung verwenden oder eine objektorientierte Umgebung für Endanwender bieten.

Der Verkauf offener Systeme ist komplizierter geworden durch die Anforderung, die Lösung in die vorhandene Netzwerkumgebung zu integrieren. Einfache Computerläden müssen Menschen finden, die Erfahrung in Integration haben, oder sie müssen sich mit der Möglichkeit auseinandersetzen, daß sie ihre Geschäftsgrundlage verloren haben. Es wird schwieriger, Investitionen wieder hereinzuholen und sich im Konkurrenzkampf zu behaupten, da die Margen weiter fallen und die Einzelhändler sich auf Mehrwertdienste stützen müssen.

Offene Systeme haben Chancen für Verkäufer eröffnet. Sie sind nicht länger auf das Angebot der Hardware nur eines Unternehmens beschränkt, sondern können gemischte Lösungen verschiedener Hersteller anbieten.

Die Unternehmen können beginnen, ein ganzes Repertoire unterschiedlicher Hardwarelösungen zu verwenden, um die Bedürfnisse des Kunden zufriedenzustellen. Die beste Hardware kann mit der besten Software zusammenarbeiten, passend für die spezifischen Wünsche des Endanwenders. Dies hat zu seltsamen Allianzen geführt, die Talente früherer Konkurrenten zusammenbringen, um eine offene Systemlösung fertigzustellen.

16.5 WELTMARKTEINFLÜSSE

Die Marktkräfte, die offene Systeme beeinflussen, haben sich vom Inland in das globale Umfeld verlagert (Davis und Davidson, 1991). Hersteller und Anwender sehen gleichermaßen, daß Konkurrenz ein weltweites Phänomen ist, da Lieferanten in vielen Nationen entstehen. Die Produktdesigner arbeiten direkt mit Herstellern zusammen, um neue Unternehmen in den sich entwickelnden Ländern zu schaffen. Die Eintrittskosten in Teilbereiche des Computergeschäfts sind relativ niedrig, was einen Anziehungseffekt für Nationen mit begrenzten Mitteln hat. Die Fertigkeiten für die Implementierung effektiver offener Systeme in einem eingeschränkten Leistungsbereich können in den meisten Nationen geschaffen werden. Dies macht die Akzeptanz von Technologie als nationaler Strategie anziehend.

Die Akzeptanz für die Komponenten offener Systeme wurde fast universell, als verschiedene Nationen begannen, ihre Lösungen auf offener Hard- und Software aufzubauen. Lokale Workstations wurden an Unixschnittstellen angepaßt, als mehr Unternehmen auf dem Markt konkurrenzfähig wurden. Die breite Akzeptanz so verbreiteter Chips wie des SPARC hat die Lösungen universeller gemacht.

Die Fortschritte bei den Benutzerschnittstellen haben zur Möglichkeit beigetragen, daß Entwickler und Anwender in verschiedenen Ländern ansässig sein können. Verbesserungen bei den Eingabegeräten wurden teilweise durch die Komplexität der Sprachen vorangetrieben. Erkennungsgeräte sind stark in Ländern, wo die typische Tastatur ein komplexes Eingabemedium darstellt. Ausgabegeräte, die fähig sind, eine komplexe Sprache akkurat darzustellen, eignen sich auch hervorragend für die Wiedergabe von Bildern. Die Einführung schneller Kommunikationsverbindungen hat die Interaktion mit anderen Ländern einfacher und relativ fehlerfrei gemacht. Mit Standardschnittstellen ist es genauso einfach, über den Ozean hinweg zu kommunizieren wie über den Kontinent hinweg.

Die Reduzierung der Technologiekosten erlaubt die preiswerte Einführung offener Systeme in neuen Ländern, ohne den Ballast von Altsystemen. In wachsendem Maße erzielen Unternehmen in Entwicklungsländern einen Konkurrenzvorteil durch das Fehlen der Altlast eingeführter Systeme. Der fortgesetzte Rückgang der Technologiekosten wird einen Anreiz für Entwicklungsländer schaffen, erfolgreich mit Unternehmen in etablierten Märkten zu konkurrieren. Offene Systemlösungen schaffen einzigartige Möglichkeiten, in einem globalen Markt Unterstützung für spezifische nationale Anforderungen zu bieten. Sprach- und Währungsunterstützung haben dabei die höchste Priorität.

16.6 VORTEILE OFFENER SYSTEM

Eine wachsende Zahl großer Unternehmen, wie American Airlines, General Electric und Boeing, haben bereits Implementationen offener Systeme eingesetzt. Unternehmen mit kritischen Anwendungen wie Prozeßüberwachung und Intensivstationen sind zu offenen Systemen übergegangen. Weitere Unternehmen schicken Manager und technisches Personal, um mehr über die Vorteile zu erfahren und eine offene Richtung in den nächsten paar Jahren einzuschlagen. Es wird eine Kluft bei Produkten und Fertigkeiten zwischen

Vision und der Realität der Implementationen geben, wenn nicht massive Ausbildungsmaßnahmen durchgeführt werden. Der größte Teil dieser Kluft beruht auf dem Fehlen einer klaren Technik für die Integration des Systems bei vorhandenen Verfahren. Integrationsfähigkeiten werden ein wichtiger Faktor im nächsten Jahrzehnt sein.

Offene Systeme werden zum Ende des Jahrzehnts der Arbeitsplatz für einen Großteil der Bevölkerung sein. Führende Unternehmen haben bereits begonnen, das Netzwerk als Kontrollpunkt ihres Unternehmens anzusehen (Malone und Rockart, 1991), und andere Unternehmen werden ihnen in Kürze folgen. Obwohl die Installationen offener Systeme langsamer geschehen werden, als die Enthusiasten glauben, werden sie wichtige Arbeitsumgebungen für viele professionelle Anwender werden.

Eine Reihe von Unternehmen haben beträchtliche Vorteile durch die Einführung offener Systeme ausgemacht. Der erste Vorteil ist die Wahl unter mehreren Herstellern, was dazu beiträgt, die beste Lösung zu den niedrigsten Kosten zu finden. Die Flexibilität und Skalierbarkeit erlaubt es, einfache Entwürfe im gesamten Unternehmen zu verbreiten. Viele Unternehmen stellen fest, daß die Alternativen die dringend nötige Generalüberholung der vorhandenen Systeme überflüssig machen. Da die Technologie die Lösungen nahe zur Quelle der Probleme bringt, gibt es einen direkten Vorteil durch diese Nähe zum Problempunkt. Die Rechenleistung liegt im gesamten Netzwerk und bietet eine natürliche Redundanz und Fehlertoleranz. Ein zentraler Absturz bringt nicht länger das gesamte Unternehmen zum Stillstand, da die lokalen Anwendungen unverändert weiterarbeiten können.

16.7 FOLGERUNGEN

Die Ökonomie wird weiteres Engagement bei offenen Systemlösungen bewirken. Mikroprozessorbasierte Systeme bieten gegenwärtig einen zwanzigfachen Preisleistungsvorteil gegenüber konventionellen Mainframes und es wird erwartet, daß der Faktor für verteilte offene Systemlösungen weiter steigt. Der große Dollarwert der traditionellen Software wird schließlich durch Code verdrängt werden, der für Client/Server-Umgebungen entwickelt wurde. Bis er ersetzt ist, müssen offene Systeme mit vorhandenen Systemen kommunizieren und den umfangreichen traditionellen Code benutzen.

Clients werden vertraute Betriebssysteme benutzen, aber diese werden nach und nach durch moderne Systeme ersetzt werden, die Objekte, Netzwerke und fortgeschrittene Grafik verwenden. Diese Betriebssysteme werden die verteilten Funktionen erweitern, indem sie 64-Bit-Adressierung auf neuerer Hardware verwenden werden. Eine wachsende Lastverteilung wird durch die Verwendung von Expertensystemen erfolgen, die eingebettete Regeln für den Betrieb offener Systeme bieten können. Fortgeschrittene Entwürfe wie der Wissensnavigator werden mit regelbasierten Suchverfahren Daten finden.

Die moderne Konkurrenz wird weitere Einführungen der Technologie stimulieren, die Konkurrenzvorteile bietet. Die ersten Schritte werden weiterhin evolutionäre Schritte zur neuen Technologie sein, aber die führenden Unternehmen werden ihre Art der Unternehmensführung transformieren, um sich weiter auf die Technologie zu konzentrieren. Diese Unternehmen werden den höchsten Vorteil in Konkurrenzsituationen erzielen. Die Identifizierung reifer Technologie wird das Wachstum in der effektiven Verwendung offener Systeme stimulieren.

Trotz einiger Unzulänglichkeiten können wir erwarten, daß die Technologie sich im nächsten Jahrzehnt in Preis und Geschwindigkeit verbessern wird. Die schnellere Entwicklung der modernen Chiptechnologie wird zu unerwarteten Anwendungen von Hardware und Software führen und die Unternehmen vor die Herausforderung stellen, konkurrenzfähig zu bleiben. Der Mikroprozessor wird während dieses strategischen Zeitraums den größten Einfluß in der Datenverarbeitung behalten, da er als Baustein für Workstations, Server und sogar für mehrfach parallele Prozessoren verwendet wird.

Die Client/Server-Technologie wird weiter an Akzeptanz zunehmen, was zu einer Veränderung der traditionellen Modelle für erfolgreiche Unternehmensdatenverarbeitung führen wird. Die verringerten Kosten für Datenverarbeitung und Kommunikation werden Datenverarbeitung von einer Umgebung gemeinsam benutzter Verarbeitungslogik zu einer gemeinsam benutzten und kaskadierten Ressource machen. Um die Mitte des Jahrzehnts wird Client/Server-Verarbeitung in den wichtigsten Unternehmen etabliert sein. Die Unternehmen werden leistungsfähige Parallelrechner als alternative Datenhaltungssysteme übernehmen. Kontrollfragen werden sich auf das Unternehmensnetzwerk verlagern.

Die Kommunikationstechnologie war zentral für die Entwicklung offener Systeme. Weitere Fortschritte dieser Technologie werden die Möglichkeit der Datenverarbeitung an jedem Ort zu jeder Zeit erweitern. Fortschritte in der Kommunikationstechnologie versprechen die weitere Nutzung optischer Alternativen wie FDDI LANs. ISDN-B („Integrated Services Digital Network") Kanalunterstützung wird zu einer breiteren Akzeptanz von WANs führen. Weitere Durchbrüche werden bei SONET, SMDS („Switched Multi-megabit Data Service") und Gigabit Networking erwartet.

Obwohl einige Präzision bei der Voraussage des Wachstums und der Anwendung existierender Technologie erreicht werden kann, gibt es keine Garantie, wann neue Produkte offene Systeme weiter revolutionieren werden.

Der PC wurde in den frühen 80er Jahren nicht als das Phänomen vorausgesagt, das er wurde.

Die Produktlebenszyklen wurden durch die Verwendung von Technologie signifikant reduziert. Ein Konkurrent braucht nicht lange, um das Geschäft zu untersuchen, das wir entwickelt haben, und ein Qualitätsprodukt nachzubauen. Jeder Manager muß lernen, die Technologie zu verwenden, um einen Platz unter den Konkurrenten in einem dynamischen Markt sicherzustellen. Auch für die vorhandenen Paradigmen, die die primären Vehikel für die Entwicklung offener Systeme waren, ist eine Alterung des Lebenszyklus offensichtlich. Systeme wie Unix können ersetzt werden, wenn neue Lösungen die Schwierigkeiten der Verwendung und Unterstützung des Gesamtsystems überwinden. Es ist richtig, ein Verfahren festzuschreiben, das Zugang zu offenen Lösungen gewährt. Die volle Verwendung der offenen Systemtechnologie kann zu wesentlichen Veränderungen der Geschäftsprozesse führen. Die globale Konkurrenz treibt zur Übernahme dieser Technologie. Durch die Kombination von Anstößen durch die Technologie und Druck durch die Konkurrenz können wir einen kontinuierlichen Wandel von zentraler Verarbeitung zu offenen Systemen erwarten. Offene Systeme sind auch in allen Ländern der Welt bezahlbar; bewährte Lösungen, die Sprachanpassung bieten, können in sich entwickelnde Gesellschaften übertragen werden, die von dieser Technologie profitieren können. Die Verwendung einer weitverbreiteten Technologie kann auch einen Wandel in Regierungsparadigmen ankündigen.

Seit langer Zeit diskutieren Futuristen das Erscheinen des technologischen Heims oder der elektronischen Arbeit von zu Hause aus. Die Einführung der Verbindungsmöglichkeiten zu offenen Systemen von überall, zu jeder Zeit, an jedem Ort, bringt uns der Wirklichkeit dieser Arbeitsumgebung näher. Die technischen Bestandteile, die diese Arbeitsumgebung ermöglichen können, sind vorhanden. Der kulturellen Akzeptanz durch die Unternehmen sollte deren Transformationsprozeß vorausgehen.

Die Industriestandardgruppen müssen kontinuierlich die Zukunft berücksichtigen, um sicherzustellen, daß sie Definitionen aufstellen, die Stand der Kunst sind. Die Probleme des vergangenen Jahres zu lösen, wird nicht zum Fortschritt der Datenverarbeitung beitragen. Unternehmen experimentieren bereits mit führender Technologie, die die Gesamtrichtung ihres Unternehmens verändern wird, und führende Unternehmen werden die Technologien implementieren, die ihren Konkurrenzvorteil erhalten.

Wie bei den Jachten im Rennen um den America Cup legen die Definitionen die Regeln für das Rennen fest. Die Sieger werden jene Unternehmen sein, die ihr Geschäft transformieren können und die Technologie verwenden, um weiterhin die anderen Rennteilnehmer anzuführen.

LITERATUR

Rick Cook, „An Operating System Mores", *CommUNIXations*, UNIFORUM, Santa Clara,
   CA, 1991, pp. 15-20.

Stan Davis and Bill Davidson, *2020 Vision: Transform Your Busines Today to Succeed in
   Tomorrow's Economy*, Simon and Schuster, New York, 1991.

Thomas W. Malone and John F. Rockart, „Computers, Networks, and the Corporation",
   Scientific American, Vol. 265, No. 3, September 1991, pp. 128-136.

Alvin Toffler, *The Third Wave*, William Morrow and Company, New York, 1980, pp. 210-
   223; deutsche Ausgabe zuletzt als Taschenbuch (vergriffen): *Die dritte Welle*, Goldmann 14030, München, 1987.

Bibliographie

Robert P. Abelson, „Psychological Status of the Script Concept", *System Design for Human Interaction*, edited by Andrew P. Sage, IEEE Press, New York, 1987.

J. D. Aron, *The Program Development Process: The Individual Programmer, The Systems Programming Series*, Addison-Wesley, Reading, MA, 1974, p. 11.

Maurice J. Bach, *The Design of the Unix Operating System*, Prentice Hall, Englewood Cliffs, NJ, 1986; deutsche Ausgabe: *Unix - Wie funktioniert das Betriebssystem?*, deutsch von Rudolf J. Sauerer, Hanser, München, 1991.

H. B. Bakoglu, Gregory F. Grohosky, and Robert K. Montoye, „The IBM RISC System/6000 Processor: Hardware Overview", *IBM Journal of Research and Development*, Vol. 34, No. 1, January 1990, pp. 12-22.

Thomas C. Bartee, *Data Communications and Network Systems*, Howard W. Sams and Co., Indianapolis, 1985.

William D. Beeby, „The Heart of Integration: A Sound Database", *IEEE Spectrum*, May 1983, pp. 44-48.

Berstein Research (written by Mark D. Stahlman), *The Desktop Computer Market*, Stanford C. Berstein & Co. Inc., New York, January 20, 1989.

William M. Bluestein, *Computing Strategy Report: The Politics of Technology*, Forrester Research, Cambridge, MA, September 1991, p. 2.

Peter R. Bono, „A Survey of Graphics Standards and Their Role in Information Interchange", *IEEE Computer*, October 1985, pp. 63-75.

Grayce M. Booth, *The Distributed System Environment: Some Practical Approaches*, McGraw-Hill, New York, 1981.

Bob Bradley, „Digital Network Architecture and the OSI Model", Telecommunications, February 1988, pp. 69-73.

Smoot Carl-Mitchell and John S. Quartermann, *Electronic Mail De-Mistified*, UniForum Technical Committee, Santa Clara, CA, 1992. (Dies ist ein exzellenter und kurzer Führer zu Unix Mail-Systemen.)

James M. Caroll and Robert L. Mack, „Learning to Use a Word Processor: By Doing, By Thinking, and By Knowing", from *Human Factors in Computer Systems*, edited by John C. Thomas and Michael L. Schneider, Ablex Publishing Co., Norwood, NJ, 1984, pp. 13-51.

Edward F. Codd, „Relational Database: A Practical Foundation for Productivity", *Communications of the ACM*, February 1982, pp. 109-117.

Christine Collet, Michael N. Huhns, and Wei-Min Shen, „Resource Integration Using a Large Knowledge Base in Carnot", *IEEE Computer*, Los Alamitos, CA, December 1991, pp. 55-62.

Rick Cook, „An Operating System Mores", *CommUNIXations*, UNIFORUM, Santa Clara, CA, 1991, pp. 15-20.

Rudy J. Cypser, *Communications Architecture for Distributed Systems*, Addison-Wesley, Reading, MA, 1978, pp. 192-195.

DataSaab, *Ergonomics, The Third Factor*, DataSaab Corporation, 1981, #IN 5000272-923.

Stan Davis and Bill Davidson, *2020 Vision: Transform Your Business Today to Succeed in Tomorrow's Economy*, Simon and Schuster, New York, 1991.

DBTG, Data Base Task Group of CODASYL Programming Language Committee Report, April 1981 (erhältlich durch die Association of Computing Machinery).

Department of Defense Standard, *Department of Defense Trusted Computer System Evaluation Criteria*, Washington, DC, December 1985.

Michael L. Dertouzos, Richard K. Lester, and Robert M. Solow, *Made in America: Regaining the Productive Edge*, MIT Press, Cambridge, MA, 1989.

Roy C. Dixon, „Lore of the Token Ring", *IEEE Network Magazine*, January 1987, pp. 11-18.

James D. Foley and Andries Van Dam, *Fundamentals of Interactive Computer Graphics, The Systems Programming Series*, Addison-Wesley, Reading, MA, 1982.

Forrester Research Inc., „Client/Server Migration", *The Professional Systems Report*, Cambridge, MA, 1989.

Wayne A. Fowler, nach Anmerkungen über „The Toronto Stock Exchange Case Study" auf dem Third Annual Executive Symposium on Unix and Open Systems, Toronto, March 4, 1992.

General Accounting Office, *Meeting the Government's Technology Challenge*, GAO/IMTEC-9-23, February 1990, p. 4.

Philip J. Gill, „Double Duty for Distributed Systems", *Unix Today*, Manhasset, NY, September 30, 1991, pp. 48-53.

J. D. Gould, C. Lewis, „Designing for Usability: Key Principles and What Designers Think", *Communications of the ACM*, March 1985, pp. 300-312.

Andrew S. Grove, nach Bemerkungen während seiner Eröffnungsrede bei der COMDEX 1991 in Las Vegas, 22. Oktober 1991.

Jack Havetry, Präsentation unter dem Titel „Planning the Oracle Internet", InterOP91, October 10, 1991, San Jose Convention Center, Interop Inc.

A. J. Huffman, „E-Mail - The Glue to Office Automation", *IEEE Network*, October 1987, p. 4 ff.

IBM Systems Journal, Vol. 22, No. 4, 1983. (Dieses gesamte Heft des *IBM Systems Journal* ist Artikeln über IBMs Systems Network Architecture SNA gewidmet.)

Robert Johansen with contributions by Jeff Charles, Robert Mittman, and Paul Saffo, *Groupware: Computer Support for Business Teams*, The Free Press, New York, 1988.

Jeff Johnson, Teresa L. Roberts, William Verplank, David S. Smith, Charles H. Irby, Marian Beard, and Kevin Mackey, „The Xerox Star: A Retrospective", *Computer*, Vol. 22, No. 9, September 1989, pp. 11-26.

Sidney Karin and Norris Parker Smith, *The Supercomputer Era*, Harcourt, Brace Jovanovich, San Diego, 1987.

B. W. Kernighan and D. M. Ritchie, *The C Programming Language*, Prentice Hall, Englewood Cliffs, NJ, 1978; deutsche Ausgabe der **zweiten** Ausgabe (2nd ed. 1988 zu ANSI C): *Programmieren in C, Mit dem C-Reference Manual in deutscher Sprache*, deutsch von Axel-Tobias Schreiner und Ernst Janich, Hanser, München, 1990^2.

C. H. Kriebel, „Understanding the Strategic Investment in Information Technology", from *Information Technology and Strategic Management*, edited by K. Laudon and J. Turner, Prentice Hall, Englewood Cliffs, NJ, 1989, pp. 106-118.

Derek Leebaert and Timothy Dickinson, „A World to Understand: Technology and the Awakening of Human Possibility", *Technology 2001*, edited by Derek Leebaert, MIT Press, Cambridge, MA, 11991, p. 309.

Henry M. Levy and Richard H. Eckhouse, Jr., *Computer Programming and Architecture, The Vax-11*, Digital Press, Bedford, MA, 1980.

Harold Lorin and Harvey M. Deitel, *Operating Systems, The Systems Programming Series*, Addison-Wesley, Reading, MA, 1981.

Larry Loucks and Charles H. Sauer, „Advanced Interactive Executive (AIX) Operating System Overview", *IBM Systems Journal*, Vol. 26, No. 4, 1987, pp. 326-345.

M. Mallory and H. Bradford, „An Invisible Workplace Hazard That´s Harder to Ignore", *Business Week*, January 20, 1988, pp. 92-93.

James Martin, Managing the Data-Base Environment, Prentice Hall, Englewood Cliffs, NJ, 1983.

Thomas W. Malone and John F. Rockart, „Computers, Networks, and the Corporation", *Scientific American*, Vol. 265, No. 3, September 1991, pp. 128-136.

John C. McCarthy and William Bluestein, „Resizing Client/Server", *The Computing Strategy Report*, Forrester Research Inc., December 1991.

Doug Millison, „Banking on UNIX", *CommUNIXations*, September 1991, pp. 15-22.

Daniel J. Moore, „Multimedia Presentation Development Using Audio Visual Connection", *IBM Systems Journal*, Vol. 29, No. 4, 1990, pp. 494-508.

Michael S. Scott Morton (editor), *The Corporation of the 1990´s: Information Technology and Organizational Transformation*, Oxford University Press, New York, 1991.

William H. Murray, „Security Considerations for Personal Computers", *IBM Systems Journal*, Vol. 23, No. 3, 1984, pp. 297-304.

Peter Norton and Harley Hahn, *Peter Norton´s Guide to Unix*, Bantam Books, New York, 1991. (Dies ist eine leicht zu lesende Darstellung von Unix mit einer guten Beschreibung der Geschichte und den wesentlichen Merkmalen, die vom Betriebssystem unterstützt werden.)

Heinz R. Pagels, *The Dreams of Reason: The Computer and the Rise of the Sciences of Complexity*, Bantam Books, New York, 1989.

David A. Patterson, „Reduced Instruction Set Computers", *Communications of the ACM*, January 1985, pp. 8-21.

Peter C. Patton, „Microprocessors: Architecture and Applications", *IEEE Computer*, June 1985, pp. 29-40.

Roger Penrose, *The Emperor's New Mind*, Penguin Books, New York, 1990; deutsche Ausgabe: *Computerdenken, Des Kaisers neue Kleider oder Die Debatte um Künstliche Intelligenz, Bewußtsein und die Gesetze der Physik*, deutsch von Michael Springer, Spektrum der Wissenschaft, Heidelberg, 1991.

Bruce Brooks Pfeiffer and Gerald Nordland, *Frank Lloyd Wright: In the Realm of Ideas*, Southern Illinois University Press, Carbondale and Edwardsville, IL, 1988.

R. L. Pickholtz, „Modems, Multiplexors, and Concentrators", from *Data Communications and Network Systems*, edited by Thomas C. Bartee, Howard W. Sams and Co., Indianapolis, 1985, pp. 63-117.

Emerson W. Pugh, Lyle R. Johnson, and John H. Palmer, *IBM's 360 and Early 370 Systems*, MIT Press, Cambridge, MA, 1991.

Richard L. Rothwell, „Presentation on the Use of Frame Relay by the Wall Street Journal", Fall InterOP, San Jose Convention Center, Interop Inc., October 10, 1991.

Tariq Samad, „Towards a Natural Language Interface for Computer-Aided Design", SRC-CMU Center for Computer-Aided Design, Department of Electrical and Computer Engineering, Carnegie Mellon University, January 1986.

Thomas E. Schuett, James B. Stanton III, and William F. Racke, „Message-Handling Based on the CCITT X.400 Recommendations", *IBM Systems Journal*, Vol. 28, No. 3, 1987, p. 235 ff.

James E. Short, nach der Präsentation „Managing Information Technology in the 1990s: Issues for Research", InterOP Conference Reference Material, San Jose Convention Center, October 9, 1991.

William Stallings, „A Manager's Guide to Protocols for Local Networking", *Telecommunications*, September 1987, p. 38 f.

Bruce Stannard, *Stars & Stripes: The Official Record*, photos by Margarita Bottini, Daniel Forster, Dan Nerney, Stanley Rosenfeld, and Dennis Conner, Sports Inc. San Diego, CA, 1987.

Chip Steinmetz, nach Bemerkungen zu einem Panel über das Management offener Systeme in den 90er Jahren, COMDEX, Las Vegas, October 22, 1991.

Clifford Stoll, *The Cuckoo's Egg*, Doubleday, New York, 1989; deutsche Ausgabe: *Das Kuckucksei*, deutsch von Gabriele Herbst, Wolfgang Krüger, Frankfurt 1989; Taschenbuchausgabe: Fischer Bücherei 10277, Frankfurt, 1992[2].

Edmund Strauss, *Inside the 80286*, A Brady Book, published by Prentice Hall Press, New York, 1986.

Christine Strehio, „What's So Special about WordPerfect", *Personal Computing*, March 1988, pp. 100-120.

Robert J. Sundstrom, James B. Staton III, Gary D. Schultz, Matthew L. Hess, George A. Deaton, Jr., Leo J. Cole, and Robert M. Amy, „SNA: Current Requirements and Direction", *IBM Systems Journal*, Vol. 28, No. 1, 1987, p. 13 ff.

Ashok K. Thareja, „Migration from ASCII to X", *UNIX Review*, Vol 9, No. 1, 1991, p. 36 ff.

Alvin Toffler, *The Third Wave*, William Morrow and Company, New York, 1980; deutsche Ausgabe zuletzt als Taschenbuch (vergriffen): *Die dritte Welle*, Goldmann 14030, München, 1987.

Unix International, *1991 System V Roadmap*, Unix International, Parsippany, NJ, 1991.

Thomas J. Watson, Jr., with Peter Petre, *Father, Son and Co.*, Bantam Books, New York, 1990, p. 231.

Thomas F. Wheeler, *Professional Workstations*, McGraw-Hill, New York, 1991.

Warenzeichen

3Com und 3+Open sind eingetragene Warenzeichen der 3Com Corporation.

Banyan und Vines sind eingetragene Warenzeichen der Banyan Systems Inc.

COMPAQ ist ein eingetragenes Warenzeichen der Compaq Computer Corporation.

DEC, DECNET, DNA und NAS sind eingetragene Warenzeichen der Digital Equipment Corporation.

Hewlett Packard, OPENVIEW und HP sind eingetragene Warenzeichen der Hewlett Packard Corporation.

IMS, IBM, AIX, OS/2, PS/2, SNA, OS/360 und OS/370 sind eingetragene Warenzeichen der International Business Machines Corporation.

Intel ist ein eingetragenes Warenzeichen und 386 ist ein Warenzeichen der Intel Corporation.

Linda ist ein eingetragenes Warenzeichen der Scientific Computing Associates Inc.

Macintosh ist ein Warenzeichen der Apple Computer Company.

NCR ist ein eingetragenes Warenzeichen der National Cash Register Corporation.

Novell und NetWare sind eingetragene Warenzeichen der Novell Inc.

OMG und Object Management Group sind Warenzeichen der Object Management Group.

OPEN LOOK, System V, UNIX und Tuxedo sind eingetragene Warenzeichen der UNIX System Laboratories.

OSF und Motif sind Warenzeichen der Open Software Foundation.

POSIX ist ein Warenzeichen des Institute of Electrical and Electronics Engineers.

SPARC ist ein eingetragenes Warenzeichen von SPARC International Inc.

SPARCserver und SPARCware sind Warenzeichen von SPARC International Inc., die exklusiv an Sun Microsystems Inc. lizensiert sind.

Sun, NFS, ONC, SunOS, DeskSet, SunSoft, SunCD und SunNET sind Warenzeichen der Sun Microsystems, OPEN LOOK und Solaris sind eingetragene Warenzeichen der Sun Microsystems Inc.

TOPS ist ein eingegtragenes Warenzeichen von TOPS, einem Sun Microsystems Unternehmen.

UI-ATLAS ist ein Warenzeichen der Unix International Inc.

WizDOM, WizDOM Applications, WizDOM Framework und WizDOM Desktop Services sind Warenzeichen der TIVOLI Systems Inc.

XENIX, Presentation Manager und Windows sind Warenzeichen und MS-DOS ist ein eingetragenes Warenzeichen der Microsoft Corporation.

X/Open ist ein Warenzeichen der X/Open Company Ltd.

X Window System und Kerberos sind Warenzeichen des Massachusetts Institute of Technology.

Glossar

(a)synchron

asynchron = nicht taktgleich, synchron = taktgleich. Bei asynchronen Verfahren erfolgt die Koordinierung zwischen zwei Geräten oder Prozessen nicht durch die Verwendung des gleichen Zeittaktes, sondern durch Erkennungsverfahren für den Beginn von Vorgängen (Startzeichen, Unterbrechungen). Dadurch wird parallele Arbeit der beteiligten Komponenten möglich.

Backbone

Hauptnetz („Rückgrat") für die Verbindung anderer lokaler Netze untereinander, das zu diesem Zweck oft mit höherer Kapazität (Breitbandübertragung) und anderer Technik (Glasfasertechnologie) ausgeführt wird.

Back-End

Komponente eines Systems, die Verarbeitungen an der „Rückseite" des Systems durchführt, d. h. die Ein-/Ausgabeinteraktion mit der Datenhaltung. Mit Back-End kann Hardware (Nachrechner) oder/und Software („Datenbankmaschine") gemeint sein (vergleiche: Front-End).

Benchmark

Standardisiertes Programm zur vergleichenden Leistungsmessung von Systemen. Die Aussagefähigkeit hängt stark davon ab, daß die Mischung der verwendeten Befehle realistisch ist und Systeme nicht auf bekannte Benchmarks hin optimiert wurden.

Bitmap-Grafik

Grafikformate, bei denen für jeden Bildpunkt („Picture Element" = Pixel) in der Darstellung auf Bildschirm oder Drucker ein Bit (Punkt gesetzt oder nicht gesetzt) abgespeichert wird.

Bottoms-Up

Bezeichnung für eine Entwurfstechnik komplexer Systeme, bei der „von unten nach oben" vorgegangen wird. Die fertigen Teillösungen werden zum Schluß in einer Gesamtlösung integriert (siehe: Top-Down).

Bridge

Brücken verbinden Netze auf der Übertragungsebene, die bis auf einige Eigenschaften der physischen Einheiten im wesentlichen gleichartig sind (siehe auch: Router und Gateway).

Cache

Ein Pufferspeicher für den Arbeitsspeicher, der nicht vom Programm her adressierbar ist („Cache" = Versteck). Er dient dem Zeitausgleich zwischen dem schnellen Arbeitsspeicher und langsameren anderen Komponenten.

CASE

„Computer-aided software engineering" ist die ingenieurmäßige Konstruktion von Software mit Unterstützung durch Computerwerkzeuge. Um auszudrükken, daß wohlkonstruierte Systeme auch die Menschen betrachten müssen, die in und mit den Systemen arbeiten müssen, wird die Abkürzung inzwischen häufiger als „Computer-aided Systems Engineering" verstanden, wobei das System eben mehr als nur Computer einschließt.

CISC

Computer mit einem komplexen Befehlssatz (Complex Instruction Set Computer), siehe: RISC

Client

Eine Systemkomponente, die bei Bedarf (ausgelöst durch ein Anwendungsprogramm) Dienste einer anderen Komponente (Server) anfordert (Request).

Client/Server-System

Ein Client/Server-System besteht aus drei Komponenten:
- den Dienste-Anforderern (Clients),
- den Dienste-Lieferanten (Server),
- der Netzwerkinfrastruktur, z. B. einem LAN.

Die unterschiedlichen Ansätze für Client/Server-Computing lassen sich einfach beschreiben, wenn man die Anwendungen ebenfalls in drei Komponenten zerlegt:
- Benutzerschnittstelle („User Interface"),
- Anwendungslogik („Business Logic"),
- Datenzugriff („Data Access").

Dann lassen sich die Ansätze nach der Verteilung dieser Komponenten gruppieren:
- verteilte Präsentation („Distributed Presentation"): Nur die Benutzerschnittstelle befindet sich auf dem Client (Beispiel: X-Windows).
- verteilter Datenzugriff („Distributed Data Access"): Benutzeroberfläche und Anwendungslogik befinden sich auf dem Client, die Daten werden auf Servern verwaltet (Beispiel: PC-Netzwerk, NFS)
- verteilte Anwendungslogik, kooperative Verarbeitung („Co-operative Processing"): Die Anwendungslogik ist auf Client und Server verteilt.
- Netzwerkverarbeitung („Network Computing"): Beliebige netzwerkweite Verteilung und netzwerkweiter Zugriff auf Ressourcen über eine Vermittlungsstelle. Benutzung von Daten und Programmen (z. B. über „Remote Procedure Call") auf anderen Netzkomponenten.

Connectivity

Verbindbarkeit eines Gerätes (mit dem Netzwerk). Connectivity beinhaltet:
- die drahtmäßige physikalische Verbindbarkeit,
- die Verständigungsmöglichkeit über ein Protokoll (z. B. TCP/IP),
- die darauf basierende rudimentäre Kommunikation (Terminalemulation, Filetransfer, Mailtransfer).

dediziert

„dedicated" sind Geräte oder Komponenten, die nur für einen spezifischen Zweck eingesetzt werden, für den sie oft speziell optimiert wurden. „non-dedicated"-Komponenten werden unter anderen Bedingungen oder parallel für andere Aufgaben benutzt. Beispiele: Bussysteme, Server. Ein „non-dedicated"-Server kann z. B. parallel als normaler PC benutzt werden.

Downsizing

Übertragung von Programmen von großen Mainframes auf kleinere Systeme, z. B. auf Client/Server-Netze oder Workstations (siehe auch: Right-Sizing).

Echtzeit

Systeme mit „real time"-Verarbeitung sind dadurch gekennzeichnet, daß garantierte (kurze) Antwortzeiten für die Verarbeitungsanforderungen von Prozessen gewährleistet werden. Dies gilt z. B. für kritische Prozeßsteuerungen in der Industrie. Manchmal werden auch Dialogtransaktionssystem im Online-Verfahren (siehe: OLTP) fälschlicherweise als Echtzeitsysteme bezeichnet.

Einplatzsysteme

Betriebssystemumgebungen, die die Nutzung des Rechners zu einem Zeitpunkt nur für einen Benutzer ermöglichen („Single User"). Dabei können zu einem Zeitpunkt nur eines oder mehrere Programme aktiv sein („Single Tasking/Multi Tasking"). Mehrplatzsysteme („Multi User") erlauben die Benutzung des Rechners durch mehrere Benutzer zur gleichen Zeit.

Fernanmeldung

Die Möglichkeit, sich von einem Rechner über ein Netz bei einem anderen Rechner so anzumelden, als sei die Arbeitsstation ein Terminal dieses fremden Rechners („remote logon", siehe: remote).

Front-End

Komponente eines Systems, die Verarbeitungen an der „Vorderseite" des Systems durchführt, d. h. die Ein-/Ausgabeinteraktion mit dem Benutzer. Mit Front-End kann Hardware (Vorrechner) oder/und Software (Benutzerschnittstelle) gemeint sein (vergleiche: Back-End).

Fuzzy Logik

„Unscharfe" Logik zur Behandlung von Problemen mit mehr als zweiwertigen Begriffen. Unscharfe Mengen („fuzzy sets") wurden 1965 von dem amerikanischen Systemtheoretiker Zadeh eingeführt.

Gatearray

Vorgefertige Halbleiter, deren vorhandene Grundschaltungen durch Aufdampfen von Schaltverbindungen in der gewünschten kundenspezifischen Form fertiggestellt werden.

Gateway

Gateways können völlig verschiedene Netze miteinander verbinden, indem sie eine Protokollkonversion für alle Ebenen der Netzverbindung durchführen (siehe auch: Bridge und Router).

Handshaking

Einfaches Protokoll für die Datenübertragung, bei dem nach jeder Nachricht vom Empfänger eine Quittung („shakehand") an den Sender zurückgeschickt wird, die vollständigen und korrekten Empfang bestätigt (Quittungsbetrieb).

Host

„Wirtsrechner": ein Rechner, der für andere Rechner Aufgaben übernimmt. Z. B. ein zentraler Großrechner, der für dezentrale Rechner zentrale Datenhaltung oder Nachverarbeitung übernimmt.

Hyperverbindungen

„Hyperlinks" sind die Verbindungen zwischen Informationen in Informationssammlungen, die auf eine besondere Weise organisiert sind: Hyperdokumente enthalten hervorgehobene Bereiche (Wörter, Grafiken), die auf die Verbindung zu weiteren Informationen hinweisen. Diese Bereiche dienen als Schalter (Auslösen, Mausclick) für die Aktivierung der Information. Alle Informationselemente werden so durch ein Netz von Querverweisen auf vielfältige Weise verbunden - auf ebenso vielfältige Weise kann der Anwender sich durch dieses Verweissystem in den Informationen bewegen.

Icon

Eine kleine grafische Darstellung (Ikone=griechisch „Bild"), die eine Datei, ein Programm, eine Operation oder ähnliches versinnbildlicht.

Implementierung

Umsetzung eines Plans (Hardwaredesign, Programmentwurf) in die Realität (Hardwarebauteil, Programm).

Interoperabilität

Die Fähigkeit, Informationen auszutauschen zwischen Anwendungen, die auf unterschiedlicher Hardware basieren und/oder in unterschiedliche Netzwerke eingebunden sind. Voraussetzung ist die Verwendung gleicher Protokolle auf Anwendungs- und Netzwerkebene. Interoperabilität meint damit mehr als „Connectivity" (physikalische und Netzwerkprotokollverbindung für File-Transfer und Terminalemulation) oder „Resource Sharing" (File- und Printserver in Netzwerken).

Interprozeßkommunikation

Mechanismen für den Datenaustausch zwischen Programmen. Da bei Mikrokernelarchitekturen Betriebssystemdienste von Servern angeboten werden, mit denen eine normale Interprozeßkommunikation möglich ist, können die Serveraufrufe bei netzwerkfähiger Kommunikation auch auf einem anderen Rechner abgearbeitet werden (verteilte Betriebssysteme).

Kernel

Kern (früher auch: „Nucleus") eines Betriebssystems: eine Basismenge von einfachen Diensten und Prozessen, aus denen das restliche Betriebssystem zusammengesetzt werden kann. Benutzerprogramme und andere Teile des Betriebssystems benutzen Kerndienste zur Erledigung ihrer Aufgaben (zu neueren Entwicklungen siehe auch: Mikrokernel).

Kooperative Verarbeitung

Der einander ergänzende Einsatz verschiedener durch ein Netzwerk verbundener Computer zur gemeinsamen Lösung einer Aufgabe. Dabei wird ein Teil der Anwendungslogik auf einem intelligenten Endgerät implementiert (z.B. Benutzeroberfläche mit Eingabeprüfung und Ergebnispräsentation), ein anderer Teil auf einem Server oder Host (z. B. Datenhaltung und -verarbeitung).

LAN

„Local Area Network", lokales Netzwerk, siehe: Netzwerk

LU 6.2

siehe: SNA

Mainframe

Bezeichnung für Großrechner als Größenordnungskategorie im Unterschied zu Minicomputern, Workstations und PCs.

MAN

„Metropolitan Area Network", innerstädtisches Netzwerk, siehe: Netzwerk

Mikrokernel

Ein Kernel (siehe dort), dessen Funktionalität auf ein Minimum reduziert wurde. Die üblicherweise vom Kern angebotenen Dienste werden stattdessen von Anwendungsprozessen (Servern) angeboten. Damit lassen sich auf der Basis eines einzigen Kernels (z. B. MACH-3) verschiedene Betriebssysteme („personalities") als Server implementieren, die auch auf einer einzigen Maschine ablaufen können (zur Mikrokernelarchitektur siehe auch: Interprozeßkommunikation, Multithreading, virtueller Speicher).

Multithreading

„Threads" (Fäden) sind sequentiell ausführbare Einheiten eines Verarbeitungsauftrags (Task). Multithreading-Systeme bieten die Möglichkeit, das im Rahmen einer Task ausgeführte Programm in mehrere parallele Abläufe (Threads) mit teilweise eigenen Ressourcen (Register, Stack) aufzuspalten. Multithreading ist im Unterschied zu Multitasking für die Programme nicht transparent, die sinnvolle Parallelisierung muß im Programm selbst erfolgen.

multi user/tasking

siehe: Einplatzsysteme

Namensdienste

„Name Service" macht Anwendungen unabhängig von Netzwerktopologien. Clients finden benötigte Server durch Anfragen beim Namensdienst ohne die Namenskonventionen etc. der evtl. heterogenen Netzwerkkomponenten kennen zu müssen. Namensdienste sind Teil der Definition des „Distributed Computing Environment" (DCE) durch die Open Software Foundation (OSF).

Netzwerk

Ein Gebilde aus Leitungen und Steuereinrichtungen, das der Datenübertragung zwischen den angeschlossenen Stationen dient. Lokale Netzwerke („Local Area Network" LAN) werden innerhalb der Grenzen eines privaten Grundstücks betrieben. Fernnetze („Wide Area Network" WAN) verbinden Stationen über größerer Entfernungen, wobei das entscheidende Kriterium aber nicht die Entfernung, sondern die Überschreitung von Grundstücksgrenzen ist. Für Netze im Bereich einer Großstadt wird auch die Bezeichnung MAN („Metropolitan Area Network") benutzt.

NFS, Network File System

Netzwerkdateisystem von Sun, das verschiedenen Anwendungen auf Systemen unterschiedlicher Hersteller über sogenannte NFS-Clients den Zugriff auf entfernte Daten erlaubt, die von einem NFS-Server verwaltet werden.

offene Systeme

Offene Systeme sind nach der POSIX-Definition Systeme, mit genügend offengelegten Spezifikationen für Schnittstellen und unterstützte Formate, die die Entwicklung von Anwendungssoftware erlauben, die:

- (mit Änderungen) auf andere Systeme portierbar ist (Portability, siehe: Portierbarkeit)
- mit anderen Anwendungen auf lokalen oder Remotesystemen kommunizieren kann (Interoperability, siehe: Interoperabilität)
- mit den Benutzern auf verschiedenen Systemen in ähnlicher Weise interagiert (User Portability oder Scalability, siehe: Skalierbarkeit).

OLTP

„On-line transaction processing" bezeichnet die Verarbeitung von Transaktionen im Dialogbetrieb. Eine „Transaktion" ist dabei die kleinste Einheit des Dialogs (Eingabe, Verarbeitung, Ausgabe), die entweder komplett oder gar nicht ausgeführt wird. „Dialog" meint, daß die Verarbeitung sofort auf den echten Datenbeständen (Datenbanktabellen) ausgeführt wird und die Veränderung der Daten nach Abschluß der Transaktion sofort für alle anderen Teilnehmer am Transaktionssystem sichtbar werden kann.

Portierbarkeit

„Portability" bezeichnet die Möglichkeit, Software (mit möglichst wenigen oder keinen Änderungen) auf anderer Hardware oder anderen Betriebssystemumgebungen einzusetzen.

Printserver

siehe: Server

proprietär

proprietäre („proprietary") Systeme sind Systeme, deren Spezifikationen (im Unterschied zu offenen Systemen) Eigentum eines Herstellers sind. Diese sind in der Regel nicht allgemein verfügbar und erzeugen so eine Abhängigkeit vom und eine Bindung an den Hersteller.

RAID

„Redundand Arrays of Inexpensive Disks", eine redundante Zusammenfassung billiger Platten zu einer größeren Einheit wurde als Spezifikation 1987 von den Professoren Gibson, Katz und Patterson definiert. Zusammen mit den Nutzdaten werden redundante Informationen in Form von Prüfsummen, doppelter Speicherung oder ähnlichem abgelegt. In Verbindung mit technischen Vorkehrungen soll dies bei Ausfällen einzelner Platten eine Datenrekonstruktion ohne Unterbrechung des laufenden Betriebs ermöglichen. Inzwischen wurden die Levels RAID-6 (dedizierte Paritätsdisk mit eigenem unabhängigem Zugriffspfad) und RAID-7 (alle Ein-/Ausgaben erfolgen unabhängig voneinander, es findet Standard-Hardware Verwendung) definiert.

redundant, Redundanz

Redundanz (Weitschweifigkeit, Überfluß) wird in zwei Bedeutungen gebraucht:

* Von Redundanz spricht man, wenn in einer Darstellung von Informationen mehr Zeichen verwendet werden, als zur Übermittlung der Information erforderlich sind. Diese Redundanz ermöglicht Fehlererkennung und Fehlerkorrektur (Beispiel: Prüfziffern).
* Mit Redundanz bezeichnet man auch mehrfach vorhandene Komponenten eines Systems, die gleichartige Aufgaben ausführen (können). Dann kann das System bei Fehlfunktionen einer Komponente trotzdem fehlerfrei weiterarbeiten (Beispiel: eine Sicherung einer Datei oder eines Programms ist ebenfalls eine redundante Komponente). Im Text wird Redundanz in dieser Bedeutung der Ausfallsicherheit gebraucht.

referentielle Integrität

Die Korrektheit der Daten in einer relationalen Datenbank bezüglich der in ihr abgebildeten Beziehungen zwischen einzelnen Informationen. Um referentielle Integrität zu erreichen, müssen Regeln festgelegt sein, wie beim Einfügen, Ändern und Löschen von Informationen mit den Informationen verfahren werden soll, die über Fremdschlüssel referenziert werden. Die Informationen können z. B. bei einer Löschung:

- auch gelöscht werden (cascades) oder
- die Löschung ist nicht erlaubt (restricted) oder
- die Fremdschlüssel werden auf Null gesetzt (nullifies).

Durch die Überwachung der Einhaltung solcher Regeln durch das Datenbankmanagementsystem oder Programme wird sichergestellt, daß die Datenbank nach jeder Änderung die ursprünglich geplanten Beziehungen widerspiegelt.

Release

Endgültige Freigabe eines Programmstandes für die Benutzung. Im Rahmen des Konfigurationsmanagements erfolgt oft noch eine weitere Untergliederung des Programmstandes in Versionen eines Releases.

remote

„rechnerferne" Komponenten sind mit der betrachteten Komponente nicht direkt, sondern z. B. über eine Telefonleitung verbunden (siehe auch: Fernanmeldung).

Repository

Repository meint seit der Diskussion über computerunterstützte Systementwicklung (siehe: CASE) mehr als einen „Aufbewahrungsort" für Daten: statt als *Daten*bank nur für Anwendungsdaten zu dienen, soll ein Repository auch die Informationen über die Daten (Metadaten) und die datenverarbeitenden Programme speichern - eben alle Informationen, die für die Datenverarbeitung eines Unternehmens wichtig sind.

resident

Der Teil einer Software, der ständig im Kernspeicher eines Prozessors geladen bleibt. Resident sind immer Teile des Betriebssystems; auch Anwendungsprogramme können resident geladen werden.

Reverse-Engineering

Eine der drei „RE-Techniken", die dabei helfen sollen, vorhandenen Code zu verbessern und Nutzen aus ihm zu ziehen:
- „Re-structuring" soll alten unstrukturierten Code („Spaghetti-Code") nach den Regeln der strukturierten Programmierung restrukturieren.
- „Re-engineering" soll vorhandene Code- und Datenstrukturen bei Erhaltung der Funktionalität nach Gesichtspunkten des Software Engineerings verbessern (Einführung von Definitionsstandards, Modularisierung usw.).
- „Reverse-Engineering" soll aus vorhandenem Code nicht mehr vorhandene Entwürfe oder Spezifikationen ableiten, um die Software auf der Basis des Anwendungs- oder technischen Entwurfs neu schreiben zu können.

Right-Sizing

wurde als Gegenschlagwort zur verbreiteten Downsizing-Euphorie („alles kann auch auf PCs laufen") propagiert, um deutlich zu machen, daß es darauf ankommt, für jede Anwendung den angemessenen Prozessor richtiger Größe zu finden.

RISC

Computer mit einem reduzierten Befehlssatz (Reduced Instruction Set Computer). Im Verlauf der Entwicklung von Prozessoren wurden immer leistungsfähigere Befehle in die Rechner eingebaut, die von höheren Programmiersprachen aufrufbar waren und vom Rechner direkt (ohne Übersetzung in Maschinensprache) ausgeführt werden konnten (Komplexe Instruktionen). Das vereinfacht die Abarbeitung von Programmen, kompliziert jedoch den Aufbau der Steuerwerke, da Befehle unterschiedlich lange Verarbeitungszeiten (Takte) benötigen. Die meisten dieser komplexen Befehle werden jedoch sehr wenig benötigt und können durch Gruppen von einfachen Grundbefehlen realisiert werden. Damit wird ein reduzierter Befehlssatz von z. B. 50 statt 200 Maschinenbefehlen möglich, die alle in einem Arbeitstakt abgearbeitet werden können, wodurch sich der Aufbau von Steuerwerken vereinfacht. Die Verlangsamung der Programme durch die notwendige größere Zahl von Befehlen kann durch andere Maßnahmen (höhere Taktraten, Fließbandverfahren usw.) mehr als kompensiert werden.

Router

Router verbinden Netzwerke auf der Transportebene, die auf der Netzwerk-, Sicherungs- und physikalischen Ebene gleichartig sind (siehe auch: Bridge und Gateway).

Routing

Der Begriff bezeichnet allgemein das „Herausfinden eines Weges" und wird in zwei spezifischen Bedeutungen verwendet:
- Bei Kommunikationsverbindungen bezeichnet er die Identifikation von Leitweg und Empfänger durch die Angabe von Knotenadressen.
- Im Schaltkreisentwurf ist die Ermittlung (optimaler) Wege für Leiterbahnen gemeint, die gewisse (physikalische) Bedingungen erfüllen müssen.

RPC, Remote Procedure Call

Aufruf einer Prozedur auf einem entfernten Rechner. Der Aufruf erfolgt im Idealfall für das aufrufende Programm völlig transparent, die Weitergabe an einen Server und die Rückgabe der Ergebnisse an den Aufrufer wird durch Basissoftware (z. B. Mach-Interface-Generator) übernommen.

Server

Eine Systemkomponente, die anderen Komponenten (Clients) auf Anfrage Dienste zur Verfügung stellt (z. B. Laden einer Datei in den Speicher einer lokalen Station: File-Server; Ausdruck einer Datei: Print-Server; Zugriff auf eine Datenbank: Datenbank-Server). Ein Server kann selbst gegenüber einem anderen Server als Client auftreten.

single user/tasking

siehe: Einplatzsysteme

Skalierbarkeit

„Scalability" bezeichnet die Möglichkeit, die gleiche Softwarelösung eines Problems auf Rechnern unterschiedlicher Größen- und Preisklassen einzusetzen.

SNA

„Systems Network Architecture" ist der von IBM definierte Netzwerkstandard der Großrechnerwelt. Ein SNA-Netzwerk besteht aus Geräten („physical units", PU) und den entsprechenden logischen Einheiten („logical units", LU), zwischen denen die Verbindungen („sessions") aufgebaut werden. Für die Kommunikation zwischen Programmen („Advanced Programm-to-Programm Communications", APPC) steht der Sessiontyp 6.2 (LU 6.2) zur Verfügung.

Spooling

Spool-Systeme ermöglichen den simultanen Online-Betrieb von peripheren Geräten („simultaneous peripheral operations on-line"). Damit kann z. B. eine Anwendung schneller weiterarbeiten, sobald die Druckausgaben auf Platte zwischengespeichert (eingespult) sind. Ein anderer Prozeß gibt die zwischengespeicherten Daten dann im Parallelbetrieb auf Drucker aus (ausspulen). Durch Spooling wird so z. B. die gemeinsame Nutzung eines Druckers durch mehrere Anwender unter erträglichen Zeitbedingungen möglich.

Top-Down

Bezeichnung für eine Entwurfstechnik komplexer Systeme, bei der „von oben nach unten" vorgegangen wird. Die Teillösungen werden aus der Lösung auf der obersten Ebene abgeleitet (siehe: Bottoms-Up).

transparent

Mit transparent werden (etwas im Gegensatz zum Wortsinn) Verfahren bezeichnet, bei denen eine Komponente das Vorhandensein einer anderen Komponente nicht berücksichtigen muß, diese für sie unsichtbar bleibt.

Transparente Codes erlauben z. B. das Übertragen beliebiger Bitkombinationen, auch solcher, die als Steuercodes benutzt werden; ein transparenter Zugriff auf eine entfernt liegende Datenbank ist an der Oberfläche nicht von einem lokalen zu unterscheiden usw.

Trigger

Trigger sind „Auslöser", die bei Eintreten eines bestimmten Ereignisses Folgevorgänge ansteuern. Z. B. kann in einer Datenbank ein Trigger bei Veränderung eines bestimmten Wertes automatisch eine Prüfroutine auslösen.

Update

Eine vorhandene Software durch Einspielen von neuen Releases oder Versionen auf den neuesten Stand bringen.

Verteilte Verarbeitung

Bei verteilter Verarbeitung („Distributed Processing") sind die Anwendungen oder Anwendungsteile und/oder die Daten über das Netzwerk verteilt. Eine Anwendung benutzt zur Erfüllung ihrer Aufgaben andere Programme (z. B. das X-Windows-System) und/oder Daten (z. B. bei verteilten Datenbanken), die sich auf anderen Netzwerkknoten befinden.

virtueller Speicher

Technik der Speicherverwaltung, bei der Anwendungen einen Adreßraum ansprechen können, der größer ist als der tatsächlich vorhandene Speicherraum. Der nur virtuell vorhandene Speicher wird durch Ein- und Auslagerungen von Speicherinhalten über einen Hintergrundspeicher (Festplatte) zur Verfügung gestellt.

WAN

„Wide Area Network", Fernnetz, siehe: Netzwerk

X-Terminal

Arbeitsstationen, die die X-Windows Benutzeroberfläche zur Verfügung stellen können. Dabei laufen die Benutzeroberfläche und die Kommunikationsprotokolle auf der Station, während die Anwendungen auf einem Server ablaufen. Ein X-Terminal kann Verbindungen zu mehreren, auch heterogenen, Servern unterhalten. Ein X-Terminal steht in seinen Fähigkeiten somit zwischen einem PC und einem sogenannten „dummen Terminal".

X-Windows

Benutzeroberfläche und Protokoll zur Verbindung von Clients und Servern. Das Protokoll (X11) ist herstellerneutral, betriebssystem- und netzwerkunabhängig. Anwendungen, die auf Servern laufen, werden in Fenstern (Windows) dargestellt. Die Verwaltung der Fenster (nicht der Inhalte) erfolgt lokal.

Register

A

ANSI, American National Standards Institute 68
ASICs, Application Specific Integrated Circuits, 52, 293 f.
Adressierungsbreite, 54, 92
Altsysteme, 31, 45 f., 270 f.
Analysephase im Lebenszyklus, 269-272
Anwender, 8 f.
Anwendungen
    CASE, 222 -226
    Electronic Mail, 231-235
    Entwicklungswerkzeuge, 220-222
    Groupware, 226-228
    Multimedia, 230 f.
    Right-Sizing, 219 f.
    Visualisierung, 229 f.
Architektur, 249-251
asynchron, 63, 359
Ausbildung, 244-246, 277

B

Back-End, 225, 359
Backbone, 174, 239, 275, 359
Basisband, 179
Benchmark, 23, 359
Benutzbarkeit, 41 f., 243
Benutzeroberfläche, 64, 111
Benutzerschnittstelle, 26, 79-88, 111-115
Betriebsphase im Lebenszyklus, 275-281
Betriebssystem, 57 f., 62, 65, 103, 106, 108 f., 149, 203
    Chorus, 341
    Mach, 341
    Plan9, 341
    V, 341
Bildschirm, 83-85
Bitmap-Grafik, 83, 113, 360
Bottoms-Up, 322, 360
Breitband, 179
Bridge, 127, 169, 174 f., 360
Bussystem, 53 f.

C

C, Programmiersprache, 64, 221
CASE, 215, 222-226, 360
CISC, Complex Instruction Set Computer, 53, 360
CMIP, Common Management Information Protocol, 210
COBOL, Programmiersprache, 220
CSMA/CD, Carrier Sense with Multiple Access/Collision Detection, 180
Cache, 95, 360
Client, 24 f., 27 f., 32, 77-101, 361
Client/Server-Kombinationen, 100
Client/Server-System, 23 f., 361
Connectivity, 101, 226, 361

D

DCE, Distributed Computing Environment, 70, 187
DECnet, 67, 198
DNA, Digital Network Architecture 71, 198
Dateisystem, 63
Datenbanken, 106, 122, 147 f., 151-162, 330
Datenserver, 133, 147
dediziert, 53, 362
Designphase im Lebenszyklus, 269-272
Desktop Publishing, 119
Downsizing, 104, 215, 219, 362

E

Echtzeit, 44, 362
Ein-/Ausgabegeräte, 79-88
Ein-/Ausgabeserver, 137
Einplatzsysteme, 3, 362
Electronic Mail, 170, 231-235
Entscheidungsphase im Lebenszyklus, 265-269
Entwicklungsphase im Lebenszyklus, 272-274
Entwicklungswerkzeuge, 220-222
Ergonomie, 81 f., 86
Ethernet, 180
Executive Information Systems, EIS, 14, 279
Executive Support System, ESS, 6
Expertensystem, 104

F

FDDI, Fiber Distributed Data Interface, 174, 189

FORTRAN

FORTRAN, Programmiersprache 221
Fenstertechnik, 86 f., 113
Fernanmeldung, 4, 362
Fokales Unternehmen, 319 f.
FourthGL, 4GL, 222
Frame Relay 189 f.
Front-End, 103, 224, 363
Fuzzy Logik, 82, 363

G

Graphisches Kernsystem, GKS, 72
Graphical User Interface, GUI, 7, 27, 64, 111-115
Gatearray, 94, 294, 363
Gateway, 127, 169, 363
Groupware, 14, 89, 226-228

H

Handshaking, 289, 363
Hardware
  Clients, 79-88
  Entwicklung der, 16-18, 50-56
  Kommunikation, 172-178
  Server, 129 -131
Hierarchische Datenbanken, 155
Host, 77, 363
Hyperverbindungen, 187, 364

I

IEEE, Institute of Electrical and Electronic Engineers, 68
ISDN, Integrated Services Digital Network, 189
ISO, International Standardization Organization, 68, 71

Software-Engineering für Programmierer

Eine praxisgerechte Anleitung

von Heinz Knoth

1992. X, 297 Seiten. Gebunden.
ISBN 3-528-05103-5

Dieses Buch ist eine aus der Praxis entstandene Anleitung für Praktiker mit dem Ziel, die Realisierung eines Softwareprojektes möglichst vollständig darzustellen. Hierbei wird jedem Softwareentwickler grundlegendes Informationswissen praxisgerecht vermittelt. Ausgangspunkt ist eine Situation, wie sie in einem Unternehmen realistisch ist: Ein bestehendes Warenwirtschaftssystem soll durch eine verbesserte Version ersetzt werden. Auf der Grundlage dieser Aufgabenstellung werden die leitenden Prinzipien und Methoden des Software-Engineering dargestellt.

Das Buch ist ein unentbehrliches Nachschlagewerk für Ausbildung und Programmierpraxis.

Heinz Knoth ist als Softwareentwickler in der Industrie tätig.

Neue Postleitzahlen ab 01.07.1993:
Postfach 58 29, D-65 048 Wiesbaden
Für Direktzustellung:
Faulbrunnenstr. 13, D-65 183 Wiesbaden

Verlag Vieweg · Postfach 58 29 · D-6200 Wiesbaden 1

Modernes Projektmanagement

Eine Anleitung zur effektiven Unterstützung der Planung, Durchführung und Steuerung von Projekten

von Erik Wischnewski

3., verbesserte Auflage 1992. X, 275 Seiten. Gebunden.
ISBN 3-528-25148-4

Dieses Buch, bereits in der dritten verbesserten Auflage vorliegend, hilft Termin- und Kostenüberschreitungen bei Projekten zukünftig in Grenzen zu halten, wenn nicht gar zu vermeiden. Der Ansatz ist dabei ein umfassender – auch die Projektkontrolle ist Bestandteil eines erfolgreichen Projektmanagements. Die auf dem Markt erhältlichen Programme zum Projektmanagement unterstützen in der Regel lediglich die Erstellung von Struktur- und Netzplänen, zum Teil wird auch die Kostenplanung mit berücksichtigt. Das vorliegende Buch zeigt, wie über die oben genannten Planungsaufgaben hinaus auch die Projektverfolgung und Projektsteuerung effektiv unterstützt werden kann. Es werden die theoretischen Grundlagen für eine solche Unterstützung praxisnah vorgestellt. Eingegangen wird insbesondere auch auf die Möglichkeiten des Programmpaketes PROAB, um die Umsetzung der vorgestellten Konzepte am Beispiel aufzeigen zu können.

Wegen der übersichtlichen Darstellung und den Aufgaben mitsamt Lösungen ist das Buch für Seminare geeignet. Darüber hinaus erhält jeder Leser, für den Zeit Geld bedeutet, eine zielgerechte Präsentation dessen, was heute „modernes Projektmanagement" genannt werden kann.

Dipl.-Phys. *Erik Wischnewski* sammelte in seiner 10jährigen Tätigkeit als Projektmanager und Abteilungsleiter in der Industrie die notwendigen Erfahrungen, um über das Thema „Projektmanagement" ein, dem Praktiker nützliches Buch, vorlegen zu können.

Verlag Vieweg · Postfach 58 29 · D-6200 Wiesbaden 1

Projekt-Management mit Excel

Eine makrogesteuerte Anwendung zur Kalkulation von Projektkosten

von Dieter Peters

1992. X, 180 Seiten mit Diskette. Gebunden
ISBN 3-528-05217-1

Was das Buch bietet ...
eine vollständige und offene Makroapplikation unter Excel für Version 3.0 und 4.0

Worum es geht ...
* Vorstellung und Handhabung der vielfältigen Programmfunktionen
* Umfassende Dokumentation der Makroanwendung

Und außerdem ...
* Professionelle Tips und Tricks zur Makroprogrammierung unter Excel

Was der Leser benötigt ...
* HARDWARE: IBM AT/80386/80486 und Kompatible
* SOFTWARE: MS-Excel ab Version 3.0 unter Windows

Besondere Kennzeichen ...
* Dem Buch liegt eine komfortable Software zur Verwaltung und Kalkulation von Projektkosten bei.
  Der MS Excel-Programmierer findet tragfähige Lösungsansätze, um das Programm anzupassen, zu verändern oder eigene Makros zu entwickeln. Die Offenlegung aller Makros bietet eine Fülle wertvoller Anregungen.

Der Autor ...
* ist ein hochkarätiger Kenner von Excel. Er ist in der Softwareentwicklung tätig.

Neue Postleitzahlen ab 01.07.1993:
Postfach 58 29, D-65 048 Wiesbaden
Für Direktzustellung:
Faulbrunnenstr. 13, D-65 183 Wiesbaden

Verlag Vieweg · Postfach 58 29 · D-6200 Wiesbaden 1